JN220659

スタンダードテキスト

監査論

第4版

盛田良久　蟹江　章　長吉眞一【編著】

井上善弘　栗濱竜一郎　中西倭夫　橋本宜幸
南　成人　吉田康英　吉見　宏

Auditing

中央経済社

□**執筆者一覧**

第 1 章　蟹江　　章（北海道大学大学院）

第 2 章　盛田　良久（愛知大学）

第 3 章　井上　善弘（香川大学）

第 4 章　栗濱竜一郎（愛知大学）

第 5 章　吉見　　宏（北海道大学大学院）

第 6 章　長吉　眞一（明治大学専門職大学院）

第 7 章　中西　倭夫（大阪市立大学）

第 8 章　南　　成人（仰星監査法人）

第 9 章　橋本　宜幸（公認会計士）

第10章　蟹江　　章（前　　掲）

第11章　井上　善弘（前　　掲）

第12章　吉田　康英（中京大学）

第4版序　文

日経平均株価は，1989（平成元）年末の38,915円をピークに暴落した。いわゆるバブル経済が崩壊し，わが国経済の「失われた20年」の始まりである。バブル経済の崩壊は，会社の財務諸表にも大きな爪跡を残すこととなった。

上場会社は，公認会計士（監査法人）による財務諸表の監査証明を受けなければならない。公認会計士である監査人は，財務諸表に重要な虚偽表示が含まれていないかどうかを検証し，その結論を監査意見として表明する責任を負っている。監査人は，財務諸表の監査を通じて，財務諸表利用者を保護するという役割を期待されているのである。

しかし，「失われた20年」の間に，多くの上場会社で不正会計が行われていた事実が明らかになった。相次ぐ不正会計の発覚によって，財務諸表監査が適切に行われていたのかが問われ大きな社会問題となった。不正会計事件と監査の失敗は，いわゆる「レジェンド問題」として，わが国の会計・監査に対する国際的な不信にまで発展した。

こうした問題に対応するために，わが国で資本市場のインフラとしてのディスクロージャー制度の改革が行われたのは，20世紀の末のことであった。不正会計事件は，21世紀になってアメリカをはじめ世界中で大きな社会問題となった。いわゆる「エンロン・ワールドコム事件」を受けて，アメリカでは監査制度が厳格化されることとなった。

わが国においても，2002（平成14）年から，監査手続の精緻化や監査の品質管理の厳格化などを柱とする監査制度改革が実施されてきた。2008（平成20）年4月から内部統制監査制度ならびに四半期レビュー制度が導入されたことによって，一連の改革は一応完結したかに見えた。2008（平成20）年9月のリーマン・ショックに端を発した100年に1度ともいわれる金融危機は，わが国監査基準と国際監査基準の整合性に疑問を提起し，企業会計審議会は，「継続企業の前提に関する重要な疑義」の改訂を行った。国際化の波は，監査の基準を構成する監査基準委員会報告書にも影響を与え，JICPA（日本公認会計士協会）

は2011（平成23）年12月に同報告書を全面改訂した。

さらに，2011年に表面化した一連の企業不祥事は，2013（平成25）年に公表された「監査における不正リスク対応基準」の新設の契機となった。

「失われた20年」に相次いだ不正会計とそれを許した監査の失敗は，公認会計士という会計専門職の社会的評判を大きく損ねることになった。ところが，皮肉なことに，マスコミが公認会計士や財務諸表監査に対する批判的な記事を書き立てたことで，それらの社会的な認知度は高まることとなった。公認会計士および財務諸表監査をめぐる監査環境は厳しさを増すが，それは，公認会計士や財務諸表監査に対する社会の期待の高まりの裏返しと見ることもできよう。

一方で，財務諸表監査の優秀な担い手をより多く育成するために，2003（平成15）年に公認会計士試験制度の改革が行われた。受験資格に関わる制限を撤廃し，幅広く有為な受験者を募ることとされたのである。

新しい制度の趣旨が正しく理解され，適切に実践されるためには，制度の趣旨に沿った教育が必要となる。本書は，新しい監査環境に対応できる人材を育成するという理念の下で一から作り上げた監査論のスタンダード・テキストである。第４版では，第３版出版以降に行われた監査基準等の改訂，会社法の改正やコーポレートガバナンス・コードの制定などといった最新の動向を組み入れている。財務諸表監査をはじめとする監査制度の全体像を体系的に学習できるように配慮した構成となっている。

本書の構成は以下の通りである。

第１章では，財務諸表監査が実施される前提および財務諸表監査の基礎概念を解説する。公認会計士による財務諸表監査が，金融商品市場における財務情報の開示を前提としてその信頼性を保証するという機能を期待されていることを明らかにする。そして，そうした機能がどのように実現されるのかを概略的に説明する。

第２章から第５章までは，わが国における法定監査の枠組みについて解説する。

第２章では，法定監査の担い手である公認会計士という職業的会計人を規制する法律である「公認会計士法」について詳細に解説している。財務諸表監査自体の信頼性を確保するために，その主体が遵守すべき重要な事項を網羅的に取り扱っている。

第3章では，公認会計士に期待されている機能を「保証」という概念で捉え，それが具体的にどのように実施されるのかについて解説する。保証業務という包括的な概念の意義とその種類について具体的に明らかにしている。

公認会計士が実施する代表的な監査である金融商品取引法上の財務諸表監査について解説するのが第4章である。金融商品取引法によって実施される様々なディスクロージャー制度とそこで要求される監査とを関連づけて説明することにより，公認会計士に期待される役割・機能の理解を促している。

第5章では，金融商品取引法監査とともにわが国で重要な法定監査である会社法監査制度を取り上げている。会社の機関である監査役や監査委員会などによる監査の意義を明らかにするとともに，公認会計士または監査法人であることを資格要件とする会計監査人による監査のあり方について詳細に解説している。

第6章から第9章は，監査の実施プロセスについての解説に充てられている。第6章では，公認会計士による監査プロセスを規制する監査基準について，その歴史，構成，目的を明らかにするとともに，特に一般基準について詳細な解説を行っている。財務諸表の監査の実施に当たって，監査人が保持すべき態度や監査の品質管理などについての理解を促すものとなっているはずである。

第7章では，実施基準を現代監査の基本モデルであるリスク・アプローチと関連づけながら，日本公認会計士協会・監査基準委員会報告書に基づいて詳細かつ具体的に解説している。監査手続の中核にあたる部分を手続の流れに沿って解説することによって，財務諸表の監査がどのようなプロセスを経て意見の形成・表明へと進んでいくのかを理解できるように配慮している。

第8章では，監査意見を支える監査証拠を入手する際に採用される試査という手法について説明している。特に，試査のうちでも重要なサンプリングによる試査について，リスク対応手続のプロセスに沿って具体的に解説している。現代の財務諸表には，会計上の見積項目が多く含まれる。また，リスク・アプローチによる監査手続の実施に当たっては，被監査会社に係る事業上のリスクの評価が求められている。このように，財務諸表監査の実施に際しては，会計・監査以外の領域に関する専門的な知識が必要とされ，また，被監査会社におけるコーポレート・ガバナンスの状況などについて配慮することが要求されている。こうした事項に対応するため，監査人の側において様々な手続が必要となるが，これらの手続について解説するのが第９章の目的である。

第10章では，財務諸表監査の最終局面である監査報告について解説する。監査人が監査手続を実施して得た結論を伝達するための媒体である監査報告書の機能と構成要素について明らかにした上で，そこに記載される監査意見の意味について解説する。また，監査意見の表明によって行われる財務諸表の信頼性に対する保証に加え，財務諸表の利用者に対する監査人からの情報提供についても説明している。

第11章では，財務諸表の信頼性の保証という枠内において，監査人が個別に対応すべき監査上のいくつかの問題を具体的に取り上げて解説している。不正の問題は監査における永遠のテーマであり，最近，関心を集めている。また，継続企業の前提は近年特に重要な問題として浮上してきたものである。さらに，内部統制の監査は，21世紀になって行われた一連の監査制度改革の中でも特に注目を集めている新制度である。

最後の第12章は，手続と結論の伝達において財務諸表監査とは一線を画しながらも，同じく財務情報の信頼性の保証という機能を担う四半期レビューなどの解説に充てられている。四半期レビューは，財務諸表監査と同じく保証業務の一つとして位置づけられるが，その考え方には基本的な違いが見られる。この点について十分な理解を得られるように詳細な説明が行われている。

以上，本書においては，財務諸表の監査を中心としながらも，その周辺に存在する概念や手続などをも取り込んで，財務諸表監査と関連づけながら，公認会計士に期待されている役割・機能を包括的に理解できるように工夫されている。

本書は，監査実務に従事するのに必要な専門的知識を得ることはもちろん，実践における応用力を身につけるためにも十分に役立つものであると確信している。

最後になったが，本書の出版にあたっては，中央経済社の会計編集部田邉一正氏の支援を受けた。衷心より感謝申し上げる。

2016年8月

編著者を代表して

盛 田 良 久

本書は，2016年7月1日現在の法令および監査基準，監査基準委員会報告書等に準拠している。

目　次

第1章　公認会計士監査の基礎概念

第2章　公認会計士法

第3章　公認会計士業務の拡大と保証業務

第4章　金融商品取引法監査制度

第5章 会社法監査制度

第6章　監査基準

第7章　実施基準とリスク・アプローチ

第8章　実施基準と試査

第9章　実施基準と監査基準委員会報告書

第10章 報告基準

第11章 「不正・違法行為の監査」「継続企業の前提の監査」「内部統制の監査」

第12章　四半期レビューと中間監査

◆主な略語一覧

略　語	正　式　名　称
不正リスク対応基準	監査における不正リスク対応基準
品質管理基準	監査に関する品質管理基準
保証業務意見書	財務情報等に係る保証業務の概念的枠組みに関する意見書
監基報	監査基準委員会報告書
品基報	品質管理基準委員会報告書
金商法	金融商品取引法
開示府令	企業内容等の開示に関する内閣府令
監査証明府令	財務諸表等の監査証明に関する内閣府令
内部統制府令	財務計算に関する書類その他の情報の適正性を確保するための体制に関する内閣府令

＊用語に関する補足説明

1．監査の基本的な用語である「重要な虚偽表示」,「重要な虚偽表示リスク」について，監査基準・不正リスク対応基準・中間監査基準・四半期レビュー基準では「重要な虚偽の表示」,「重要な虚偽表示のリスク」と表現されている。他方，監査基準委員会報告書では「重要な虚偽表示」,「重要な虚偽表示リスク」と表現されている。本書では，引用以外については，第6章では監査基準，第12章では中間監査基準・四半期レビュー基準を解説していることから「重要な虚偽の表示」,「重要な虚偽表示のリスク」，第7章，第8章，第9章については主に監査基準委員会報告書の内容を解説していることから「重要な虚偽表示」,「重要な虚偽表示リスク」を用いて解説する。なお，第11章では，不正リスク対応基準の内容について解説している箇所は「重要な虚偽の表示」「重要な虚偽表示のリスク」を，監査基準委員会報告書について解説している箇所は「重要な虚偽表示」「重要な虚偽表示リスク」を用いて解説する。

2．第4章および第12章において「個別財務諸表」の表現が使用されているが，連結財務諸表との対比で「個別財務諸表」と表現しており，法令上の正式名称は「財務諸表」である。

第1章 公認会計士監査の基礎概念

Summary

➢ 企業が直接金融を行う金融市場は発行市場および流通市場からなり，いずれの市場においてもディスクロージャー体制が十分に整備されていなければならない。

➢ 情報の非対称性の存在を前提として，これを緩和・解消するために開示される財務諸表の信頼性を検証し担保する仕組みとして，「財務諸表監査」が設けられている。

➢ 財務諸表監査制度は，財務諸表の適正表示について合理的な程度の保証を提供することを通じて，投資者の利益を保護することを究極的な目的とする。

➢ 財務諸表監査は，適正な財務諸表を作成する経営者の責任と，財務諸表の適正表示について意見表明する監査人の責任を峻別する「二重責任の原則」の下に成立する。

➢ 財務諸表監査の目標は，財務諸表に重要な虚偽表示が含まれていないかどうかを検証することであり，「リスク・アプローチ」という手法で実施される。

➢ 財務諸表監査は，被監査会社内に構築され，取引の適切な処理と記録の正確性を保証する「内部統制」を前提として，試査という手法によって実施される。

➢ 内部統制は，会社の経営目的の達成に合理的な保証を提供することを意図して，経営者の責任で整備され，会社のすべての構成員によって遂行されるプロセスである。

➢ 財務諸表監査の基本的な機能は，財務諸表の信頼性について合理的な保証を提供することであり，監査人は，無限定適正意見を表明することによってこの機能を担っている。

Ⅰ　金融商品市場における財務情報開示と財務諸表監査

1　株式会社の資金調達

現代の経済活動においては，株式会社が重要な役割を演じている。株式会社という存在がなければ，今日の経済的繁栄は達成されなかったといっても過言ではない。

株式会社の特徴としては，次の点があげられる。

① 出資者である社員の地位が細分化された株式という形をとること
② 社員は株式の引受価額を限度とする出資義務だけを負うという，いわゆる「有限責任の原則」が貫かれていること

社員の地位が細分化されることによって，多数の社員を受け入れることができる。このため，株式会社では，一人ひとりの社員が引き受ける出資の額を，比較的少額に抑えることが可能となり，不特定多数の出資者に対して小口の出資を広く募ることによって，多額の資金を調達することができる。

一方，**有限責任の原則**は，社員が出資に際して負うべき責任の範囲を限定する（会社法第104条）。仮に会社が経営破綻したとしても，社員にとっては，すでに出資した資金が返還されないだけであり，追加的な負担を要求されることはない。経済的にも心理的にも出資をしやすい環境が整っているといえよう。このため，多くの出資者から広く資金を募ることが可能となる。

このように，株式会社は，多額の資金を必要とする大規模な事業を展開するために，不特定多数の出資者から資金を集めるのに適した会社形態である。

2　株式会社と金融商品市場

株式会社の資金調達の１つとして，社員の地位を表す株式を売り出し，その対価として資金の提供を受けるという方法がある。この方法は，会社が出資者から直接資金の提供を受けることから**直接金融**と呼ばれる。株式の購入を通じ

〔図表１－１〕株式会社の社員と有限責任の原則

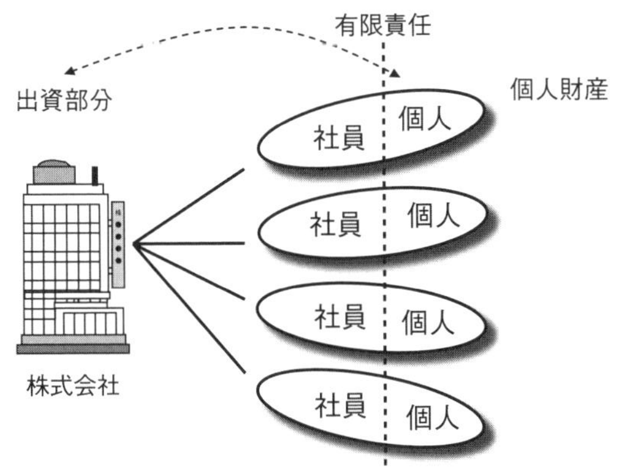

て出資を行う者は**投資者**と呼ばれる。

少額の資金を調達するだけなら，投資者を相対で探すことができる。しかし，多額の資金を調達する場合には，不特定多数のいわゆる一般投資者を直接探し出すのには大きな困難を伴う。そこで，資金を調達しようとする株式会社と，株式の購入を希望する一般投資者を引き合わせるための場が必要となる。それが，**金融商品市場**である。

金融商品市場とは，有価証券などの金融商品の発行ならびに流通の場である。有価証券等の発行が行われるのは**発行市場**，発行された有価証券が流通するのは**流通市場**と呼ばれる。このうち，流通市場には**金融商品取引所**が設けられる。金融商品取引所とは，有価証券等の売買を円滑に行うために設けられる施設もしくは組織のことである。

(1) 発行市場

経営活動に必要な資金を調達しようとする株式会社は，発行市場で株式を発行する。多額の資金を調達しようとするときには，多数の株式が発行されることになる。このとき，発行市場に株式の発行数に見合う多数の投資者（あるいは発行額に見合う多額の資金）が存在しなければ，株式会社は必要な資金を調達することができない。株式会社が金融商品市場において思い通りに直接金融を行うことができるかどうかは，発行市場の規模に依存することになる。

直接金融が機能するかどうかは，市場に多数の投資者を呼び込めるかどうかにかかっている。このため，投資者が安心して株式を購入できる環境を整備する必要があり，その最も基本的な要件として，株式会社の経営内容を理解するのに必要な情報が十分に開示されなければならない。株式がどの程度の価値をもっているのかを測定できなければ，投資者は投資の可否を判断することができない。株式の価値を測定するためには，会社の経営内容に関する情報が必要であり，**ディスクロージャー**（企業内容の開示）の態勢が十分に整備されていなければならない。

〔図表1－2〕発行市場とディスクロージャー

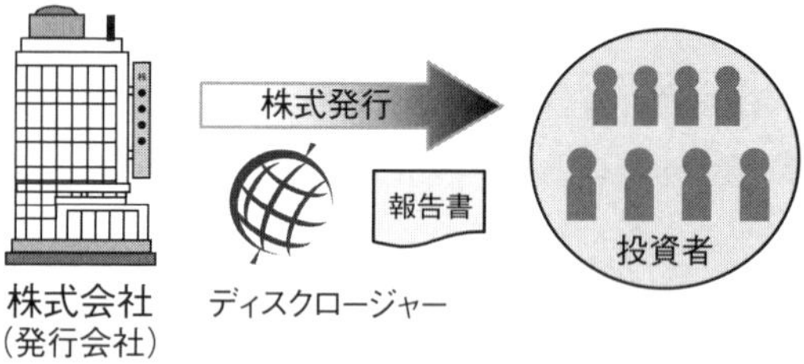

(2) 流通市場

株式を購入した投資者は当該株式会社の社員となり，株式会社の社員は株主と呼ばれる。株式会社は，株主としての地位である株式の自由な譲渡を認めることができる。譲渡が認められた株式は，流通市場において自由に売買（取引）されることになり，株主は，流通市場で株式を売却することによって，投資した資金を回収することができる。あるいは，追加的な投資を行うために，株式を買い増すことも可能であり，投資者は，誰もが株式を購入することによって，特定の株式会社の株主になることができる。

流通市場の規模は，形式的には，当該市場での株式の取引を認められた株式会社である**上場会社**の数によって表すことができる。しかし，実質的な市場規模は，株式の取引頻度（取引される株式の延べ数）によって測られることになる。金融商品市場に大量の株式購入資金が流入すると，株式の取引が活発化する。そのためには，投資者が株式の購入を行う際の判断材料として，株式会社の経

〔図表1-3〕流通市場とディスクロージャー

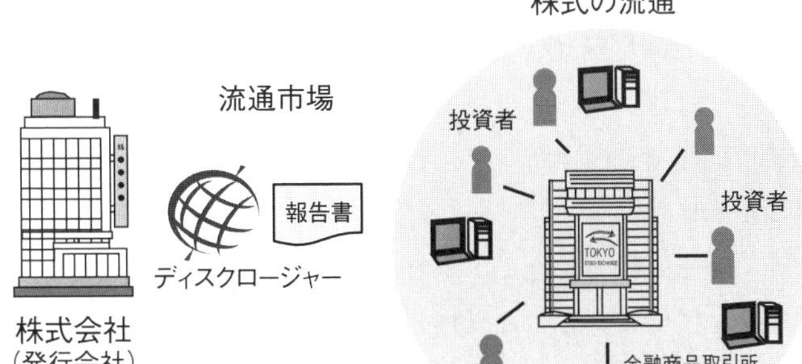

営内容を適切に反映する十分な情報が開示される必要がある。すなわち，ここでも発行市場と同様にディスクロージャーの体制が十分に整備されていなければならないのである（ディスクロージャーの法的規制は，第4章で詳しく説明する）。

直接金融の手段として金融商品市場で発行され流通するのは，株式に限られるわけではないが，説明を複雑にしないために，株式会社にとって最も重要な資金調達の手段である株式について述べるにとどめた。その他の手段に関する市場についても，基本的に株式の場合と同様の要件が要求される。

3　わが国の金融商品市場と会社の資金調達

(1)　戦後わが国の証券市場の展開

第二次世界大戦後に，連合国軍最高司令官総司令部（GHQ）による経済民主化政策の一環として行われた財閥解体によって，個人株主および個人持ち株数が急増した。1948（昭和23）年には，アメリカの**1933年証券法**および**1934年証券取引所法**に範をとった**証券取引法**が制定された。この法律に基づいて，1949（昭和24）年には，東京，大阪，名古屋，京都，神戸，新潟，広島，福岡に証券取引所が開設され，翌年には，札幌証券取引所が開設された。

このようにして，戦後間もなく，民主的な証券市場（現在では，より幅広い金融商品の発行・流通の場として「金融商品市場」という呼び方がされている。しかし，ここでは歴史的な展開についての記述であるため,「証券市場」ということにする）の枠組みが確立されることとなったのである。

わが国最大の証券取引所である東京証券取引所では，1961（昭和36）年の第二部市場開設後はほぼ一貫して上場会社数が増加しているが，その趨勢は緩やかである。また，直接金融の規模も，1980年代後半のいわゆる「バブル経済期」ならびに1990年代末の「IT バブル」といわれる時期を除いて，それほど活発に行われているわけではない。証券市場が必ずしも株式会社の主たる資金調達の場とはなっていなかったのである。

(2) わが国の会社の資金調達

わが国経済は，1955（昭和30）年以降，高度成長を達成することになったが，その原因は，民間設備投資および輸出主導の経済成長であった。会社が設備投資を行うためには，そのための資金を調達する必要がある。

しかし，わが国の証券市場の規模はそれほど大きくはなく，また，証券の取引も目立って活発ではなかった。それでは，高度成長期における資金調達はどのようにして行われていたのであろうか。

当時のわが国の会社の資金調達には，アメリカ，イギリス，ドイツなどと比べて，金融機関からの借入れへの依存度が高いという特徴があった。諸外国の資金調達における借入れの割合がおよそ20%以下であるのに対して，わが国では40%程度を借入れに依存していたのである。

こうした状態を可能にした要因として，家計の高い貯蓄率があげられる。家計から集められた資金が，いわゆるメインバンクを中心とした金融機関を通じて会社へと貸し付けられていった。高度成長期のわが国の会社の資金調達は，証券市場における直接金融によるものではなく，金融機関からの借入れに依存した**間接金融**が主体だったのである。

(3) 間接金融から直接金融へ

間接金融が中心だった会社の資金調達は，1980年代後半になって直接金融に軸足を移して行くことになる。この時期は，株式の発行および流通市場が急拡大している。

その背景には，1985（昭和60）年9月のプラザ合意を契機とした急速な円高に対処するために実施された，低金利・量的緩和政策がある。これによって，証券市場に大量の資金が流入し，会社は，こうした資金を目当てに新株や転換社債などの資本証券を発行する**エクイティ・ファイナンス**を盛んに行った。

1990年代に入るとバブル経済は崩壊に向かい，金融機関を中心にバブル経済の後遺症が現れることになる。金融機関では，バブル期の無秩序な貸付けが不良債権化し，また国際決済銀行（BIS）による金融機関に対する自己資本比率規制が足枷となって，わが国の金融機関は，もはや企業金融の中枢を担えなくなってしまった。

バブル経済の崩壊とともに，証券市場から投資資金が流出したにもかかわらず，会社は直接金融を重視せざるを得ない状況に追い込まれていった。バブル経済期を挟んで，わが国の会社における資金調達は，間接金融中心から直接金融重視へと移行することになったのである。

直接金融が会社の資金調達の中心となったのに伴って，市場におけるディスクロージャーの重要性が高まることとなった。投資者からの出資を勧誘するために，会社は，経営内容に関する判断材料としての情報を開示する必要がある。このような情報の中核に位置するのが，会計情報である。会社の資金調達が間接金融中心から直接金融重視へ移行したことによって，会計情報の重要性がより高まってきたのである。

マメ知識1－1

証券取引所の展開

札幌証券取引所開設以後，1967年に神戸証券取引所が廃止された。また，2000年には，広島および新潟の両取引所が東京証券取引所と合併した。さらに，2001年に京都証券取引所が大阪証券取引所に併合され，2013年には東証と大証は経営統合された。その一方で，2004年に，新興企業向け証券取引所としてジャスダック証券取引所が設立されている。この結果，現在，わが国には，6つの証券取引所が開設されており，延べ5,000社余りが上場されている。また，この他に，新興市場として，マザーズ（東京），ヘラクレス（大阪），セントレックス（名古屋），アンビシャス（札幌）ならびにQ-Board（福岡）がある。

(4) 国内市場からグローバル市場へ

東西冷戦の終結による国際的な市場統合と情報技術（IT）の著しい発達は，経済活動のグローバル化をもたらした。また，国境を越えたマネーの移動により，経済の金融化が急速に進展した。会社は，それまでの自国内における競争だけではなく，グローバル市場における競争を強いられることになった。

資金調達の面では，最も有利な投資先を求めてボーダレスに移動するマネーを獲得するために，会社はグローバル市場に目を向けざるを得なくなった。というよりも，いわゆるグローバルマネーがクリック１つで瞬時に世界中を移動することを考えると，国内市場と外国市場といった区別が意味をもたなくなってきた。資金調達を行う会社は，その行動様式をグローバルマネーが求めるスタンダードに適合させるよう迫られることになったのである。

証券市場における投資は，常にリスクを伴うものであり，投資者はできるだけリスクを抑えるために，投資先を選別するための情報を要求する。その中核に位置づけられるのが会計情報である。グローバル市場においては，国ごとに異なるスタンダードによって作成された情報ではなく，文字どおりグローバルに比較可能な会計情報の開示が要求される。

このような事情を背景として，会計基準の**コンバージェンス（国際的な統合化）**に向けた動きが急速に進展することとなった。2001年に設立された**国際会計基準審議会**（IASB）が，会計基準のコンバージェンスを活動目標に掲げたことも大きな要因の１つである。国によって会計基準が特別な理由もなく異なれば，会計情報の比較可能性をそこなうことになる。会計基準に存在する無用な差異をなくしていこうというのが，コンバージェンスという動きになった。この動きはさらに進んで，各国が**国際財務報告基準**（IFRS）そのものの採用を自国企業に許容または強制する，**アドプション**という段階に移行している。

マメ知識１－２

国際会計基準審議会（IASB）

会計基準の世界的な標準化を推進することを目的とする国際機関である。2001年４月に，前身である国際会計基準委員会（IASC）の業務を引き継ぐ形で設立された。国際財務報告基準（IFRS）と呼ばれる基準を作成・公表している。

4　会計情報（財務諸表）の信頼性の確保

会社の資金調達が直接金融を中心に行われるようになると，金融商品市場における情報開示が非常に重要な意味をもってくる。発行市場および流通市場においても，情報開示は，投資者が適切な投資意思決定ができるような判断材料を提供することを目的として行われる。会社の経営内容に関する適正な情報が提供されることによってこそ，投資者は自ら適切な判断を行い，資金の投下または回収を決定することができる。この時，開示情報の中核をなすのが，財務諸表によって提供される会計情報である。

会計情報は，**一般に公正妥当と認められる企業会計の基準**（GAAP）に準処して作成されなければならない。こうして作成された会計情報は，真実な会計情報と認められることになる。真実な会計情報を作成する責任は，会社の経営者が負っている。

会計情報を中核とする経営内容にかかわる情報の開示は，金融商品市場における株式等の発行の権利を取得し，あるいは流通の権利を維持するために課せられる義務である。発行会社ないし上場会社にこのような義務が課せられる背景には，金融商品市場では「**自己責任の原則**」が貫徹され，投資の結果に対しては投資者自身が責任を負わなければならないということがある。このため，投資者に対して十分かつ真実な情報を提供し，誤った判断によって不測の損害を被ることがないように，投資者の利益を保護する必要がある。

投資者の適切な意思決定を支援するために会計情報を提供するのは，会社の外にいる投資者が，会社の経営成果を直接知ることができないからである。この「**情報の非対称性**」という問題を緩和するために，経営内容についてより多くの情報をもつ会社に対して，会計情報をはじめとする情報の開示が要求されるのである。

マメ知識 1 - 3

情報の非対称性

もともとの意味は，取引される財・サービスの品質やタイプなどについての情報が，経済主体の間で異なる状態をいい，情報が一方に偏っている状態のことである。情報の偏在ともいう（『経済辞典』（有斐閣））。ここでは，会社の経営状態は経営者にはよくわかっているが，会社外部の投資者にはよくわからない状況をいう。すなわち，経営状態についての情報が，経営者の側に偏って存在しているのである。

ところが，情報の非対称性は，経営者によって提供される情報の信頼性に対する不信を醸成する。投資者と経営者との間に情報格差があるために情報開示が要求されているにもかかわらず，情報格差は開示情報の信頼性の検証をも妨げることになる。投資者は，会社の経営内容を直接知ることができないばかりか，経営内容を伝えているとされる情報が，本当に経営内容について真実を表示するものかどうかを確認することさえできないのである。

開示される情報に，経営内容を重大に偽った「**重要な虚偽表示**」が含まれると，その情報に基づいて投資意思決定を行った投資者は不測の損害を被るおそれがある。こうした事例が発生すると，金融商品市場に対する信頼が失われ，投資資金の流入が妨げられ，あるいは流出が引き起こされるおそれがある。その結果，会社は経営活動に必要な資金を調達することができなくなり，ひいては経済活動全体に悪影響が及ぶことにもなる。

そこで，情報の非対称性の存在を前提として，これを緩和・解消するために開示される情報について，その信頼性を担保するために「**財務諸表監査**」という仕組みが設けられる。財務諸表監査は，経営者からも投資者からも独立した監査人が，開示される情報が会社の経営内容について真実を表示しているかどうかを客観的に検証するものである。これによって，金融商品市場において開示される**財務諸表の信頼性**が確保されることになる。

図表 1 - 4 は，以上の説明を示したものである。

〔図表１－４〕会計情報の信頼性と財務諸表監査

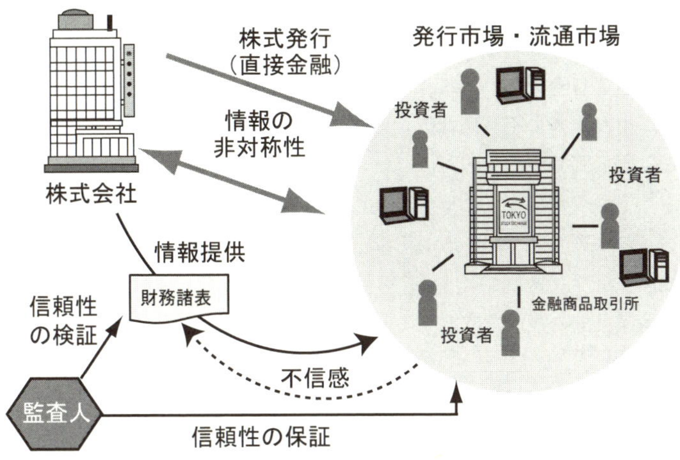

5　投資者の意思決定と財務諸表監査

投資者は，会社から提供される情報に基づいて投資に関する意思決定を行う。財務諸表監査制度は，投資者の利益の保護を究極的な目的とする。財務諸表が会社の経営内容を適切に反映するものであることを検証することにより，投資者が誤った意思決定に導かれないように保護するのである。検証によって得られた結論は，監査意見として投資者に伝達され，これによって財務諸表の適正表示に合理的な程度の保証が提供されることになる。

ただし，この場合の保証は，財務諸表に記載されている金額が，実際の経営内容と何ひとつ食い違っていないということを意味するものではない。むしろ，多少の食い違いを含みながらも，会社の経営内容について適切なイメージを与えるものであることを意味するに過ぎない。財務諸表監査が保証するのは，財務諸表項目に表示されている金額の算術的正確性ではなく，財務諸表が全体として伝達する会社の状態ないし状況についてのイメージの適切さである。

財務諸表監査は，監査の対象である財務諸表が，投資者の意思決定に利用されるということを前提として実施される。このことが，財務諸表監査における次の重要な概念を導くことになる。

> ●**監査上の重要性**：
> 財務諸表利用者の判断に対する影響の程度を測る基準
> ●**リスク・アプローチ**：
> 監査人が財務諸表に不適切な監査意見を表明する確率を低く抑えられるように監査を計画し実施する手法
> ●**試査**：
> サンプルの検証に基づいて取引記録全体の状態を推定する手法
> ●**内部統制**：
> 会社の事業目的の達成を支援するために会社内に設けられる仕組み

財務諸表によって提供される情報が投資者の判断を誤らせない程度の正確さを確保していれば十分であるということは，「**監査上の重要性**」という概念を導くことになる。この概念は，「重要な虚偽表示」の有無という，財務諸表の品質水準および財務諸表監査の目標水準を形成する。重要な虚偽表示が含まれていない財務諸表が適正な財務諸表と認められるのであり，財務諸表監査は財務諸表に重要な虚偽表示が含まれていないことを保証するものとなるのである（「監査上の重要性」と「重要な虚偽表示」は，第7章で詳しく説明する）。

重要な虚偽表示を発見することが財務諸表監査の目標であるという考え方は，どこに重要な虚偽表示の原因が存在するかを見定めて，そこを重点的に検証するという接近方法を導くこととなった。これが，現代監査の基本モデルとなっている「**リスク・アプローチ**」である。また，重要な虚偽表示さえ発見できれば財務諸表監査の目標は達成されるとするならば，財務諸表を構成する取引記録のすべてを逐一検証する必要はない。一定の合理的なルールに基づいてサンプルを抽出し，これを調査することによって全体の状態を推定するという，「**試査**」による検証が正当化されることになる（「リスク・アプローチ」は第7章，「試査」は第8章を参照）。

さらに，試査による検証が有効に機能するためには，取引が一定のルールに基づいて適切かつ正確に処理され，記録されている必要がある。これを実現するために，会社内に「**内部統制**」という仕組みが構築されなければならない。財務諸表監査は，内部統制という会社側における財務報告の信頼性の確保を目的の１つとする仕組み（プロセス）を利用することによって，その目標を達成している面がある。投資者の意思決定を支援するための財務諸表の適正表示は，財務諸表を作成する経営者とそれを検証し保証する監査人とが，それぞれの役割を担い，また責任を果たすことによって実現されるのである。

リスク・アプローチとは，監査人が，財務諸表に含まれる「重要な虚偽表示」を見逃して無限定適正意見を表明してしまう確率である「監査リスク（AR)」を合理的に低い水準に抑えるように監査手続を計画し，実施する監査の手法である。

監査人は，財務諸表に重要な虚偽表示が行われる確率である「重要な虚偽表示リスク（RMM)」を評価した上で，監査手続によっても重要な虚偽表示を見逃す確率である「発見リスク（DR)」を適切に見積ることにより，目標とされる監査リスクの水準を達成できるような監査手続を計画し，実施しなければならない。

以上の関係は，次のようなモデル式で表されている。

$$AR = RMM \times DR$$

重要な虚偽表示リスクの大きさは，主として，経営者が整備・運用に責任を負う内部統制の有効性に依存する。また，発見リスクの大きさが，実施すべき監査手続の種類とその実施時期，ならびに試査の適用範囲を規定することになる。

監査人は，監査リスクの水準を低く抑えるために，会社側のリスクを適切に評価して，これに基づいて監査手続の内容を決定しなければならない。このことは，上のモデル式を次のように変形して表すことができる。

$$DR = \frac{AR}{RMM}$$

金融市場のグローバル化にともなって，投資者は，意思決定の材料としての情報提供により一層の迅速性と適時性を要求するようになってきた。こうした要求に対応するために，四半期（３カ月）ごとに財務諸表を公表する「**四半期報告制度**」が設けられた。これと同時に，四半期財務諸表の信頼性を保証する仕組みとして，「**四半期レビュー**」が導入された。

四半期レビューは，年度財務諸表監査の「監査リスク」に相当する「**レビューリスク**」を，年度財務諸表監査の場合より高く設定し，簡易な手続によって四半期財務諸表の適正表示について「**消極的な保証**」を提供することを目的とする（「四半期レビュー」は，第12章参照）。

マメ知識 1－4

リスク・アプローチ以前の監査アプローチ：内部統制アプローチ

現在では，財務諸表監査がリスク・アプローチによって実施されるということが常識化しているが，これが導入されたのはそれほど古い話ではない。リスク・アプローチは，1970～80年代のアメリカにおける，いわゆる「期待ギャップ」問題への対応策として導入されたのである。

リスク・アプローチの特徴は，監査計画の策定にあたって，被監査会社の内部統制の有効性がそのつど評価されるという点にある。そして，内部統制の有効性の裏面である統制リスクの大きさによって，実施すべき監査手続の厳格さが規定されるのである。

これに対してリスク・アプローチ導入以前の財務諸表監査では，被監査会社の内部統制が有効に機能していることを前提として監査手続が実施されていた。内部統制の評価は，原則として，監査契約の締結時に行われるだけであり，年度ごとの監査に際しては，重要な変更があったときなどに行われるに過ぎなかった。こうした監査アプローチは，「内部統制アプローチ」あるいは「システム・アプローチ」などと呼ばれることがある。

しかし，期待ギャップ問題が明らかにしたように，被監査会社の内部統制は常に有効に機能しているとは限らない。このため，被監査会社の事業環境や経営者の姿勢などを含めて，常に変化する状況に適切に対応できるよう，年度ごとに内部統制の有効性（統制リスク）を評価した上で監査手続を決定するという監査アプローチへと移行することになったのである。

II　経営者の責任と監査人の責任
――二重責任の原則

1　財務諸表の作成と開示

新たに総額１億円以上の有価証券を発行し，50名以上の者に取得を勧誘しようとする会社は，内閣総理大臣に対して，「**有価証券届出書**」を提出しなければならない（金商法第５条）。有価証券届出書には，「経理の状況」として，最近２事業年度に係る連結財務諸表ならびに個別財務諸表が含まれる（企業内容等の開示に関する内閣府令第８条）。

取引所に上場されている有価証券の発行会社，資本金が５億円以上，株主数が1,000人以上の株式会社等は，事業年度ごとに**「有価証券報告書」**を内閣総理大臣宛に提出しなければならない（金商法第24条）。有価証券報告書には，「経理の状況」として，連結財務諸表ならびに個別財務諸表が含まれる（企業内容等の開示に関する内閣府令第15条）。

このように，新規の証券発行にあたって，会社の経営内容を投資者に知らしめるために，発行市場に向けたディスクロージャーが行われなければならない。これは**「発行開示」**と呼ばれる。一方，上場会社では，株式等の有価証券が金融商品市場で流通することになるため，投資者による資金の投下または回収に係る意思決定に資する情報を継続的に開示することが要求されている。このような情報開示形態は**「継続開示」**と呼ばれる。

発行開示（発行市場）：新規の証券発行にあたって会社の経営内容を開示
継続開示（流通市場）：資金の投下・回収に係る意思決定に資する情報の継続的な開示

いずれの開示形態においても，情報の作成責任は会社の経営者が負う。当該情報に含まれる連結財務諸表／個別財務諸表は，投資者の意思決定を誤らせないように，経営内容を適切に反映するものでなければならない。経営者の責任は，真実な経営内容を表示する財務諸表を作成することによって果たされる。

2　財務諸表の監査

有価証券届出書および有価証券報告書に含まれる連結財務諸表ならびに個別財務諸表に対しては，提出者と特別の利害関係のない公認会計士または監査法人の**監査証明**が必要とされている（金商法第193条の２）。財務諸表に対して監査証明を行うことは，公認会計士および監査法人の使命を果たすための１つの重要な役割であり，また，公認会計士および監査法人の主たる業務でもある（公認会計士法第２条第１項，第34条の５）。

監査人としての公認会計士（監査法人）は，金融庁の**企業会計審議会**が設定した『**監査基準**』にしたがって監査を実施しなければならない。『監査基準』は，監査の目的を次のように定めている（第一　監査の目的：第１項前段）。

> 財務諸表の監査の目的は，経営者の作成した財務諸表が，一般に公正妥当と認められる企業会計の基準に準拠して，会社の財政状態，経営成績及びキャッシュ・フローの状況をすべての重要な点において適正に表示しているかどうかについて，監査人が自ら入手した監査証拠に基づいて判断した結果を意見として表明することにある。

監査人は，財務諸表に対する監査意見の表明を期待されている。監査意見は，経営者によって作成された財務諸表が，一般に公正妥当と認められる企業会計の基準（GAAP）に準拠して作成されていることを検証する**監査手続**の実施によって形成される。監査手続によって収集される**監査証拠**が，表明される監査意見の根拠となる。監査人は，こうして形成された監査意見を表明することによって，その責任を果たすことができるのである。

3　二重責任の原則の意義

財務諸表監査の監査意見は，**監査報告書**によって伝達される。「**独立監査人の監査報告書**」と題される報告書には，監査意見の他にも，監査の実施に係る前提事項や監査意見の形成における考慮事項など，いくつかの重要な記載事項が含まれる。その中の１つとして，「財務諸表の作成責任は経営者にあること，財務諸表に重要な虚偽の表示がないように内部統制を整備及び運用する責任は経営者にあること」ならびに「監査人の責任は独立の立場から財務諸表に対する意見を表明することにあること」という記載がある（「監査基準」第四 報告基準三（２）および（３））。

この記載事項は，「**二重責任の原則**」と呼ばれ，ディスクロージャーを巡る経営者の責任と監査人の責任を峻別することを要求するものである。投資者の意思決定を誤らせないように，①経営内容を適正に表示する財務諸表を作成するとともに，そのための内部統制を整備・運用する経営者の責任，②当該財務諸表が企業会計の基準に準拠して作成されていることについて検証し，それに

〔図表１－５〕「二重責任の原則」のイメージ

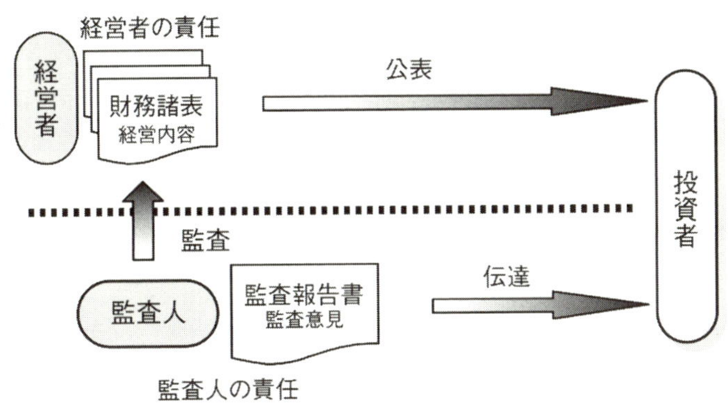

よって得られた結論を監査意見として表明する監査人の責任が，明確に区別されなければならない（**図表１－５**）。

財務諸表監査は，経営者自身によるアサーションの存在を前提とし，その真実性を検証するものである。アサーションとは，経営者が財務諸表において明示的か否かにかかわらず提示するものをいう（監基報315：第３項）。監査の前提として，あらかじめ何らかのアサーションが準備されていなければならない。監査人は，独立の立場からその真実性を検証し，その結果得られた結論を監査意見として表明する。

検証の対象となるアサーションとしての財務諸表が，監査人とは独立して作成されていることが不可欠の要件となる。もしこの要件が満たされなければ，すなわち，財務諸表の作成過程に監査人自身が関与することになれば，監査人の結論の客観性が失われ，監査人の検証は**自己監査**に陥ることになる。こうした問題を回避するためにも，経営者の責任と監査人の責任が峻別されなければならないのである。

経営者自身によるアサーションの存在を前提として，監査人の役割をこれに対する意見表明に限定することによって，監査人自身の責任の範囲を明確化することができる。財務諸表に重要な虚偽表示が含まれていることによって責任を問われるのは経営者であり，監査人ではない。財務諸表に重要な虚偽表示が含まれているにもかかわらず，これを見逃して不適切な監査意見（**無限定適正**

意見）を表明すれば，監査人はそのことに対して責任を問われることになるのである。

例えば，**継続企業の前提**に関する監査人の検討は，経営者自身による継続企業の前提に関する評価とそれに基づく注記（アサーション）の存在が前提とされている。監査人の責任は，当該注記が基準に準拠して表示されているかどうかについての監査証拠を入手し，これを監査意見の形成において考慮することに限定されている（「継続企業の前提の監査」は，第11章II節参照）。

マメ知識 1-5

継続企業の前提

継続企業の前提とは，企業はいったん設立されると，特別な事情がない限り，その活動を半永久的に継続するという仮定である。この仮定は，企業会計を行う際の約束であり，これに基づいて企業会計の基準が設定されている。取得原価主義会計も時価会計もこの前提の下で成立するものである。したがって，財務諸表監査において会計基準への準拠性を検証するにあたっては，被監査会社について継続企業の前提が成立していることを確かめる必要がある。もしこの前提が成立しなければ，現行の会計基準にしたがって作成された財務諸表は，真実な報告を提供するものとはいえないからである。

継続企業としての存続能力自体は経営者のアサーションではないので，監査人にはこうした事項を監査意見の形成において直接考慮する責任を負ってはいない。経営者のアサーションが存在しない事項について，監査人が自ら監査手続の対象（これを「**監査要点**」と呼ぶ）を設定して，それを検証するというアプローチはとられず，あくまでも存続能力に関する経営者自身の評価結果に基づく注記（アサーション）を監査要点として，それを検証するのである。

被監査会社が継続企業として存続できない場合でも，経営者の経営上の責任が問われることはあっても，監査人が監査上の責任を問われることはない。

マメ知識 1-6

内部統制監査のアプローチ

内部統制監査も，継続企業の前提の検討と同様の考え方に基づいて実施される。すなわち，経営者が行う内部統制の有効性の評価結果（アサーション）が記載される内部統制報告書に対して，監査人は，それがあらかじめ定められた基準にしたがって作成されているかどうかについて意見を表明するのである。

こうした経営者のアサーションなしに，監査人自身が独自に監査要点を設定して意見を形成し表明する，いわゆる「**ダイレクト・レポーティング**」では，監査意見との関係で，経営者の責任が明示的に識別されない。こうした検証の方法をとると，監査対象の範囲を明確にすることが困難となる。したがって，監査要点をどのように定めるかという判断の是非を含めて，監査人の責任が問われることになる。このため，監査人の責任の範囲は，経営者のアサーションを前提とした場合より拡大するだけでなく，その重みも増すことになろう。

この場合でも，内部統制に「重要な欠陥」があったとしても，それに対する責任は経営者が負うのであり，監査人が内部統制監査上の責任を問われることにはならない。

4　二重責任の原則とリスク・アプローチ

二重責任の原則は，①経営者の財務諸表作成と内部統制の整備・運用責任，②監査人の監査意見表明責任との峻別を要請している。この原則をリスク・アプローチの構造にあてはめると，以下のように考えることができる。

経営者は，財務諸表が真実な経営内容を表示するものとなるように，事業を取り巻く環境要因を考慮して，事業経営に関連するリスクをコントロールできる有効な内部統制を整備し運用しなければならない。経営者は，財務諸表に重要な虚偽表示が行われるリスクである「**重要な虚偽表示リスク**」を低く抑えられるように努力する責任を負っている。

監査人は，経営者の責任で抑制されているはずの重要な虚偽表示リスクを的確に評価し，自らの監査手続によって重要な虚偽表示を見逃すリスクである**発見リスク**の水準を設定する。これに基づいて適切な監査手続を実施して，監査の目標品質水準である**監査リスク**（重要な虚偽表示を含む財務諸表に対して，誤って不適切な意見を表明してしまうリスク＝「監査の失敗」のリスク）を低く抑えられるように努力することが，監査人に課せられた責任である。

〔図表1－6〕リスク・アプローチにおける二重責任の構図

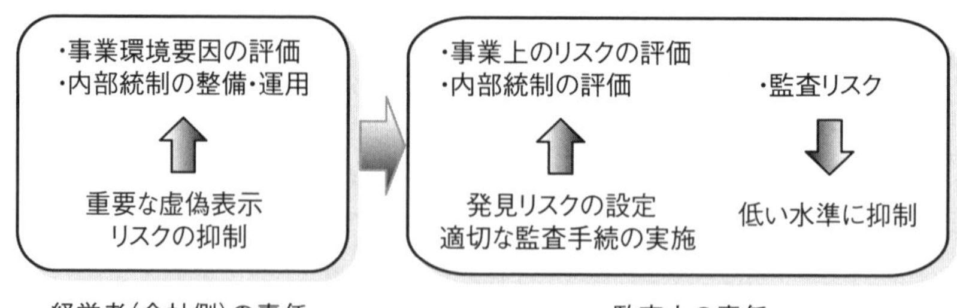

図表1－6は以上の説明を示したものである。

こうした構図においては，経営者（会社側）に関して，内部統制，とりわけ財務報告の信頼性を確保するために必要とされるプロセスやルールの整備と有効な運用を行う責任が重要である。

監査人は，経営者側の内部統制の整備・運用の有効性を適切に評価しなければならない。その上で，目標とされる監査リスクの水準を達成するために必要とされる監査手続を計画し，実施する。これによって，要求される発見リスクの水準を満たさなければ，適切な監査意見を表明するという監査人に課せられた責任を果たすことはできないのである。

III　経営者の役割と内部統制

1　経営者の役割

株式会社を設立するためには会社法の規定によらなければならないが，最も一般的な株式会社の形態である**取締役会設置会社**の経営者は，会社の所有者たる株主の意向を受けた取締役会が定める方針の下，これに沿う形で経営業務を執行する責任を負う。経営者の執行責任の遂行状況は，取締役会によって監督されるとともに，**監査役会設置会社**の場合には監査役会，**指名委員会等設置会社**では監査委員会，また，監査等委員会設置会社であれば監査等委員会によって監査される。

経営者の役割と責任は，会社の経営目標を達成することにある。このために，経営者は，取締役会が決定した方針に基づいて経営計画を策定する。実際の業務の遂行は業務部門において行われるが，経営者はこれに対して指揮・命令，管理を行うことになる。

会社の経営目標を有効かつ効率的に達成するためには，**コーポレート・ガバナンス**の機能が有効に働かなければならず，この機能を具体化する手段として，会社内部において一定のルールや業務プロセスが確立される必要がある。これが**内部統制**である。経営者は，取締役会の定める方針の下で，会社の経営目標の達成を促進するための内部統制を構築・整備し，これを有効に運用しなければならないのである。

マメ知識１－７

株式会社の機関とコーポレート・ガバナンス

会社法は，株式会社の機関設計を大幅に自由化したが，「公開会社」（すべての株式を譲渡制限している会社（「非公開会社」）以外の会社）である株式会社は，必ず取締役会を設置しなければならない。そして，大会社（資本金５億円以上または負債総額200億円以上の株式会社）である公開会社は，「監査役設置会社」，「指名委員会等設置会社」あるいは「監査等委員会設置会社」のうちのいずれかの形態を採用し，さらに会計監査人を置かなければならない（詳細は第５章を参照）。

会社の機関設計は，ステークホルダーの視点から経営者を動機づけおよび規律づけるためにどのような体制をとるかという，コーポレート・ガバナンスの視点に基づいて行われる。経営の有効性，効率性，健全性を確保するために，一方でインセンティブを与えながら，他方でコンプライアンスに配慮した経営が行われるように自己規律の仕組みを整備する必要がある。

有効なコーポレート・ガバナンスの仕組みは，会社の事業，規模あるいは事業環境などによって異なるため，ステークホルダー間の利害調整を図りながら，経営者の動機づけと規律づけの仕組みを構築する必要がある。

会社の繁栄は社会からの要請に応える（信頼を裏切らない）ことによって築かれるということが認識されなければならない。社会から信頼を得るには長い時間がかかるが，それを失うのは一瞬であるということを十分に意識して，有効な自己規律の仕組みを設け，これを適切に運用する必要がある。

2　内部統制の基本的枠組み

(1)　内部統制の意義と目的

わが国では，企業会計審議会・内部統制部会によって，「**財務報告に係る内部統制の評価及び監査の基準**」および「**財務報告に係る内部統制の評価及び監査に関する実施基準**」（以下，2つを合わせて「内部統制基準」という）が設定されている。これが，わが国における内部統制の意義や構成要素の枠組みを規定する。経営者による内部統制の有効性の評価および評価結果の公表，ならびに評価結果を公表するために作成される「**内部統制報告書**」の監査の手順についての指針ともなる。

マメ知識1－8　**COSOとCOSO報告書**

わが国の内部統制基準は，アメリカのトレッドウェイ委員会支援組織委員会（COSO）が1992年に公表した，「内部統制の統合的枠組み」と題する報告書（通称『COSO報告書』）に依拠しながら，わが国の実情を反映する形で設定されている。

COSOは，アメリカで1985年に組織された不正な財務報告に関する全国委員会（通称，トレッドウェイ委員会）を人的・資金的に支援するために設立された委員会で，現在，アメリカ会計学会（AAA），アメリカ公認会計士協会（AICPA），内部監査人協会（IIA），管理会計士協会（IMA）ならびに国際財務担当経営者協会（FEI）という5つの団体によって構成されている。

なお，COSO報告書は，公表後の環境変化などを考慮して，2013年に20年ぶりに改訂されたが，内部統制に関する基本的な考え方に変更はない。

内部統制基準は，内部統制を次のように定義している。

内部統制とは，基本的に，業務の有効性及び効率性，財務報告の信頼性，事業活動に関わる法令等の遵守並びに資産の保全の4つの目的が達成されているとの合理的な保証を得るために，業務に組み込まれ，組織内のすべての者によって遂行されるプロセスをいい，統制環境，リスクの評価と対応，統制活動，情報と伝達，モニタリング（監視活動）及びIT（情報技術）への対応の6つの基本的要素から構成される。

定義に含まれている４つの目的の意義は，**図表１－７**に示すとおりである。

〔図表１－７〕内部統制が支援する目的（内部統制の目的）の意義

業務の有効性及び効率性	事業活動の目的の達成のため，業務の有効性及び効率性を高めること
財務報告の信頼性	財務諸表及び財務諸表に重要な影響を及ぼす可能性のある情報の信頼性を確保すること
事業活動に関わる法令等の遵守	事業活動に関わる法令その他の規範の遵守を促進すること
資産の保全	資産の取得，使用及び処分が正当な手続及び承認の下に行われるよう，資産の保全を図ること

①　業務の有効性及び効率性

業務が有効であるということは，それが組織の目的の達成に貢献したということであり，効率的であるということは，目的達成のために資源が最適に配分され，無駄なく利用されているということである。内部統制は，組織の目的が達成されるように，業務の実施と資源配分をコントロールする機能を担っているのである。

②　財務報告の信頼性

財務報告は，投資者や債権者などの組織外部の利害関係者はもちろん，経営者にとっても経営上の意思決定を左右する重要な情報を提供するものであり，高い信頼性が確保されなければならない。内部統制は，信頼性のある適正な財務情報が作成・公表されるように，業務を適切にコントロールする機能を果たさなければならないのである。

③　事業活動に関わる法令等の遵守

組織およびその構成員が法令等を遵守するのは当然のことである。法令等に対する違反行為があれば組織に対する信頼が損なわれ，目的の達成に対する重大な障害ともなりかねない。内部統制には，業務が法令等を遵守して遂行されるようにコントロールすることが期待されているのである。

④　資産の保全

組織の資産は，組織が収益を上げるための源泉である。業務に適合しない資産の取得，重要な資産の毀損や喪失は，目的の達成に大きな障害となる。このため，資産の取得，使用および処分は，適切なルールや手順にしたがって行われる必要がある。内部統制は，こうしたルールや手順の適切な運用をコントロールしなければならないのである。

（２） 内部統制の基本的要素

一方，内部統制基準が掲げている６つの基本的要素の意義と，それらに関連する具体的なチェックポイントの例を示せば**図表１－８**のとおりである。

〔図表１－８〕内部統制の基本的要素の意義

統　制　環　境	組織の気風を決定し，組織内のすべての者の統制に対する意識に影響を与えるとともに，他の基本的要素の基礎をなし，リスクの評価と対応，統制活動，情報と伝達，モニタリングおよびITへの対応に影響を及ぼす基盤をいう。 例えば，①誠実性および倫理観，②経営者の意向および姿勢，③経営方針および経営戦略，④取締役会および監査役または監査委員会の有する機能，⑤組織構造および慣行，⑥権限および職責，⑦人的資源に対する方針と管理などがあげられる。 （チェックポイントの例） ・経営者は，信頼性のある財務報告を重視し，財務報告に係る内部統制の役割を含め，財務報告の基本方針を明確に示しているか。 ・経営者は，適切な会計処理の原則を選択し，会計上の見積り等を決定する際の客観的な実施過程を保持しているか。 ・経営者は，信頼性のある財務報告の作成を支えるのに必要な能力を識別し，所要の能力を有する人材を確保・配置しているか。
リスクの評価と対応	組織目標の達成に影響を与える事象について，組織目標の達成を阻害する要因をリスクとして識別，分析および評価し，当該リスクへの適切な対応を行う一連のプロセスをいう。 （チェックポイントの例） ・信頼性のある財務報告の作成のため，適切な階層の経営者，管理者を関与させる有効なリスク評価の仕組みが存在しているか。 ・リスクを識別する作業において，企業の内外の諸要因および当該要因が信頼性のある財務報告の作成に及ぼす影響が適切に考慮されているか。

	・経営者は，組織の変更やITの開発など，信頼性のある財務報告の作成に重要な影響を及ぼす可能性のある変化が発生するつど，リスクを再評価する仕組みを設定し，適切な対応を図っているか。
統制活動	経営者の命令および指示が適切に実行されることを確保するために定める方針および手続をいう。 統制活動には，権限および職責の付与，職務の分掌等の広範な方針および手続が含まれる。このような方針および手続は，業務のプロセスに組み込まれるべきものであり，組織内のすべての者において遂行されることにより機能するものである。 （チェックポイントの例） ・信頼性のある財務報告の作成に対するリスクに対処して，これを十分に軽減する統制活動を確保するための方針と手続を定めているか。 ・経営者は，信頼性のある財務報告の作成に関し，職務の分掌を明確化し，権限や職責を担当者に適切に分担させているか。 ・統制活動を実施することにより検出された誤謬等は適切に調査され，必要な対応が取られているか。
情報と伝達	必要な情報が識別，把握および処理され，組織内外および関係者相互に正しく伝えられることを確保することをいう。組織内のすべての者が各々の職務の遂行に必要とする情報は，適時かつ適切に，識別，把握，処理および伝達されなければならない。また，必要な情報が伝達されるだけでなく，それが受け手に正しく理解され，その情報を必要とする組織内のすべての者に共有されることが重要である。 一般に，情報の識別，把握，処理および伝達は，人的および機械化された情報システムを通して行われる。 （チェックポイントの例） ・信頼性のある財務報告の作成に関する経営者の方針や指示が，企業内のすべての者，特に財務報告の作成に関連する者に適切に伝達される体制が整備されているか。 ・会計及び財務に関する情報が，関連する業務プロセスから適切に情報システムに伝達され，適切に利用可能となるような体制が整備されているか。 ・内部統制に関する重要な情報が円滑に経営者および組織内の適切な管理者に伝達される体制が整備されているか。
モニタリング（監視活動）	内部統制が有効に機能していることを継続的に評価するプロセスをいう。モニタリングにより，内部統制は常に監視，評価および是正されることになる。モニタリングには，業務に組み込まれて行われる日常的モニタリングおよび業務から独立した

	視点から実施される独立的評価がある。両者は個別にまたは組み合わせて行われる場合がある。 （チェックポイントの例） ・日常的モニタリングが，企業の業務活動に適切に組み込まれているか。 ・経営者は，独立的評価の範囲と頻度を，リスクの重要性，内部統制の重要性および日常的モニタリングの有効性に応じて適切に調整しているか。 ・モニタリングの実施責任者には，業務遂行を行うに足る十分な知識や能力を有する者が指名されているか。
IT（情報技術）への対応	組織目標を達成するために予め適切な方針および手続を定め，それを踏まえて，業務の実施において組織の内外のITに対し適切に対応することをいう。 ITへの対応は，内部統制の他の基本的要素と必ずしも独立に存在するものではないが，組織の業務内容がITに大きく依存している場合や組織の情報システムがITを高度に取り入れている場合等には，内部統制の目的を達成するために不可欠の要素として，内部統制の有効性に係る判断の規準となる。 ITへの対応は，IT環境への対応とITの利用および統制からなる。 （チェックポイントの例） ・経営者は，ITに関する適切な戦略，計画等を定めているか。 ・経営者は，内部統制を整備する際に，IT環境を適切に理解し，これを踏まえた方針を明確に示しているか。 ・経営者は，信頼性のある財務報告の作成という目的の達成に対するリスクを低減するため，手作業およびITを用いた統制の利用領域について，適切に判断しているか。

（注） 上のチェックポイントは、財務報告に係る全社的な内部統制のチェックポイントを例示したものである。この内部統制の形態は，企業の置かれた環境や特性などにより異なる。

例えば，統制環境について，構成員の倫理観が高い組織は内部統制が機能しやすい環境にあるが，経営者の意向あるいは姿勢が遵法意識に欠ける組織では，組織全体が法令を遵守しようという雰囲気になりにくく，結果として内部統制の有効性が失われリスクが大きくなる。

組織の存続に致命的な影響を与える恐れのあるリスクは回避すべきかもしれないが，すべてのリスクを回避するわけにはいかないので，何らかの対策を講じることで低減させたり，転嫁を図ったりしながら取っていかざるを得ないリスクもある。また，影響が軽微なリスクは，そのまま受け入れることができるだろう。リスクへの対応には，こうした戦略的な意思決定が含まれるのである。

大規模で多様かつ複雑な活動を行う組織では，責任者がすべての活動を直接把握したり管理・監督したりすることは難しい。このため，職務の分掌や構成員間の相互牽制（内部牽制）といった仕組みを業務プロセスに組み込むことによって，業務を適切にコントロールする必要がある。

内部統制はプロセスであり，意図通りに実施されてはじめてその効果が発揮されるものである。したがって，内部統制を構成する基本的要素は単に存在するだけでは十分ではなく，それらが実行されていなければならない。モニタリング機能による継続的な評価と改善によって，経営活動および環境の変化に柔軟に対応できる強靱なプロセスとなるよう，内部統制には常に進化が求められるのである。

（３）　内部統制の限界

内部統制が有効に機能しているとき，４つの目的が達成されているとの合理的な保証が提供されることになる。しかし，内部統制には，人間によって遂行されるプロセスであるということや，業務の実施に際して予め設けられるプロセスであることなどに起因する，次のような固有の限界がある。内部統制の限界とは，適切に整備され運用されている内部統制であっても，内部統制が本来有する制約のため有効に機能しなくなることがあり，内部統制の目的を常に完全に達成するものとはならない場合があることをいう。これが，内部統制が絶対的な保証を提供できない最大の理由である。

①　内部統制は，判断の誤り，不注意，複数の担当者による共謀によって有効に機能しなくなる場合がある。

内部統制は，組織のすべての構成員の判断や行為によって形成されるプロセスである。どんなに誠実な人でも，判断の誤りや不注意によるミスをすることがある。また，いくら厳格な職務分掌や相互牽制の仕組みを構築しても，担当者同士が示し合わせれば，不正・不当な行為を実行できる場合がある。このような場合には，内部統制の有効性が損なわれることがある。

②　内部統制は，当初想定していなかった組織内外の環境の変化や非定型的な取

引等には，必ずしも対応できない場合がある。

内部統制は，組織の現在の経営内容や状況，あるいは近い将来に想定される状況などを考慮して構築されるものである。将来の状況や変化について想定できることには限りがあるため，結果的に想定していなかった状況に直面すると，内部統制のプロセスでは処理できない場合がある。

③ 内部統制の整備および運用に際しては，費用と便益との比較衡量が求められる。

内部統制それ自体は直接収益を生み出すものではないが，その整備・運用には当然費用がかかる。こうした費用は組織の目的を達成するためのコストであるとはいえ，完璧を目指して資源を投入するわけにはいかないであろう。内部統制によってもたらされる便益と，そのための費用とのバランスが考慮されることにより，内部統制の機能に一定の制約が課せられるのである。

④ 経営者が不当な目的のために内部統制を無視ないし無効にすることがある。

経営者は，内部統制によって組織の業務を管理・監督する立場にあり，経営者自身は内部統制による管理・監督の対象に含まれていない。このため，どれほど効果的な内部統制が構築され，実際に有効に運用されていても，経営者自身が不当な目的で行う行為を内部統制で防止したり発見したりするのは難しいのである。

(4) 財務諸表監査との関係

内部統制は，財務諸表監査における監査手続の実施手法である試査の前提となる。試査による監査手続の実施が正当化されるためには，取引記録の均質性が確保されている必要があり，内部統制はこれを担保する仕組みである。

監査人は，試査の範囲を決定するために，内部統制の有効性を評価しなければならない。リスク・アプローチでは，内部統制の有効性は，「重要な虚偽表示リスク」の大きさを左右する重要な要因である。

重要な虚偽表示リスクの大きさは，発見リスクの大きさを規定することになる。発見リスクは，財務諸表監査における目標である監査リスクの水準を達成するために必要な監査手続の厳格さに影響を与える。発見リスクの大きさが，実施すべき監査手続の種類とその実施時期（会計期間中か会計年度末か），ならびに試査の範囲（サンプル数）を決定するのである。

内部統制の有効性が高ければ，重要な虚偽表示リスクは小さくなり，試査の範囲は狭くてよい。監査手続によって直接検証すべき取引記録の量は少なくて済むのである。逆に，有効性が低ければ重要な虚偽表示リスクが大きくなるため，試査の範囲を広くしなければならないことになる。より大きなコスト（時間や労力）をかけて監査手続を実施しなければ，目標とされる監査リスクの水準を達成することができないのである。

以上のことを図で表せば，**図表１－９**のようになる。

〔図表１－９〕内部統制の有効性と試査の範囲

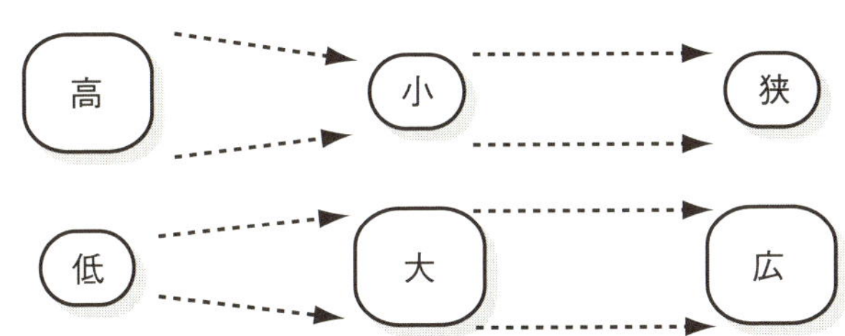

財務諸表監査は，財務諸表に重要な虚偽表示が含まれておらず，会社の経営内容についての真実な報告が行われていることについて，合理的な保証を提供するものである。試査という手法を用いて，財務諸表全体によって提供される会社の経営情報の信頼性に保証を与える。こうした保証を可能とするためには，適切に整備，運用され有効に機能する内部統制の存在が前提となる。

Ⅳ　監査人の役割と意見表明

１　監査の保証機能における監査人の役割

(1)　監査手続と監査意見

財務諸表監査の基本的な機能は，財務諸表の信頼性について**合理的な保証**を提供することにある（**財務諸表監査の保証機能**）。監査人は，監査意見，とりわけ無限定適正意見を表明することを通じてこの機能を担っている。

〔図表 1 - 10〕財務諸表監査における立証の構造

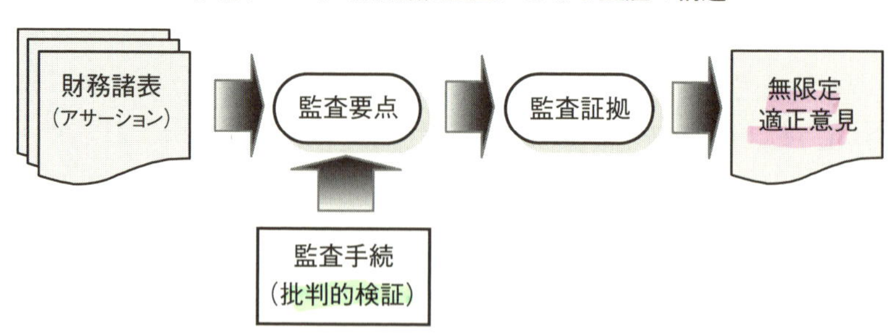

監査人は，監査意見を形成するために，財務諸表に含まれている経営者のアサーション（主張）に対して監査要点を設定し，これを批判的に検証する。監査要点に対して実施される検証は，**監査手続**と呼ばれる。監査人は監査手続を実施することによって，財務諸表の信頼性を裏づけるための証拠を入手するのである。監査手続によって得られる証拠を**監査証拠**という。

監査人による監査手続は，財務諸表に重要な虚偽表示が含まれていないかどうかを確かめる形で実施される。重要な虚偽表示とは，財務諸表の利用者を，もしそれがなければ到達したであろう判断とは異なる，不適切な判断に導く重大な誤りまたは記載漏れをいう。監査人は，監査手続を実施することによって，基本的には，財務諸表に重要な虚偽表示が含まれていない，という確信を得るための監査証拠を入手する。こうした監査証拠に基づいて，標準的な監査意見とされる無限定適正意見が表明されるのである（**図表 1 - 10**）。

監査人は，財務諸表の作成責任を負う経営者の誠実性に対して，職業的専門家としての職業的懐疑心を抱きながら監査に臨む必要がある。経営者の誠実性を否定するわけではないが，逆にこれを無批判に前提とはせず，いかなる先入観も持つことなく，経営者の誠実性を慎重に評価しなければならない。経営者の誠実性の評価は，内部統制における**統制環境**の評価とも関連する。

財務諸表監査は，基本的に，財務諸表に重要な虚偽表示が含まれていないということの証明を目指すものである。しかし，それは，あくまでも批判的な検証手続に基づく結論によって達成されなければならないのである。

(2) 監査意見と監査人の判断

無限定適正意見は，財務諸表が財政状態，経営成績およびキャッシュ・フローの状況を適正に表示しているということについて，監査人が監査手続を実施した結果として到達した結論を伝達するものである。それは，表示されている金額が算術的に正確であるとか，定められた基準に厳格に即して作成されているといった，財務諸表そのものの属性を表しているわけではない。財務諸表が財政状態や経営成績などを適正に表示しているという，職業的専門家である**監査人の判断**を表しているに過ぎない。

このため，実際には財政状態，経営成績またはキャッシュ・フローの状況を適正に表示していない財務諸表に対して，無限定適正意見が表明されることがあり得る。こうした事態は，適切な監査手続が実施されなかった場合はもちろん，たとえ適切な監査手続が実施されたときにも起こると考えられている。これは「**監査の失敗**」と呼ばれる。

財務諸表監査は，監査人という人間が行うものである以上，判断の誤りによる失敗が不可避的に発生し得ると考えなければならない。とくに，適切な監査手続が実施されたにもかかわらず発生する失敗が問題となる。しかし，失敗の確率は，十分に低く抑えられなければならない。さもなければ，財務諸表監査は，社会的な制度として成立することができない。監査の失敗の確率は「**監査リスク**」と呼ばれ，監査リスクを十分に低く抑えられるように監査を実施する手法を「**リスク・アプローチ**」という。

リスク・アプローチでは，監査手続は，財務諸表には多かれ少なかれ重要な虚偽表示が含まれる可能性があるという前提の下で実施される。その際，どこに重要な虚偽表示の原因が存在し，それを抑制ないし発見するために会社がどのような努力をしているかが批判的に評価される。その上で，目標とされる十分に低い監査リスクを達成する（失敗の確率を十分に低く抑える）ために，どのような監査手続を，いつ，どの程度の範囲について実施すべきかが決定される。これらの要因は，発見リスクの程度によって規定されることになる。

監査人は，このように監査手続を実施した結果として得られた結論を監査意見として表明し，財務諸表が真実な報告を提供するものであることが保証されるのである。

(3) 監査意見と投資者保護

リスク・アプローチの下では，監査人は，財務諸表に含まれる重要な虚偽表示を見逃さないように監査手続を計画し，実施する必要がある。適切な監査手続が実施されていれば，財務諸表に重要な虚偽表示が含まれているという判断を下すことがあり得る。この場合，財務諸表は真実な報告を提供しているとはいえないため，監査人は，当該重要な虚偽表示の存在を理由として，**不適正意見**を表明しなければならない。

重要な虚偽表示を含む財務諸表に対して不適正意見が表明されれば，投資者は当該財務諸表を経営内容の判断材料としては利用しないであろう。この結果，誤った意思決定による不測の損失を回避できるという意味で，投資者の利益が保護されることになる。

しかし，こうした形での監査人の投資者保護への貢献は，消極的なものにとどまる。なぜならば，不適正意見の表明は，投資者が意思決定をするに際して有害な情報を排除するに過ぎず，有用な情報を増加させるわけではないからである。投資者にとって有用な情報とは，投資に関わる不確実性（**投資リスク**）を低減させる情報である。財務諸表監査の役割は，情報の信頼性を保証することによって情報自体についての不確実性（**情報リスク**）を低減させることであり，ひいては投資リスクを低減させることにある。財務諸表監査に対して期待されている機能が発揮されるためには，意思決定に利用できる情報の存在が前提となる。

監査人は，**二重責任の原則**によって，財務諸表の作成に関与することはできない。監査人が積極的な意味で投資者保護に貢献を果たすことを可能にするためには，経営者が真実な財務報告を提供する財務諸表を作成することが前提となるのである（**図表1－11**）。

リスク・アプローチによれば，監査人は，重要な虚偽表示リスクを評価した上で，監査リスクを目標水準に抑えられるように監査手続を計画，実施しなければならない。会社の内部統制に不備あるいは重要な欠陥が認められれば，**重要な虚偽表示リスク**は大きくなる。このことは，監査人にとっては，発見リスクをより小さくする，すなわち監査手続をより厳格化すべきことを意味する。重要な虚偽表示リスクが非常に大きいとき，発見リスクは非常に小さく抑えら

〔図表1－11〕監査人の結論と監査意見

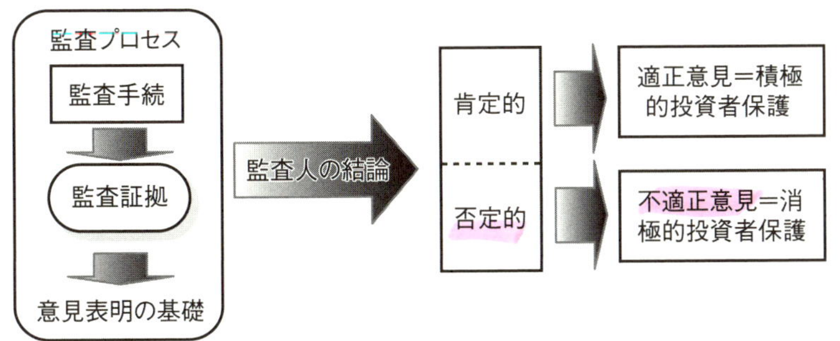

れなければならない。場合によっては，試査による監査手続の実施が不可能となり，結果として監査意見が形成できないこともあり得る。

監査人が必要と考えた監査手続が実施できなければ，十分かつ適切な監査証拠を得ることができず，その結果，**意見表明の基礎**が得られないことになる。このような場合には，たとえ監査報告書が提出されたとしても，そこには財務諸表の信頼性に対する監査人の結論は記載されず，意見を表明しない旨だけが記載される。監査人は，財務諸表の信頼性について，保証も否定もすることができず，その役割を果たすことができないのである。

このような監査報告書によっては，投資者は財務諸表が経営内容について真実な報告を提供するものであるかどうかを判断することができない。財務諸表の信頼性が明確に否定されているわけではないため，これを利用することによって誤った意思決定に導かれるとは断定できない。しかし，信頼性が保証されていない財務諸表を利用した意思決定は，自己責任の原則に照らせば，投資者に大きなリスク負担を迫るものになりかねない。このような監査報告書では投資者を保護することはできないのである（図表1－12）。

(4)　監査人による助言・勧告

監査人は，会社側の事情に起因する重要な虚偽表示リスクを評価した上で，その程度に応じて自らが実施すべき監査手続を決定する。重要な虚偽表示リスクが非常に大きく，監査人の努力だけでは要求される監査リスクの水準を満たすことができないことがあり得る。とくに，内部統制の有効性に重大な問題が

〔図表 1 - 12〕監査手続の制約と投資者保護

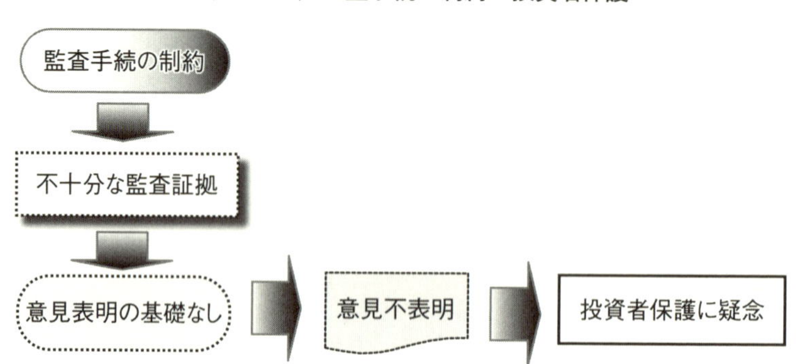

あると，意見表明の基礎が得られないケースが想定される。

このような場合には，監査意見の表明による投資者の保護という役割を果たすために，監査人は，経営者に対して問題点の改善について**助言**ないし**勧告**を行うことがある。例えば，内部統制に不備あるいは重要な欠陥が認められる場合には，監査人は，経営者に対してこれを改善し，試査によって監査手続を実施できる環境を整備するように勧告することになる。

重要な虚偽表示を発見した場合に，それをそのまま監査意見に反映させて不適正意見を表明することは，投資者の保護という観点からすると必ずしも最善の措置とはいえない。むしろ，経営者に対して，当該重要な虚偽表示を修正するように助言ないし勧告する方が，結果として意思決定に資する情報が提供されることになるという点でより優れている。

監査の保証機能における監査人の役割は，基本的に無限定適正意見の表明によってこそ果たされるものである。監査人は，会社側における問題点を直ちに監査報告書の記載内容に反映させるわけではない。まずは，経営者に対して，無限定適正意見の表明を妨げる問題点の解決を勧告する必要がある。その上で，なおも無限定適正意見が表明できないと判断する場合には，残された問題点を考慮して除外事項を付した限定付適正意見を表明したり，あるいは意見を表明しないという対応を取ったりするのである（図表 1 - 13）。

〔図表１－13〕監査人による助言・勧告の意義

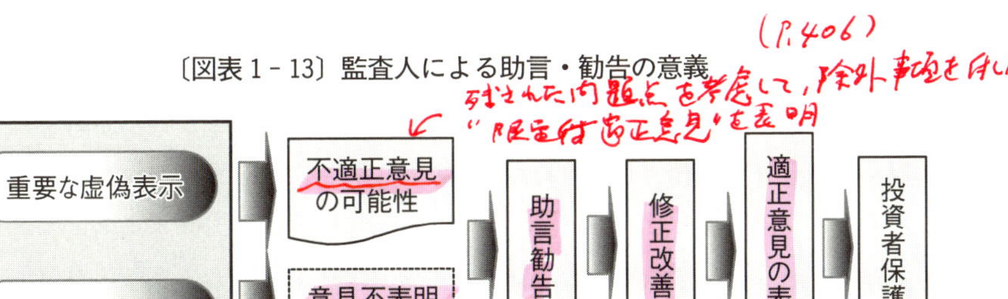

2　監査の情報提供機能における監査人の役割

財務諸表監査は，財務諸表が経営内容についての真実な報告を提供するものであるかどうかを批判的に検証し，その結論を監査意見として表明するものである。このとき表明される監査意見は，基本的に無限定適正意見であり，これによって財務諸表の信頼性について合理的な程度の保証が提供される。これは，**財務諸表監査の保証機能**と呼ばれるものである。

財務諸表監査においては，保証機能の他に，情報提供という監査人の役割が認識されている。これは，投資者の注意を喚起することを主たる目的として，監査人が監査報告書に強調事項とその他の説明事項からなる「**追記情報**」と呼ばれる記載を行うものである。このうち，強調事項は，監査人が適正であると判断した財務諸表（注記を含む）の中に，経営者によってすでに開示されている事項が記載対象となる。

情報提供機能は，監査人が自ら新たな情報を作り出して，それを投資者に伝達するというものではない。そのような行為は，二重責任の原則に反するし，当該情報の信頼性の担保をどうするかという問題を生むことになる。情報提供機能の枠組みにおいて追記情報として提供される情報の意味は，監査人が，「投資者に注意を喚起するということ」にあると考えるべきである。

このため，追記情報のうち，とくに強調事項の記載は，本来，「○○が注記されている」といった表現によって，投資者が自ら注意喚起の対象とされた情報を参照するように促すものとなるべきである。強調事項として記載される情報は，財務諸表においてすでに固有の情報価値をもっている。強調事項として記載されることによって，当該情報に新たな価値が追加されるわけではない。

情報提供機能における情報とは，すでに財務諸表に適正に表示されている情報に対して，とくに投資者の目を向けさせるためのシグナルの役割を果たすものである。監査人の役割は，投資者に新たな財務情報を提供することにあるのではなく，シグナルとしての**注意喚起情報**を提供することにある。投資者が重要な情報を見逃すことを防止することによって，投資者利益の保護に貢献するのである。

以上で説明した監査人の役割を，投資者の保護という観点を考慮して図で表せば，**図表1－14**のようになる。

〔図表1－14〕投資者保護における監査人の役割

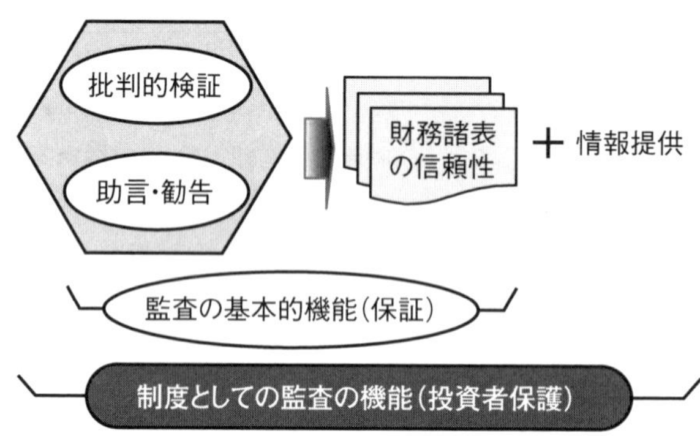

第 2 章　公認会計士法

Summary

- 公認会計士とは監査証明業務の提供を「生業（なりわい）」としている職業専門家のことである。公認会計士法は，公認会計士の業務として①監査証明業務，②非監査証明業務を規定している。
- 公認会計士および監査法人の外観的独立性をそこなう事例は，公認会計士法で例示列挙されている。
- 2003（平成15）年の改正公認会計士法では，大会社等に対して，①監査証明業務と一定の非監査証明業務の同時提供の禁止，②ローテーション制の導入，③単独監査の禁止を定め，さらに，就職規制も定められた。
- 2007（平成19）年の改正公認会計士法では，有限責任監査法人，特定社員制度の導入，課徴金制度の新設，独立性の強化，行政処分の多様化などの改正が行われた。
- 国際的コンバージェンスの動きに対応するため，現行の倫理規則はIFACの概念的フレームワーク・アプローチを導入した。
- 公認会計士監査の品質を確保するため，わが国では金融庁の１つの機関である公認会計士・監査審査会がモニタリングの役割を果たしている。
- 公認会計士・監査法人が故意または過失により虚偽の監査証明を行った場合には，公認会計士・監査審査会が種々の処分の勧告をし，同審査会のホームページで結果を公表している。

Ⅰ　公認会計士制度と公認会計士法

第1章で指摘したように企業の資金調達は間接金融から直接金融へとシフトし，金融商品市場における企業によるディスクロージャーの重要性が高まっている。ディスクロージャーの中核を占めるのが会計情報の開示であり，会計情報の信頼性を担保するのが公認会計士（監査法人）による会計監査制度である。

法律で定められた公認会計士監査制度の例は，**図表2－1**のとおりである。

〔図表2－1〕公認会計士によって実施されている主な監査

◎法定監査	内　容	根拠法令
・金融商品取引法監査	金融商品取引所に株式を上場している会社等が金融商品取引法の規定に基づき提出する貸借対照表，損益計算書その他の財務計算に関する書類に関する監査証明	金融商品取引法第193条の2
・会社法監査	資本金5億円以上または負債総額200億円以上の株式会社が会社法の規定に基づき作成する計算書類に関する監査	会社法第436条第2項
・国立大学法人監査	財務諸表，事業報告書（会計に関する部分に限る。），決算報告書に対する監査	国立大学法人法第35条
・私立学校法人監査	私立学校振興助成法に基づき補助金の交付を受けた学校法人が作成する貸借対照表，収支計算書その他財務計算に関する書類のうち所轄庁が指定する事項に関する監査	私立学校振興助成法第14条
・労働組合監査	労働組合が作成する，すべての財源および使途，主要な寄附者の氏名ならびに現在の経理状況を示す会計報告が正確であることに関する証明	労働組合法第5条
・政党助成法監査	政党交付金の交付を受けた政党が提出する報告書のうち政党交付金の総額，政党交付金による支出の総額等に関する監査	政党助成法第19条
・農林中央金庫監査	農林中央金庫が作成する貸借対照表，損益計算書等に関する監査	農林中央金庫法第35条

・信用金庫監査・信用協同組合監査・労働金庫監査	信用金庫等の協同組織金融機関のうち，一定規模以上のものが作成する業務報告書，貸借対照表，損益計算書等に関する監査	信用金庫法第38条の2，協同組合による金融事業に関する法律第5条の8，労働金庫法第41条の2
・投資法人監査	投資法人が作成する貸借対照表，損益計算書等に関する監査	投資信託及び投資法人に関する法律第130条
・投資事業有限責任組合監査	無限責任社員が作成する貸借対照表，損益計算書，事業報告書および附属明細書のうち会計に関する部分に関する監査（監査意見を主たる事務所に備え置く）	投資事業有限責任組合契約に関する法律第8条

（出所）　金融審議会公認会計士制度部会（2006年4月26日）資料1－2に一部加筆。この他にも，法定監査がある。

マメ知識2－1

監査成立の基盤についての3つの理論

図表2－1では，法定監査を列挙している。職業監査人による監査はいかなる条件が整えば成立するのであろうか。1980年にアメリカのある研究者が主張し，2000年頃から出版されたわが国の監査論テキストで登場した理論がある。①モニタリング仮説，②情報仮説，③保険仮説がそれである。少し修正を加えれば，第1章や第4章の金商法監査は情報仮説，第5章の会社法監査はモニタリング仮説を利用して説明できる。

監査人の資格は公認会計士と監査法人に限定され，この**業務独占資格**により公認会計士と監査法人は独占的な利益を得ることができる。このため，さまざまな規制〔①参入，②監査の品質の持続的確保，③強制的な退出〕が加えられている。こうした規制を行う法律が公認会計士法であり，1948（昭和23）年に制定され，その後，次のような数次の改正を経て現在に至っている。

1948（昭和23）年7月―公認会計士法の制定

1966（昭和41）年6月―日本公認会計士協会の特殊法人化および監査法人制度導入

2003（平成15）年５月—全面的改正
2007（平成19）年６月—監査法人制度などの改正
現行の公認会計士法は，次のような構成になっている。

第１章　総則
第２章　公認会計士試験等
第３章　公認会計士の登録
第４章　公認会計士の義務
第５章　公認会計士の責任
第５章の２　監査法人
第５章の３　有限責任監査法人の登録に関する特則
：
第６章　公認会計士・監査審査会
第６章の２　日本公認会計士協会
第７章　雑則
第８章　罰則
附則

公認会計士法は，制定以来一貫して公認会計士の業務について次のように規定している。

（公認会計士の業務）
第２条　公認会計士は，他人の求めに応じ報酬を得て，財務書類の監査又は証明をすることを業とする。
２　公認会計士は，前項に規定する業務のほか，公認会計士の名称を用いて，他人の求めに応じ報酬を得て，財務書類の調製をし，財務に関する調査若しくは立案をし，又は財務に関する相談に応ずることを業とすることができる。ただし，他の法律においてその業務を行うことが制限されている事項については，この限りでない。
３　第１項の規定は，公認会計士が他の公認会計士又は監査法人の補助者として同項の業務に従事することを妨げない。

財務書類には貸借対照表や損益計算書などがあげられるが（公認会計士法第

１条の３），具体的内容は監査の実施を義務づけている法律の条文で具体的に定められ，公認会計士と監査法人にのみ監査実施の権限が与えられている。

第２条第１項は**監査証明業務**と呼ばれ，公認会計士法は監査証明業務を公認会計士の専属業務としている（同法第47条の２）。監査証明業務については，法律で要求される場合（**法定監査**），公認会計士が任意に引き受ける場合（**任意監査**）がある。

第２項は**マネジメント・アドバイザリー・サービス**（MAS）あるいは非監査証明業務と呼ばれ，財務諸表の作成，財務に関する特定事項について吟味すること，あるいは帳簿や経理の組織の立案，原価計算や内部監査組織の立案，会計組織の立案などの会計業務がある。実務では，コンフォートレター〔事務幹事証券会社への書簡〕の作成，企業合併・買収の財務調査，IFRSへの対応，英文財務諸表の作成，証券会社での分別管理のチェックなどが行われている。２項但書きは，他の法律により会計業務に携わることについて制限が課されている場合，それらの法律の定めに服すべきことを定めている。

１項業務が公認会計士の主たる業務であり，２項業務は「業とすることができる」とされている業務である。監査法人の業務の範囲については，第34条の５に定めがある。

II　金融審議会公認会計士制度部会報告と改正公認会計士法

2003（平成15）年改正は，金融庁の金融審議会報告「公認会計士監査制度の充実・強化」，さらに2007（平成19）年改正は同審議会報告「公認会計士・監査法人制度の充実・強化について」に基づき実施された。これらの２つの改正内容を理解すれば，現行の公認会計士法の枠組みを把握することができる。**図表２－２**は，平成15年改正の背景と改正内容を示したものである。

平成15年改正は，国内・国外の要因を背景に，公認会計士制度始まって以来の大改正であり，その内容は公認会計士制度全般に及ぶものであることがわかる（図表２－２の法律の概要参照）。

〔図表２－２〕平成15年公認会計士法の改正の枠組み

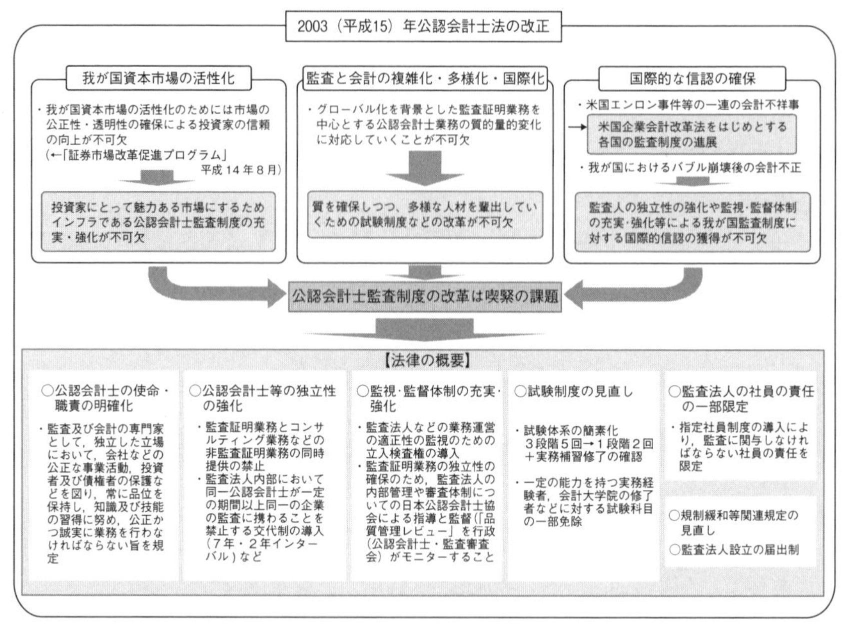

（出所）　金融審議会公認会計士制度部会（2006年４月26日）資料１－２

1　公認会計士の使命・職責規定の明確化

1949（昭和24）年９月に施行された新弁護士法は，弁護士の使命・職責規定を新設した。しかし，公認会計士法はその前年に制定されていたこともあり，公認会計士の使命・職責規定は設けられていなかった。

平成15年の改正公認会計士法は制定後初の全面改正であり，弁護士法を参考にして第１条で**公認会計士の使命**規定を盛り込んだ。公認会計士は「監査および会計の専門家」として位置づけられ，監査証明業務の実施を通じて，証券市場の公正性・透明性を確保し，国民経済の健全な発展に貢献するものとされている。

第１条の２は，**公認会計士の職責**を遂行するために公認会計士はいかにあるべきかという根本規範を示したものである。公認会計士は，高い品位を保持し，知識・技能の習得に努めなければならない。平成19年の改正では，第１条の２

に「独立した立場において」というの文言を追加した。これによって，現行の公認会計士の使命と職責規定は次のようになっている。

(公認会計士の使命)

第1条　公認会計士は，監査及び会計の専門家として，独立した立場において，財務書類その他の財務に関する情報の信頼性を確保することにより，会社等の公正な事業活動，投資者及び債権者の保護等を図り，もつて国民経済の健全な発展に寄与することを使命とする。

(公認会計士の職責)

第1条の2　公認会計士は，常に品位を保持し，その知識及び技能の修得に努め，独立した立場において公正かつ誠実にその業務を行わなければならない。

この規定は監査法人にも準用されている（同法第34条の2の2第2項）。

2　公認会計士等の独立性の強化

独立性は，①**実質的独立性**（公正不偏性），②**外観的独立性**に分けられる（第6章を参照）。公認会計士法，同施行令および内閣府令は，公認会計士監査の社会的信頼性を確保するため，外観的独立性に抵触する事例を「特定の利害関係」および「著しい利害関係」として列挙している。規制される関係者は**図表2-3**のようになる。

〔図表2-3〕特定の利害関係等と関係者

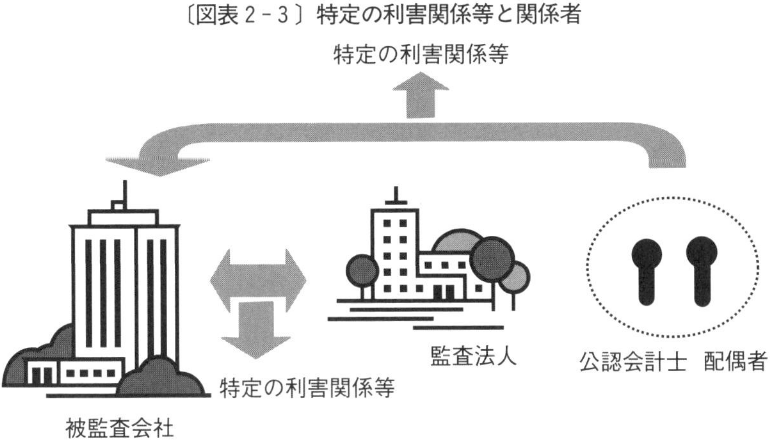

例えば，次の関係が「特定の関係」および「著しい利害関係」とされ，該当すれば監査証明業務に携わることは禁止される。

●公認会計士と被監査会社との関係

① 公認会計士・配偶者――被監査会社の役員，役員に準ずる者，財務担当責任者（現在・過去1年以内）（同法第24条第1項第1号）

② 公認会計士――被監査会社の使用人（現在・過去1年以内）（同法第24条第1項第2号）

③ 国家公務員・地方公務員（公認会計士の資格保持）――その職務と職務上密接に関係のある営利企業の財務（在職中・退職後2年間）（同法第24条第3項）

④ 公認会計士・配偶者――被監査会社の株主，債権者または債務者（施行令第7条第1項第4号）

⑤ 公認会計士・配偶者――被監査会社から通常より優遇された経済的利益を享受（同令第7条第1項第5号）

⑥ 公認会計士・配偶者――税理士業務等により継続的報酬を享受（同令第7条第1項第6号）

④～⑥は施行令で定められている事例であり，株の保有は1株でも，債権・債務関係は100万円以上という規制が加えられている。この他にも施行令7条では例示列挙している。

●監査法人と被監査会社との関係

① 監査法人が被監査会社等の株主や出資者（同法第34条の11第1項）

② 監査法人が被監査会社の債権者または債務者（同令第8条第1号）

③ 監査法人の社員（1人でも）が被監査会社の使用人（同令第8条第4号）

④ 監査法人の社員のうちに税理士業務により被監査会社から継続的な報酬を享受（同令第8条第5号）

マメ知識2－2

公認会計士法と施行令

法律の改正は，国会で審議する必要があり，しばしば改正できるものではない。「著しい利害関係」について，公認会計士法は4つの事例をあげている（同法第24条）。その1つ（同条1項3号―営業，経理その他の著しい利害関係）については，公認会計士施行令第７条でかなり詳しく列挙している。監査法人については，公認会計士法第34条の11と施行令第８条で規制している。施行令は内閣府が制定する命令であり，公認会計士法第49条の５では政令への委任を定めている。そして施行令の改正は容易である。施行令には，技術的・専門的事項等が定められている。

公認会計士法は配偶者関係についても，また，監査法人については法人自体のみならずその社員についても独立性の確保に対して規制を加えており，その中身には被監査会社との間の身分関係，債権・債務関係，経済的利益供与関係等がある。

平成15年改正では，さらに独立性の強化に対して特例措置が設けられた。

① 監査証明業務と一定の非監査証明業務の**同時提供の禁止**（同法第24条の２，第34条の11の２）
② 公認会計士および監査法人の業務執行社員の監査関連業務期間に対する**ローテーション制の導入**（同法第24条の３，第34条の11の３）
③ **単独監査の禁止**（同法第24条の４）

（１） 非監査証明業務の同時提供の禁止

MAS業務の中でも，**図表２－４**の範ちゅうに入る一定の非監査証明業務と監査証明業務との同時提供が禁止される（公認会計士等に係る利害関係に関する内閣府令第５条）。

図表２－４の①～④の業務は財務諸表作成者としての立場での業務であることから，自己証明になることの危険を回避する必要がある。⑤は経営判断や経営責任を伴うこと，⑥は被監査会社の経営判断に関わるものであり，監査証明業務と相容れないことから同時提供が禁止される。

会計監査人設置会社でも規模の小さい会社は非監査証明業務の提供を受けていることに配慮して，規模（資本金・負債金額）の規制により，会社法の会計監査人のみの設置会社の10％（約600社強）が適用を受けるといわれる。大会社等の用語は，会社法の大会社とは内容が異なっており注意を要する。

〔図表２－４〕一定の非監査証明業務の同時提供の禁止

対象会社（同法24条の２など）	禁止される非監査証明業務の範囲
○会社法の会計監査人設置会社（資本金100億円未満かつ負債総額1,000億円未満の株式会社を除く） ○金融商品取引法監査対象会社（若干の適用除外会社がある） ○銀行 ○長期信用銀行 ○保険会社 ○（信用金庫連合会など）	①会計帳簿の記帳の代行その他の財務書類の調製に関する業務 ②財務または会計に係る情報システムの整備または管理に関する業務 ③現物出資財産その他これに準ずる財産の証明または鑑定評価に関する業務 ④保険数理に関する業務 ⑤内部監査の外部委託に関する業務 ⑥証券業・投資顧問業など

（出所） 正確には，施行令第７条の４，内閣府令第５条を参照

マメ知識２－３

監査報酬とMAS報酬

同時提供の禁止規定は，エンロン事件の後に制定されたSOX法の影響を受けている（マメ知識２－４）。わが国では，平成16年３月決算期から監査費用とMAS業務費用の開示が法定化された。40％程度の被監査会社がMAS業務を依頼している。提供するMAS業務の中身は，その時々の時代の要請により異なる。

図表１　上場会社の監査費用

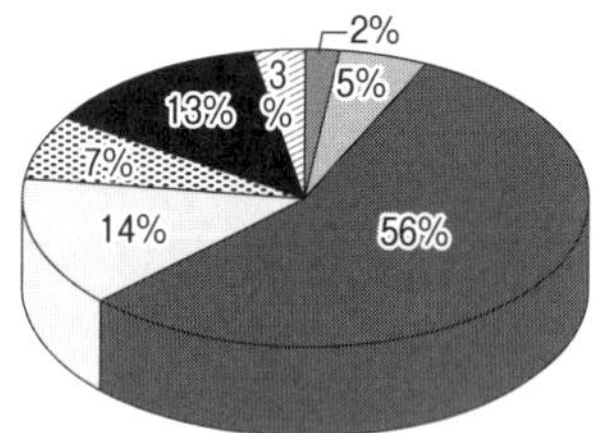

（東証1部平成27年3月決算）

2,500万円まで　5,000万円まで　7,500万円まで　10,000万円まで　25,000万円まで　50,000万円まで　50,000万円以上

図表２　上場会社のMAS費用

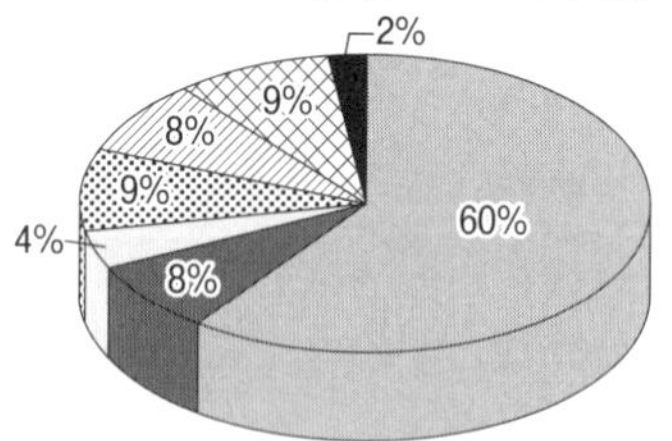

（東証1部平成27年3月決算）

なし　100万円まで　250万円まで　500万円まで　1,000万円まで　5,000万円まで　それ以上

注）海外連結子会社に対して連携海外会計事務所の20％程度で監査報酬の支払が行われている。

図表３　MAS 業務の内容

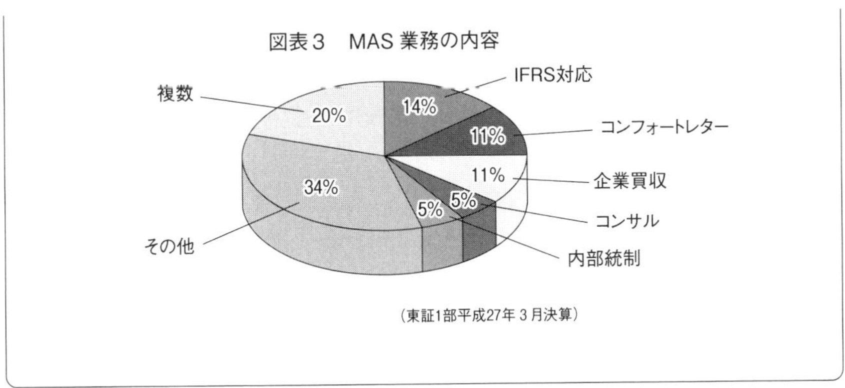

（東証1部平成27年３月決算）

（2）　ローテーション制

定期的に，監査責任者を交代させることは，監査人の独立性の強化に役立つとして導入されたのがローテーション制である。ローテーション制については，次の長所と短所があるとされる。

長所
- 被監査会社との間での「癒着」の可能性を低めること
- 監査業務のマンネリ化を防ぎ，交替を機会に監査に新しい視点が導入されること

短所
- 監査人の知識・経験の蓄積が中断されること
- 交替に伴うコストを被監査会社に負担させること

制度化当初は国際的動向を踏まえて，７年間の継続監査期間と２年間の監査禁止期間制が設けられた。監査法人自体を一定期間ごとに交代させるべきとの議論（強制的ローテーション制）もあったが，制度化されるには至らなかった。

（3）　単独監査の禁止

補助者も利用せずに公認会計士が単独で監査したために発生した事件（三田工業事件――元社長からの依頼を受けて商法特例法の監査し，粉飾決算に加担したとして公認会計士は平成11年６月に登録抹消処分）の反省に立って，単独監査が禁

止されることとなった。大会社等の監査証明業務を単独監査で公認会計士が行う場合，他の公認会計士・監査法人との共同監査，あるいは他の公認会計士を補助者として使用しなければならない（同法第24条の４）。

この他に公認会計士が監査証明業務を行った場合の就職規制が設けられ，当該公認会計士は翌会計期間の終了の日までの間は，被監査会社の役員またはこれに準ずるものに就いてはならない（同法第28条の２）としている。この規定は，監査法人における業務を執行した社員に準用されている（同法第34条の14の２）。

制度化の趣旨は，監査人が将来関与先に就職することを見込んで，現在の監査証明が不当にゆがめられることを排除することにある。就職規制は大会社等に限定されるものではなく，大会社等以外の会社にも適用されるので注意を要する。

III　公認会計士試験制度

公認会計士の資格は，わが国では金融庁が「公認会計士試験」という国家試験に合格して認定することになっている。平成15年に試験制度が大幅に改正され，2006（平成18）年４月から施行された。

試験制度改正のねらいは，公認会計士業務の多様化と拡大，監査業務の高度化に対応して，資質を落とすことなく公認会計士の数を増加させることにあった。試験制度の仕組みは**図表２－５**，試験科目と試験時間は**図表２－６**のようになっている。

試験制度改正のポイントとして，次の点をあげることができる。

- 受験者数の増加と受験者の層の拡大を図ることが改正目的のため，受験資格に制限は加えられず，企業での会計実務経験者，税理士にも受験機会を広げるため免除科目を設け，専門職会計大学院の修了者に短答式試験科目の一部免除を認めていること
- 短答式試験の合格に２年間の有効期間を設け，また，論文式試験一部科目合格にも２年間の有効期間を設けていること

〔図表２－５〕公認会計士試験制度等の仕組み

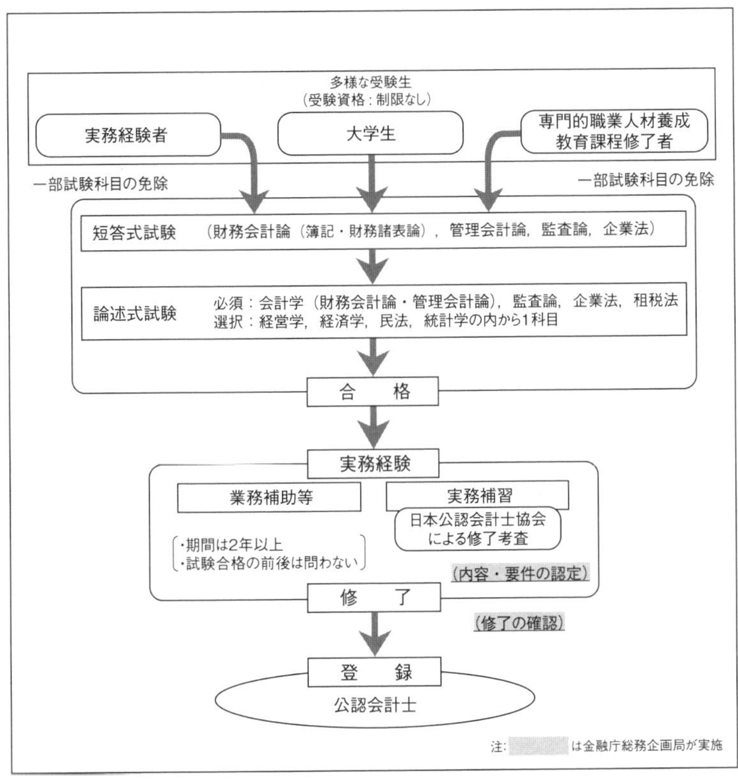

（出所）　公認会計士・監査審査会ホームページ「公認会計士試験から登録までの流れ」

●公認会計士試験の合格者に対しては，２年間の業務補助等（業務補助と実務従事）および実務補習の後に，日本公認会計士協会による統一考査が行われ，登録の後に監査証明業務や非監査証明業務を公認会計士という名称を用いて業とすることができること

最近，25年間の公認会計士等の数の変化は**図表２－７**のとおりである。

近年，会計や監査のルールが相次いで制定あるいは改正され，公認会計士に対して高度な専門的能力の開発が要求されるようになっている。1998（平成

〔図表２－６〕試験科目と試験時間

	試験科目	試験時間	問題数
短答式試験（年２回）	企業法	60分	20問以内
	管理会計論	60分	20問以内
	監査論	60分	20問以内
	財務会計論	120分	40問以内
論文式試験（年１回）	監査論	120分	2
	租税法	120分	2
	会計学	300分	5
	企業法	120分	2
	選択科目	120分	2

（注） 会計学の中身は財務会計論と管理会計論である。

〔図表２－７〕公認会計士等の登録者数

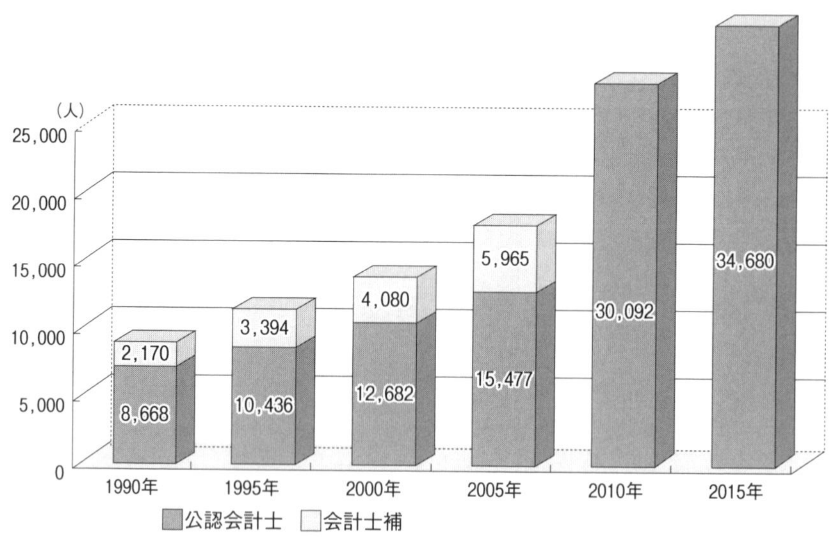

（注） 新試験制度により会計士補制度は廃止。2010年は新試験制度の会計士試験合格者を含む。

10）年にCPE（継続的専門研修）制度が導入され，2002（平成14）年から義務化，平成15年改正では法制化された（同法28条）。CPEには，①集合研修，②自己学習，③著書等の執筆，④研修会講師の４種類があり，①の場合１時間１単位とされ，３年間120単位の取得が必要である。

Ⅳ　監査法人制度

わが国の監査証明業務は，公認会計士個人事務所が監査をすることを念頭においていた。しかし，昭和39～40年の一連の企業不祥事により，①個人会計事務所では独立性の確保が困難であることが指摘され，②監査証明業務を組織的に実施することの重要性が認識されるにいたった。

このため，1966（昭和41）年に公認会計士法が改正され，設立が認められたのが，監査証明業務を組織的に行うことを目的として公認会計士が共同して設立した合名会社形態の**監査法人**制度である（公認会計士法第１条の３第３項）。監査法人については，公認会計士法第５章の２で設立手続や社員の責任などが定められている。監査法人の設立の主な要件は次のとおりである。

- 社員〔出資者〕は，５名以上で，全員が公認会計士であること
- 社員全員は業務執行の義務と責任を負うこと
- 業務停止処分中などの者を社員に含めてならないこと

（注）　設立には特定社員も参加できる。

その後，わが国の監査法人は，合併を繰り返しながらもその数を増やしていき（**図表２－８**），大手監査法人３社が監査市場を支配するようになった（**図表２－９**）。

しかし，合併によって法人自体は大規模化したが，その実態は合併前の小規模法人の寄り合い所帯のようであった。

平成15年改正では指定社員制度が導入された。**指定社員**制度とは，被監査会社との関係において当該会社の監査を担当する責任者（監査報告書に署名をする社員）のみが無限責任を負い，他の社員は有限責任だけを負うという制度である（同法34条の10の５）。ただし，指定社員が虚偽の監査証明により，第三者に

〔図表２－８〕監査法人の数

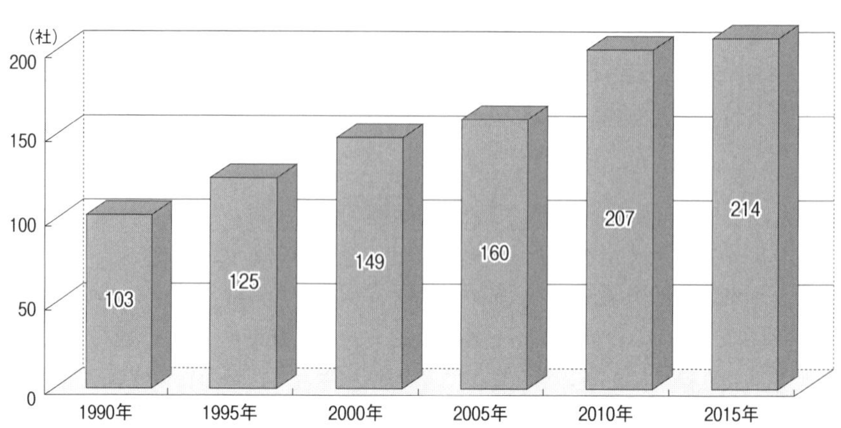

〔図表２－９〕わが国の監査市場（東証１部平成27年３月決算）

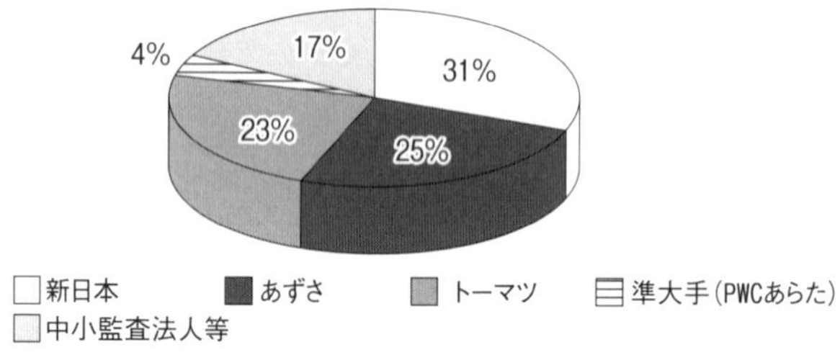

損害を与えた場合には，従来どおり監査法人の全社員が第三者に無限責任を負うことになる。

なお，弁護士法人は，制度化当初から指定社員制度を導入していた。

- 監査法人は特定の監査証明業務を担当する社員を定めることができ，この業務については指定社員のみが業務を執行し，法人を代表する。
- 指定社員については，被監査会社に対してその旨を書面で通知する。
- 会社に対する責任は指定社員が負う。

さらに，平成15年改正では，規制緩和の動向や他の「士業」における法人制度の影響などを考慮して，監査法人の設立は許可制から届出制に変更された

〔図表2-10〕大手監査法人の合併の状況

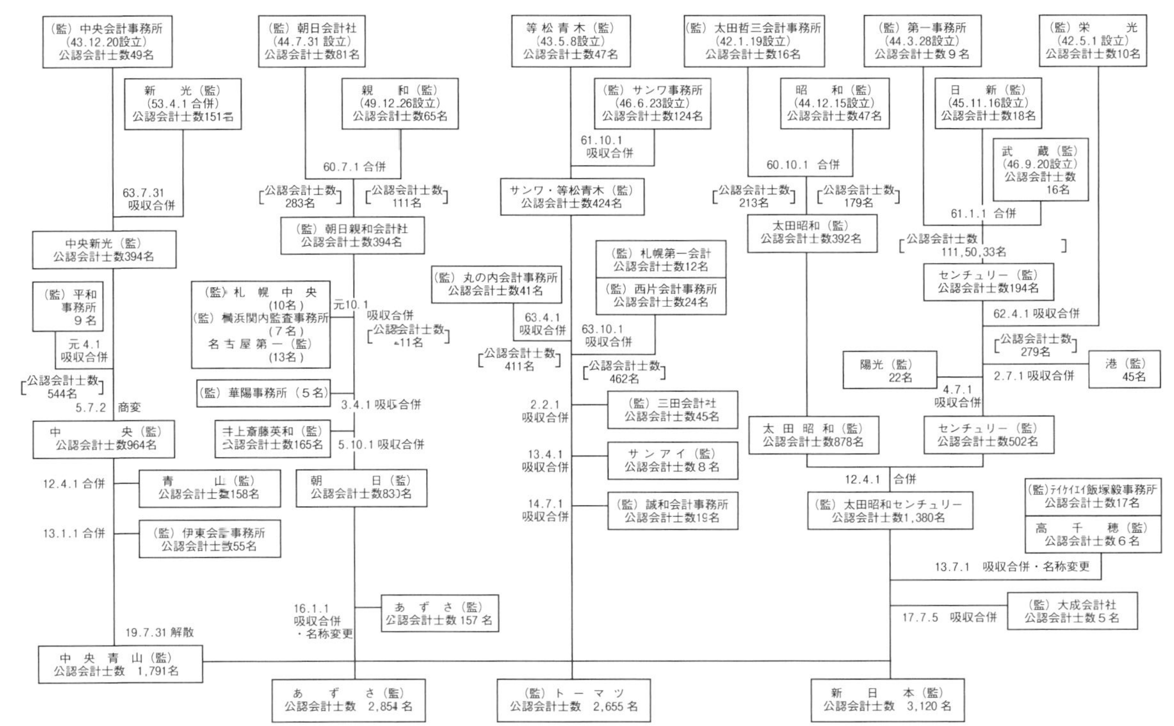

(出所)　一番下の公認会計士数は，平成24年3月31日現在の人数である。図表は公認会計士制度部会資料第5回資料一部修正

（同法第34条の９の２）。

平成15年公認会計士法の改正後，カネボウ，ライブドア，日興コーディアル証券などによる粉飾決算事件が発覚した。監査人はすべて大手の監査法人であり，監査法人の品質管理体制の構築・運用が問題とされた。

2007（平成19）年には，①公認会計士監査をめぐる不祥事，②本章のVI節で説明する公認会計士・監査審査会によるモニタリング活動の結果を踏まえて，組織監査の中心を占める監査法人制度を中心に改正が行われた。

図表２-11は，改正の背景と改正の内容を示したものである。そして，平成19年改正の概要は，以下のとおりである。

- **有限責任監査法人の導入**：監査法人の規模の拡大および外国での有限責任監査法人の設立が一般的であることを考慮し，有限責任社員から構成される有限責任監査法人への移行およびその設立が認められることになった（同法第34条の７）。登録制，最低資本金（社員数×100万円），計算書類の開示が求められ，業務収入10億円以上の監査法人には外部監査が義務づけられた。
- **特定社員制度の導入**：監査法人のガバナンス・管理・組織的監査を重視するという観点から，社員には公認会計士以外の者（経営・財務，内部統制，ITの専門家）も認められることになった（同法第34条の10の８）。これを特定社員制度という。監査法人の性格から社員に占める特定社員の割合（100分の75

〔図表２-11〕平成19年公認会計士法の改正の枠組み

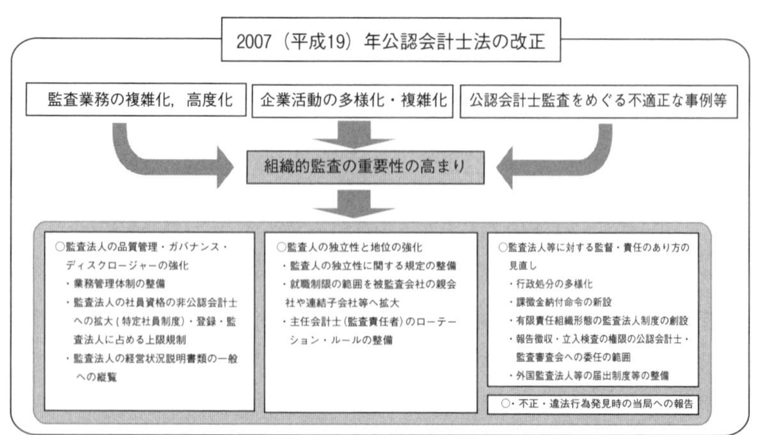

以上)，特定社員の義務や処分についても規定がおかれた。

- **課徴金制度の新設**：監査法人に対する懲戒処分の類型には，戒告，業務停止，解散命令しかなかった。このうち業務停止処分は，善意の被監査会社に対して不当な負担を課すという事態を生じさせた（カネボウ事件：マメ知識２－５参照)。被監査会社に負担をかけず，監査人に経済的負担を課して厳格な対応をするのが課徴金制度である（同法第34条の21の２)。

  課徴金の金額は，故意に虚偽の監査証明を行った場合には，虚偽証明の期間に受け取った監査報酬額の1.5倍，相当の注意を怠ったことによる虚偽の監査証明の場合には，虚偽証明の期間に受け取った監査報酬額相当額を課される。

- **独立性の強化**：公認会計士法の職責規定に独立性の文言を明確に盛り込み，総則規定を整備した。そして就職規制を連結ベースで連結対象親子会社まで拡大化し，大規模監査法人の筆頭業務執行社員のローテーション制（継続監査期間５年・監査禁止期間５年）も強化され（同法第34条11の４)，脱法行為を防ぐため，ローテーション・ルールの整備がはかられた。
- **行政処分の多様化**：責任追及の多様化，厳格かつきめ細かい対処の視点に立ち，著しく不当と認められた場合の改善命令や監査法人に対しては業務管理体制の改善命令や品質管理責任社員に対する解任命令の制度が設けられた（同法第34条の21)。監査法人に対する行政処分には，新設された懲戒処分を含めて６つとされた。
- **法令違反事実発見への対応**：これは公認会計士法自体の改正ではないが，金融商品取引法第193条の３が新設されたことである。これは第11章のＩ節で述べる。

V　職業倫理

倫理規則とは，職業専門家の団体がその団体の会員が「してはならない」行為を定め，自らの社会的地位を高めるために，職業倫理をルール化したものである。例えば，アメリカでは，20世紀初めから公認会計士の団体は，問題が生じるごとに，「名義貸の禁止」，「手数料の受取・支払の禁止」，「懇請の禁止」，「競争入札の禁止」，「成功報酬の禁止」，「株式会社形態による業務の禁止」等を定め，自主規制をした。第6章で説明する外観的独立性が倫理規則として定められたのは，SEC監査（法定監査）が始まった年であった。これら禁止規定が多くなると，①会員間の関係，②依頼人との関係，③社会との関係に分けて倫理規則をグループ化するようになる。

わが国の倫理規則は，昭和41年に紀律規則として制定された。その後，2000（平成12）年には，IFACの1988年倫理規則の内容を一部取り入れる形で改訂され，名称が倫理規則へと変更された。また，「すべての会員を対象にした倫理規則」と「監査業務を行う会員に対する倫理規則」にグルーピングしたことがあげられる。改訂の背景には，平成8年ごろに続発した監査不祥事に対するマスコミからの批判があった。

2006（平成18）年12月改正：国際的なコンバージェンスを目的として，IFACの2004年倫理規則を全面的に組み込んで改正された。改正点としては，①概念的フレームワークの導入，②倫理規則の主旨および精神を示す規定の新設，③「会計事務所等所属の会員」と「企業等所属の会員」に対する倫理規則にグルーピングしたことなどがあげられる。

概念的フレームワーク・アプローチは，個別的禁止アプローチに対比される考え方である。フレームワーク・アプローチでは職業倫理の根底にある考え方に焦点をあて，原理・原則を強調する。こうしたアプローチの利点としては，次の点があげられる。

- 倫理規則全体の体系化ができること
- さまざまな状況に対応できること
- 規定の字句に注目した潜脱行為を防止できること

〔図表2-12〕倫理規則改訂の枠組み

2006（平成18）年倫理規則の改正

社会的信頼性の回復

・国内外における粉飾決算などの不正事件の発生による公認会計士監査に対する社会からの責任追及
・包括的な倫理規則の整備と強化が必要との平成18年4月の「会長声明」に対する対応が不可欠

国際化への対応

・2004年IFACから「加盟団体の遵守すべき義務に関するステートメント4」が公表され，IFAC倫理規則への遵守義務が発生したことに伴い改正が不可欠

社会的裾野の広がり

・平成30年公認会計士5万人体制達成（公認会計士法）の改正により生じる企業内公認会計士の増加に対処するためにもこれら分野で活躍する公認会計士の規定を整備することが不可欠

倫理規則の整備・強化

【改正の概要】

○概念的フレームワーク・アプローチの導入
・従来は独立性の規定に概念的フレームワークアプローチを導入したが，同アプローチを総則部分に定め，倫理規則の中心部分に配置
・細則主義から原則主義へ移行

○倫理規則の構成変更
・従来の全18条（第1章総則，第2章全ての会員，第3章監査業務の会員）から全30条（第1章総則，第2章職業会計士，第3章企業内会計士）に変更
・第3章（企業等所属会員を対象とする規則）の新設が特徴

○追加規定
・第2章（依頼人の誠実性の考慮，依頼人との利害の相反，セカンド・オピニオン，専門業務の公正性
○業務範囲の拡大〔業務の引継ぎ，現任会員への通知，成功報酬，贈答・接待）

○定義規定

（注）　会長声明とは「公認会計士監査の信頼性の回復に向けて―協会の自主規制機能の一層の強化―」のことである。

「倫理規則の主旨及び精神」では，公認会計士法と同様に，公認会計士を「監査及び会計の職業的専門家」として位置づけた上で，「社会的役割の自覚，自らの行動の規制，社会的期待への対応」という倫理規則の制定理由を掲げている。そして，公認会計士が資本市場ならびに社会に貢献するためには，①業務の品質を確保し，②厳格な倫理規則に則って行動しなければならないことを強調している。

2010（平成22）年12月改正：この改正は国際会計士連盟の倫理規定の改訂を

受けて行われたものである。JICPAは国際会計士連盟の一員であり，日本特有の法令や規定がない限り，国際会計士連盟の規定に従う必要がある。この改正により，現行の倫理規則は，①概念的フレームワーク・アプローチについてより詳細な説明を加え，詳細な説明部分については注解を定め，②用語を若干修正（脅威→阻害要因，適切な措置→セーフガード，など）し，基本原則を6つから5つに変更（2つの基本原則を統合化）し，紹介手数料など取扱いを見直し，いくつかの修正を加えた。現行倫理規則は，分量の大きい規定であり資格取得後に学習すべきものである。

Ⅵ　公認会計士・監査審査会の役割

被監査会社が公表する会計情報の品質は，公認会計士あるいは監査法人がチェックする。一方，監査の品質は監査事務所内では監査調書の査閲，監査意見の表明のための審査で確保する。

公認会計士あるいは監査法人が実施した監査業務の品質は誰がチェックするのだろうか。諸外国ではすでに1970年代中ごろにこの問題が議論され，監査業務の品質チェックを制度化した国もあった。

監査業務の品質チェックには，アメリカ型とカナダ型がある。アメリカ型は数種類あるが基本的に他の監査法人に品質管理のチェックを依頼する方式である（ロッキード事件が契機）。一方，カナダ型は，カナダ勅許会計士協会が監査業務の品質のチェックを実施する方式である。わが国はカナダ型を採用している。

公認会計士および監査法人によって構成される職業団体である日本公認会計士協会は，監査業務の品質を担保するために，1999（平成11）年から自主的に**「品質管理レビュー」**制度を導入した。日本公認会計士協会の専任者が個々の監査業務の品質および監査事務所における監査業務をレビューし，改善を行ってきた。

しかし，この制度は自主規制であり社会からの十全な信頼を確保することは難しく，粉飾決算が発覚するとその有効性に疑問がもたれるようになった。そこで，社会全体の立場から，品質管理レビューの有効性を客観的に検証する仕組みが考えられることとなった。

アメリカでも自主規制の有効性が疑問視され，エンロン事件を契機として企業改革法により公開会社会計監督委員会（PCAOB）が設置された。これは，公的な立場から公認会計士監査をモニタリングするという役割を担うものである。

わが国では，「公認会計士審査会」を改組・拡充し，「**公認会計士・監査審査会**」（CPAAOB）が2004（平成16）年4月に設立された（**図表2-13**）。

公認会計士・監査審査会の組織は，図表2-13のようになっており，日々の活動は審査会のホームページ（http://www.fsa.go.jp/cpaaob/）に掲載される。最近では海外当局との連携が活発であり，この活動については審査会のホームページが参考になる。

公認会計士・監査審査会は，公認会計士審査会に課せられていた2つの任務に加えて，新たに③の任務を与えられることとなった。

① 公認会計士・外国公認会計士に対する懲戒処分および監査法人に関する調査審議

② 公認会計士試験の実施

③ 日本公認会計士協会が実施している「品質管理レビュー」に対するモニタリング・立入検査

〔図表2-13〕公認会計士・監査審査会の組織と職務

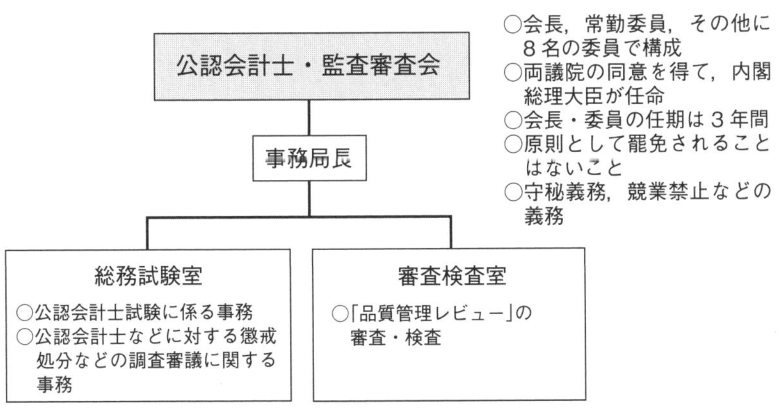

（出所）公認会計士・監査審査会パンフレット（平成26年6月）

ここにいう「品質管理レビュー」とは，監査の品質に対する社会的信頼を維持・確保するために，公認会計士または監査法人が行う品質管理の状況を日本公認会計士協会がレビューする制度である。

モニタリングの対象となるのは，①日本公認会計士協会が行う品質管理レビュー制度の自治統制機能・レビュー制度の情報開示，②監査事務所の監査の品質管理の方針・手続の整備および運用状況，監査人の独立性，③被監査会社等に対して行われた監査証明業務の遂行状況である。モニタリングは，下記のような手順で実施される。

(1) 日本公認会計士協会が品質管理レビューの結果を公認会計士・監査審査会に報告する。

(2) 公認会計士・監査審査会は品質管理レビューの結果の報告等について検討する。この過程で，必要に応じて監査事務所，被監査会社および日本公認会計士協会に対して立入検査を行う。

(3) 検討の結果，監査事務所等において法令または品質管理基準に準拠していない事案が明らかになった場合，公認会計士・監査審査会は，金融庁長官に対して業務改善の指示または必要に応じて懲戒処分を行うことを勧告する。

(4) 検討の結果，日本公認会計士協会において品質管理レビューが適切に行われていないことが明らかになった場合，公認会計士・監査審査会は，金融庁長官に対して日本公認会計士協会に対する事務改善命令を行うことを勧告する。

このように，まず個々の監査事務所が監査業務の品質を管理し（第6章Ⅶ節），これに対して自治組織の日本公認会計士協会（品質管理基準委員会）がこの品質管理をレビューする。そしてその結果を公認会計士・監査審査会がモニタリングするという多重構造がとられているのである（**図表2-14**）。そして，前者は**自主規制**，後者は**行政規制**という特徴がある。

〔図表2-14〕公認会計士・監査審査会とその役割

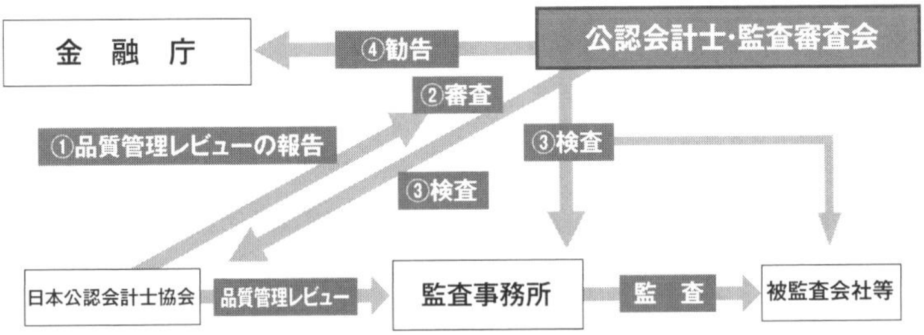

（出所）　公認会計士・監査審査会パンフレット（平成26年6月）

Ⅶ　公認会計士の義務と行政処分

公認会計士法は，第4章で公認会計士の義務，第5章で公認会計士の責任を定めている。義務については，独立性の確保が主に定められ，その他に次のような義務が定められている。

●信用失墜行為の禁止（同法第26条）

「公認会計士は，公認会計士の信用を傷つけ，又は公認会計士全体の不名誉となるような行為をしてはならない」

●守秘義務（同法第27条）

「公認会計士は，正当な理由がなく，その業務上取り扱ったことについて知り得た秘密を他に漏らし，又は盗用してはならない。公認会計士でなくなった後であっても，同様とする」

●研修（同法第28条）

「公認会計士は，内閣府令で定めるところにより，日本公認会計士協会が行う資質の向上を図るための研修を受けるものとする」

責任については，**懲戒処分**という形で定められ，現行の懲戒処分は次のとおりである。

●公認会計士に対する懲戒処分の種類（同法第29条）

戒告

2年以内の業務停止

登録の抹消

不当な監査証明業務を行った場合（同法第30条），責任の程度により次の処分が行われることになる。

故意の場合――2年以内の業務の停止または登録の抹消

過失の場合――戒告または2年以内の業務の停止

故意とは，第6章で説明するが「公正不偏の態度」を欠いていた場合，過失とは「正当な注意」を欠いていた場合である。

●監査法人に対する懲戒処分の種類（同法第34条の21）

社員の故意または過失の場合――戒告，業務管理体制の改善命令，課徴金，2年以内の業務の全部もしくは一部停止，解散命令，処分事由に該当することになったことに対して重要な責任を有すると認められる社員が，当該監査法人の業務および意思決定の全部または一部に関与することの禁止命令

マメ知識2－4

エンロン事件とSOX法

世界各国における監査制度改革などに影響を与えた粉飾決算が2001年12月に発覚したエンロン事件である。エンロンは会長，社長，財務最高責任者が共謀して粉飾を実行し，内部告発をきっかけに円換算で3,500億円もの粉飾が明らかにされた。

エンロン社は合併により天然ガスの生産とパイプライン会社として成立し，その後，新しいビジネスモデル（e-commerce）を構築し，倒産当時従業員21,000人，売上高全米7位，最も革新的な企業として評価されていた。しかし，財務の実態は全く異なるものであった。過年度の決算修正を報告した後，同社の株価は急落し，大手監査法人（アーサーアンダーセン）が監査を担当していたこともあり，会計報告などの信頼性に疑問を生じさせた。当時，アメリカの会計制度などは世界標準として評価されていたからである。さらに，同じ大手監査法人が監査していたワールドコム社の粉飾決算の発覚が追い討ちをかけた。

事件の再発を防ぎ，証券市場における会計情報の信頼性などを回復させるため，2002年7月30日にサーベインス・オックスリー法（企業改革法）が制

定された。同法の内容はわが国のディスクロージャー制度の改革にも影響を与えているため同法の内容を下に記しておくことにする。

米国企業改革法	日本の対応
１．監査人の独立性確保	
○監査証明業務とMAS業務の同時提供の禁止（201条） ○主任会計士が同一企業の監査を５年以上行うこと（インターバルは５年）を禁止（203条） ○監査法人出身者が経営陣になっている会社の監査を１年間禁止（206条）	○監査証明業務とMAS業務の同時提供の禁止（平成15年改正公認会計士法第24条の２） ○監査証明業務責任者等が同一企業の監査を７年以上行うこと（インターバルは２年）を禁止（平成15年改正同法第24条の３）。平成19年には大規模監査法人の社員には５年，５年に改正（平成19年改正第34条の11の３） ○監査法人出身者が経営陣になっている企業の監査を１年間禁止（平成15年改正第28条の２）
２．監査法人に対する監督体制の強化	
○公開会社の監査を行う監査法人の登録・検査（102，104条） ○公共監視委員会に代えて，公開会社会計監督委員会を設置し，各種の基準・規制権限を付与（101条）	○公認会計士・監査審査会の設置（平成15年改正公認会計士法第６章）
３．企業責任の強化	
○公開会社の監査委員会の強化 「独立性を有する取締役」のみで構成される監査委員会が監査人を選任・報酬を決定（301条） ○年次報告書の適正性などに関する経営者宣誓書（302条）○内部統制有効性報告書・監査（404条）	○会計監査人は株主総会で選任（会社法329条）。監査報酬は，監査委員会〔監査役・監査役会〕の同意権（会社法399条） ○有価証券報告書の適正性についての経営者確認書（金商法24条の４の２など）

○証券取引所法違反者に対する罰則強化 個人―500万ドル以下，20年以下の禁固（1106条） 法人―2,500万ドル以下の罰金（1106条）	○内部統制有効性報告書・監査（金商法24条の4） ○有価証券報告書の虚偽記載に対する罰則強化 個人―1,000万円以下の罰金，10年以下の懲役 法人―7億円以下の罰金（金商法197条，207条）

マメ知識2－5

カネボウ事件

産業再生機構は東証一部上場の老舗カネボウに対して，平成16（2004）年3月に経営支援を決定した。10月に経営浄化調査委員会が同社の粉飾決算を指摘し，翌年4月にはカネボウは過去5年分（平成11-15年3月決算）の決算訂正を公表し，6月には上場廃止が決定された。粉飾決算は上の決算訂正を意味し，5年間で2,150億円（連結ベース）にのぼった。カネボウは上場会社であるがゆえに，証券取引法193条2の法定監査や商法特例法の会計監査人の監査対象会社になる。

平成18（2006）年3月には，証券取引法違反で粉飾実行犯の有罪（執行猶予付）が確定し，8月にも監査法人の監査責任者3名に対して有罪（執行猶予付）の判決がだされた。5月には公認会計士法違反で監査法人に対する2カ月間の業務停止（7月から8月まで）と3人の公認会計士に対しては，虚偽記載の有価証券報告書に対して虚偽の監査証明をしたとして登録抹消，1名の公認会計士には業務停止1年の処分が下された。いずれも，公認会計士法30条違反であった。

カネボウではいくつかの会計手法で粉飾がなされ，公認会計士の関与は下のとおりであった。

① 子会社での不良在庫――カネボウは販売子会社を持っていた。同子会社での不良在庫あるいは不良な投融資に対しては，評価減あるいは引当金計上すべきであった。公認会計士は平成10年10月にはこれを知らされ，監査チームが子会社での立会をした際にも不良在庫の存在を認識していた。

② 連結はずし――カネボウには債務超過会社（例えば興洋染織）や赤字の連結子会社が存在していた。取引先に融資しこれら子会社株式の名義変更

したり，直接融資を間接融資にするなどして15社の本来連結範囲に含めるべき会社を連結範囲から除外した。平成10年には経理担当者からこの問題についての相談を受けていた。公認会計士は会社の連結はずしの意図を知りながら認容していた。

③　商社売り――平成14年3月決算期には化粧品部門で将来返品されることを条件とした商社売りと呼ばれる会計方法により架空売上が行われていた。この手法は平成15年決算期には全事業部門に及んでいた。この商社売りについて公認会計士は相談を受け，この処理を認容していた。

なぜ，公認会計士が認容したのかについての1つの原因としては，当時ローテーション制がとられていなかったことが指摘されている。監査責任者は各々16年，12年，6年，2年間カネボウの監査に携わっていた。

さらに，監査法人は2カ月間の一部の業務停止処分（理由：内部管理体制の不備）を受けたことにより，同法人の監査を受けていた証券取引法・商法特例法適用会社に会計監査人が不在という事態を生じさせ，多くの会社が別の会計監査人を選任したため，同法人の存続が困難となり，市場からの制裁を受けてクライアントが流出し，同法人は平成19年7月に解散するという事態に追い込まれた。

なお，内容の記述に際しては，東京地検に保存されている刑事事件の判例を調査した。その後も，オリンパス事件や東芝事件で監査法人が金融庁の処分を受けている。新聞報道によれば，3カ月間の新規契約の締結禁止の処分の後，新日本有限責任監査法人のクライアントの3％が監査人を変更したと報道されている。

マメ知識2－6

クライアントの数

図表2－1では法定監査等の根拠となっている法律について説明した。主な法定監査等のクライアントの数は次の通りである。

大手3大監査法人の担当する被監査会社の数

	新日本	あずさ	トーマツ
金商法・会社法監査	1,022	769	959
金商法監査	69	39	12
会社法監査	1,486	1,341	1,100
学校法人監査	115	61	83
労働組合監査	18	20	64
その他法定監査	629	484	441
その他任意監査	881	685	915
計	4,220	3,399	3,574

平成27年9月末現在（新日本は12月末現在）

第3章 公認会計士業務の拡大と保証業務

Summary

- 保証業務と非保証業務とを明確に区別するため，また，保証業務における保証水準の差異を明確にするために，保証業務に関する概念的枠組みが必要とされる。
- 保証業務は，保証の対象によって主題情報を対象とする保証業務と主題それ自体を対象とする直接報告業務に，また保証業務リスクの程度によって合理的保証業務と限定的保証業務に分類される。
- 保証業務リスクは，主題情報を対象とする保証業務および直接報告業務の双方に関連する概念であり，業務実施者が保証報告書において不適切な結論を報告する可能性と捉えるべきである。
- 合理的保証業務では，業務実施者が，当該業務が成立する状況のもとで，積極的形式による結論の報告の基礎として合理的な低い水準に保証業務リスクを抑える。限定的保証業務では，合理的保証業務の場合よりは高い水準であるが，消極的形式による結論の報告を行う基礎としては受け入れることのできる程度に保証業務リスクの水準を抑える。
- 保証業務は，(1)業務実施者，主題に責任を負う者および想定利用者の三当事者の存在，(2)適切な主題，(3)適合する規準，(4)十分かつ適切な証拠，および(5)合理的保証業務または限定的保証業務について適切な書式の保証報告書，により構成される。
- 保証報告書には，業務実施者が適用した一定の規準や実施した手続に関する事項などを含めて，業務を実施して得た保証に関する結論が記載される。業務実施者の責任の範囲ないし程度を明示するために，保証報告書には合理的保証業務であるのかまたは限定的保証業務であるのか区別が明確に理解されるように記載する。
- 非保証業務には，「合意された手続」，「財務諸表等の調製」，「コンサルティング」および「税務申告書の作成及び納税者の代理」等がある。

I　保証業務の概念的枠組みの必要性

近年，公認会計士または監査法人（以下，「公認会計士等」という）が実施する検証業務ないし検証サービスの範囲が広がりをみせている。

- 証券会社における顧客資産の分別保管の法令遵守に関する検証業務
- 内部統制の有効性検証業務
- IT システムに係る Trust サービス業務
- 環境マネジメント認証業務

このように，公認会計士等が実施する検証業務の対象は，これまでの財務情報の枠を超えて，企業の法令遵守の状況や，システムの信頼性等に広がりつつある。公認会計士等が実施するこのような検証業務は，財務諸表監査も含めて，第三者による検証を通して業務対象に一定の保証を付与することから，**保証業務**と総称される。公認会計士の業務を保証業務と非保証業務に分け，保証業務の拡大と非保証業務の関係を示したものが**図表 3 - 1** である。

しかし，保証業務の範囲の拡大は，公認会計士等に新たな収入源をもたらす

〔図表 3 - 1〕拡大する公認会計士の業務

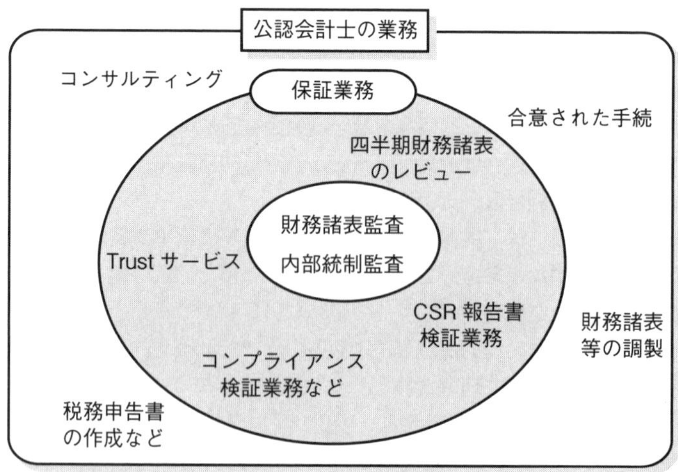

一方で，いくつかの問題を招来する可能性がある。すなわち，保証業務の範囲が拡大するにしたがい，保証業務と非保証業務との間の境界が曖昧になり，特に業界外部の人々にとって両者の区別が困難なものとなってくる。その結果，公認会計士等の実施する業務のほとんどすべてが保証業務とみなされ，公認会計士等が本来負う必要のない責任を追及される危険性が生じる。

また，保証業務だけに限ってみても，四半期財務諸表のレビューのように，すべての保証業務が財務諸表監査と同水準の保証をもたらすわけではない。ところが，公認会計士等が実施する保証業務の保証水準はすべて財務諸表監査と同等であると誤解される危険性があり，その危険性は，保証業務の範囲の拡大につれて増大していく。

企業会計審議会は，以上のような問題意識を踏まえたうえで，平成16（2004）年11月に，８カ月の審議の末，IFACのIAASBで承認された意見書の内容を盛り込んだ「財務情報等に係る保証業務の概念的枠組みに関する意見書」（以下，「**保証業務意見書**」という）を公表した。フレームワーク・アプローチという考え方である。

保証業務意見書は，保証業務の概念的な枠組みを提示することで，将来ニーズが生じる可能性のある保証業務に対する，一貫した基準作りのための原理的な枠組みを示している。つまり，保証業務に関する新たな基準等は，保証業務意見書が提示する概念的枠組みを基礎として設定されることとなる。例えば，すでに公表された内部統制の評価および監査の基準や四半期レビュー基準は保証業務意見書を土台にして作成・公表された。本章では，この保証業務意見書が提示している保証業務の概念的な枠組みについて説明する。

II　保証業務意見書による概念的枠組み

1　保証業務の定義と財務諸表監査

保証業務意見書は，保証業務を次のように定義している。

> **保証業務**とは，主題に責任を負う者が一定の規準によって当該主題を評価又は測定した結果を表明する情報について，又は，当該主題それ自体について，それ

らに対する想定利用者の信頼の程度を高めるために，業務実施者が自ら入手した証拠に基づき規準に照らして判断した結果を結論として報告する業務をいう（「保証業務意見書」二・1）。

この内容を図解すると**図表3－2**のようになる。

〔図表3－2〕保証業務の枠組み

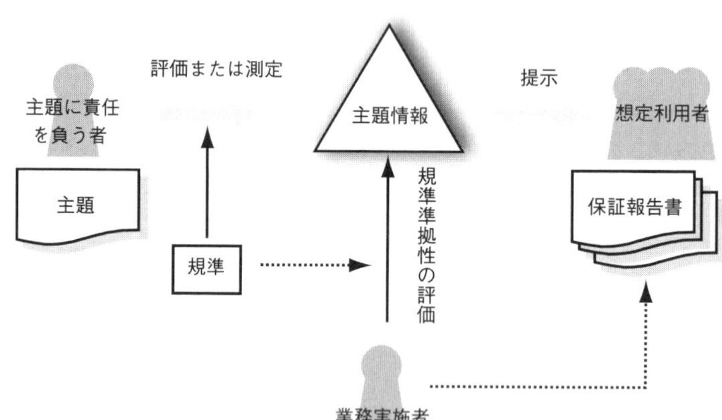

主題についてはいろいろ考えられるが（図表11－9，図表12－1も参照），保証業務のルーツである財務諸表監査にこの定義をあてはめると，**図表3－3**のようになる。

〔図表3－3〕財務諸表監査の枠組み

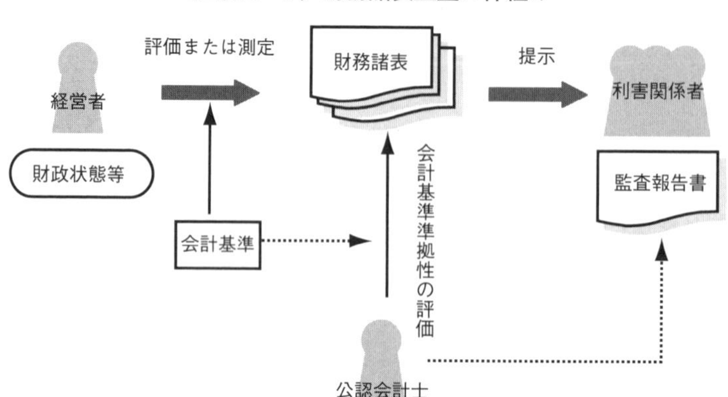

保証業務としての財務諸表監査は，次のように定義することができる。

主題に責任を負う者としての経営者が，主題である企業の財政状態，経営成績およびキャッシュ・フローの状況を，一定の規準としての一般に公正妥当と認められる企業会計の基準によって測定し，その結果を表明する情報として，財務諸表（主題情報）を想定利用者たる投資者等に提示する。そのうえで，業務実施者たる公認会計士等が，想定利用者たる投資者等の財務諸表に対する信頼の程度を高めるために，提示された財務諸表の適正性について，自ら入手した監査証拠に基づき一般に公正妥当と認められる企業会計の基準に照らして判断した結果を結論として報告する業務である。

2　保証業務の分類

(1)　対象による分類

保証業務は，通常，一定の規準によって主題を評価または測定した結果を表明する情報（「主題情報」）を主題に責任を負う者が自己の責任において想定利用者に提示することを前提として行われる。

しかし，保証業務には，このような主題情報を対象とする保証業務のほかに，主題に責任を負う者が自己の責任において主題情報を想定利用者に提示することなく，業務実施者が直接，主題それ自体について一定の規準に照らして評価または測定した結果を結論として表明するタイプのものも存在している。これは一般に**直接報告業務**（direct reporting）とよばれている。例えば，監査人がシステムの信頼性を保証するサービスであるTrust サービスでは，公認会計士は一定の規準にしたがってシステムの信頼性に関連するコントロールの有効性を評価する。

しかし，経営者ないし事業者自身はシステムの信頼性について自ら主張するわけではない。直接報告業務の場合においても，業務実施者は，主題それ自体に対する責任を負うものではなく，主題それ自体の信頼の程度を高めることに責任を負う（「保証業務意見書」二・2・(1)）ことに留意しなければならない。つまり，保証業務の対象は，分類すると次のようになる。

- 主題それ自体
- 主題情報

(2) リスクの程度による分類

保証業務は，保証業務リスクの程度により①**合理的保証業務**，②**限定的保証業務**に分類される。ここで，**保証業務リスク**とは，「主題情報に重要な虚偽の表示がある場合に業務実施者が不適切な結論を報告する可能性」（「保証業務意見書」七・5・(1)）と定義される。

この定義を字句どおりに解釈すれば，保証業務リスク（固有リスク，統制リスク，発見リスクから構成される）は，主題に責任を負う者による主題情報の提示を前提にしており，その意味で，主題情報を対象とする保証業務にのみ適用される概念とも受け取れる。

しかし，主題情報が提示されない直接報告業務の場合であっても，業務実施者が主題それ自体について誤った結論を報告する可能性がもちろん存在する。したがって，保証業務リスクは，主題情報を対象とする保証業務および直接報告業務の双方に関連するものである。そして保証業務リスクは主題に責任を負う者による主題情報の提示の有無にかかわらず，業務実施者が不適切な結論を報告する可能性であると解釈される。

合理的保証業務では，業務実施者が，当該業務が成立する状況のもとで，積極的形式による結論の報告の基礎として合理的な低い水準に保証業務リスクを抑える。一方，限定的保証業務では，合理的保証業務の場合よりは高い水準であるが，消極的形式による結論の報告を行う基礎としては受け入れることのできる程度に保証業務リスクの水準を抑える（「保証業務意見書」二・2・(2)）。つまり，保証業務においては，業務実施者による結論の報告の形式が積極的形式か消極的形式かによって，業務実施者に求められる保証業務リスクの水準が決まることになる。

合理的保証業務の典型が，**財務諸表監査**である。財務諸表監査において，監査人は，保証業務リスクたる監査リスクを合理的に低い水準に抑え，主題情報として提示された財務諸表が，一般に公正妥当と認められる企業会計の基準にしたがって企業の財政状態，経営成績およびキャッシュ・フローの状況をすべての重要な点において適正に表示しているかどうかについて，積極的形式によって結論を報告する。

他方，限定的保証業務の典型が，**レビュー業務**である。例えば，財務情報のレビュー業務においては，主題に責任を負う者としての経営者が当該財務情報を一定の作成基準にしたがって作成しているかどうかについて，業務実施者が自ら入手した証拠に基づき判断した結果を，財務情報が当該作成基準にしたがって作成されていないと認められる事項が発見されなかったとの消極的形式によって結論を報告する（「保証業務意見書」二・２・（３）・③，下線引用者)。このように，限定的保証業務では，業務実施者は，「否定の否定」の形をとった消極的形式で結論を報告するのである。**図表３－４**は，保証業務の対象と業務結果の意見表明形式との関係を示したものである。

〔図表３－４〕保証業務の分類

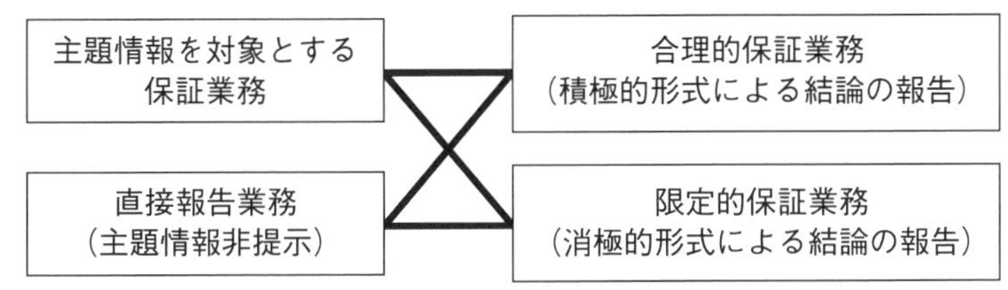

III　保証業務の要素

保証業務は如何なる要素から構成されるのであろうか。保証業務意見書は，保証業務を５つの構成要素からなる業務であると定め，保証業務が成立するための要件について説明している。

（１）業務実施者，主題に責任を負う者及び想定利用者の三当事者の存在
（２）適切な主題
（３）適合する規準
（４）十分かつ適切な証拠
（５）合理的保証業務又は限定的保証業務について適切な書式の保証報告書

以下，各々について説明する。

１　保証業務に関わる三当事者（「保証業務意見書」四）

保証業務は，①業務実施者，②主題に責任を負う者，③想定利用者からなる

3人の当事者が関わることにより成立する（**図表3-2**参照）。

業務実施者とは，文字通り，保証業務を実施する者をいう。保証業務の目的は主題または主題情報に対する信頼性の付与にあるため，業務実施者には，独立の立場（独立性）から公正不偏の態度（公正不偏性）を保持することが最も重視される。そのため，業務実施者自らが主題に責任を負う者および想定利用者となることはできない。業務実施者は，職業専門家としての職業倫理の遵守など保証業務の前提となる要件を満足させることが要求されると同時に，自らが実施すべき手続，実施の時期および範囲決定について責任を負う。

主題に責任を負う者が，①主題情報を自己の責任において想定利用者に提示する場合，②主題情報を提示しない場合がある。前者の場合，保証業務は主題情報を対象とする保証業務となり，後者の場合，保証業務は直接報告業務の範ちゅうに入ることとなる。主題に責任を負う者は，必ずしも業務実施者と契約する当事者である必要はない。

想定利用者は，業務実施者が作成した保証報告書を利用する者である。保証報告書の名宛人以外であっても，当該保証報告書を入手可能な者は，想定利用者に含まれる。例えば，財務諸表監査の場合，想定利用者としては，保証報告書たる監査報告書の名宛人である経営者ないし取締役会だけではなく，監査報告書を入手可能な投資者も含まれる。想定利用者または利用目的を特定する場合には，その利用者または利用目的を制限する旨を保証報告書に記載する。

また，主題に責任を負う者は，想定利用者の１人となることはできるが，唯一の利用者となることはできない。財務諸表監査を例にとると，主題に責任を負う者は，想定利用者の１人ではあるが，唯一の利用者ではない。

マメ知識3-1

保証業務研究

保証業務は，アメリカ公認会計士協会の保証業務特別委員会（Elliott委員会）が理論研究に着手したことが始まりであった。当時，アメリカの会計士業界は監査業務の頭打ち（減少）に悩まされていた。その後，研究はカナダ勅許会計士協会，国際会計士連盟で行われた。このような影響を受けて従来の監査論のテキストでは使われていない用語が使用されている。英文を翻訳した用語〔保証：assuarance，主題に責任を負う者：responsible party,

主題：subject matter，業務実施者：practitioner，規準：criteria，想定利用者：intended users〕が利用されているため少し難解かもしれない。わが国では，企業会計審議会が意見書を公表する前に日本公認会計士協会の委員会などでも検討が行われた。

2　適切な主題（「保証業務意見書」五）

保証業務における適切な主題は，識別可能であり，一定の規準に基づいて首尾一貫した評価または測定を行うことができ，かつ，業務実施者が主題情報に対する保証を得るために十分かつ適切な証拠を収集することができるものをいう。主題には，①定量的か定性的か，②客観的か主観的か，③確定的か予測的か，④一定時点に関するものか一定期間にわたるものか，といった異なる性格がある。例えば，第11章で説明する内部統制監査における主題としての「財務報告に係る内部統制の有効性」は，定性的・主観的・確定的で，評価時点が期末日という一定時点に関するものであるといえる。

このような主題の性格は，業務実施者が主題情報に係る保証を得る際の正確性および入手可能な証拠の説得力に影響する。例えば，主題が一定時点に関するものである場合と一定期間に関するものである場合を比較すると，業務実施者が主題情報に係る保証を得る際に入手可能な証拠の説得力は，相対的にみて前者の方が大きい。したがって，業務実施者が主題情報に係る保証を得る際の正確性もそれだけ高いと，想定される。

3　適合する規準（「保証業務意見書」六）

保証業務における適合する規準とは，主題に責任を負う者が主題情報を作成する場合および業務実施者が結論を報告する場合に主題を評価または測定するための一定の規準をいい，以下に挙げる要件を備えている必要がある。

①　目的適合性
　想定利用者による意思決定に役立つ結論を導くのに資する規準であること
②　完全性
　各業務環境の下で得られる結論に影響を与える要因のうち関連する要因のい

ずれもが省略されていない規準であること。なお，目的適合的であるならば，表示及び開示の規準が含まれる。

③　信頼性

同一の環境で同一の資格を有する業務実施者が利用するとき，主題の評価または測定を合理的にかつ首尾一貫して行うことができる信頼性のある規準であること

④　中立性

偏向のない結論を導くのに資する中立的な規準であること

⑤　理解可能性

明瞭かつ総合的な結論を導くことに資するもので，著しく異なる解釈をもたらすことなく，保証業務を構成する三当事者にとって理解可能な規準であること

ただし，業務実施者が，一定の規準として，自らの期待，判断および個人的な経験を用いることは適切ではない。なぜなら，業務実施者による期待，判断および個人的な経験が，上記の要件を常に必ず満足させるとは考えられないからである。保証業務は，本来，公益的性格を持つ業務であり，業務実施者の社会に対する責任もそれだけ重い。したがって，確立された規準とは，財務諸表監査における一般に公正妥当と認められる企業会計の基準のように，幅広い関係者による公正かつ透明性のある適切な手続を通じて権威あるまたは認められた機関によって公表されたものである，ということになる。

さらに，主題がどのように評価または測定されているのかを理解するためには，想定利用者にも規準が利用可能であることが求められる。例えば，次のとおりである。

- 公表されている規準
- 主題情報において明示されている規準
- 保証報告書において明示されている規準
- 広く一般に理解を得られている規準は，想定利用者にとって利用可能な規準となる

規準が特定の想定利用者にのみ利用可能である場合，または，特定の目的のみに適合するものである場合には，当該規準に基いた結論を報告する保証報告書の利用は，当該特定の利用者または特定の利用目的に制限される。

4　十分かつ適切な証拠（「保証業務意見書」七）

業務実施者は，主題情報に対する信頼性の確保のために，主題情報に重要な虚偽の表示が含まれていないかどうかについて，職業的専門家としての懐疑心をもって保証業務を計画し，実施し，十分かつ適切な証拠を入手する。保証業務意見書は，直接報告業務の場合を規定していないが，直接報告業務の場合は，主題に一定の規準に準拠していない重要な事項が含まれていないかどうかについて証拠を入手することになると想定される。「職業的専門家としての懐疑心」とは，業務実施者が証拠として入手した情報の妥当性について探究心をもって批判的に評価することを意味する（「保証業務意見書」七・２）。

また，業務実施者は，証拠の入手に際して，証拠の量的な十分性および目的適合性や信頼性などの質的な適切性を勘案して，必要とされる証拠を入手することが求められる。単に，証拠の入手量を増やすことにより質的な適切性を補うことはできない。また，効率的に証拠を入手することが求められるが，費用上の観点から，十分かつ適切な証拠の収集を省略することはできない。

さらに，財務諸表監査の場合と同様に，業務実施者が，証拠を収集する手続の種類，実施の時期および範囲を決定するとき，ならびに，主題情報に虚偽の表示があるかどうか判断する場合，重要性が考慮される。その際，業務実施者には，想定利用者の意思決定に影響する要因を理解して判断し，相対的な重要度，主題の評価または測定に対する種々の要因の影響の程度，および想定利用者の利害等といった，量的ならびに質的要因の観点から検討を行うことが求められる。

すでに説明したが，業務実施者に要求される保証業務リスクの水準にしたがって，保証業務は，①合理的保証業務，②限定的保証業務に分類できる。

すなわち，合理的保証業務においては，積極的形式で業務実施者の結論を報告する基礎として，合理的保証が得られる業務環境にある限り，業務実施者は，合理的な低い水準となるまで保証業務リスクを抑える。限定的保証業務においては，保証業務リスクの水準を，合理的保証業務における水準よりも高く設定することができる。しかし，限定的保証業務においても，証拠を収集する手続，実施の時期および範囲を組み合わせることによって，業務実施者は，消極的形式で報告を行う基礎としては十分に有意な保証水準を得ることにより，想定利用者にとっての信頼性を確保することが必要である。

5　保証報告書（「保証業務意見書」八）

業務実施者は，適用した一定の規準や実施した手続に関する事項などを含めて，業務を実施して得た保証に関する結論を保証報告書により報告する。保証報告書には，当該保証業務が合理的保証業務であるのかまたは限定的保証業務であるのかの区別が明確に理解されるように記載する。保証報告書に合理的保証業務か限定的保証業務かのいずれかであるかを明示することは，業務実施者の責任の範囲ないし程度の明確化のために極めて重要である。

〔図表３－５〕保証報告書の記載事項

	実施した手続に関する事項	結論の報告形式
合理的保証業務	保証業務リスクを合理的保証業務に求められる水準に抑えるための手続を実施した旨	主題又は主題情報について，すべての重要な点において，一定の規準に照らして適正性や有効性等が認められるかどうか（積極的形式による結論の報告）。
限定的保証業務	保証業務リスクを限定的保証業務に求められる水準に抑えるための手続を実施した旨	主題又は主題情報について，すべての重要な点において，一定の規準に照らして適正性や有効性等がないと考えられる事項が発見されなかったかどうか（消極的形式による結論の報告）。

合理的保証業務の保証報告書においては，業務実施者は，保証業務の対象となる主題または主題情報について，保証業務リスクを合理的保証業務に求められる水準に抑えるための手続を実施したことを記載した上で，積極的形式によって結論を報告する。その場合，すべての重要な点において，一定の規準に照らして適正性や有効性等が認められるかどうかを報告する。

一方，限定的保証業務の報告書においては，業務実施者は，保証業務の対象となる主題または主題情報について，保証業務リスクを限定的保証業務に求められる水準に抑えるための手続を実施したことを記載した上で，消極的形式によって結論を報告する。その場合，すべての重要な点において，一定の規準に照らして適正性や有効性等がないと考えられる事項が発見されなかったかどうかを報告する。

Ⅳ　非保証業務

保証業務と非保証業務（保証業務の定義に合致しない業務）とを明確に識別することは，次の点からきわめて重要である。

●保証業務に対する社会からの信認を確保するため

●業務実施者の責任の範囲を明確化するため

保証業務意見書は，保証業務の定義に鑑みて，非保証業務として以下の4つの業務（図表3－1も参照）を例示している。

〔図表3－6〕非保証業務の分類

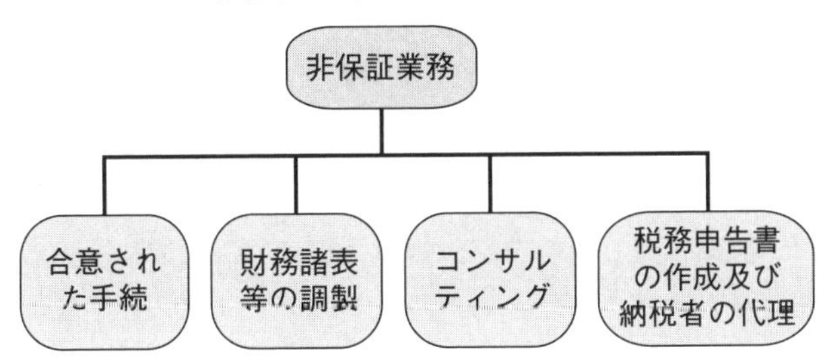

以下，上の4つの業務が保証業務でないことを説明する（図表3－1参照）。

●「合意された手続」

これは，英文ではagreed-upon procedureという。業務実施者が，主題に責任を負う者または特定の利用者との間で合意された手続に基づき発見した事項のみを報告する。実施される手続が主題に責任を負う者または限られた利用者との間の合意によって特定されるため，①業務実施者が自らの判断により証拠を入手しないこと，②手続の結果のみが報告され結論が報告されないことから，「合意された手続」は保証業務の定義を満たさない（「保証業務意見書」二・4・（1）・①）。

●業務実施者が財務情報の作成および作成への関与を行う「財務諸表等の調製」

これは，業務実施者が財務情報の作成および作成への関与を通じて，主題および主題情報に対して責任の一部を担うことになるため，保証業務の定義を満たさない（「保証業務意見書」二・4・(1)・②)。保証業務の場合，業務実施者は，あくまで主題（直接報告業務の場合）もしくは主題情報（主題情報を対象とする保証業務の場合）の信頼の程度を高めることに責任を負うのであり，主題および主題情報に対して責任を負うのではない。

●業務実施者が主題に責任を負う者の経営または税務上の判断に関わる助言や調査等を行う業務であり，いわゆるコンサルティング業務

これは，主題に責任を負う者のみの利用または利益のために行う業務であり，保証業務の定義を満たさない（「保証業務意見書」二・4・(1)・③)。すなわち，保証業務において，主題に責任を負う者は，想定利用者の1人となることはできるが，唯一の利用者となることはできない（「保証業務意見書」四・4)。

●業務実施者が税務申告書の作成および納税者の代理を行う業務

これは，税務申告書の作成および納税者の代理を目的とする業務であり，保証業務の定義を満たさない（「保証業務意見書」二・4・(1)・④)。つまり，当該業務の目的は，主題もしくは主題情報の信頼の程度を高めるという保証業務の目的と合致しない。

保証業務の定義に合致しない業務に係る報告は，保証業務に係る報告と明確に識別される必要がある。このため，保証業務の定義に合致しない業務に関する報告書においては，想定利用者に保証業務の報告書との誤解を与えるおそれがある用語や表現を用いることは適当ではない（「保証業務意見書」二・4・(2))。

第 4 章 金融商品取引法監査制度

Summary

- 金融商品取引法は，資本市場を整備し，国民経済の健全な発展と投資者の保護を目的としている。金融商品取引法では企業内容等開示（ディスクロージャー）制度については旧証券取引法の枠組みを引き継いでいるが，四半期報告制度や内部統制報告制度を新設し，罰則を厳しくしている。
- 金融商品取引法は，ディスクロージャー制度（発行市場における発行開示制度と流通市場における継続開示制度を含む）および財務諸表監査制度を設けている。財務諸表監査では，監査人は財務諸表が適正に表示されているかどうかに関する監査報告を行う。
- ディスクロージャー制度の中核は，財務諸表による開示である。財務諸表の作成については，金融商品取引法に包括規定が設けられている。
- 発行開示制度における財務諸表監査制度は，有価証券届出書に含まれる財務諸表の監査である。
- 継続開示制度における監査およびレビュー制度は，有価証券報告書に含まれる財務諸表の監査，内部統制報告書の監査，そして四半期報告書に含まれる四半期財務諸表のレビューである。
- 金融商品取引法は，監査人に財務諸表監査等の実施の権限を付与しているが，故意または過失により虚偽の監査証明をした場合には，監査人は法的責任を問われることになる。
- 監査人が作成する監査報告書は，定められた各区分に応じて，必要な事項を簡潔明瞭に記載することが法定化されている。

〔図表４－１〕証券取引法から金融商品取引法へ

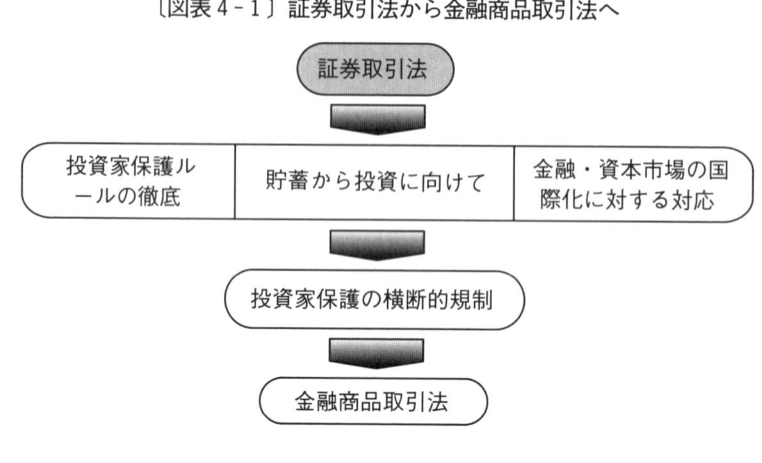

Ⅰ　金融商品取引法監査制度の意義

1　金融商品取引法

「証券取引法」に代わって，2006（平成18）年６月７日に「金融商品取引法」が国会において可決・成立し，６月14日に公布された。

金融商品取引法（以下，金商法という）は法律本体だけでも1,170ページに及ぶ法律である。４つの法律の廃止，89本の法律を改正しており，４段階に分けて2007（平成19）年９月末に全面施行された。金商法は，形式的には証券取引法の改正である。しかし実質的には法律の適用対象および内容を変更しており，新法の制定と位置づけてよい。

金商法は，金融商品を有価証券とデリバティブ（金融派生商品）に分けている。金商法のうち，特に監査論の学習で理解しなければならないのは，第１章総則～第２章企業内容等の開示，第７章雑則～第８章罰則である。

金商法はその目的を，次のように規定している。

> この法律は，企業内容等の開示の制度を整備するとともに，金融商品取引業を行うものに関し必要な事項を定め，金融商品取引所の適切な運営を確保すること等により，有価証券の発行及び金融商品の取引等を公正にし，有価証券の流通を

円滑にするほか，資本市場の機能の十全な発揮による金融商品等の公正な価格形成等を図り，もつて国民経済の健全な発展及び投資者の保護に資することを目的とする。（第１条）

第１条には，３つの手段，３つの具体的目的，２つの最終目的が定められていることが分かる。そして，これらの関係は**図表４－２**のようになる。

〔図表４－２〕金商法の目的と手段

最終目的	国民経済の健全な発展および投資者の保護		
具体的目的	有価証券の発行および金融商品の取引等を公正にすること	有価証券の流通を円滑にすること	資本市場の機能の十全な発揮による金融商品等の公正な価格形成等を図ること
	資本市場の整備		
手段	企業内容等の開示の制度を整備すること	金融商品取引業を行うものに関し必要な事項を定めること	金融商品取引所の適切な運営を確保すること

金商法は，上の目的規定に，「資本市場の機能の十全な発揮による金融商品等の公正な価格形成等を図ること」という文言を追加し，同法が「市場法」であることを明確にしている。

上の「国民経済の健全な発展」とは，次のことを意味する。

・国民全体にとっての経済が健全に発展すること

これは，資本市場の機能の確保と公正な証券価格形成などの確保を通じて，国民経済レベルの資本を効率的に配分することができれば，最終的に国民経済全体の健全な発展に寄与することができるということである。

また，「投資者の保護」とは，次のことを意味する。

・投資者が十分な情報を知らされないことによって被る不測の損害から保護すること（**ディスクロージャー制度**）
・相場操縦による作為的な相場形成，会社関係者によるインサイダー取引を禁止し，投資者が不公正な取引によって被る損害から保護すること（**不公正取引の規制**）
・投資者が金融商品取引業者の不適切な投資勧誘によって被る損害から保護すること（**投資勧誘の規制**）

マメ知識 4－1

証券取引法から金融商品取引法に改組された理由

●粉飾決算，相場操縦，偽計取引，インサイダー取引など資本市場をめぐる事件が頻発したこと
●個別・縦割り規制に起因する投資者保護の不備
●伝統的な株式や債券に念頭を置いた旧証券取引法による規制の硬直化に伴う金融イノベーションへの阻害
●大量保有報告書など TOB 制度の不備　など

II　ディスクロージャー制度と財務諸表

1　ディスクロージャーと規制

金商法と公認会計士監査制度は如何なる関係にあるのだろうか。資金調達を目的とする会社（経営者）と投資者との間には，第1章で指摘した**情報の非対称性**が存在する。情報の非対称性の問題が放置されると，投資者は，経営内容の情報を十分に知らされないことによって被る不測の損害から保護されないことになる。その結果，投資者が投資を躊躇し，会社は必要な資金を調達することができず，国民経済全体に悪影響を及ぼすことにつながりかねない。

そこで，情報の非対称性の問題を緩和するために，経営者に会社の経営内容に関する情報を十分に提供させる仕組みが必要となる。これによって，投資者は，自己の責任において合理的な投資判断を行うことができるようになる。金商法は，投資者を保護するために**企業内容等開示制度**（**ディスクロージャー制度**）を設けている（**図表4－3**）。

〔図表4－3〕金商法とディスクロージャー制度

金融商品取引法 （目的）	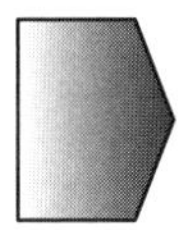	企業内容等開示制度 （とりわけ，財務諸表の開示）

図表4－3のディスクロージャー制度は，次のように説明される。

> 企業内容等開示制度とは，有価証券の発行市場および流通市場において，一般投資者が十分に投資判断を行うことができるような資料を提供するため，有価証券届出書をはじめとする各種開示書類の提出を有価証券の発行者などに義務づけ，これらを公衆縦覧に供することにより，有価証券の発行者の事業内容，財務内容などを正確，公平かつ適時に開示し，もって投資者の保護を図ろうとする制度である。（関東財務局HP）

経営者は，投資者に事業内容および財務内容などを開示する必要がある。金商法におけるディスクロージャー制度には，①**発行市場**における**発行開示制度**，②**流通市場**における**継続開示制度**がある（第1章参照）。それぞれの開示制度には，開示対象会社の範囲が定められており，例えば上場会社の経営者が開示する必要がある情報は**図表4－4**のとおりである。

ディスクロージャー制度において，投資判断に際して最も重要な情報として位置づけられているのが，「**財務諸表**」である。財務諸表は，発行市場での有価証券届出書および流通市場での有価証券報告書などの開示情報の中核を占めている。

適正な財務諸表を投資者に提供するために，金商法は，財務諸表の作成につ

〔図表４－４〕上場会社の経営者が開示する必要がある情報

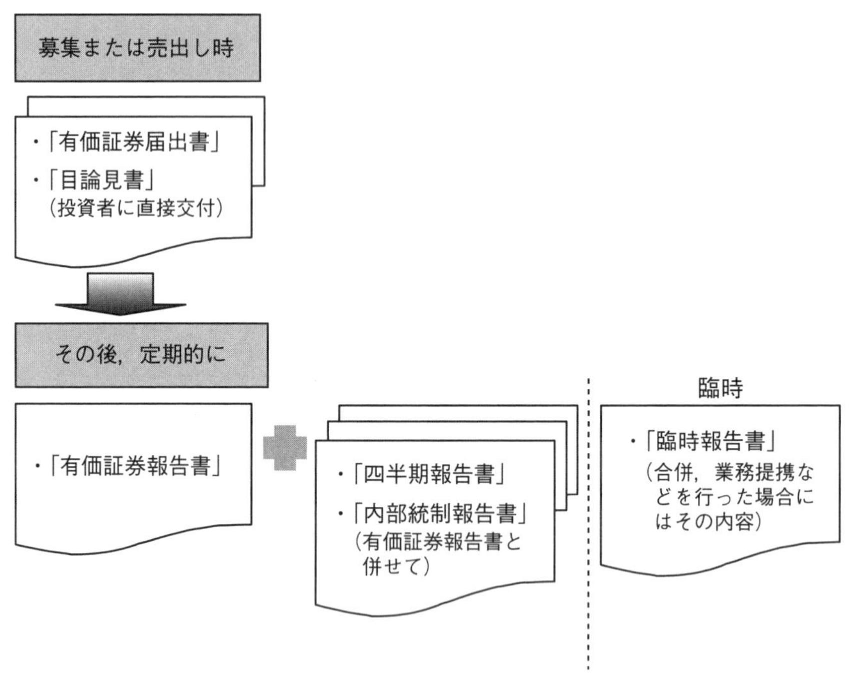

いて次のような包括的な規定を設けている。

> この法律の規定により提出される貸借対照表，損益計算書その他の財務計算に関する書類は，内閣総理大臣が一般に公正妥当と認められるところに従って内閣府令に定める用語，様式および作成方法により，これを作成しなければならない。（第193条）

内閣府令である連結財務諸表規則および財務諸表等規則は，有価証券届出書および有価証券報告書などに記載されている「**財務計算に関する書類**」（財務書類）のうち，（連結）貸借対照表，（連結）損益計算書，（連結包括利益計算書），（連結）株主資本等変動計算書，（連結）キャッシュ・フロー計算書および（連結）附属明細表を「**（連結）財務諸表**」と呼んでいる。そして，連結財務諸表規

〔図表4－5〕金商法と会計基準

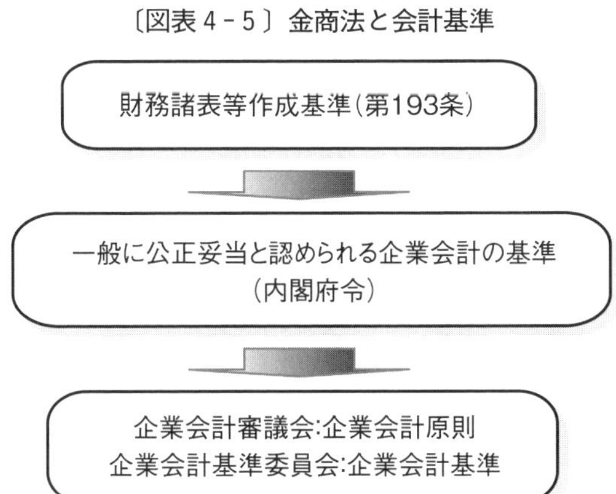

則では，当連結会計年度にかかわる連結財務諸表は，当該連結財務諸表の一部を構成するものとして比較情報（当連結会計年度にかかわる連結財務諸表－連結附属明細表を除く－に対応する前連結会計年度にかかわる事項）を含めて作成しなければならないとしている。同様に，財務諸表等規則でも，当事業年度にかかわる財務諸表は，比較情報（対応数値）を含めて作成しなければならないとしている。

その他の内閣府令として，四半期連結財務諸表規則，四半期財務諸表等規則がある。

また，連結財務諸表規則および財務諸表等規則は，……この規則において定めのない事項については，一般に公正妥当と認められる企業会計の基準にしたがうものと定めている。一般に公正妥当と認められる企業会計の基準とは，企業会計審議会が設定した「**企業会計原則**」，および企業会計基準委員会（ASBJ）が公表する「**企業会計基準**」などが該当するとされる。

経営者は，連結財務諸表規則（または財務諸表等規則）ならびに**一般に公正妥当と認められる企業会計の基準**（GAAP）などに準拠して，（連結）財務諸表を作成・開示する必要がある。企業集団の場合は，連結財務諸表が主たる開示情報となり，個別財務諸表は副次的に開示されることになる。そして，金商法の包括規定から内閣府令，さらに企業会計の基準という規制の枠組みは，四半期財務諸表についても適用される。

さらに，財務諸表の信頼性を確保し，ディスクロージャー制度の実効性を担保するために，①**財務諸表監査制度**，②**監督官庁による審査**，そして罰則規定などの③**制裁措置**が設けられている。

経営者は，不適正な財務諸表を開示した場合，監督官庁の審査により行政処分などが下される。監督官庁の審査は，会社による適正な財務諸表の作成を確保するための行政的措置である。

2　財務諸表監査制度

投資者は，十分かつタイムリーな情報開示だけではなく，開示される情報の信頼性に関心を持つ。投資者は，開示される情報に重大な偽り（重要な虚偽表示）が含まれている場合，不適切な投資判断に導かれることになるからである。したがって，投資者が開示される情報を信頼して利用できるようにするための措置が講じられなければならない。

金商法では，投資情報として最も重要な情報とされる財務諸表の信頼性を担保するため，財務諸表に対して発行者と**特別の利害関係のない公認会計士または監査法人**（**監査人**）による**監査証明**を要求している。これがいわゆる「**財務諸表監査制度**」である。

〔図表４－６〕金商法と財務諸表監査制度

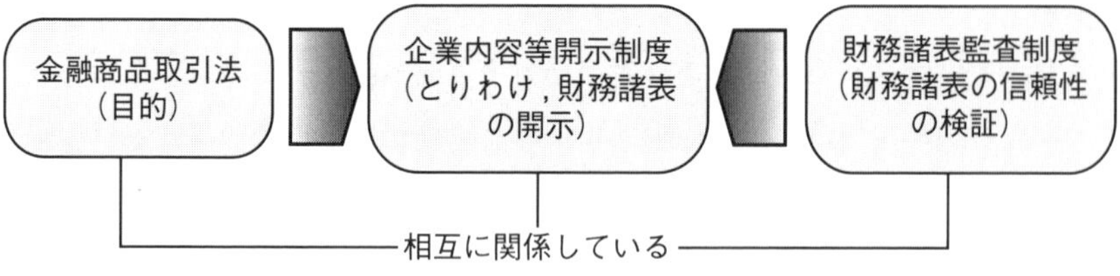

金融商品取引法（目的）→ 企業内容等開示制度（とりわけ，財務諸表の開示）← 財務諸表監査制度（財務諸表の信頼性の検証）

相互に関係している

財務諸表監査を義務づける根拠条文は次のとおりである。

> 金融商品取引所に上場されている有価証券の発行会社その他のもので政令に定めるものが，この法律の規定により提出する貸借対照表，損益計算書その他の財務計算に関する書類で内閣府に定めるものには，その者と特別の利害関係のない公認会計士又は監査法人の監査証明を受けなければならない。（第193条の２第１

項）

上の監査証明を実施するため，**「財務諸表等の監査証明に関する内閣府令」**（**監査証明府令**）が設けられ，監査証明の手続と監査報告書の記載事項が定められている。

(1) 監査人

会社は，財務諸表について，**特別の利害関係のない監査人**の監査証明を受けなければならない（金商法第193条の2第1項）。

被監査会社と監査人の**「特別の利害関係」**とは，公認会計士法（第24条，第24条の2，第24条の3，第34条の11第1項または第34条の11の2第1項もしくは第2項）に規定する関係（「公認会計士法」に関しては，第2章参照），および監査人が被監査会社に対して，株主もしくは出資者として有する関係，または被監査会社の事業もしくは財産経理に関して有する関係で，監査証明府令第2条で定めるものをいう（金商法第193条の2第4項）。

監査人は，「財務諸表監査」だけでなく，後述する「四半期レビュー」や「内部統制監査」を行う上でも，**独立性**を保持しなければならない。

(2) 財務諸表監査の対象範囲

財務計算に関する書類（財務書類）に対する監査証明の範囲は，基本的に，有価証券届出書あるいは有価証券報告書などのうち，**「経理の状況」**に掲げられる比較情報（対応数値）を含む当期の**連結財務諸表**／**個別財務諸表**である（監査証明府令第1条）。なお，原則として，監査意見において対応数値に言及してはならないことに留意する必要がある（詳しくは，第10章参照）。

連結財務諸表の監査範囲：連結貸借対照表，連結損益計算書・連結包括利益計算書（連結損益及び包括利益計算書），連結株主資本等変動計算書，連結キャッシュ・フロー計算書および連結附属明細表

個別財務諸表の監査範囲：貸借対照表，損益計算書，株主資本等変動計算書，キャッシュ・フロー計算書および附属明細表

有価証券届出書の訂正届出書あるいは有価証券報告書の訂正報告書に含まれる訂正連結財務諸表／訂正個別財務諸表も，監査証明が必要となる。

（3） 監査証明の手続

監査証明を行うためには，監査を実施する必要がある。監査証明の手続は監査証明府令に委任され（同法第193条の2第5項），財務諸表の監査証明は監査人が作成する監査報告書により行われる（監査証明府令第3条第1項）。

監査報告書は，一般に公正妥当と認められる監査に関する基準および慣行にしたがって実施された監査の結果に基づいて作成されなければならない（同府令第3条第2項）。企業会計審議会が公表する監査に関する基準が，**一般に公正妥当と認められる監査の基準**に該当するとし，当該基準の設定に関しては，企業会計審議会に委ねられている（同府令第3条第3項）。監査人は，企業会計審議会・監査部会が設定した『**監査基準**』および『不正リスク対応基準』などにしたがって監査を実施し，その結果に基づいて監査報告書を作成しなければならない。

金商法，ディスクロージャー制度ならびに財務諸表監査制度の関係は，**図表4－8**のように表すことができる。

〔図表4－7〕金商法と監査基準

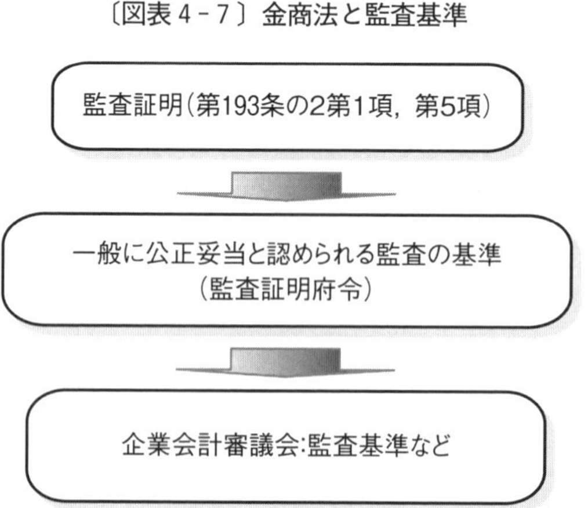

〔図表4－8〕金商法，ディスクロージャー制度，財務諸表監査制度の関係

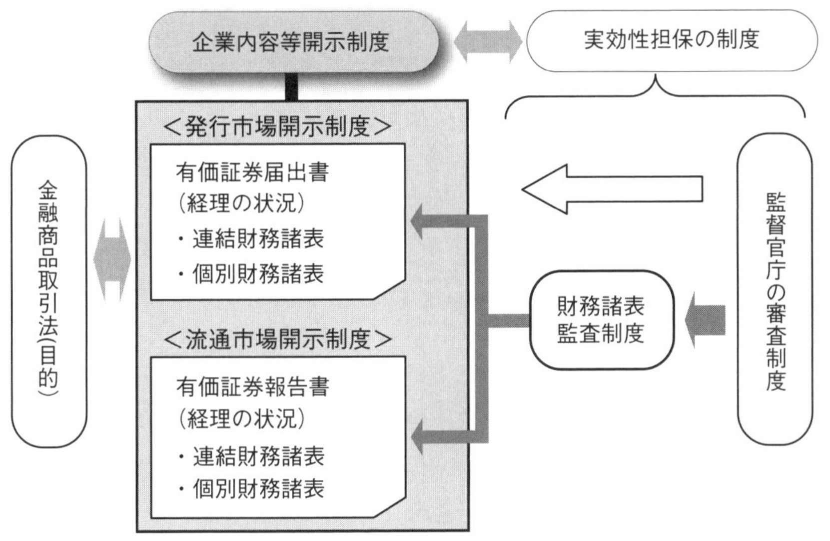

III　有価証券届出書の開示と財務諸表監査制度

ディスクロージャー制度には，**発行市場**における**発行開示制度**がある。発行開示制度とは，発行市場において，有価証券の発行者に**有価証券届出書**の提出を義務づけ，これを公衆縦覧に供することにより，有価証券の発行者の事業内容および財務内容などを正確，公平かつ適時に開示し，投資者の保護を図ろうとするものである。

資金調達を目的とした発行者が行う**有価証券の募集または売出しは勧誘行為**である。例えば，募集は新たに発行される有価証券を投資者に募集するものであり，売出しは発行会社の大株主が保有している株式を投資者に売り出すものである。原則として，発行者は，勧誘行為を行う際には情報開示の手段として有価証券届出書を内閣総理大臣（実際は，財務局）に提出しなければならない（金商法第4条，第5条）（**図表4－9**）（第1章参照）。

また，勧誘行為がない事業再編のための株式分割や株式交換などにおいて，

〔図表４－９〕有価証券届出書の提出義務

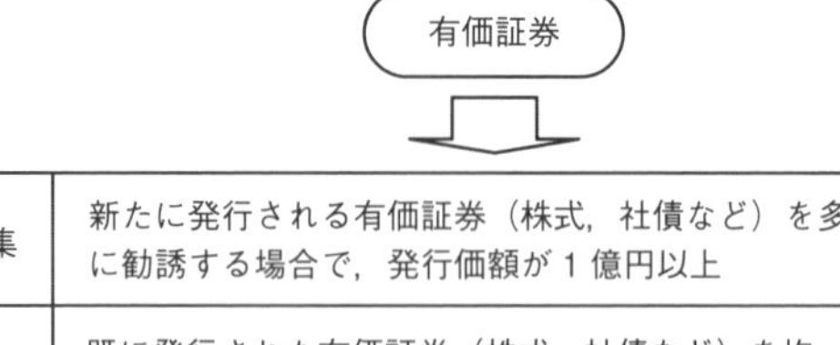

募　集	新たに発行される有価証券（株式，社債など）を多数の者（50名以上）に勧誘する場合で，発行価額が１億円以上
売出し	既に発行された有価証券（株式，社債など）を均一の条件で多数の者（50名以上）に勧誘する場合で，売出価額が１億円以上

有価証券届出書の提出義務

有価証券が発行・交付される場合にも，有価証券届出書の提出が必要となる。

「勧誘者の数が50名以上，かつ発行（売出）価額の総額が１千万超１億円未満」の場合，あるいは「勧誘者の数が50名未満，かつ発行（売出）価額の総額が１億円以上」の場合には，投資者保護の必要性が乏しい。このため，発行会社に経済的負担を強いるため，有価証券届出書の提出は義務づけられていない。代わりに，「**有価証券通知書**」を提出する必要がある（同法第４条第６項）。有価証券通知書には財務諸表の掲載が要求されていないため財務諸表監査も必要ない。

有価証券届出書には，「**企業内容等の開示に関する内閣府令**」（開示府令）で定める事項が記載される（同法第５条第１項）。様式には次の３つの種類がある。

〔図表４－10〕有価証券届出書の様式

有価証券届出書の様式

- 完全開示方式「第２号様式」（開示府令第８条第１項）
- 組込方式「第２号の２様式」（開示府令第９条の３）
- 参照方式「第２号の３様式」（開示府令第９条の４）

組込方式および参照方式は，**図表４-11**に示す企業情報の箇所の記載事項について，有価証券報告書の記載事項を利用（組込・参照）することによって開示会社の作成上の費用負担を軽減するものである。いずれの場合も有価証券報告書を提出している会社が利用できる。

有価証券届出書は，基本的にフル開示形式，すなわち「**第２号様式**」にしたがって作成される。この有価証券届出書の記載内容は，図表４-11に示すとおりである。

〔図表４-11〕有価証券届出書の記載内容（株式の場合）

第一部【証券情報】
第１【募集要項】
　（募集の場合）（新規発行株式・株式募集の方法及び条件・株式の引受け・新規発行新株予約権証券など）
第２【売出要項】（売出しの場合）（売出有価証券・売出しの条件）
第３【募集又は売出しに関する特別記載事項】
第４【第三者割当の場合の特記事項】
第５【その他の記載事項】
第二部【企業情報】
第１【企業の概況】
　（主要な経営指標等の推移・沿革・事業の内容・関係会社の状況・従業員の状況）
第２【事業の状況】
　（業績等の概要・生産，受注及び販売の状況・対処すべき課題・事業等のリスク・経営上の重要な契約等・研究開発活動・財政状態，経営成績及びキャッシュフローの状況の分析）
第３【設備の状況】
　（設備投資等の概要・主要な設備の状況・設備の新設，除却等の計画など）
第４【提出会社の状況】
　（株式等の状況・自己株式の取得等の状況・配当政策・株価の推移・役員の状況・コーポレート・ガバナンスの状況等）
第５【経理の状況】（連結財務諸表・個別財務諸表）（比較情報を含む） など
第６【提出会社の株式事務の概要】

第7【提出会社の参考情報】(提出会社の親会社等の情報・その他の参考情報)
第三部【提出会社の保証会社等の情報】(該当する場合にのみ記載)
第四部【特別情報】

有価証券届出書に開示される情報のうち，投資者の投資判断の最も重要な情報が経理の状況に記載される財務諸表である。発行会社は，**連結財務諸表／個別財務諸表**（比較情報を含む）をGAAPにしたがって作成し，開示する必要がある（詳しくは，本章II節1参照)。

その際に，財務諸表の信頼性を担保するために，特別の利害関係のない監査人による監査証明を受けることが要求されている（同法第193条の2第1項，同施行令第35条)（**図表4-12**)。これがいわゆる**財務諸表監査制度**である。

有価証券届出書は，財務局，発行者の本店および主な支店，証券取引所（金融商品取引所）などで，5年間，公衆縦覧に供せられる（同法第25条第1項第1号)。

〔図表4-12〕有価証券届出書と財務諸表監査

有価証券届出書

【第1部　証券情報】
【第2部　企業情報】
第1　企業の概要
第2　事業の状況
第3　設備の状況
第4　提出会社等の状況
第5　経理の状況
連結財務諸表
・連結貸借対照表
・連結損益計算書
・連結包括利益計算書
・連結キャッシュ・フロー計算書など
個別財務諸表
・貸借対照表
・損益計算書など
【第3部　提出会社の保証会社等の情報】
【第4部　特別情報】

有価証券の募集または売出しのために，その相手方に直接提供する当該有価証券の発行者の事業その他の内閣府令で定める事項に関する説明を記載した書類として，目論見書がある（同法第２条第10項）。

目論見書には，発行会社の経理の情報をはじめ，有価証券届出書に記載すべき事項に関する主要な部分の内容を記載する必要がある（同法第13条第２項）。

Ⅳ　流通市場における継続開示制度と監査・レビュー制度

ディスクロージャー制度には，**流通市場**における**継続開示制度**（**定期的開示**ともいう）がある。継続開示制度とは，流通市場において，有価証券の発行者などに有価証券報告書などの提出を義務づけ，これを公衆縦覧に供することにより，有価証券の発行者などの事業内容および財務内容などを正確，公平かつ適時に開示し，投資者の保護を図ろうとするものである。

金融商品取引所に上場され流動性の高い有価証券については，より一層の投資者保護の観点から，有価証券報告書に加えて，①四半期報告書，②内部統制報告書，ならびに③経営者確認書の提出が要求されている。

マメ知識４－２
経営者確認制度

金融商品取引法では，金融商品取引所に上場され流動性の高い有価証券については，投資者保護の観点から，経営者確認制度を設けている。この経営者確認制度とは，上場会社等の会社代表者（経営者）が，有価証券報告書，四半期報告書（あるいは半期報告書）を提出する際に，それらの記載内容が法令に基づき適正であることを確認した旨を記載した確認書を併せて提出することを義務づける（同法第24条の４の２，同条の４の８，同条の５の２）。この制度は，有価証券報告書などの記載内容の適正性を担保する制度である。この確認書は，民事責任などの損害賠償責任の対象となるとされる。作成責任者である経営者が確認するため，そのことを知らなかったと抗弁することができないという効果が生じ，経営者にとって精神的な拘束力となるとされる。当該対象会社は，上場有価証券の発行者である会社その他の政令で定めるものである（同施行令第４条の２の５）。

この制度が義務づけられた背景には，アメリカの企業改革法（サーベインス・オックスリー法），およびわが国における西武鉄道事件などの影響があるとされる。

一方，流動性に乏しい有価証券には，公衆縦覧型開示を原則免除し，開示書類を直接提供するという形をとっている。つまり，金商法では，流動性に着目した継続開示制度の拡充が行われることになったのである。なお，臨時報告書（主要株主の変動，災害の発生，企業の組織変更の場合などに提出）には，財務諸表が含まれないため監査は不要となる。

1　有価証券報告書と財務諸表監査制度

継続開示制度の中核に位置するのが，**有価証券報告書**である。有価証券報告書を提出する必要がある会社は次のとおりである。

- 上場有価証券の発行者（同法第24条第1項第1号）
- 店頭登録有価証券の発行者（同法第24条第1項第2号，同施行令第3条）
- 募集および売出しを行った有価証券の発行者（同法第24条第1項第3号）
- 資本の額が5億円以上で，株主が1,000名以上いる株式会社（同法第24条第1項第4号，同施行令第3条の6第4項）（外形基準と呼ぶ）

これらの会社は，原則として，有価証券報告書を事業年度終了後3カ月以内に内閣総理大臣（実際は，財務局）に提出しなければならない（同法第24条第1項）。外国会社は6カ月以内でも良いとされる。

有価証券報告書には，**開示府令**で定める事項が記載されなければならない（同法第24条第1項）。有価証券報告書は，基本的に，「**第3号様式**」にしたがって作成される（開示府令第15条第1項第1号イ）。「第3号様式」による有価証券報告書の記載内容は，**図表4-13**に示すとおりである。

有価証券報告書に記載される財務諸表については，有価証券届出書に記載される財務諸表と同様の規制が加えられている。

GAAPにしたがって作成された連結財務諸表／個別財務諸表（比較情報を含む）が有価証券報告書の「第一部　企業情報」のうち「経理の状況」において開示される。その際，財務諸表には，特別の利害関係のない監査人の監査証明を受けなければならない（同法第193条の2第1項，同施行令第35条）（**図表4-**

〔図表４-13〕有価証券報告書の記載内容

第一部【企業情報】
第１【企業の概況】
（主要な経営指標の推移・沿革・事業の内容・関係会社の状況・従業員の状況）
第２【事業の状況】
（業績等の概要・生産，受注及び販売の状況・対処すべき課題・事業等のリスク・経営上の重要な契約等・研究開発活動・財政状態，経営成績及びキャッシュフローの状況の分析）
第３【設備の状況】
（設備投資等の概要・主要な設備の状況・設備の新設，除却等の計画など）
第４【提出会社の状況】
（株式等の状況・自己株式の取得等の状況・配当政策・株価の推移・役員の状況・コーポレート・ガバナンスの状況等）
第５【経理の状況】（連結財務諸表・個別財務諸表）（比較情報を含む）など
第６【提出会社の株式事務の概要】
第７【提出会社の参考情報】（提出会社の親会社等の情報・その他の参考情報）
第二部【提出会社の保証会社等の情報】（該当する場合にのみ記載）
第１【保証会社情報】
第２【保証会社以外の会社の情報】
第３【指数等の情報】

14)。

有価証券報告書は，財務局，発行者の本店および主な支店，証券取引所（金融商品取引所）などで，５年間，公衆縦覧に供せられる（同法第25条第１項第４号)。

2　四半期報告書と四半期レビュー

刻々と変化する上場会社等の業績を投資者に適時かつ適切に開示することが求められたことを受けて，投資者への適時かつ適切な情報開示のために事業年

〔図表４-14〕有価証券報告書と財務諸表監査制度

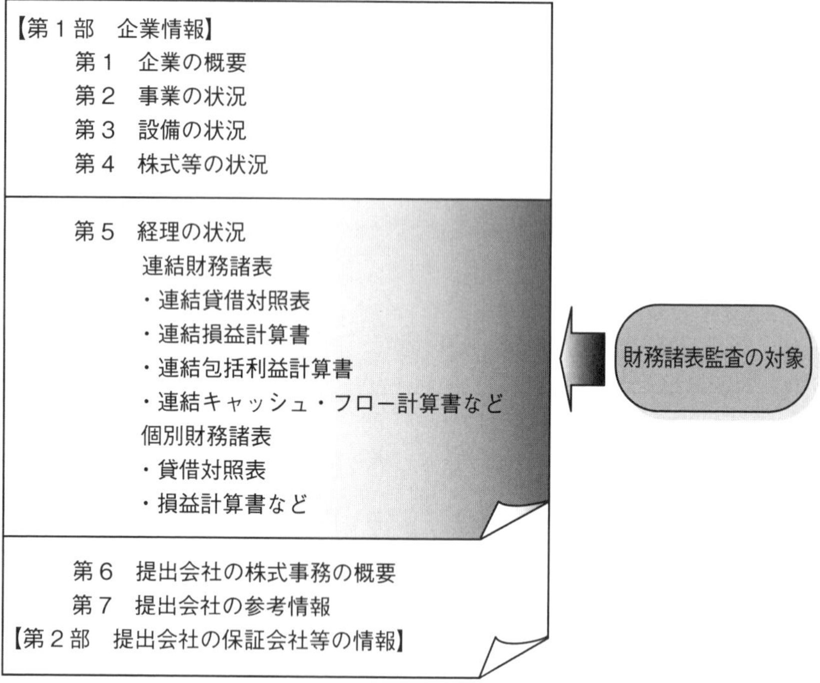

度を３カ月に区分して，**四半期報告書**の提出と監査人による**四半期レビュー**が義務づけられることになった（同法第24条の４の７，第193条の２第１項）。四半期報告制度については第12章で詳しく説明するため，ここでは概要のみを説明する。

四半期報告制度は，旧証券取引法で義務づけられていた半期報告制度（前半６カ月のみ）に比べて報告書の提出頻度が２倍となり，より一層の適時開示が可能となった。四半期報告制度の枠組みは，**図表４-16**のようにまとめることができる。

〔図表4-15〕四半期報告制度のスケジュール（3月決算の会社の場合）

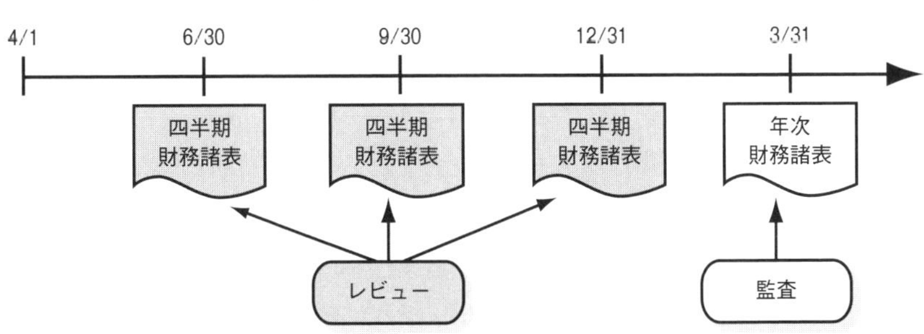

〔図表4-16〕四半期報告制度の概要

項　目	内　容	根拠規定
提出会社	上場会社その他政令で定めるもの	金商法第24条の4の7，同施行令第4条の2の10
提出期限	各四半期経過後45日以内（若干の例外あり）	同法第24条の4の7第1項，同施行令第4条の2の10第3項
記載様式	第4号の3様式	同法第24条の4の7第1項，開示府令第17条の15第1号
信頼性の担保の手段	レビュー	同法第193条の2第1項，第5項
公衆縦覧期間	3年間	同法第25条第1項第7号
開示開始事業年度	平成20年4月開始事業年度の第1四半期から	証券取引法等改正法附則第16条

投資者の投資判断に最も重要な情報が，経理の状況に記載される「**四半期財務諸表（四半期連結財務諸表／四半期個別財務諸表）**」である。開示の基本は連結ベースであり，開示の範囲は次のとおりである。

四半期連結財務諸表—四半期連結貸借対照表，四半期連結損益計算書・四半期連結包括利益計算書（四半期連結損益及び包括利益計算書），四半期連結キャッシュ・フロー計算書

四半期個別財務諸表—四半期個別貸借対照表，四半期個別損益計算書，四

半期個別キャッシュ・フロー計算書

四半期連結財務諸表を開示する場合，四半期個別財務諸表の開示は必要ない。

四半期財務諸表は，内閣府令「**四半期連結財務諸表規則**」または「**四半期財務諸表等規則**」と企業会計基準委員会（ASBJ）が設定した企業会計基準第12号『**四半期財務諸表に関する会計基準**』にしたがって作成される。

四半期財務諸表には，**特別の利害関係のない監査人**による**監査証明**を受ける必要がある（同法第193条の２第１項，同施行令第35条）。監査証明の手続については**監査証明府令**に委任される（同法第193条の２第５項）。四半期財務諸表の監査証明は，監査人が作成する四半期レビュー報告書によって行われる（監査証明府令第３条第１項）。四半期レビューは，企業会計審議会・監査部会が設定した『**四半期レビュー基準**』などにしたがって実施され，その結果に基づいて**四半期レビュー報告書**が作成される。

3　内部統制報告書と内部統制監査制度

上場鉄道会社やIT関連企業などによる，財務報告の信頼性を揺るがす事件が続発したことを受けて，新たに**内部統制報告制度が**設けられることとなった。これは，経営者に対して財務報告に係る内部統制の有効性の評価とその結果の報告を求めるものである。

内部統制の評価結果は「**内部統制報告書**」によって報告され，提出に際して特別の利害関係のない監査人による監査証明を受けなければならないとされている（同法第193条の２第２項，同施行令第35条の２）。内部統制報告書の監査は「**内部統制監査**」と呼ばれ，企業会計審議会・内部統制部会が設定した『**内部統制基準**』などにしたがって実施される。監査の結果は，「**内部統制監査報告書**」によって伝達されることになっている。なお，新規上場会社（資本金100億円以上または負債総額1,000億円以上の会社は除く）は，上場後３年間，内部統制報告書に関して，内部統制監査の免除を選択することができる（同法第193条の２第２項第４号，同施行令第35条の３）。

内部統制報告制度の枠組みは，**図表４-17**のようにまとめることができる。内部統制監査については，第11章Ⅲ節で詳しく説明する。

〔図表4-17〕内部統制報告制度の概要

項　　目	内　　容	根拠条文
提出会社	上場会社その他政令で定めるもの	金商法第24条の4の4，同施行令第4条の2の7
提出期限	有価証券報告書と併せて	同法第24条の4の4第1項
記載様式	第1号様式	内部統制府令第4条第1項第1号
信頼性の担保の手段	監査	同法第193条の2第2項，第5項
公衆縦覧期間	5年間	同法第25条第1項第6号
開示開始事業年度	平成20年4月開始事業年度から	証券取引法等改正法附則第15条

4　EDINET（エディネット）と情報開示

EDINET（Electronic Disclosure for Investors' NET-work）とは，「金商法に基づく有価証券報告書等の開示書類に関する電子開示システム（同法第27条の30の2に規定する「開示用電子情報処理組織」）」のことである。2004（平成16）年6月から有価証券届出書および有価証券報告書などの電子開示手続の提出・縦覧手続について，その使用が義務化された。

このEDINETは，これまで紙媒体で提出されていた有価証券届出書および有価証券報告書などの開示書類などに関して，その提出から公衆縦覧までに至る一連の手続を電子化することによって，提出者の事務負担の軽減，投資者などによる企業情報などへのアクセスの公平・迅速化を図り，もって資本市場の効率性を高めることを目的として開発されたシステムである。

まず，有価証券届出書および有価証券報告書などの開示書類などを提出する会社に，当該開示書類に記載すべき情報をインターネットオンラインで財務局へ提出させる。次に，提出された情報は，財務局の閲覧室や証券取引所（金融商品取引所）などに設置したパソコンで公衆縦覧に供せられ，さらに金融庁や

〔図表4-18〕EDINETによる情報開示

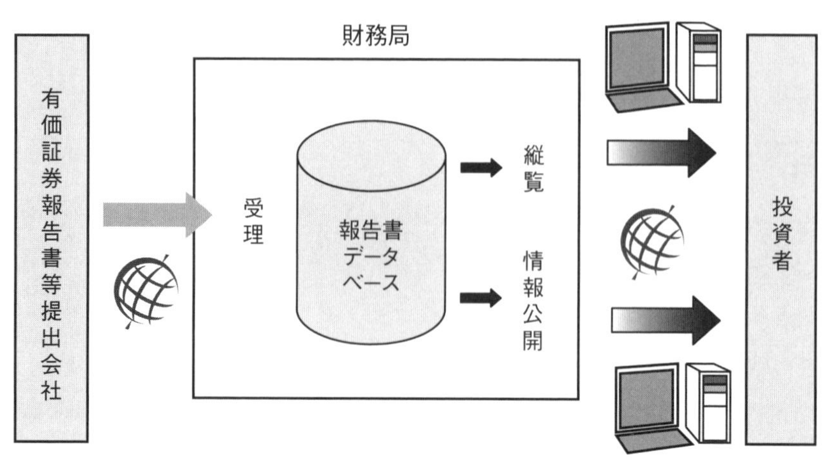

財務局のホームページなどで公開される。EDINETは，インターネットを利用して，広く一般に企業情報を開示することを可能にしたシステムである。

V　金商法の下での監査人の権限と法的責任

1　二重責任の原則

金商法の目的を達成するために，財務諸表の信頼性を担保する財務諸表監査制度が必要となる。財務諸表監査業務については，公認会計士または監査法人である監査人に**業務独占資格**が付与されている。また，四半期レビュー業務および内部統制監査業務についても，**監査証明業務**は監査人が独占的に担うこととされている（第2章参照）。

財務諸表監査などの監査証明業務における監査人の権限と責任は，経営者の責任で作成された財務諸表の適正表示について意見を表明することである（**二重責任の原則**）。監査人は，批判機能と指導機能を十分に発揮して，適切な監査意見の表明を行う責任を負っている。

投資者の自己責任の原則（第1章参照）の下で，投資者が自己の責任において合理的な投資判断を行うことができるようにするためには，経営者が適正な

〔図表４-19〕二重責任の原則と投資者の自己責任の原則

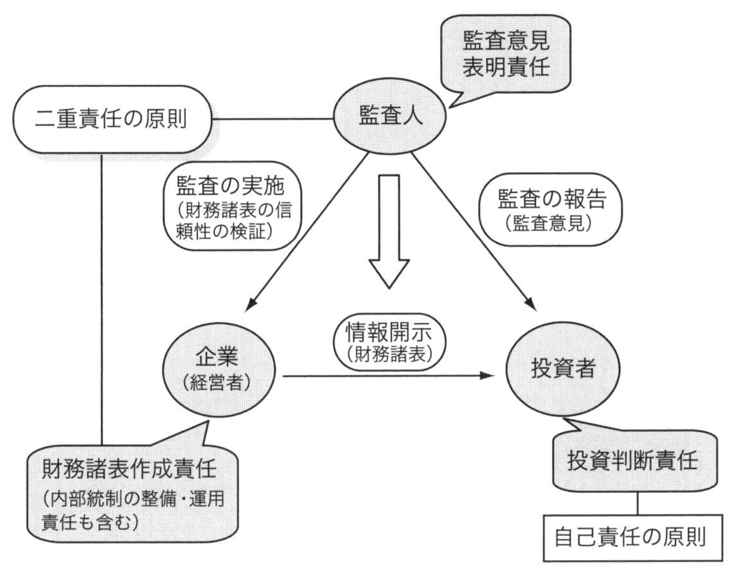

財務諸表を作成し，監査人が当該財務諸表に対して適切な監査意見を表明することが不可欠である（**図表４-19**）。

2　監査人の責任

監査人が，連結財務諸表／個別財務諸表，四半期財務諸表，内部統制報告書に対して虚偽の監査証明をした場合には，会社や投資者に対して甚大な損害を与えることになる。また，資本市場の信頼を失墜させ，国民経済全体に悪影響を及ぼすことにもなりかねない。このため，監査人が虚偽の監査証明をした場合には，監査人は責任を問われることになる。

金商法は，監査人の責任を次のように定めている（**図表４-20**）。

①　刑事責任

金商法は，監査人に対して虚偽証明罪のような刑事責任規定を設けていない。しかし，公認会計士は，虚偽の監査証明を行うことにより虚偽記載に加担したと認められた場合，虚偽の有価証券報告書などを提出した者の共同正犯または

〔図表４-20〕虚偽の監査証明に対する監査人の責任

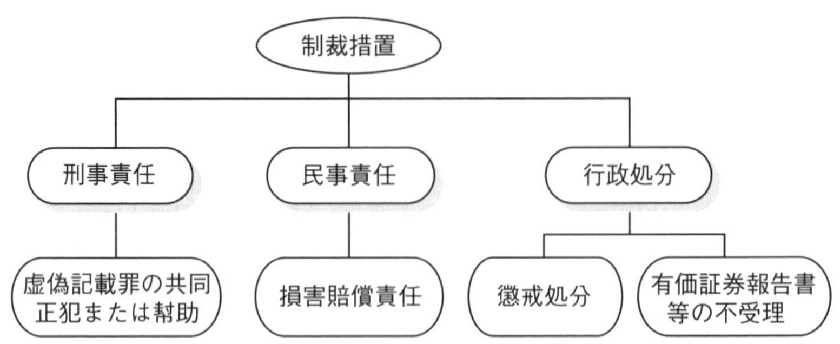

幇助として刑事責任が問われることになる。これは虚偽記載罪の共同正犯または幇助（ほうじょ）を構成する。

この場合，公認会計士には，虚偽の有価証券報告書などの提出者に適用される刑罰，すなわち「10年以下の懲役もしくは1,000万円以下の罰金またはその両方が科される」ことになる（金商法第197条）。半期報告書や四半期報告書などについては「５年以下の懲役もしくは500万円以下の罰金，又はその併科」として軽減されている（同法第197条の２）。このように，刑事罰が異なるのは投資判断へ与える影響度が異なるためである。なお現在，虚偽の監査証明を行った公認会計士が所属する監査法人に対して刑事責任を問う規定は設けられていない。

② 民事責任

民事責任とは，損害賠償責任のことである。損害賠償責任を追及するには，訴える者が①損害が発生したこと，②故意または過失の存在，③①と②との間に相当の因果関係があることを，立証する必要がある。

監査人と監査契約を締結するのは被監査会社であり，投資者は監査契約の締結の当事者ではないため，監査人の債務不履行責任（民法第415条）を追及することができない。そのため，投資者は，民法上の不法行為責任（民法第709条）を利用することになる。しかし，監査業務は専門的業務であり，監査に関する専門的知識を有しない投資者が，虚偽の監査証明に関して，公認会計士または監査法人側の故意または過失が存在したことを立証するのは相当の困難を伴う。

そこで，金商法は，虚偽の監査証明に関して，故意または過失の立証責任を投資者ではなく監査人に負わせている。監査人は，虚偽の監査証明に関して，故意または過失がなかったことを自ら立証しなければならない（同法第21条第１項第３号，同条第２項第２号，第22条，第24条の４，同条の４の６，同条の４の７第４項，同条の５第５項）。これを**立証責任の転換**という。金商法は，特別の法定責任を明文化して投資者の救済を容易にしているのである。

③　行政処分

行政処分とは，行政庁（金融庁）が行政目的の達成に違反したものに対して制裁を科すことである。金商法では，公認会計士または監査法人が行った監査証明が，公認会計士法第30条または第34条の21第２項第１号もしくは第２号の規定するものであるときその他の不正があるときは（「公認会計士法」の規定に関しては，第２章参照），内閣総理大臣は，１年以内の期間を定めて，当該期間内に提供される有価証券届出書，有価証券報告書または内部統制報告書で，その公認会計士または監査法人にかかわるものの全部または一部を受理しないことができる（同法第193条の２第７項）。これを**不受理処分**という。

なお，金商法ではなく，第２章で説明したように公認会計士法では公認会計士または監査法人に対して懲戒処分の規定を設けている。

これらの上記規定は，監査人が故意または過失により虚偽の監査証明などをする行為を抑止する効果があると同時に，もし監査人が故意または過失により虚偽の監査証明などを行った場合には，当該監査人に対する制裁となる。

Ⅵ　監査証明府令に基づく監査報告書と監査概要書

1　監査報告書

監査人は，監査の結果を監査報告書で表明する必要がある。**監査報告書**の記載事項は，監査証明府令によって定められている（同府令第４条）。財務諸表監査の監査報告書の様式は，**図表４-21**のとおりである。なお，ここに掲げる文

〔図表 4 -21〕独立監査人の監査報告書

A

独立監査人の監査報告書

株式会社△△△△
　取締役会　御中

平成××年6月22日

○○監査法人
指定社員
業務執行社員　公認会計士　○○○○㊞
指定社員
業務執行社員　公認会計士　○○○○㊞

B

　当監査法人は，金融商品取引法第193条の２第１項の規定に基づく監査証明を行うため，「経理の状況」に掲げられている株式会社△△△△の平成××年４月１日から平成××年３月31日までの連結会計年度の連結財務諸表，すなわち，連結貸借対照表，連結損益計算書，連結包括利益計算書，連結株主資本等変動計算書，連結キャッシュ・フロー計算書，連結財務諸表作成のための基本となる重要な事項，その他の注記及び連結附属明細表について監査を行った。

C

連結財務諸表に対する経営者の責任

　経営者の責任は，我が国において一般に公正妥当と認められる企業会計の基準に準拠して連結財務諸表を作成し適正に表示することにある。これには，不正又は誤謬による重要な虚偽表示のない連結財務諸表を作成し適正に表示するために経営者が必要と判断した内部統制を整備及び運用することが含まれる。

D

監査人の責任

　当監査法人の責任は，当監査法人が実施した監査に基づいて，独立の立場から連結財務諸表に対する意見を表明することにある。当監査法人は，我が国において一般に公正妥当と認められる監査の基準に準拠して監査を行った。監査の基準は，当監査法人に連結財務諸表に重要な虚偽表示がないかどうかについて合理的な保証を得るために，監査計画を策定し，これに基づき監査を実施することを求めている。

　監査においては，連結財務諸表の金額及び開示について監査証拠を入手するための手続が実施される。監査手続は，当監査法人の判断により，不正又は誤謬による連結財務諸表の重要な虚偽表示リスクの評価に基づいて選択及び適用される。財務諸表監査の目的は，内部統制の有効性について意見表明するためのものではないが，当監査法人は，リスク評価の実施に際して，状況に応じた適切な監査手続を立案するために，連結財務諸表の作成と適正な表示に関連する内部統制を検討する。また，監査には，経営者が採用した会計方針及びその適用方法並びに経営者によって行われた見積りの評価も含め全体としての連結財務諸表の表示を検討することが含まれる。

　当監査法人は，意見表明の基礎となる十分かつ適切な監査証拠を入手したと判断している。

E

監査意見

　当監査法人は，上記の連結財務諸表が，我が国において一般に公正妥当と認められる企業会計の基準に準拠して，株式会社△△△△及び連結子会社の平成××年３月31日現在の財政状態並びに同日をもって終了する連結会計年度の経営成績及びキャッシュ・フローの状況をすべての重要な点において適正に表示しているものと認める。

F

利害関係

　会社と当監査法人又は業務執行社員との間には，公認会計士法の規定により記載すべき利害関係はない。

以　上

（出所）　日本公認会計士協会，監査・保証実務委員会実務指針第85号「監査報告書の文例」文例１（2016年２月最終改正）

例は，監査人が無限責任監査法人の場合で，かつ指定証明であるときのものであることに留意する必要がある。

Ａの区分：**【表題等に関する事項】**

表題（独立監査人の監査報告書），日付（監査報告書の作成日），宛先（原則，被監査会社の取締役会名），作成者（個人の場合には，事務所名と担当公認会計士の自署・押印，無限責任監査法人の場合には，監査法人名とその代表者の他，業務執行社員の自署・押印，あるいは代表者に代えて，指定社員である業務執行社員の自署・押印，そして有限責任監査法人の場合には，監査法人名と指定有限責任社員である業務執行社員の自署・押印）を記載する。

Ｂの区分：**【監査の対象に関する事項】**

監査証明の根拠条文である金商法第193条の２第１項，対象会社名および事業年度（連結会計年度），監査の対象となった財務諸表等の範囲について記載する。

Ｃの区分：**【経営者の責任に関する事項】**

- 財務諸表等の作成責任は経営者にあること
- 財務諸表等に重要な虚偽表示がないように内部統制を整備および運用する責任は経営者にあること

Ｄの区分：**【監査を実施した公認会計士または監査法人の責任に関する事項】**

- 監査を実施した公認会計士または監査法人の責任は独立の立場から財務諸表等に対する意見を表明すること
- 監査が一般に公正妥当と認められる監査の基準に準拠して行われた旨
- 監査の基準は監査を実施した公認会計士または監査法人に財務諸表等に重要な虚偽表示がないかどうかの合理的な保証を得ることを求めていること
- 監査は財務諸表項目に関する監査証拠を得るための手続を含むこと
- 監査は経営者が採用した会計方針およびその適用方法ならびに経営者によって行われた見積りの評価も含め全体として財務諸表等の表示を検討していること

・監査手続の選択および適用は監査を実施した公認会計士または監査法人の判断によること
・財務諸表監査の目的は，内部統制の有効性について意見を表明するためのものではないこと
・監査の結果として入手した監査証拠が意見表明の基礎を与える十分かつ適切なものであること

Ｅの区分：**【監査意見に関する事項】**

監査の対象となった**財務諸表等**が一般に公正妥当と認められる企業会計の基準に準拠して，当該財務諸表等にかかわる事業年度（連結財務諸表の場合には，連結会計年度）の財政状態，経営成績およびキャッシュ・フローの状況を**すべての重要な点において適正に表示しているかどうかについての意見**を記載する。つまり，財務諸表が適正に表示しているか否かについての監査人の意見を記載する。意見の種類としては，無限定適正意見，除外事項を付した限定付適正意見，不適正意見，そして意見不表明がある。

Ｆの区分：**【利害関係の有無に関する事項】**

公認会計士法第25条２項（同法第16条の２第６項および第34条の12第３項において準用する場合を含む）の規定により明示すべき利害関係を記載する。被監査会社との間に同規定により明示すべき利害関係がない場合には，その旨を記載する。

その他　：**【追記情報に関する事項】**

監査を実施した公認会計士または監査法人が強調し，または説明することが適当であると判断した事項をＥとＦの区分の間に記載する。

・継続企業の前提に関する事項
・正当な理由による会計方針の変更
・重要な後発事象
・重要な偶発事象　　　　など

この他に，中間監査報告書，四半期レビュー報告書の記載事項も法定されている。監査報告書の詳しい記載事項の指針については，監査・保証実務委員会

実務指針第85号「監査報告書の文例」が公表されている（監査報告書の文例に関しては，第10章参照）。

加えて，監査人は，監査等終了後遅滞なく，当該監査等にかかわる記録および資料を当該監査等にかかわる監査調書として整理し，これを監査事務所に備えておかなければならない（同府令第６条）（監査調書に関しては，第６章参照）。また，監査証明を行うに当たり被監査会社における法令違反等事実（金商法第193条の３第１項に規定する法令違反等事実）を発見した監査人は，当該事実の内容および当該事実にかかわる法令違反の是非その他の適切な措置をとるべき旨を記載した書面により，当該被監査会社の監査役などに対して通知しなければならない（同府令第７条）（同法第193条の３に関しては，第11章参照）。

2　監査概要書

監査人は，監査報告書の作成日の翌月の末日までに，監査の従事者，監査日数その他の当該監査などに関する事項を記載した**監査概要書**を作成し，関東財務局長あるいは本店の所在地を管轄する財務局長等に提出しなければならない（金商法第193条の２第６項，監査証明府令第５条）。この監査概要書は，一般には公開されない。

金商法の下で，財務諸表監査をはじめとする監査証明のプロセスに対する監督官庁の審査が実施される。審査を行う上で，監査人が作成する監査概要書が必要である。監査概要書は，監督官庁による監査証明業務の監督・指導のための重要な資料として位置づけられている。審査の結果，監査証明のプロセスにおける虚偽が判明した場合には，訂正命令，行政処分，刑事告発などの措置が適用されることとなる。

「**第１号様式**」による財務諸表などの監査概要書の記載内容は，**図表４-22**のとおりである（同府令第５条第２項第１号）。

〔図表４-22〕監査概要書の記載内容

第一部　監査人等の概況
1　監査人の状況
(1)　監査責任者等の氏名
（氏名，連続して監査人であった会計期間又は連続して監査に関与した会計期間）
(2)　補助者の状況
（補助者の人数，補助者であって過去において監査責任者又は業務執行社員，指定社員若しくは指定有限責任社員であった者の氏名）
(3)　監査人等の異動状況
2　監査契約等の状況
(1)　監査報酬等の額
(2)　監査契約の解除
3　品質管理の状況
(1)　品質管理を担当する公認会計士の氏名又は監査法人の部署
(2)　意見審査を行った公認会計士又は監査法人の担当者の氏名等
第二部　監査の実施状況等
1　監査の実施状況
（従事者の内訳，人数，従事日数又は時間数）
2　監査の実施において特に考慮した事項等
(1)　監査人の交代における引継ぎの有無
(2)　監査計画の策定及び監査手続の実施において特に考慮した重要な事項
(3)　内部統制の開示すべき重要な不備に関する経営者等への報告の状況
(4)　重要な不正及び違法行為に関する対処の状況
(5)　経営者等とのディスカッションの状況
3　他の監査人の監査結果等の利用状況
4　監査意見等に関する事項
(1)　監査意見
(2)　無限定適正意見以外の意見又は意見を表明しない場合の理由
(3)　審査の状況
5　追記情報の有無及び事由

内部統制監査を実施した場合には，監査概要書に内部統制監査の従事者，監査日数その他の内部統制監査に関する事項の概要を合わせ記載する（内部統制府令第8条）。四半期レビューを実施した場合は，**四半期レビュー概要書「第4号様式」**を提出する必要がある（監査証明府令第5条）。

マメ知識4－3

監査の実態分析

この『スタンダードテキスト監査論』には書評がある。評者はこの「マメ知識」欄が監査論の学習に「そよかぜ」であると評価している（『週刊経営財務』No.2885，持永勇一稿）。執筆者の中に「監査訴訟論」に関心を持つ研究者がいる。監査概要書は粉飾決算会社の監査の実態を知る手掛かりとなる。法律を利用して，監査概要書を入手したという。しかし，入手した監査概要書の内容のほとんどが黒く塗りつぶされたと嘆く。

また，粉飾決算に対する刑事裁判も傍聴したという。刑事裁判は毎月公判が開かれ，最終決着がつくまで2年もかかったという。判例はネットから入手できるものもあれば，できないものもある。刑事確定訴訟記録法を使って，検事調書の開示請求もできる。しかし各地の検察庁はコピーすることをなかなか許さない。このような障壁もあり，わが国での監査訴訟論の確立は難しいようである。

マメ知識4－4

金融商品取引法（旧証券取引法）に基づく開示制度および監査制度の主な発展

年	内　容
1948（昭和23）年	証券取引法制定
1950（昭和25）年	法定監査制度の創設，「監査基準」・「監査実施基準」公表
1951（昭和26）年	証券取引法に基づく上場会社の監査開始（初年度監査実施）
1956（昭和31）年	「監査報告準則」公表
1957（昭和32）年	正規の財務諸表監査の開始
1976（昭和51）年	「監査実施基準」・「監査報告準則」の改訂（連結財務諸表監査の実施に対応）
1977（昭和52）年	連結財務諸表，中間財務諸表の開示
1983（昭和58）年	証券取引法上の「持分法」の強制適用開始

1988（昭和63）年	発行登録制度・セグメント情報開示制度などの導入
1990（平成２）年	セグメント情報・有価証券等の時価情報・関連当事者取引の開示などの制度改正，大量保有報告書の導入
1991（平成３）年	「監査基準」・「監査実施基準」・「監査報告準則」の抜本的改正（リスク・アプローチ導入）
1994（平成６）年	自己株式買付報告書の導入
1999（平成11）年	届出に要する募集等にかかわる基準の引き下げ（発行価額等５億円→１億円）
2001（平成13）年	EDINETの運用開始，目論見書の電子公布の導入，金庫株制度の導入に伴う開示制度の整備
2002（平成14）年	監査基準の全面的改訂（「監査実施基準」・「監査報告準則」の廃止），新株予約権制度導入に伴う開示制度の整備
2003（平成15）年	「事業等リスク」・「財政状態および経営成績の分析」・「コーポレート・ガバナンス」についての開示導入，有価証券報告書等の記載内容の適正性に関する代表者による確認書の(任意)導入，中間監査基準の改訂
2004（平成16）年	有価証券報告書等にかかわるEDINET使用義務化，目論見書・公開買付制度の見直し
2005（平成17）年	監査基準の改訂，中間監査基準の改訂，監査に関する品質管理基準の公表，親会社情報の開示の拡大
2006（平成18）年	金融商品取引法の制定
2007（平成19）年	内部統制基準の公表，四半期レビュー基準の公表
2009（平成21）年	監査基準の改訂，中間監査基準および四半期レビュー基準の改訂
2010（平成22）年	監査基準の改訂
2011（平成23）年	内部統制基準の改訂，中間監査基準および四半期レビュー基準の改訂，監査基準委員会報告書の全面改訂
2013（平成25）年	不正リスク対応基準の公表，監査基準の改訂
2014（平成26）年	監査基準の改訂
2015（平成27）年	コーポレートガバナンス・コード導入

5

第 5 章　会社法監査制度

Summary

- 会社法において規定される監査制度である監査役監査は，わが国における近代的監査制度の嚆矢（こうし）であり，明治以降の歴史を持つものである。
- 監査役は業務監査と会計監査を行うこととなっており，この結果，その職務は広範であり，多様な義務と権限が付与されている。
- 会社の規模や公開会社か否かによって，監査役の設置の様態は変わる。このうち大会社で公開会社の場合には，監査役会を設置しなければならない。
- 会社法では，英米型の統治機構である指名委員会等設置会社や監査等委員会設置会社の選択も認められる。この場合には，監査役に代えて，取締役会の中に監査委員会や監査等委員会が設置される。
- 大会社の場合には，会計監査人を置かねばならない。会計監査人監査は，公認会計士（監査法人）による監査である。この結果，株式会社に対する公認会計士の監査は，金融商品取引法に基づく監査，会社法に基づく会計監査人監査，その両方，の3つの可能性がある。
- 監査役（会）および監査委員会または監査等委員会が作成する監査報告書には，原則として，計算関係書類の監査（会計監査）と，事業報告等の監査（業務監査）の両者の内容が含められる。
- 会計監査人は，会計監査のみを行うため，監査報告書も計算関係書類のみを対象として作成される。ここでは，金融商品取引法における意見表明の方法と同様に，監査意見が表明される。

I　会社法監査制度の意義・目的・史的変遷と理論モデル

1　会社法監査制度略史

わが国の法定監査制度としては，第4章で述べた金商法に基づくものが代表的であるが，一方で会社法もまた，監査制度を法定している。

その歴史はわが国の法定監査制度の歴史でもある。明治維新以降，わが国は近代化を目指す中で，西欧式のシステム，法制度を積極的に導入したが，その中には株式会社制度や本章で説明する監査制度も含まれている。

1890（明治23）年，わが国で初めての商法（**旧商法**と呼ばれる）が公布された。しかしこの商法は，当時すでに先進諸国で確立していた株式会社の実態に合致していなかった。このため，1899（明治32）年に，改めて新商法が公布された。この**商法**が，現在の商法および本章で説明する会社法の原型となるものである。

わが国商法は，当時のドイツ，フランスの商法をモデルとしたといわれる。法体系的には，いわゆる「大陸法」的な考え方に基づくものである。これが，第二次大戦後，「英米法」的な考え方に基づく証券取引法（現：金商法）との調整の問題をもたらすことになる。

商法は，その後幾度もの改正を経てきているが，2005（平成17）年には，商法の会社に関わる部分を独立させ，他の会社関連法制と統合して**会社法**が制定され，2006（平成18）年5月から施行された。会社法には，法務省令として会社法施行規則，会社計算規則が設けられている。

2　監査制度と監査役監査

明治期に制定された商法は，当初から株式会社について監査制度を定めていた。それが**監査役**監査制度である。

この制度は，ドイツのそれをモデルにしたともされるが，ドイツにおける監査役制度とは異なる点がある。ドイツの場合には，監査役は株主総会で選出され，この監査役が経営者である取締役を選任・解任する権限を持つ。監査役は会社の経営には直接携わらないが，取締役が経営を適切に行っているかについて，その選任・解任と監督を通じて株主に対して責任を負う関係にある。

〔図表5－1〕ドイツと日本の監査役

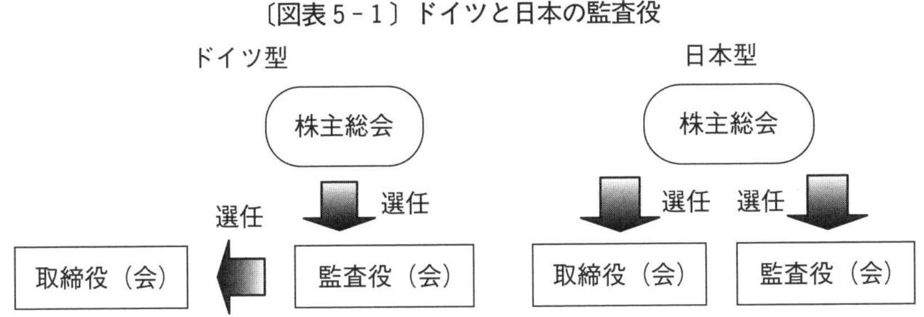

他方，日本の場合には，株主総会が直接に取締役と監査役を選任し，監査役が取締役を監査する関係にある。株主総会による両者の直接的な選任は，一見するとより民主的な手続きであり，また株主の直接的なガバナンスに資するようにも見える。しかし現実には，取締役が監査役を含めた役員人事案を株主総会へ一括提出することによって，監査役の人事権が事実上取締役に握られているという実態がある。このため，しばしば監査役の形骸化が指摘され，監査役監査制度の有効性に疑問が呈されてきた。こうした実態を背景として，監査役監査制度は**図表5－2**に示すように多くの改正を経てきており，監査役の権限も時代ごとに大きく変化してきている。

（1）　会社法における会社の分類

会社法では，株式会社を「**大会社**」と「**大会社以外の会社**」に分け，また，株式の譲渡による取得について，会社による承認を必要とするか否かによって，「**株式譲渡非制限会社**」（公開会社）と「**株式譲渡制限会社**」（非公開会社）に分けている。

上の2つの分類は，会社における機関設計などに大きな影響を与える。

① 公開会社では不特定多数の者が会社の承認を得ることなく，株主になることが想定され，株主は会社の経営に深く関与することはない。このため，経営に関する内部的な監視・監督が重要となる。一方，非公開会社ではこのような配慮は必要ではない。このことは，取締役会や監査役の設置が必

〔図表５－２〕商法・会社法改正略史

改正年		主な改正点	主な監査上の改正点	改正に影響を与えたと思われる事件等
1890	明治23年	旧商法制定		
1899	明治32年	現行商法制定		
1911	明治44年		監査役の民事責任を強化	日糖事件（1907）
1938	昭和13年	有限会社法制定		
1950	昭和25年	授権資本制度導入	監査役監査を会計監査に限定	
		無額面株式制度導入		
		取締役会を法定		
		株主に株主代表訴訟提起権		
1962	昭和37年	「損益法」導入（原価主義，繰延資産の拡大）		
1974	昭和49年		商法特例法制定（会計監査人監査導入）	山陽特殊製鋼事件（1965）など
1981	昭和56年	株式単位を５万円に引き上げ	監査役の権限強化	ロッキード事件（1975）
		新株引受権付社債導入	商法特例法の大会社の範囲拡大（負債総額基準の導入）	ダグラス・グラマン事件（1978）
		株主への利益供与の禁止	大会社に複数監査役制度・常勤監査役制度導入	
1990	平成２年	最低資本金1,000万円		
1993	平成５年		監査役任期３年に伸長	証券・金融不祥事（1991）

			大会社に社外監査役・監査役会制度導入	
			大会社の監査役員数増（３人以上）	
1997	平成９年５月	ストック・オプション制度導入		
		合併手続の簡素化		
1997	平成９年11月	法定刑の引き上げ，利益要求罪，威迫利益要求罪の新設	利益供与罪の厳罰化	
1999	平成11年	株式交換・株式移転制度導入		
2000	平成12年	会社分割制度導入		
2001	平成13年６月	自己株式取得（金庫株）の原則自由化		
		額面株式廃止		
2001	平成13年12月		監査役の機能強化（取締役会への出席義務，任期延長（４年），辞任に関する意見陳述権，社外監査役の増員（半数以上））	
			監査役会に監査役候補者の決定権限	
2002	平成14年５月	委員会等設置会社制度導入	監査委員会制度と監査役制度の選択制	
		みなし大会社制度の導入		
		連結決算制度の導入		
2005	平成17年	会社法制定		
		有限会社法廃止		
		商法特例法廃止		

2014	平成26年	監査等委員会設置会社制度導入	監査等委員会，監査委員会，監査役制度の選択制	オリンパス事件

須か否かに反映される。

② 大会社は規模が大きく，株主や債権者等の利害関係者も多数になることが予想される。このため，これらの利害関係者を保護するための措置が講じられる。一方，大会社でない会社の場合にはこのような配慮は必要ではない。このことは，会計監査人の設置義務，内部統制の構築義務，連結計算書類を開示するか否かに反映される。

〔図表5－3〕株式会社の組織の構成パターン（注1）

		取締役	取締役会	監査役	監査役会	監査委員会（指名委員会等設置会社）	会計監査人
大会社	公開会社		○		○		○
			○			○	○
	非公開会社	○		○			○
			○	○			○
			○		○		○
			○			○	○
大会社以外の会社	公開会社		○	○			
			○		○		
			○	○			○
			○			○	○
	非公開会社	○					
		○		○			
		○		○			○
			○（注2）				
			○	○			
			○		○		
			○	○			○
			○		○		○
			○			○	○

（注１）　監査等委員会設置会社は，全ての株式会社で選択できる。この場合，監査等委員会を設置するかわりに，監査役（会）は置かれず，会計監査人の設置が義務づけられる。
（注２）　この場合には，会計参与の設置が義務づけられる。

（2）　会社法と監査役

会社法

第381条　監査役は，取締役（会計参与設置会社にあっては，取締役及び会計参与）の職務の執行を監査する。この場合において，監査役は，法務省令で定めるところにより，監査報告を作成しなければならない。
2　監査役は，いつでも，取締役及び会計参与並びに支配人その他の使用人に対して事業の報告を求め，又は監査役設置会社の業務及び財産の状況の調査をすることができる。
3　監査役は，その職務を行うため必要があるときは，監査役設置会社の子会社に対して事業の報告を求め，又はその子会社の業務及び財産の状況の調査をすることができる。
4　前項の子会社は，正当な理由があるときは，同項の報告又は調査を拒むことができる。

監査役監査は，上記の会社法第381条に根拠を持つ監査制度である。監査役は，**業務監査**と**会計監査**を実施する（会社法（以下，法と呼ぶ）第381条第１項)。業務監査とは，取締役が法令および定款の規定を遵守して職務の執行をしているか否かについての監査である。他方，会計監査は，計算書類およびその附属明細書（法第436条)，臨時計算書類（法第441条)，および一定の会社の連結計算書類に対する監査である（法第444条)。

このように監査役の職務はきわめて広範であり，監査役監査の特徴ともなっている。ただし，非公開会社（監査役会および会計監査人設置会社を除く）の場合には，会社は小規模な企業形態をとり，業務の執行機関と監査機関を分離して厳格な監査を行う必要性が乏しいため，定款の定めにより監査役の監査範囲を会計監査に限定することができる（法第389条第１項)。

監査役には，業務監査と会計監査に関して各種の権限と義務が付与されている。

会社法施行規則は，監査役に対して，監査対象となる関係者との意思疎通を

〔図表5-4〕監査役の権限・義務

監査役の権限・義務（原則）

（会計監査と業務監査を行う監査役）	（会計監査のみを行う監査役）
監査報告の作成（法第381条第1項）	監査報告の作成（法第389条第2項）
株主総会提出議案・書類の調査および報告義務（法第384条第1項前段）	株主総会提出議案等の調査・報告義務（法第389条第3項）
取締役会出席義務・報告義務・招集権等（法第383条第1項）	会計に関する報告請求および会計帳簿等の閲覧・謄写請求権（法第389条第4項）
取締役の違法行為等に対する差止請求権（法第385条第1項）	子会社調査権（法第389条第5項）
取締役等に対する事業報告請求権（法第381条第2項）	
会社・子会社の業務・財産調査権（法第381条第3項）	

図って情報収集を行うことを求めているが，そのことが監査役の独立性を侵すことがあってはならない。会計監査のみを行う監査役についても，同様の規定が会社法施行規則によって定められている（同規則第107条）。

監査役の責任としては，①任務懈怠により生じた損害の株式会社に対する賠償責任（法第423条第1項），②悪意または重大な過失による第三者への損害賠償責任（法第429条第1項）がある。

監査役の人数は任意である（後述の監査役会を設置する場合には3人以上）。監査役の選任にあたっては，監査役の選任に関する議案を株主総会に提出する際に，監査役（監査役が2人以上ある場合にあっては，その過半数）の同意を得なければならない（法第343条第1項）。この選任同意権は，監査役の地位の独立を図るものであり，現行会社法では大会社以外の会社を含むすべての監査役について定められている。

監査役の任期は4年であり，監査役の地位を強化し独立性を確保するために，法定の任期を定款・選任決議により短縮することは認められない。非公開会社の場合，定款により選任後10年以内の最終の決算期に関する定時総会の終結のときまで伸ばすことができる（法第336条第2項）。非公開会社の場合，株主が変動することが少ないため，選任による監査役の信任を問う必要性が乏しいためである。

マメ知識5－1

日本監査役協会

監査役の団体として，日本監査役協会がある。監査役になるために，特段の資格要件は必要とされていない。しかし，監査人である監査役は，監査のための知識や技術を身につけることも必要になるし，他社の監査役との交流や情報交換も有用である。

日本監査役協会は，1974年の商法改正を機に設立された公益法人（公益社団法人）である。監査役向けの様々なセミナーを行うほか，各種の研究報告を発表し，また「監査役監査基準」の制定も行っている。

もちろんすべての株式会社の監査役が日本監査役協会の会員になっているわけではない。同協会のホームページによると，2015年8月末現在で，6,100社7,888人の会員を有している（詳細はホームページ参照）。

(3)　監査役監査の実施と適法性監査

監査役監査の実施にあたっては，会社法および会社法施行規則の定めによるほか，監査基準として公益社団法人日本監査役協会の定める「**監査役監査基準**」がある。監査役監査は，取締役の職務の執行を監査するものである。職務が法令や定款にしたがっているかどうかの監査は**適法性監査**，取締役の職務執行の有効性や効率性についての監査は**妥当性監査**と呼ばれている。

監査役は，複数選任されていても，一人ひとりが独立して取締役の職務の執行を監査する権限を有している。これを**独任制**という。監査役は業務監査を行うため，違法か適法かに関する判断を行わざるを得ない。この判断は，監査役の多数決で決着をつけるべき問題でない。したがって，監査役は，一人ひとりが独自に判断することが保障されているのである。

(4)　会計参与

株式会社は，監査役とは別に**会計参与**をおくことができる。

会計参与は，取締役（指名委員会等設置会社では執行役）と共同して会計の適正性の担保のために，計算書類の作成に関与するための機関である。取締役に会計的な専門知識のないような中小規模の会社を念頭においた制度である。

会計参与は，監査人ではない。しかし，上述のような目的から，会計参与については，公認会計士，監査法人，税理士，税理士法人であることが資格要件とされている（法第333条第1項）。また，独立性確保のために，会社・子会社の取締役，監査役などは会計参与となることができない（法第333条第3項第1号）。

3　大会社の監査役会制度

会社法では，監査役会について次のように規定している。

会社法

第390条　監査役会は，すべての監査役で組織する。

2　監査役会は，次に掲げる職務を行う。ただし，第三号の決定は，監査役の権限の行使を妨げることはできない。

一　監査報告の作成

二　常勤の監査役の選定及び解職

三　監査の方針，監査役会設置会社の業務及び財産の状況の調査の方法その他の監査役の職務の執行に関する事項の決定

3　監査役会は，監査役の中から常勤の監査役を選定しなければならない。

4　監査役は，監査役会の求めがあるときは，いつでもその職務の執行の状況を監査役会に報告しなければならない。

(1)　監査役会制度

会社法では，①最終事業年度に係る貸借対照表に資本金として計上した額が5億円以上か，②負債の部に計上した額の合計額が200億円以上である株式会社を**大会社**という（法第2条第6項）。

大会社については，監査役の設置が必須とされている。公開会社である大会社の場合には，監査役全員で構成される合議制の機関である**監査役会**を置かなければならない（後述の指名委員会等設置会社および監査等委員会設置会社の場合を除く）。

監査役会制度は，比較的大規模な株式会社において，複数の監査役が監査を行う場合を想定した「もの」であり，かつ監査役の独任制を確保するための制度である。しかし，非公開の大会社や大会社以外の会社が監査役会を置くことを妨げるものではない。

監査役会設置会社の場合には，**監査役は３人以上**で，そのうち半数以上は**社外監査役**でなければならない（法第335条第３項）。社外監査役には，公正・厳正な監査を行うために，過去10年間（以下において監査役であった者については，その就任前の10年間）に当該株式会社またはその子会社の取締役，会計参与，執行役，その他の使用人，親会社の取締役，監査役，執行役，その他の使用人，兄弟会社の業務執行取締役，当該会社の関係者の配偶者または２親等以内の親族は就任できない（法第２条第16項）。社外監査役は登記事項となっている（法第911条第３項第18号）。監査役会は，監査役の中から，監査役の職務に専念する**常勤監査役**を選定しなければならない（法第390条第３項）。

監査役は独任制であるが，監査役が複数である場合に，それぞれが連携なしに監査を行えば望ましい監査が行われないことは明らかである。監査役会制度は，そのようなことがないように，監査役が協同的に監査を行うことを意図した制度である。監査役会は，上掲の会社法第390条第２項のような職務を行うが，監査役は独任制であるから，監査役の職務執行についての監査役会の決定は各監査役を拘束せず，監査役会の招集権も各監査役にある（法第391条）。

監査役会の決議は，監査役の過半数による（法第393条第１項）。監査役の選任同意権については，監査役会設置会社にあっては，監査役会の同意（過半数による決議）になる（法第343条第３項）。

（２）　内部監査との関係

大会社では，会社独自に内部監査部門が設置されている場合が多い。内部監査部門は，経営者のために業務部門について監査を行うことを役割としている。したがって，内部監査部門は，監査役および監査役会のスタッフではない。しかし，監査役（会）が業務監査を含めた有効な監査を行うためには，内部監査部門の持つ情報を把握し，必要に応じて連携することは重要であると考えられる。

(3) 内部統制システムの構築と監査役(会)監査

取締役会は，内部統制システムの構築についての決定を行うこととされている（法第362条第4項第6号)。また，大会社については，内部統制システムの構築が義務づけられている（法第362条第5項)。その内容は，会社法施行規則第100条に定められている。

監査役（会）の監査対象には，取締役会が構築する内部統制システム（内部統制システムに関する取締役会の決議）の評価が含まれる。また，監査役の監査体制である，監査役のスタッフ（監査役室)，そのスタッフの独立性，内部監査部門との連携が内部統制システムとして構築されなければならない。

4 会計監査人制度

会社法

第328条 大会社（公開会社でないもの及び委員会設置会社を除く。）は，監査役会及び会計監査人を置かなければならない。

2 公開会社でない大会社は，会計監査人を置かなければならない。

会計監査人制度は，1974（昭和49）年の商法改正に際して制定された商法監査特例法において導入されたものである。

1960年代の不況により相次いで明らかになった粉飾決算は，専門的能力を要求されていない監査役による会計監査の限界を露呈させる形となった。このため，社会的影響の大きい大規模な株式会社に対して，監査役による会計監査に加えて，職業的専門家である会計監査人による監査が義務づけられたのである。

これによって，わが国では，大規模な株式会社に対しては，根拠となる法律が異なる2つの公認会計士監査が二重に義務づけられるという，国際的にも例を見ない状況が作り出されることとなった。

マメ知識5-2　上場会社

金商法の適用を受ける会社は，IPO（新規株式公開）で増加し，企業再編により上場廃止になる。本章を執筆した時点では上場会社は3,632社（2016年1月31日現在，株式上場の国内会社のみ）であった。

会計監査人監査制度は，会社法に引き継がれた。会社法においても，上掲の法第328条の規定により，大会社は公開・非公開にかかわらず会計監査人を置かなければならない。会社法は，大会社以外の会社についても，監査役（会）または後述の指名委員会等設置会社または監査等委員会設置会社を選択している場合には，会計監査人を設置しなければならない（法第327条第5項）。

会計監査人監査は，監査役監査を前提に行う制度設計となっており，監査役監査に包摂される理論構造にある。このような会計監査人監査の特徴については，II節で詳述することとする。

5　監査委員会制度・監査等委員会制度

(1)　指名委員会等設置会社・監査等委員会設置会社

会社法は，従前の商法が大陸法型の統治機構を株式会社に導入していたのに対し，英米型の統治機構である**指名委員会等設置会社**または監査等委員会設置会社の選択も認めている。これはもともと，2003（平成15）年の旧商法特例法改正により導入された，委員会等設置会社に原型がある。定款に委員会を置く旨を定めれば，すべての会社がこれらの形態をとることができる。

指名委員会等設置会社では，執行と監督を分離し，原則として業務の執行を行わない取締役全員からなる取締役会と，業務の執行にあたる**執行役**がおかれ，取締役会の中に**指名委員会**，**報酬委員会**，および**監査委員会**がおかれる（法第2条第12項；**図表5-5**参照）。

指名委員会は，株主総会に提出する取締役候補者の議案の決定を行う。また報酬委員会は取締役および執行役の報酬の決定を行う。監査委員会については，次項で詳しく説明する。

執行役と各委員会の委員は取締役会が選任し（法第400条第2項），各委員会委員には，公正な職務執行を確保するためにそれぞれ社外取締役が過半数含まれなければならない（法第400条第3項）。

監査等委員会設置会社には，監査等委員として株主総会で選任された3人以上の取締役（その過半数は社外取締役）により組織される監査等委員会が設置される（法第331条第6項）。監査等委員会設置会社においては，指名委員会および報酬委員会の設置は義務づけられず，執行役は置かれない。監査等委員であ

〔図表５－５〕指名委員会等設置会社の構造

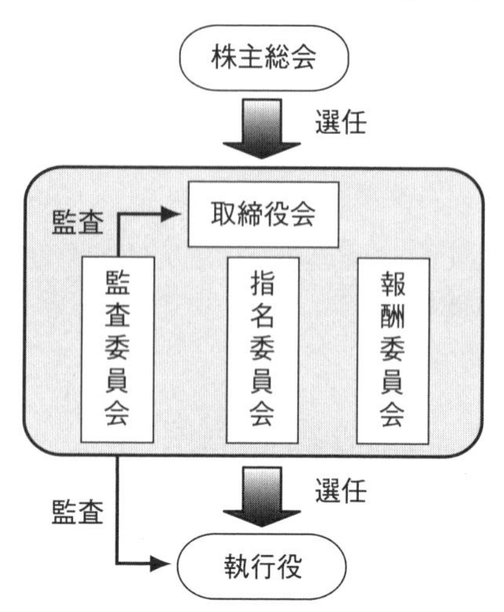

る取締役の任期は，２年である（一般の取締役の任期は１年，法第332条第３項）。このように，監査等委員会は，監査役会と指名委員会等設置会社における監査委員会の中間的な位置づけを持つ組織構造になっている。以下本節では，指名委員会等設置会社における監査委員会を中心に説明する。

(2) 監査委員会の権限

監査委員会は，執行役，取締役，会計参与の職務執行を監査し，監査報告を作成する（法第404条第２項第１号）。また，会計監査人を置く場合には，株主総会に提出する会計監査人の選任，解任，不再任の議案について決定する（法第404条第２項第２号）。

監査委員会には，監査役と同様に，執行役や使用人への調査権（法第405条第１項），子会社調査権（法第405条第２項），取締役および執行役の違法行為差止請求権（法第407条第１項）が付与されている。取締役または執行役の不正行為（あるいはそのおそれがある場合），法令や定款違反の事実，著しく不当な事実がある場合に，取締役会への報告義務がある（法第406条）点も監査役と同様である。監査委員は，監査役会における監査役と同様に，各々が監査委員会の招集権を付与されている（法第410条）。

監査委員は取締役であるから，監査役の持つ取締役会の招集権，取締役会への出席義務，株主総会へ提出される議案等を調査し，そこに法令違反や著しく不当な事項がある場合の株主総会への報告義務について特に規定はない。

監査委員会は監査役（会）に相当する職務を負うため，指名委員会等設置会社には監査役を置くことができない。

（３） 監査委員会の独立性

指名委員会等設置会社は，従来の取締役と監査役からなる統治機構が十分に機能していない，という批判から導入が求められた部分もある。それは，監査役(会)の取締役(会)に対する独立性に疑問が呈されていたということでもある。

監査委員会は，他の委員会と同様に，取締役会が取締役の中から選任した３人以上の委員をもって構成され，そのうち過半数は社外取締役でなければならない。これに加えて，監査委員は，会社またはその子会社の執行役，業務執行取締役，子会社の会計参与，使用人等を兼ねることができないことになっている（法第400条第４項)。これによって，自己監査の回避が図られている。

しかし，以下に示すように，監査委員会の監査主体としての独立性に問題がないわけではない。

- 一般には，取締役が執行役になることは認められており，現に指名委員会等設置会社ではそのような傾向が相当程度見られる。監査委員である取締役は執行役にはなれないが，監査委員が取締役会によって選任される以上，執行役である取締役が多くを占める取締役会の場合に，それが選任した監査委員が独立性を保てるかどうかについては疑問が残る。
- 社外取締役でない監査委員については，親会社等の役職員など，当該会社に関係の深い取締役が就任する可能性は否定されていない。これは，アメリカの監査委員会がすべて社外取締役から構成されなければならないこととなっているのと比較すると，外観的独立性が相対的に弱いと見なされるおそれがある。
- 監査委員会は取締役の職務執行の監査も行うことになっているが，自身も取締役である監査委員は，この場合自己監査を行うことになってしまう。
- 各委員会の委員は，いつでも取締役会の決議によって解職される可能性があり，これは監査委員も例外ではない（法第401条第１項）。このことは，取締役会にとって不都合な監査委員がいつでも解職される可能性があることを意味する。

- 指名委員会等設置会社の取締役の任期は１年であることから，監査委員の任期も１年である（法第332条第６項）。監査役の任期４年に比べて著しく短い。また，監査役とは異なり，常勤者の選任が求められていない。さらに，監査委員の報酬は，他の取締役と同様に報酬委員会によって決定される（法第404条第３項）。

このような監査委員会監査の独立性に関する問題点は，主として監査委員が取締役から構成されることに起因しているが，今後の制度改正によって改善しうる余地も残されている。

マメ知識５-３

監査委員会・監査等委員会設置会社の数

監査委員会や監査等委員会を設置する会社はどれくらいあるのか。2015年末現在，公開会社で指名委員会等設置会社の数は，65社，監査等委員会設置会社の数は297社あった。前者はソニー，日立製作所，東芝，三菱電機，オリックス，りそなホールディングス，野村ホールディングス，後者はアサヒホールディングス，三菱重工業，テレビ朝日ホールディングスが代表的な会社である。

監査委員会を設置する指名委員会等設置会社の数は，年々少しずつ増えているものの，決して多くはない。これはこの制度が大規模な会社を想定した仕組みであること，監査委員以外の取締役は実質的には執行役を兼ねることがほとんどである実態に対して，形式的な会社の組織構造は複雑になることがある。

一方，監査等委員会設置会社は，制度導入当初からその数を順調に増やしている。これは，この制度が全ての株式会社で適用可能であり，監査役（会）を置かなくてもよいこと，中小規模の会社にも適用しやすいことがある。ただし，会計監査人を置かなければならないから，実際には公開企業や大会社が利用しているのであるが，指名委員会等設置会社と比べると，その顔ぶれにはより小規模の会社が見られるなど多彩である。

(4)　監査委員会と内部監査

監査委員会は，自ら監査を行うというよりは，会社内において監査が有効に行われる環境を整備し，スタッフを使って監査させるという役割を負っているとされている。この時，スタッフとして機能を担うのが内部監査部門である。アメリカでは，こうした内部監査部門の位置づけが定着している。

一方，わが国では，内部監査人は，むしろ経営者（業務執行者）のために監査を行うものと考えられている。しかし，監査役（会）と同様，監査委員会が有効な監査を行うためには，内部監査部門の持つ情報を把握し，必要に応じて連携することは重要であると考えられる。

II　会計監査人の権限と責任

前節において説明したように，会社法における**会計監査人**監査制度は，株式の公開・非公開を問わず，広く株式会社が公認会計士ないし監査法人による会計監査を受ける機会をもたらしている。これは世界的にも特徴的な監査制度である。

会社と会計監査人の関係は委任である。委任関係の成立は会計監査人の選任に始まり，解任・終任で終了する。委任関係により，会計監査人は善管注意義務を負うことになる。具体的には，第6章以降で説明する監査基準等を遵守して計算書類関係の監査を実施しなければならない。違反した場合には，被監査会社に対しては，債務不履行責任（民法第415条），と不法行為責任（民法第709条），契約関係にない監査報告書の利用者には不法行為責任（民法第709条）を負うことになる。会社法は，特別に①被監査会社，②第三者に分けて法的責任の規定をおいている。この点についてはVI節で説明する。

1　選任，解任と任期

会計監査人は，公認会計士または監査法人でなければならず株主総会で選任される（法第329条第1項）。このとき提出される選任のための議案は，会計監査人の独立性の強化のため，監査役（複数の監査役がいる場合にはその過半数）または監査役会，監査委員会または監査等委員会が決定する。（法第344条第1

〔図表5－6〕会計監査人の選任と解任

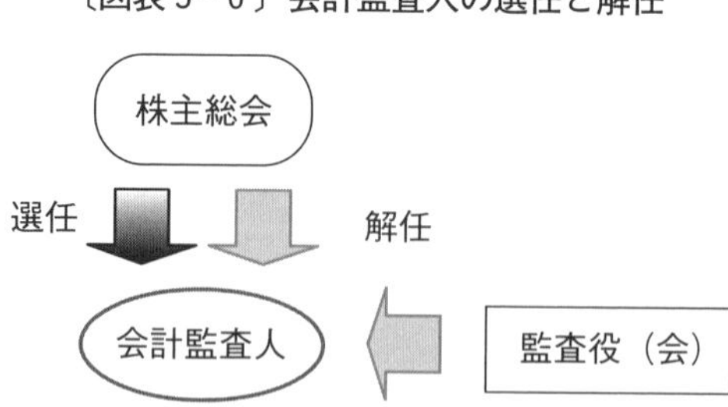

項，第3項，第399条の2第3項第2号，第404条第2項第2号）。会計監査人は登記事項であり，その氏名または名称が登記されなければならない（法第911条第3項第19号）。

一方，解任については，①株主総会による解任，②監査役等による解任がある。株主総会は，その決議によっていつでも会計監査人を解任することができる（法第339条第1項）。一方，会計監査人は，解任に正当な理由がある場合を除いて株式会社に対して解任による損害賠償請求を行うことができる（法第339条第2項）。

監査役（会），監査等委員会または監査委員会は，①職務上の義務違反または職務懈怠，②会計監査人としてふさわしくない非行，③心身の故障のため職務執行に支障があるか堪えないときには，会計監査人を解任することができる（法第340条第1項）。この場合の解任には，監査役，監査等委員または監査委員全員の同意が必要である（法第340条第2項）。また，監査役（複数の監査役がいる場合は互選で，監査役会の場合には監査役会が選定した監査役），監査等委員会が選定した監査等委員または監査委員会が選定した監査委員は，解任の旨と理由を解任直後の株主総会において報告しなければならない（法第340条第3項）。

会計監査人の任期は，1年決算の場合には次期株主総会までとなり（法第338条第1項），別段の決議がなければ再任となる（同第2項）。会計監査人の不再任の議案は，監査役（会）が決定する（法第344条第1項）。指名委員会等設置会社については監査委員会が，監査等委員会設置会社については監査等委員会が不再任の議案の内容の決定を行う（法第404条第2項第2号，第399条の2第3項第2号）。

大会社においては会計監査人の設置が必須であり，解任や不再任あるいはその他の理由によって会計監査人が欠け，遅滞なく会計監査人が選任されない場合には，役員の場合とは異なり留任義務はなく，**一時会計監査人**を選任しなければならない（法第346条第４項）。一時会計監査人も登記の対象とされている（法第911条第３項第20号）。

監査報酬については監査契約において決定されるが，会計監査人の独立性を強化するため，監査役，監査役会，監査等委員会または監査委員会の同意が必要とされる（法第399条）。

2　会計監査人の職務権限と義務

会計監査人は，株式会社の**計算書類**（貸借対照表，損益計算書，株主資本等変動計算書，個別注記表）およびその附属明細書，臨時計算書類，連結計算書類を監査し，会計監査報告を作成しなければならない（法第396条第１項）。会計監査報告についてはⅣ節で説明することとし，ここでは会計監査人の職務権限と義務，責任を中心に説明する。

マメ知識５－４

計算書類・計算書類等・計算関係書類

上の用語はどのような違いがあるのであろうか。

計算書類：貸借対照表，損益計算書，会社の財産および損益の状況を示すために必要かつ適当なものとして法務省令で定めるもの（法第435条第２項カッコ書：具体的には，会社計算規則第59条第１項により，株主資本等変動計算書と個別注記表）

計算書類等：各事業年度にかかる計算書類，事業報告，（監査役（会））の監査報告および（会計監査人の）会計監査報告（会社法施行規則第２条第12項イ）

計算関係書類：会社成立の日における貸借対照表，各事業年度にかかる計算書類およびその附属明細書，臨時計算書類および連結計算書類（会社法施行規則第２条第11項）

会計監査人の職務権限としては，書面または電磁的記録による会計帳簿，資料の閲覧・謄写権，取締役，会計参与，使用人等に対する会計に関する報告請求権（法第396条第２項），子会社に対する報告請求権および調査権（法第396条第３項）がある。また，監査意見が会計監査人と監査役とで異なる場合には，会計監査人は，定時株主総会に出席して意見を述べることができる（法第398条第１項）。

会計監査人には，その職務に際して，取締役の職務執行に関し不正行為または法令・定款に違反する重大な事実を発見した場合には，遅滞なく監査役（会），監査等委員会または監査委員会に報告する義務がある（法第397条第１項）。また，定時株主総会において会計監査人の出席を求める決議があった場合には，定時株主総会に出席して意見を述べる義務がある（法第398条第２項）。

3　会計監査人監査の監査手法

会計監査人監査は，公認会計士による監査であり，その監査手法は，基本的に金商法監査において用いられるものと同様であると考えられる。株式会社に対して公認会計士による法定監査が行われるケースは，金商法監査のみ，会社法監査（会計監査人監査）のみ，これらの両方，の３通りの可能性がある。

両監査において表明される監査意見には，実質的な相違はない。会社と監査契約を結んだ公認会計士または監査法人は，両方の監査を別個に行うのではなく，それらに共通の監査手続によって形成された監査意見をそれぞれの監査報告書を通じて表明することになる。結果として，両方の監査の対象となる会社は，実際には同じ公認会計士または監査法人に監査を依頼している。

4　会計監査人監査の問題点

会計監査人監査は，株式の公開・非公開を問わずすべての大会社に求められる法定監査である。実際には，非公開の大会社に該当する株式会社数は相当数に上っている。

しかし，金融商品取引法監査においては監査報告書が広く公表されるのに対し，会計監査人監査の監査報告は，そのような機会は十分ではない。このため，非公開の大会社の会計監査人監査報告書は，あまねく一般にこれを見ることは難しい。

これは，会社法に基づく会計監査人監査の趣旨が，そもそも社会一般あるいは投資者に向けたものではないことに起因する。ここまでみてきたように，会社法では，会計監査人監査は，監査役監査（ないし監査等委員会，監査委員会による監査）に包摂される関係にあり，監査役（会），監査等委員会ないし監査委員会は，会計監査について会計監査人の監査結果を検証する形になる。

非公開企業を含む大会社に公認会計士による監査が法的に強制される会計監査人監査制度は，世界的にもユニークな制度であり，今後その有効性を高めるには，社会的な意義づけの再構築が必要であろう。

III　監査役および監査役会の監査報告書と監査委員会の監査報告書

1　監査役の監査報告書

監査役の監査報告は，①**計算関係書類の監査**（会計監査），②**事業報告等の監査**（業務監査）に大別され，前者は**会社計算規則**，後者は**会社法施行規則**にその内容についての規定が置かれている。監査役が会計監査のみを行う場合には，前者のみを内容として監査報告書が作成されることになる。

(1)　計算関係書類についての監査報告

監査役の監査報告は，会計監査人設置会社と会計監査人が設置されない会社とでは異なる。まず，会計監査人が設置されない会社の監査役の監査報告について説明する。

監査役には，計算関係書類（計算書類とその附属明細書，および臨時計算書類や連結計算書類を含む）の適正性についての意見表明が求められる（会社計算規則第122条）。また，監査役の判断によって，説明を要する**会計方針の変更，重要な偶発事象，重要な後発事象**等について**追記情報**を付すことができる。

監査報告の通知期限は，①計算関係書類の全部を受領した日から4週間を経過した日，②計算書類の附属明細書を受領した日から１週間を経過した日，または③取締役と監査役が合意して定めた日のいずれか遅い日とされており，監査役は，この期日までに取締役に対して監査報告内容の通知を行わねばならない（会社計算規則第124条）。この日をもって，計算関係書類が監査役の監査を受けた日となる。

(2) 事業報告等についての監査報告

監査役は，事業報告に関して，その「正しさ」についての意見表明をしなければならない（会社法施行規則第129条）。**事業報告**とは，会社の状況に関する重要な事項，内部統制システムの構築の決議などを記載する書類であり，計算書類とは異なり，主として文章による説明書類である。事業報告には計算書類は含まれない。

また，取締役等の職務遂行に関して，不正行為または重大な法令・定款違反があった場合に，その事実の開示も求められている。監査役の監査が会計監査のみに限られている場合には，事業報告を監査する権限がないことを監査報告で明らかにしなければならない。

事業報告の監査報告の通知期限は，計算書類の場合と同様である（会社法施行規則第132条）。

監査役による監査報告書は，ここまで述べた計算関係書類および事業報告についての監査報告をあわせたものとして作成される。**図表５－７**は，日本監査役協会による監査報告書の雛形である（取締役会設置会社で，会計監査人設置会社でなく，監査役の監査対象が会計監査に限定されていない場合）。

〔図表５－７〕監査役監査報告書の雛形（会計監査人が設置されていない会社）

平成○年○月○日

○○○○株式会社

代表取締役社長○○○○殿

常勤監査役　○○○○　印

監査役　○○○○　印

監査報告書の提出について

私たち監査役は，会社法第381条第１項の規定に基づき監査報告書を作成しましたので，別紙のとおり提出いたします。

以　上

監査報告書

私たち監査役は，平成○年○月○日から平成○年○月○日までの第○○期事業年度の取締役の職務の執行を監査いたしました。その方法及び結果につき以下のとおり報告いたします。

１．監査の方法及びその内容

各監査役は，取締役及び使用人等と意思疎通を図り，情報の収集及び監査の環境の整備に努めるとともに，取締役会その他重要な会議に出席し，取締役及び使用人等からその職務の執行状況について報告を受け，必要に応じて説明を求め，重要な決裁書類等を閲覧し，本社及び主要な事業所において業務及び財産の状況を調査いたしました。子会社については，子会社の取締役及び監査役等と意思疎通及び情報の交換を図り，必要に応じて子会社から事業の報告を受けました。以上の方法に基づき，当該事業年度に係る事業報告及びその附属明細書について検討いたしました。

さらに，会計帳簿又はこれに関する資料の調査を行い，当該事業年度に係る計算書類（貸借対照表，損益計算書，株主資本等変動計算書及び個別注記表）及びその附属明細書について検討いたしました。

２．監査の結果

（１）事業報告等の監査結果

① 事業報告及びその附属明細書は，法令及び定款に従い，会社の状況を正しく示しているものと認めます。

② 取締役の職務の執行に関する不正の行為又は法令若しくは定款に違反する重大な事実は認められません。

（２）計算書類及びその附属明細書の監査結果

計算書類及びその附属明細書は，会社の財産及び損益の状況をすべての重要な点において適正に表示しているものと認めます。

3．追記情報（記載すべき事項がある場合）
平成○年○月○日

○○○○株式会社
常勤監査役　○○○○ 印
監査役　○○○○ 印
（自署）

（出所） 日本監査役協会「監査報告のひな型について」(2015年9月最終改正)

(3) 会計監査人設置会社の場合の監査報告

計算関係書類を作成した取締役（指名委員会等設置会社の場合には執行役）は，監査のために計算関係書類を会計監査人に提供する。このとき，監査役（指名委員会等設置会社の場合には監査委員，監査等委員会設置会社の場合には監査等委員）にもこれらが提供されねばならない（会社計算規則第125条)。会計監査人は会計監査のみを行うので，事業報告についての提供の規定はない。

会計監査人設置会社の場合には，監査役は会計監査人からその会計監査報告を受領した後に，それを前提に自らの監査報告書を作成する（会社計算規則第127条)。このため，監査役は，監査報告の内容に会計監査人の監査の方法，結果が相当であったか否かの評価と，会計監査人の職務遂行のための体制についての事項を記載しなければならない。

監査意見については，会計監査人の監査報告書の中に記載されているので，これを相当と認める（あるいは認めない）形で監査役の監査意見が示されることになる。

追記情報についても，会計監査人の監査報告の中に含まれることになるため，監査役の監査報告内容に含まれていないが，会計監査人の会計監査報告に含まれていない重要な後発事象がある場合にはそれが記載される。

2 監査役会の監査報告書

監査役会設置会社の場合には，各監査役がまずそれぞれに監査報告書を作成し，これに基づいて監査役会の監査報告書が作成されるという手順になる（会社計算規則第123条第1項)。その際，監査役会の監査報告が監査役の監査報告内容と異なる場合には，その内容を監査役会監査報告に付記することができる(同規則第123条第2項)。監査役会の監査報告の作成にあたっては，少なくとも1回は会議等によってその内容の審議がなされなければならない(同規則第123条第3項)。

日本監査役協会による監査役会の監査報告書の雛形（会計監査人設置会社の場合）は，**図表5－8**のとおりである。この雛形は，後述の連結計算書類の監査報告と一体化したものである。

〔図表5－8〕監査役会監査報告書の雛形（会計監査人設置会社の場合）

平成○年○月○日

○○○○株式会社
代表取締役社長○○○○殿

監　査　役　会

監査報告書の提出について

当監査役会は，会社法第390条第2項第1号の規定に基づき監査報告書を作成しましたので，別紙のとおり提出いたします。

以　上

監査報告書

当監査役会は，平成○年○月○日から平成○年○月○日までの第○○期事業年度の取締役の職務の執行に関して，各監査役が作成した監査報告書に基づき，審議の上，本監査報告書を作成し，以下のとおり報告いたします。

1．監査役及び監査役会の監査の方法及びその内容

（1）監査役会は，監査の方針，職務の分担等を定め，各監査役から監査の実施状況及び結果について報告を受けるほか，取締役等及び会計監査人からその職務の執行状況について報告を受け，必要に応じて説明を求めました。

（2）各監査役は，監査役会が定めた監査役監査の基準に準拠し，監査の方針，職務の分担等に従い，取締役，内部監査部門その他の使用人等と意思疎通を図り，情報の収集及び監査の環境の整備に努めるとともに，以下の方法で監査を

実施しました。

① 取締役会その他重要な会議に出席し，取締役及び使用人等からその職務の執行状況について報告を受け，必要に応じて説明を求め，重要な決裁書類等を閲覧し，本社及び主要な事業所において業務及び財産の状況を調査いたしました。また，子会社については，子会社の取締役及び監査役等と意思疎通及び情報の交換を図り，必要に応じて子会社から事業の報告を受けました。

② 事業報告に記載されている取締役の職務の執行が法令及び定款に適合することを確保するための体制その他株式会社及びその子会社から成る企業集団の業務の適正を確保するために必要なものとして会社法施行規則第100条第１項及び第３項に定める体制の整備に関する取締役会決議の内容及び当該決議に基づき整備されている体制（内部統制システム）について，取締役及び使用人等からその構築及び運用の状況について定期的に報告を受け，必要に応じて説明を求め，意見を表明いたしました。

③ 事業報告に記載されている会社法施行規則第118条第３号イの基本方針及び同号ロの各取組み並びに会社法施行規則第118条第５号イの留意した事項及び同号ロの判断及び理由については，取締役会その他における審議の状況等を踏まえ，その内容について検討を加えました。

④ 会計監査人が独立の立場を保持し，かつ，適正な監査を実施しているかを監視及び検証するとともに，会計監査人からその職務の執行状況について報告を受け，必要に応じて説明を求めました。また，会計監査人から「職務の遂行が適正に行われることを確保するための体制」（会社計算規則第131条各号に掲げる事項）を「監査に関する品質管理基準」（平成17年10月28日企業会計審議会）等に従って整備している旨の通知を受け，必要に応じて説明を求めました。

以上の方法に基づき，当該事業年度に係る事業報告及びその附属明細書，計算書類（貸借対照表，損益計算書，株主資本等変動計算書及び個別注記表）及びその附属明細書並びに連結計算書類（連結貸借対照表，連結損益計算書，連結株主資本等変動計算書及び連結注記表）について検討いたしました。

２．監査の結果

（１）事業報告等の監査結果

① 事業報告及びその附属明細書は，法令及び定款に従い，会社の状況を正しく示しているものと認めます。

②　取締役の職務の執行に関する不正の行為又は法令もしくは定款に違反する重大な事実は認められません。
③　内部統制システムに関する取締役会決議の内容は相当であると認めます。また，当該内部統制システムに関する事業報告の記載内容及び取締役の職務の執行についても，指摘すべき事項は認められません。
④　事業報告に記載されている会社の財務及び事業の方針の決定を支配する者の在り方に関する基本方針については，指摘すべき事項は認められません。事業報告に記載されている会社法施行規則第118条第３号ロの各取組みは，当該基本方針に沿ったものであり，当社の株主共同の利益を損なうものではなく，かつ，当社の会社役員の地位の維持を目的とするものではないと認めます。
⑤　事業報告に記載されている親会社等との取引について，当該取引をするに当たり当社の利益を害さないように留意した事項及び当該取引が当社の利益を害さないかどうかについての取締役会の判断及びその理由について，指摘すべき事項は認められません。

（２）計算書類及びその附属明細書の監査結果
会計監査人○○○○の監査の方法及び結果は相当であると認めます。

（３）連結計算書類の監査結果
会計監査人○○○○の監査の方法及び結果は相当であると認めます。

３．監査役○○○○の意見（異なる監査意見がある場合）

４．後発事象（重要な後発事象がある場合）

平成○年○月○日

○○○○株式会社　監査役会
常勤監査役　○○○○　印
常勤監査役（社外監査役）○○○○　印
社外監査役　○○○○　印
監査役　○○○○　印
（自署）

（出所）　日本監査役協会「監査報告のひな型について」（2015年９月最終改正）

3　監査等委員会及び監査委員会の監査報告書

監査委員会等設置会社における監査等委員会，及び指名委員会等設置会社における監査委員会の監査報告の内容は，監査役会のそれとほぼ同様である。ただし，各監査等委員または各監査委員は，監査役とは異なり監査報告を作成しないので，監査等委員会または監査委員会の監査報告の内容と異なる意見を持つ監査等委員または監査委員がいる場合にはその旨を付記することができるとされている（会社計算規則第128条の２，第129条）。日本監査役協会による監査等委員会監査報告書の雛形は，**図表５－９**のとおりである。

〔図表５－９〕監査等委員会監査報告書の雛形

平成○年○月○日

○○○○株式会社
代表取締役社長○○○○殿

監査等委員会

監査報告書の提出について

当監査等委員会は，会社法第399条の２第３項第１号に基づき監査報告書を作成しましたので，別紙のとおり提出いたします。

以上

監査報告書

当監査等委員会は，平成○年○月○日から平成○年○月○日までの第○○期事業年度における取締役の職務の執行について監査いたしました。その方法及び結果につき以下のとおり報告いたします。

１．監査の方法及びその内容

監査等委員会は，会社法第399条の13第１項第１号ロ及びハに掲げる事項に関する取締役会決議の内容並びに当該決議に基づき整備されている体制（内部統制システム）について取締役及び使用人等からその構築及び運用の状況について定期的に報告を受け，必要に応じて説明を求め，意見を表明するとともに，下記の方法で監査を実施しました。

① 監査等委員会が定めた監査の方針，職務の分担等に従い，会社の内部統制部門と連携の上，重要な会議に出席し，取締役及び使用人等からその職務の執行に関する事項の報告を受け，必要に応じて説明を求め，重要な決裁書類等を閲覧し，本社及び主要な事業所において業務及び財産の状況を調査しました。また，子会社については，子会社の取締役及び監査役等と意思疎通及び情報の交換を図り，必要に応じて子会社から事業の報告を受けました。

② 事業報告に記載されている会社法施行規則第118条第3号イの基本方針及び同号ロの各取組み並びに会社法施行規則第118条第5号イの留意した事項及び同号ロの判断及びその理由については，取締役会その他における審議の状況等を踏まえ，その内容について検討を加えました。

③ 会計監査人が独立の立場を保持し，かつ，適正な監査を実施しているかを監視及び検証するとともに，会計監査人からその職務の執行状況について報告を受け，必要に応じて説明を求めました。また，会計監査人から「職務の遂行が適正に行われることを確保するための体制」（会社計算規則第131条各号に掲げる事項）を「監査に関する品質管理基準」（平成17年10月28日企業会計審議会）等に従って整備している旨の通知を受け，必要に応じて説明を求めました。

以上の方法に基づき，当該事業年度に係る事業報告及びその附属明細書，計算書類（貸借対照表，損益計算書，株主資本等変動計算書及び個別注記表）及びそれらの附属明細書並びに連結計算書類（連結貸借対照表，連結損益計算書，連結株主資本等変動計算書及び連結注記表）について検討いたしました。

2．監査の結果

（1） 事業報告等の監査結果

① 事業報告及びその附属明細書は，法令及び定款に従い，会社の状況を正しく示しているものと認めます。

② 取締役の職務の執行に関する不正の行為又は法令若しくは定款に違反する重大な事実は認められません。

③ 内部統制システムに関する取締役会の決議の内容は相当であると認めます。また，当該内部統制システムに関する事業報告の記載内容及び取締役の職務の執行についても，指摘すべき事項は認められません。

④　事業報告に記載されている会社の財務及び事業の方針の決定を支配する者の在り方に関する基本方針は相当であると認めます。事業報告に記載されている会社法施行規則第118条第３号ロの各取組みは，当該基本方針に沿ったものであり，当社の株主共同の利益を損なうものではなく，かつ，当社の会社役員の地位の維持を目的とするものではないと認めます。

⑤　事業報告に記載されている親会社等との取引について，当該取引をするに当たり当社の利益を害さないように留意した事項及び当該取引が当社の利益を害さないかどうかについての取締役会の判断及びその理由について，指摘すべき事項は認められません。

（２）　計算書類及びその附属明細書の監査結果

会計監査人○○○○の監査の方法及び結果は相当であると認めます。

（３）　連結計算書類の監査結果

会計監査人○○○○の監査の方法及び結果は相当であると認めます。

３．監査等委員○○○○の意見（異なる監査意見がある場合）

４．後発事象（重要な後発事象がある場合）

平成○年○月○日

○○○○株式会社　監査等委員会

監査等委員　○○○○　印

監査等委員　○○○○　印

監査等委員　○○○○　印

（自署）

（注）　監査等委員○○○○及び○○○○は，会社法第２条第15号及び第331条第６項に規定する社外取締役であります。

（出所）　日本監査役協会「監査等委員会監査報告のひな型について」（2015年11月制定）

Ⅳ　会計監査人の監査報告書

会計監査人が会計監査の対象にする各種の計算書類には，以下のとおり，作成すべき時期と作成手順がある。

①　取締役による計算書類およびその附属明細書の作成（法第435条第2項）

②　計算書類の会計監査人および監査役（監査等委員，監査委員）への提供（会社計算規則第125条）

③　会計監査人による計算書類等の会計監査（法第436条第2項第1号）

④　会計監査人による会計監査報告の作成（会社計算規則第126条）

⑤　会計監査報告の内容の特定取締役（計算書類作成に関する職務を行った等の取締役）および特定監査役（監査報告の内容を通知すべき監査役として定められた監査役等）への通知（会社計算規則第130条）

⑥「会計監査人の職務の遂行に関する事項」の特定監査役（監査等委員，監査委員）への通知（会社計算規則第131条）

⑦　監査役・監査役会（監査等委員会，監査委員会）による監査（法第436条第2項第1号）

⑧　監査役・監査役会（監査等委員会，監査委員会）による監査報告の作成（会社計算規則第127条，第128条，第128条の2，第129条）

⑨　監査報告の内容の特定取締役および会計監査人への通知（会社計算規則第132条）

⑩　計算書類等の取締役会（取締役会設置会社のみ）による承認（法第436条第3項）

⑪　計算書類等の株主への提供（法第437条・会社計算規則第133条）

⑫　定時株主総会への計算書類等の提出（法第438条第1項）

なお，計算書類については会計監査人による適正意見がある場合には株主総会への報告，適正意見が表明されていない場合には株主総会による承認が必要になる。前者は**承認特則規定**と呼ばれる。

会計監査人は会計監査のみを行うため，取締役または執行役から会計にかかる計算関係書類の提出を受けることになる。

会計監査人による会計監査報告は，「会計監査人の監査の方法及びその内容」を示す部分（**範囲区分**）と，監査意見に係る部分（**意見区分**）からなり，必要に応じて追記情報が記載される。会社計算規則第126条が，会計監査報告の内容を定めている。

会社計算規則

第126条　会計監査人は，計算関係書類を受領したときは，次に掲げる事項を内容とする会計監査報告を作成しなければならない。

一　会計監査人の監査の方法及びその内容

二　計算関係書類が当該株式会社の財産及び損益の状況をすべての重要な点において適正に表示しているかどうかについての意見があるときは，その意見（当該意見が次のイからハまでに掲げる意見である場合にあっては，当該イからハまでに定める事項）

イ　無限定適正意見

監査の対象となった計算関係書類が一般に公正妥当と認められる企業会計の慣行に準拠して，当該計算関係書類に係る期間の財産及び損益の状況をすべての重要な点において適正に表示していると認められる旨

ロ　除外事項を付した限定付適正意見

監査の対象となった計算関係書類が除外事項を除き一般に公正妥当と認められる企業会計の慣行に準拠して，当該計算関係書類に係る期間の財産及び損益の状況をすべての重要な点において適正に表示していると認められる旨並びに除外事項

ハ　不適正意見

監査の対象となった計算関係書類が不適正である旨及びその理由

三　前号の意見がないときは，その旨及びその理由

四　追記情報

五　会計監査報告を作成した日

2　前項第四号に規定する「追記情報」とは，次に掲げる事項その他の事項のうち，会計監査人の判断に関して説明を付す必要がある事項又は計算関係書類の内容のうち強調する必要がある事項とする。

一　継続企業の前提に関する注記に係る事項

二　会計方針の変更

三　重要な偶発事象

四　重要な後発事象

〔図表５－10〕会計監査人の監査報告書（個別計算書類に対する無限定適正意見）

独立監査人の監査報告書

平成×年×月×日

○○株式会社
取締役会御中

○○監査法人
指定社員
業務執行社員　公認会計士　○○○○　印
指定社員
業務執行社員　公認会計士　○○○○　印

当監査法人は，会社法第436条第２項第１号の規定に基づき，○○株式会社の平成×年×月×日から平成×年×月×日までの第×期事業年度の計算書類，すなわち，貸借対照表，損益計算書，株主資本等変動計算書及び個別注記表並びにその附属明細書について監査を行った。

計算書類等に対する経営者の責任

経営者の責任は，我が国において一般に公正妥当と認められる企業会計の基準に準拠して計算書類及びその附属明細書を作成し適正に表示することにある。これには，不正又は誤謬による重要な虚偽表示のない計算書類及びその附属明細書を作成し適正に表示するために経営者が必要と判断した内部統制を整備及び運用することが含まれる。

監査人の責任

当監査法人の責任は，当監査法人が実施した監査に基づいて，独立の立場から計算書類及びその附属明細書に対する意見を表明することにある。当監査法人は，我が国において一般に公正妥当と認められる監査の基準に準拠して監査を行った。監査の基準は，当監査法人に計算書類及びその附属明細書に重要な虚偽表示がないかどうかについて合理的な保証を得るために，監査計画を策定し，これに基づき監査を実施することを求めている。

監査においては，計算書類及びその附属明細書の金額及び開示について監査証拠を入手するための手続が実施される。監査手続は，当監査法人の判断により，不正又は誤謬による計算書類及びその附属明細書の重要な虚偽表示リスクの評価に基づいて選択及び適用される。監査の目的は，内部統制の有効性について意見表明するためのものではないが，当監査法人は，リスク評価の実施に際して，状況に応じた適切な監査手続を立案するために，計算書類及びその附属明細書の作成と適正な表示に関連する内部統制を検討する。また，監査には，経営者が採用した会計方針及びその適用方法並びに経営者によって行われた見積りの評価も含め全体としての計算書類及びその附属明細書の表示を検討することが含まれる。

当監査法人は，意見表明の基礎となる十分かつ適切な監査証拠を入手したと判断している。

監査意見

当監査法人は，上記の計算書類及びその附属明細書が，我が国において一般に公正妥当と認められる企業会計の基準に準拠して，当該計算書類及びその附属明細書に係る期間の財産及び損益の状況をすべての重要な点において適正に表示しているものと認める。

利害関係

会社と当監査法人又は業務執行社員との間には，公認会計士法の規定により記載すべき利害関係はない。

以上

（出所）　日本公認会計士協会，監査・保証実務委員会実務指針第85号「監査報告書の文例」文例７（2016年２月最終改正）

このうち監査意見については，**無限定適正意見**，除外事項を付した**限定付適正意見**，**不適正意見**があり，場合によっては**意見不表明**とされることもある（第10章参照）。金商法監査において表明される監査意見との整合が図られている。**図表5－10**は，会計監査人の監査報告書の雛形である。

Ⅴ　連結計算書類の開示と監査

1　連結計算書類の開示

会計監査人設置会社は，連結計算書類を作成することができる（法第444条第1項）。大会社であって金商法対象会社は，有価証券報告書を内閣総理大臣に提出しなければならず，この場合は連結計算書類の作成が義務づけられる（法第444条第3項）。連結計算書類の開示は，2002（平成14）年の商法改正によって，企業グループに関する情報開示の充実を図るという目的で導入された。

連結計算書類は，監査役（または監査委員会）および会計監査人の監査を受けなければならない（法第444条第4項）。取締役会設置会社の場合には，監査を受けた連結計算書類は取締役会の承認を受けねばならない（法第444条第5項）。その上で，定時株主総会の招集通知を発送する際に，書面又は電磁的方法により株主に開示される（法第444条第6項，会社計算規則第134条第1項）。

定時株主総会においては，取締役会設置会社以外の会社については監査済連結計算書類が，それ以外の会社では取締役会の承認を受け定時株主総会の招集通知時に株主に示された連結計算書類が開示される（法第444条第7項）。

過年度の連結計算書類を併せて開示すること，また定款に定めがある場合には，定時株主総会の招集通知を出した日から定時株主総会後3カ月間，インターネットにおいて開示することも認められている（会社計算規則第134条第4項，第5項，第6項）。

2　連結計算書類の監査

連結計算書類は，計算関係書類の1つとして位置づけられ，個別計算書類と同様に，監査については，会社計算規則第121条以下の計算書類の監査に関する規定が適用される。

連結計算書類についての会計監査人の会計監査報告および監査役（監査等委員会，監査委員会）の監査報告は，前項の連結計算書類と同様の方法で株主に提供することができる（会社計算規則第134条第２項）。

会計監査人による連結計算書類の監査報告書も，**図表５－10**に準じて作成される（監査・保証実務委員会実務指針第85号「監査報告書の文例」文例８（2016年２月最終改正））。

Ⅵ　会社法の下での会計監査人の法的責任

公認会計士または監査法人は，会社法の下で，①現物出資・財産引受の目的財産の価額の相当性の証明者，②会計監査人，③会計参与として法的責任を負う。本節では，②の会計監査人としての責任を取り上げる。

第６章Ⅶ節で説明するが，**不正**は①不正な財務報告（粉飾），②資産の流用に分類される。大会社は種々の計算関係書類を作成し，その信頼性を担保するために会計監査人を選任し会計監査を行う。

不正な財務報告（粉飾）のある計算関係書類に対して，会計監査人が適正意見を表明（虚偽証明）した場合，被監査会社が会計監査人を被告にして損害賠償を請求することは想定し難い。しかし，粉飾決算により会社が破産した場合，事態は一変し破産会社の破産管財人が会計監査人に対して損害賠償請求をすることは想定できる。

また，内部統制を構築し従業員による資産の流用を防止し，会社の資産を保全することは経営者の責任である。会計監査人が故意または過失により，資産の流用を発見できなかった場合，会計監査人が被監査会社の破産管財人より損害賠償を請求されることはあり得よう。もちろん，粉飾あるいは資産の流用に対して被監査会社にも責任を負うべき部分があることもあるがゆえに，損害賠償額を減額する**過失相殺**が認められよう。

なお，会社法では，会計監査人の責任は，「役員等の損害賠償責任」として定められている。それゆえに，会計監査人は役員と同じ責任を負うことになる。

(1) 損害賠償責任

① 被監査会社に対する損害賠償責任

会計監査人がその任務を怠った場合には，監査契約の契約当事者である被監査会社に対して，それによって生じた損害を賠償する責任を負う（法第423条）。一般に，監査の基準に従わずに監査を行った場合には，任務懈怠があったと認められる。この損害賠償責任を免除あるいは限定する制度としては，会社法は以下に述べる（２），（３）の制度を設けている。

② 第三者に対する損害賠償責任

会計監査人が会計監査報告に虚偽の記載をしたときは，第三者に生じた損害を賠償する責任を負う（法第429条第４項）。ここで第三者とは，被監査会社以外のすべての者（投資者，債権者，取引先等）と考えられ，きわめて広範な対象者に対して損害賠償責任を負うことになる。会計監査人がその職務遂行にあたって注意を怠らなかったことを証明すれば，免責される（**挙証責任の転換**）。

また，会計監査人の職務遂行にあたって悪意又は重大な過失があったときには，やはり第三者に生じた損害を賠償する責任を負う（法第429条第１項）。さらに，補助者に過失があった場合であっても，会計監査人が責任を負うことになる。

(2) 責任の免除と限定――２つの軽過失免責

会社法は，会計監査人に対しても重い責任を課している。しかし，会計監査人の職務遂行にあたって善意でかつ重大な過失がない場合には，株主総会の特別決議によって会計監査人が被監査会社から受ける報酬の２年分を超える部分（最低責任限度額）を限度としてその責任を一部免除することができる（法第425条第１項）。

また，監査役（監査の範囲が会計事項に限定されている場合を除く）設置会社又は委員会設置会社は，会計監査人の職務遂行にあたって善意かつ重大な過失がないことを条件に，会計監査人の任務懈怠による被監査会社に対する損害賠償責任を，最低責任限度額を限度として，取締役の過半数の同意（取締役会設置会社の場合は取締役会の決議）によって責任を一部免除することを定款に定めることができる（法第426条第１項）。ただし，総株主の100分の３（定款でこれ以下の割合を定めた場合にはその割合）以上の株主が異議を申し立てた場合には，定款の定めに基づいた免除はできない（法第426条第７項）。

（３） 責任限定契約

責任限定契約とは，事前に損害賠償の上限額を定め，会計監査人に就任しやすくするための制度である。被監査会社は，会計監査人の職務遂行にあたって善意かつ重大な過失がないことを条件に，会計監査人の任務懈怠による被監査会社に対する損害賠償責任を，定款で定めた額の範囲内で予め会社が定めた額と最低責任限度額とのいずれか高い額を限度とする契約を，会計監査人と結ぶことができる（法第427条第１項）。

（４） 代表訴訟

会計監査人の被監査会社に対する損害賠償責任は，株主代表訴訟の対象となる（法第854条）。会計監査人の被監査会社に対する損害賠償責任は，本来会社自身が追及すべきものである。しかし，会社が追及しない場合には，個々の株主は会社にかわって，会社が会計監査人の任務懈怠により被った損害の賠償を求めて訴訟を起こすことができる。これが株主代表訴訟である。

このとき，原告となる株主は，６ヵ月以上継続して株主であることが必要とされる（公開会社の場合）。これは株主代表訴訟制度の濫用防止が目的である。株主代表訴訟の詳細については，いくつかの定めがある（法第847～852条）。

マメ知識５－５　**責任限定契約の実態**

東京証券取引所から上場会社の**コーポレート・ガバナンス**について実態調査の結果が隔年ごとに公表されている（『東証上場会社コーポレート・ガバナンス白書』）。

東証１部上場会社（2015年白書）でみると，取締役（社外取締役）の数は平均8.61（1.24）名，責任限定契約の締結は77.8%，監査役（社外監査役）の数は平均3.59（2.47）名，責任限定契約の締結は66.5%の会社で行われていると報告されている。

第6章 監査基準

Summary

- 財務諸表監査が財務諸表の信頼性を保証する制度として行われるようになると，その品質を社会的な合意に基づいた一定の水準に保つために，監査を実施する監査人の資格や条件，監査の実施や報告に際しての注意事項等を社会的なルールとして確立することが必要となる。このルールが監査基準である。
- 監査基準には，帰納要約した原則，監査の質的下限を定めた原則，そして，すべての職業的監査人が遵守しなければならない原則という3つの意義がある。
- 平成14年改訂監査基準には，監査の品質の管理と向上，財務情報の信頼性に対する社会の関心の高まり，そして，国際的な監査水準の達成と監査に対する社会の期待への対応という3つの改訂理由があった。
- 平成17年改訂監査基準では，実施基準を中心に改訂が行われ，事業上のリスク等を重視したリスク・アプローチの導入，重要な虚偽表示のリスクの評価，財務諸表全体レベルとアサーション・レベルの2つのレベルでの評価，そして，特別な検討を必要とするリスクへの対応という4つの考え方が示された。
- 平成21年改訂監査基準では，監査人は，継続企業の前提に重要な疑義を生じさせるような事象または状況が存在すると判断した場合には，当該事象または状況に関して合理的な期間について経営者が行った評価および対応策について検討したうえで，なお継続企業の前提に関する重要な不確実性が認められるかを確かめなければならないとされた。
- 平成22年改訂監査基準では，国際監査基準との整合性を図るために報告基準を中心に改訂が行われた。これにより，監査報告書の記載区分を4区分とし，また意見除外および監査範囲の制約に関して「重要性」と「広範性」の2要素を取り入れた。そして追記情報については「強調事項」と「その他説明事項」とを区別した。

➢ 平成25年改訂監査基準では，審査の仕方について一部簡素化が図られ，また監査役等と連携を図ることが明記された。この他，不正による重要な虚偽表示のリスクに対応した監査手続を明確化するために不正リスク対応基準が新設された。

➢ 平成26年改訂監査基準では，財務諸表の種類（一般目的の財務諸表と特別目的の財務諸表）と監査の種類（適正性監査と準拠性監査）に応じた4種類の監査に対応できるように監査基準が改訂された。

➢ 「監査基準」と「監査の基準」とは異なる。「監査の基準」とは，企業会計審議会から公表された監査基準等の基準，監査に関する法令等，そしてこれらを補足するJICPAの委員会報告（書）・実務指針・通達その他等の総称である。

➢ 監査基準は，「第一　監査の目的」，「第二　一般基準」，「第三　実施基準」，そして，「第四　報告基準」から構成されている。

➢ 「第一　監査の目的」の設定目的は，利害関係者に財務諸表監査の概念とその社会的意義を理解してもらい，監査人が現に行っている監査業務と，利害関係者が期待する監査の役割との間の乖離を縮小し，これを通じて財務諸表監査の信頼性を回復することである。

➢ 「第二　一般基準」は，4つの監査人の人的条件と，3つの監査の業務規範から構成されている。

（注）監査の基本的な用語である「虚偽の表示」，「重要な虚偽表示」，あるいは「重要な虚偽表示のリスク」は，監査基準報告書では「虚偽表示」，「重要な虚偽表示」，「重要な虚偽表示リスク」と表現されている。本章は，監査基準を解説していることから，原文どおり「虚偽の表示」，「重要な虚偽の表示」，「重要な虚偽表示のリスク」を用いて解説する。

Ⅰ　財務諸表監査制度のはじまり

1945（昭和20）年8月15日の太平洋戦争終結と同時に，連合国軍最高司令官総司令部（GHQ）による未曽有（みぞう）の改革が実施されたが，それは当時のわが国の社会経済に大きな影響を及ぼした。三井，三菱，住友，安田等という当時の財閥が解体され，それらの財閥の傘下にあった多くの会社の株式が大量に証券市場に放出されることになった。GHQによる財閥解体の指令は昭和20年11月に出されたが，この大量の株式の消化には証券市場の創設とその健全な育成が必要であり，さらに，戦後復興に必要な民間資金を外国，特にアメリカから導入するためにも，証券市場の整備と統一した「企業会計」が必要となったのである。しかし，この当時，わが国の企業会計はまったくなかったといってよいほど著しく立ち遅れていた。そこで，次の措置が取られた。

1948（昭和23）年4月――証券取引法の公布
1948（昭和23）年7月――公認会計士法の公布
1949（昭和24）年7月――企業会計原則と財務諸表準則（中間報告）の発表

こうして，財閥解体と証券市場の健全な育成という目的からはじまって，財務諸表を作成し公開する企業会計制度，財務諸表の信頼性を担保する財務諸表監査制度，そしてその監査を担当する公認会計士制度が誕生したのである。

II　監査基準の制定

1　財務諸表監査の啓蒙

一方，公認会計士が財務諸表の監査を実施する際に準拠しなければならない原則である「監査基準」が制定されたのは，1950（昭和25）年7月であった。これは，当時の経済安定本部・企業会計基準審議会（現在の金融庁・企業会計審議会の前身）から中間報告として制定されたもので，監査基準と監査実施準則から構成されていた。しかし，この当時，財務諸表監査といっても知っている人はほとんどなく，このため財務諸表監査についての啓蒙からはじめなければならなかった。昭和25年7月に制定された最初の監査基準には「財務諸表の監査について」という前文があり，その中に「一 監査の意義」，「二 監査の必要性」，そして「三 監査実施の基礎条件」という啓蒙規定がおかれていたのはそのためであった。

2　監査基準の制定理由

財務諸表監査が財務諸表の信頼性を保証する制度として法律で強制されるようになると，これを実施する監査人の資格や条件，監査の実施や報告に際しての注意事項等を社会的なルールとして確立することが必要となる。その理由は，財務諸表監査が法律によって定められた制度として行われる以上，その品質を社会的な合意に基づいた一定の水準に保ち，財務諸表監査に対する社会的な信頼性を確立して維持する必要があるからである。

企業会計審議会が1956（昭和31）年12月に公表した中間報告「監査基準の設定について」には，次のような監査基準（一般基準，実施基準および報告基準）の制定理由が示されていたが，これはそうした社会的なルールを確立するという意図があったのである。

①　監査人の資格・条件に関する規制の制定理由

> 監査はだれにでも行えるほど簡単なものではなく，相当の専門的能力と実務経験を有した監査人にしてはじめて，有効・適切に実施できるものである。また依頼人としても，だれにでも任せられるものではなく，高度の人格を有し公正な判断を下せる立場にある監査人にしてはじめて，安心して委任できるものである。したがって，監査制度の確立および維持のために，監査人の資格や条件について一定の基準を設ける必要がある。

この規定は，監査人の人的条件をめぐる２つの立場から設定されている。１つは，監査人は監査の職業的専門家として相当の専門的能力と実務経験を有していなければならないという監査人の立場からの規定である。他の１つは，監査を受けるにあたって監査人に企業機密を含むさまざまな資料を提供する被監査会社の立場からの規定であり，監査基準は被監査会社の要求を満たす高度の人格を有する監査人を求めている。

②　監査人が実施する監査手続に関する規制の制定理由

> 監査を実施するにあたって選択・適用される監査手続は企業の事情によって異なり，また監査人の能力や経験も個人個人によって異なるので，すべてをあげて

> 監査人に任せることは社会的信用を得るのに適当ではない。同時に，監査の実施に関して公正妥当な任務の限界を明らかにしなければ，いたずらに監査人の責任を過重にしてしまう結果ともなる。したがって監査の信頼性を高め，監査人の任務の範囲を限定するために，監査人の判断を規制する一定の基準を設ける必要がある。

これは実施基準の2つの意義について規定している。1つは，監査人の能力・経験は個々の監査人によって異なるので，社会的信用を得るためには監査の実施に関し一定の基準を設ける必要があるとするもので，いわば実施すべき最低限の監査手続を定めたものである。2つ目は，監査人が，その最低限の監査手続を実施すれば，監査人としての一定の任務を果たしたことになるというものである。前者を行うことにより，後者の効果が生まれる。

③　監査報告書の記載要件に関する規制の制定理由

> 監査報告書は，監査の結果として，財務諸表に対する監査人の意見を表明する手段であり，同時に，監査人がその意見に関する責任を正式に認める手段でもある。しかし過去においては，監査人は不当に責任を回避するために，難解な字句を用いたり，必要な記載を省略する等の不備がみられた。こうなっては監査本来の目的が失われ，監査制度の健全な発展が阻害されてしまうであろう。したがって，監査報告書の記載要件につき一定の基準を設け，監査人に遵守させる必要がある。

これは報告基準の制定理由であり，1つである。ここでは，利害関係者が監査報告書の内容を判断できるように，監査人がわかりやすく必要な記載を行うべきことを定めている。

3　会計制度監査と正規の財務諸表監査

1949（昭和24）年7月に企業会計原則が中間報告として公表され，これと連動して，企業の作成する財務諸表がこの企業会計原則に準拠しているかどうかを保証する制度として財務諸表監査が実施されるはずであった。しかし，いきなり財務諸表監査を制度として定着させるのは困難であると考えられた。そこで，全面的な財務諸表監査（これを「**正規の財務諸表監査**」という）をはじめるに先立って，５次にわたって段階的な監査が実施されることになった。

この監査の目的は，被監査会社にとっては経理規程や経理組織の整備，財務諸表監査の理解，その受入態勢の整備等であり，監査人にとってはそれらの理解・評価・指導と財務諸表監査の習熟等であった。この段階的な監査は，正規の財務諸表監査を実施できるだけの基礎的条件を整備するために行われたものであり，会計制度監査または単に制度監査とよばれた。

マメ知識６－１

会計制度監査の実施

会計制度監査は全部で５回実施された。その回次と適用された事業年度は次のとおりである。

初度監査……昭和26年７月１日以降に開始する事業年度より適用（以下同様）。
次年度監査…昭和27年１月１日
第３次監査…昭和27年７月１日
第４次監査…昭和28年１月１日
第５次監査…昭和30年１月１日

初度監査から第４次監査までは半年間隔で順次実施されてきたが，それはこの当時の会社の事業年度が６ヵ月であったためであろう。

III　監査基準の意義

監査基準は，1950（昭和25）年７月に当時の経済安定本部・企業会計基準審議会によって中間報告として制定された。その後，十数回の改訂を経て現在にいたっている。監査基準の意義は次のように考えることができる。

1　帰納要約した原則

監査基準は，特にアメリカにおいて監査実務の中に慣習として発達したものの中から一般に公正妥当と認められたものを帰納要約した原則である。帰納（induction）とは，個々の具体的事実から一般的な命題ないし法則を導き出すことをいう。帰納によって導き出された原則をさらに要約したものが監査基準である。したがって，監査基準とは，監査実務の中から一般的な命題ないし法則を導出し，かつ要約した原則であるといえる。

2　監査の質的下限を定めた原則

監査基準は，公認会計士や監査法人が実施するすべての財務諸表監査の質的下限を定めた原則である。したがって，監査基準は，監査を一定以上の水準に確立し維持するために必要とされる基礎的思考と手続とをまとめたものの総称である。「基礎的思考」に相当する原則が後述する「一般基準」である。ここでは，監査人の人的条件と監査人が守るべき業務規範が規定されている。また，「手続」に相当する原則が，実施面では「実施基準」であり，報告面では「報告基準」である。

3　すべての職業的監査人が遵守しなければならない原則

監査基準は，すべての職業的監査人が財務諸表監査を行うにあたって，法令によって強制されなくてもつねに遵守しなければならない原則である。企業会計審議会は，この点について，「監査基準における監査の目的が示す枠組み及びこれから引き出されたそれぞれの基準は，証券取引法に基づく監査のみならず，財務諸表の種類や意見として表明すべき事項を異にする監査も含め，公認会計士監査のすべてに共通するものである」（平成14年改訂監査基準前文二３）としている。

上記の「2　監査の質的下限を定めた原則」と，この「3　すべての職業的監査人が遵守しなければならない原則」とは表裏の関係にある。すなわち監査基準は，「監査の質的下限を定めた原則」なので「すべての職業的監査人が遵守しなければならない原則」なのである。

以上のことから，監査基準は，監査人，依頼人，および利害関係人の三者の間の利害を合理的に調整して，監査制度に確固たる基盤を与え，その円滑な運営を図る目的で制定されたものである。

Ⅳ　監査基準の変遷

1　監査基準の改訂

大蔵省（当時）は，1957（昭和32）年1月1日以降に開始する事業年度から正規の財務諸表監査をはじめることにした。これを受けて企業会計審議会は，正規の財務諸表監査の開始に先立って監査基準を改訂すべく，1年有余にわたって審議した。そして，1956（昭和31）年12月25日に監査基準の一部を改訂するとともに監査実施準則を全面的に改め，さらに監査報告準則を新たに制定して正規の財務諸表監査の実施への指針を示したのである。

こうして監査基準は制定以来はじめて改訂された。これ以降，監査基準は逐次改訂される。改訂の理由とその内容は**図表6－1**に示すとおりである。

〔図表6－1〕監査基準改訂の理由と内容

①	1956（昭和31）年12月	**監査基準と監査実施準則の改訂，監査報告準則の制定** 5次にわたる会計制度監査の後，正規の財務諸表監査の実施に備えて，指針となるべき監査基準と監査実施準則が改訂され，新たに監査報告準則が制定された。監査基準の啓蒙規定を削除し，監査一般基準は8つから4つに整理された。この結果，監査基準は広く監査制度を啓蒙する基準から実践規範となった。
②	1965（昭和40）年9月	**監査実施準則の改訂** 一部の企業（サンウエーブ，山陽特殊製鋼など）の粉飾決算と公認会計士による虚偽の監査証明の発生に関連して，監査体制の充実強化を図る方策の一環として，監査基準のうち当面最も緊急を要する監査実施準則の全文が改訂された。主な改訂点は，支配従属会社の監査（往査），棚卸資産の立会，売掛金の確認（原則として強制）による監査手続の強化にあった。
③	1966（昭和41）年4月	**監査基準と監査報告準則の改訂** 前年に引き続く改訂で，一般基準については字句の修正，実施基準の一部削除，監査報告準則においては意見差控と不適正意見との区別の明確化が行われた。
④	1976（昭和51）年7月	**監査実施準則と監査報告準則の改訂** 1977（昭和52）年4月1日以降開始する事業年度から連結財務

		諸表の監査が実施されることになったことにともない，監査実施準則と監査報告準則が改訂され，連結財務諸表の監査への対応が図られた。
⑤	1977（昭和52）年3月	**中間財務諸表監査基準の制定** 商法が改正されたことにともなって，上場会社の多くが1年決算に移行したことにより，中間財務諸表の信頼性の確保が問題となった。そこで，1977（昭和52）年4月1日以降開始する事業年度に係る中間財務諸表から中間監査が実施されることになり，中間財務諸表監査基準が制定された。
⑥	1982（昭和57）年4月	**監査報告準則の改訂** 国際会計基準の改正，商法改正案の公表を受けて，重要な後発事象が財務諸表の注記事項（企業会計原則注解注1－3）になった。これに対応するため，監査報告準則が改訂された。⑦と⑧の改訂もこれにともなう改訂であった。
⑦	1982（昭和57）年9月	**監査実施準則の改訂** 同上の理由により，実施基準と中間財務諸表監査基準が改訂された。
⑧	1983（昭和58）年2月	**監査実施準則の改訂** 監査実施準則が改訂され，後発事象に対する監査手続が監査実施準則の中の通常の監査手続に追加された。
⑨	1989（平成元）年5月	**監査実施準則の改訂** 企業の役職者等による財産上の不正行為が相次いで発生したことにより，日本公認会計士協会から監査第一委員会報告第50号「相対的に危険性の高い財務諸表項目の監査手続の充実強化について」が公表された。これとの整合性を確保するために監査実施準則が改訂され，相対的に危険性の高い財務諸表項目に係る監査手続が充実強化された。
⑩	1991（平成3）年5月	**監査基準と監査報告準則の改訂** この改訂は中間報告であり，次の⑪の改訂とあわせて25年ぶりの監査基準の全面改訂となった。
⑪	1991（平成3）年12月	**監査基準，監査実施準則および監査報告準則の全面改訂** わが国経済の飛躍的発展，高度情報化社会の到来，公認会計士法の改正などの監査環境の変化に対応するために，監査基準が全面改訂された。実施基準では，リスク・アプローチや新しい内部統制概念の導入，組織的監査の実施，さらに特記事項が新設された。また各準則も改訂され，分析的手続，経営者確認書の入手も

		必要とされた。具体的な監査実務指針の作成は日本公認会計士協会に委ねられることになった。
⑫	1998（平成10）年6月	**監査基準，監査実施準則および監査報告準則の一部改訂** 会計ビッグ・バンにともないキャッシュ・フロー計算書が制度化され，同計算書が監査対象となったため，監査基準，監査実施準則および監査報告準則が一部改訂された。また，中間連結財務諸表制度導入にともない中間財務諸表監査基準が改訂され，名称も「中間監査基準」へと変更された。

2　平成14年全面改訂監査基準

2002（平成14）年1月に監査基準が全面改訂された。この改訂の理由は，1991（平成3）年12月に行われた前回の全面改訂以来10年余りの間に，公認会計士監査の質の向上に対する要求が国際的に高まってきたことに対応するためである。具体的な改訂理由は次のとおりである（平成14年改訂監査基準前文二1）。

(1)　監査人個人だけでなく監査事務所としても監査の実施体制を充実し，さらに監査の質の管理と向上に注意を払う必要性が認識されてきたこと。
(2)　投資家の自己責任原則が多くの方面で徹底されるようになってきたことにつれて，企業が公表する財務情報の信頼性の確保について，従来とは比較できないほどに社会の期待と関心が高まってきたこと。
(3)　将来にわたっての公認会計士監査の方向性をとらえ，国際的にも遜色のない監査の水準を達成し，さらに公認会計士監査に対する社会の種々の期待に応えること。

(1)　監査の品質の管理と向上

企業活動の複雑化，資本市場の一体化，およびITの高度化が進んだ結果，会計ビッグ・バンと称されるようにさまざまな会計基準が設定された。また，コンピュータの発達にともない，企業においては高度なITによる情報処理が利用されるようになってきた。

監査においても，公認会計士監査によって財務諸表の適正性を担保するために，監査の**品質の管理とその向上**が要請されるようになってきた。それは単に個人としての監査人だけではなく，監査事務所という組織的監査実施体制においても同様に要請されるようになった。

(2) 財務情報の信頼性に対する社会の関心の高まり

自由な市場経済社会においては，今まで以上に情報の開示が求められる。市場に参加する者が自らの責任でさまざまな意思決定を行ううえで，情報の信頼性に関する保証を要求するようになってきたからである。これにより，独立した外部の第三者による信頼性の付与が必要になった。

有価証券報告書等に掲載される財務諸表は，独立した公認会計士または監査法人による客観的なテストを受けている。市場に送り出されるその他の情報もこのような客観的なテストを受けて，その信頼性の程度を市場において明らかにすることが必要になってきた。こうした客観的なテストを幅広い対象について行う業務が第３章で説明した**保証業務**である。

わが国においても投資者の自己責任原則に役立つために，**四半期レビュー，**被合併会社等の財務諸表等に対する意見表明業務，そして資産運用会社の投資パフォーマンスの提示・開示に関する検証業務等の保証業務が市場に導入されるようになってきた。

(3) 国際的な監査水準の達成と監査に対する社会の期待への対応

将来にわたって公認会計士監査の方向性を把握するとともに，国際的な監査水準を達成することによって，公認会計士監査に対する社会の種々の期待へ対応する必要がある。

●財務諸表の重要な虚偽の表示の事前防止および早期発見

企業会計審議会は，財務諸表の重要な虚偽の表示の事前防止および早期発見について，「重要な虚偽の表示の多くは，財務諸表の利用者を欺くために不正な財務報告（いわゆる粉飾）をすること，あるいは，資産の流用などの行為を隠蔽するために意図的に虚偽の記録や改竄等を行うことに起因すると考えられる。そこで，監査人はこのような不正等について特段の注意を払う」ことを求めることとした（平成14年改訂監査基準前文三２(4)）として，監査人に財務諸表の重要な虚偽の表示を看過しないような積極的な監査の実施をうながした。特に，**不正行為**に対する監査人の対応については，平成元年５月の改訂監査基準で導入が図られたにもかかわらず，その実効性が十分ではなかったことと，国際的な監査水準を達成するために改めて規定された。

●継続企業の前提に関する監査の導入

継続企業の前提については，企業が将来にわたって事業活動を継続するとの前提について，監査人が検討することに対する社会の期待が存在するとし，「すでに米国をはじめとする主要国の監査基準，ならびに国際監査基準（ISA）は，継続企業の前提に関して監査人が検討を行うことを義務づけていることからも，改訂監査基準で導入することが適当と判断した」（平成14年改訂監査基準前文三６(1)）。これは，公認会計士監査に対する社会の期待に応えるためと，国際的に行われている監査業務との調和を図るためである。

●監査実施準則と監査報告準則の廃止

平成14年の監査基準改訂によって監査実施準則と監査報告準則が廃止された。廃止された理由は，監査基準委員会の設置と同報告書の公表にある。企業会計審議会は，「平成３年の監査基準の改訂において，『監査実施準則』の純化が大幅に行われ，監査基準を補足する具体的な実務指針を示す役割は日本公認会計士協会に委ねられることとなった。その後，日本公認会計士協会から，逐次，監査に係る具体的な指針が公表され，相当の整備が行われている。このような状況を踏まえると，各準則の位置付けが曖昧なものとなることから，各準則を廃止し，監査基準とこれを具体化した日本公認会計士協会の指針により，わが国における一般に公正妥当と認められる監査の基準の体系とすることが適当と判断した」（平成14年改訂監査基準前文二２）としている。

3　平成17年部分改訂の監査基準

(1)　改訂監査基準の特徴

この改訂は，2002（平成14）年１月の監査基準の改訂からわずか４年しかたっていないなかで2005（平成17）年10月に行われたものである。企業会計審議会は，その理由を「国際的には，継続的に監査基準の改訂が行われ，その作業はこれまで以上に頻繁なものとなってきている。我が国においても，こうした動きを踏まえて，継続的に監査基準を見直し，先端的な監査の考え方や手法等を積極的に取り入れ，公認会計士監査の質の向上を不断に図っていくことが重要であると考えられる」（平成17年改訂監査基準前文一）として，国際的な監査の考え方や手法等を積極的に取り入れるためであるとしている。そして，「今後も，継続的な監査基準の改訂作業を進めていく考えである」として，今後の改訂についても示唆している。

平成17年改訂監査基準の特徴は，実施基準の充実にある。中でも，監査計画の策定と監査の実施が改訂の中心である。企業会計審議会が監査計画の策定と監査の実施を重視して監査基準を改訂した理由は，被監査会社が有するリスクを監査人に幅広く認識させ，そのリスクに対して十分かつ必要な監査手続を実施できるように配慮したためである。つまり，監査計画の策定と監査の実施はもともと平成14年改訂監査基準においても重要な概念であったが，平成17年改訂監査基準においてはリスク・アプローチをより精緻に適用し，被監査会社に内在するリスクに対応した監査を実施させようとしたからである。

(2)　事業上のリスク等を重視したリスク・アプローチの導入

企業会計審議会がこのように考えた背景として，平成17年改訂監査基準は，財務諸表に重要な虚偽の表示が発生するリスクを，経営者の関与による要因と監査人の判断による要因の２つに分けて示していることがあげられる。

①　経営者の関与による要因

- 現在の企業では，日常的な取引や会計記録は多くがシステム化されルーティン化されてきている。このため，財務諸表の重要な虚偽の表示は，経営者レベルでの不正や，事業経営の状況を糊塗（こと）することを目的とした会計方針の適用等に関する経営者の関与等から生ずる可能性が相対的に高くなってきたこと。
- 経営者による関与は，経営者の経営姿勢，内部統制の重要な欠陥，ビジネス・モデル等の内部的な要因，企業環境の変化や業界慣行等の外部的な要因，あるいは，内部的な要因と外部的な要因が複合的にからみ合ってもたらされる場合が多いこと。

② 監査人の判断による要因

● 監査人による監査上の判断は財務諸表の個々の項目に集中する傾向にあり，このことが経営者の関与によりもたらされる重要な虚偽の表示を看過する原因となっている。そこで，監査人に，リスク・アプローチの適用において，リスク評価の対象を広げ，内部統制を含む企業および企業環境を十分に理解し，財務諸表に重要な虚偽の表示をもたらす可能性のある事業上のリスク等を考慮することを求めたこと。

企業会計審議会は，以上の指摘を踏まえて，固有リスクと統制リスクとを結合した「重要な虚偽の表示リスク」の概念を導入し，このリスクを「財務諸表全体レベル」および「アサーション・レベル」の２つのレベルで評価する考え方を導入した。このようなリスク・アプローチを「**事業上のリスク等を重視したリスク・アプローチ**」という。さらに，財務諸表に重要な虚偽の表示をもたらす可能性への配慮から「**特別な検討を必要とするリスクへの対応**」という考え方も示した（平成17年改訂監査基準前文二１）。

(3) 重要な虚偽表示のリスクの評価

平成17年改訂前の監査基準におけるリスク・アプローチの考え方は，監査人は，監査リスクを合理的に低い水準に抑えるため，固有リスクと統制リスクを個々に評価して発見リスクの水準を決定することとしていた。しかし，固有リスクと統制リスクは，実際には複合的な状態で存在することが多く，また，固有リスクと統制リスクとが独立して存在している場合であっても，監査人は，重要な虚偽の表示が生じる可能性を適切に評価して発見リスクの水準を決定することが重要なのであって，固有リスクと統制リスクを分けて評価することは必ずしも重要ではない。固有リスクと統制リスクを分けて評価することにこだわることは，リスク評価が形式的になり，発見リスクの水準の的確な判断ができなくなるおそれもある。

そこで，平成17年部分改訂では，固有リスクと統制リスクを結合して**重要な**

虚偽表示のリスクとし，これを評価したうえで発見リスクの水準を決定することにした（平成17年改訂監査基準前文二2）。

(4)　財務諸表全体レベルとアサーション・レベルの2つのレベルでの評価

旧リスク・アプローチでは，アサーション・レベルにおける固有リスクと統制リスクの評価，およびこれらと発見リスクの水準の決定との対応関係に重点をおいていた。その結果，監査人は，自らの関心を財務諸表項目に狭めてしまう傾向があり，財務諸表に重要な虚偽の表示をもたらす要因の検討が不十分になりがちであった。こうした弊害を排除するために，広く財務諸表全体における重要な虚偽の表示を看過しないための対応が必要であると考えられた。そこで，財務諸表における重要な虚偽の表示を，財務諸表全体レベルとアサーション・レベルの2つのレベルで評価することにした。

財務諸表全体レベルで重要な虚偽表示のリスクが認められた場合には，その程度に応じて，監査リスクを許容可能な低い水準に抑えるために，補助者の増員，専門家の配置，適切な監査時間の確保等の全般的な対応を監査計画に反映させることを求めることにした（平成17年改訂監査基準前文二3）。

(5)　特別な検討を必要とするリスクへの対応

会計上の見積りや収益認識等の重要な会計上の判断に関して財務諸表に重要な虚偽の表示をもたらす可能性のある事項，不正の疑いのある取引，関連当事者間で行われる通常ではない取引等は，財務諸表に重要な虚偽の表示をもたらす蓋然性が高いと考えられる。したがって，これらについては，監査実施の過程において特別な検討，すなわち，これらが財務諸表における重要な虚偽の表示をもたらしていないかどうかを確かめるための実証手続の実施や，必要に応じて内部統制の整備状況の調査や運用状況の評価を求めることにした（平成17年改訂監査基準前文二4）。特別な検討を必要とするリスクは，重要な虚偽表示のリスクの質的側面を重視したものである。

事業上のリスク等を重視したリスク・アプローチは，さらに第7章で詳細に説明する。

4　平成21年改訂監査基準

(1)　監査基準改訂の背景

平成21年には，継続企業の前提に関する規定が改訂された。継続企業の前提に関する監査は，平成14年の監査基準の改訂で導入された。しかし，その後のリーマン・ショックに伴う企業業績の急激な悪化にともない，(四半期) 財務諸表に継続企業の前提に関する注記や監査報告書に追記情報が付される企業が増加した。

増加の背景として，継続企業の前提に関する注記の開示を規定している財務諸表等規則等やその監査を規定する監査基準について，一定の事象や状況が存在すれば直ちに継続企業の前提に関する注記および追記情報の記載を要すると解釈され，一定の事実の存在により画一的に当該注記を行う実務となっているとの指摘があった。そして，それらの解釈や規定は，国際的な基準とも必ずしも整合していないとの指摘もあった。

(2)　継続企業の前提に関する監査の実施手続

そこで，平成21年監査基準の改訂においては，監査人は，継続企業の前提に重要な疑義を生じさせるような事象または状況が存在すると判断した場合には，当該事象または状況に関して合理的な期間について経営者が行った評価および対応策について検討したうえで，なお継続企業の前提に関する重要な不確実性が認められるか否かを確かめなければならないことにされた。すなわち経営者が行った継続企業の前提に関する評価の手順を監査人においても確認することにされたのである。

(3)　継続企業の前提に関する意見表明

この改訂に対応して，監査人は「継続企業の前提に関する重要な不確実性」が認められるときの財務諸表の記載に関して意見を表明することとした。

また，改訂前の報告基準において，重要な疑義をいだかせる事象または状況が存在している場合，経営者がその疑義を解消させるための合理的な経営計画等を示さないときには，重要な監査手続を実施できなかった場合に準じ，意見の表明の適否を判断することとされていた。この規定については，疑義を解消できる確実性の高い経営計画等が示されない場合には，監査人は意見を表明できないとの実務が行われているとの指摘があった。そこで，国際的な実務をも踏まえ同規定を見直し，経営者が評価および一定の対応策も示さない場合には，監査人は十分かつ適切な監査証拠を入手できないことがあるため，重要な監査手続を実施できなかった場合に準じ意見の表明の適否を判断することにされた。平成21年改訂監査基準は第11章でも説明する。

5　平成22年改訂監査基準

(1)　監査基準改訂の背景

国際監査基準は，かねてよりすべての基準を必須手続とそれ以外の手続に明確に区分することなどを内容とする明瞭性（クラリティ）プロジェクトを進めていた。このプロジェクトが2009（平成21）年3月に完了したことにより，改正後の国際監査基準とわが国の監査基準との間で一部に差異が生じることになった。このため，国際監査基準の明瞭性プロジェクトによる改正に対応して，監査人の監査意見の内容等を規定している報告基準と国際監査基準との差異を調整することを中心に，監査基準が改訂された（平成22年改訂監査基準前文一）。

(2)　監査報告書の記載区分

従来の監査基準では，監査報告書に，①監査の対象，②実施した監査の概要，③財務諸表に対する意見を記載することが求められていた。一方，明瞭性プロジェクト後の国際監査基準では，監査報告書を，①監査の対象，②経営者の責任，③監査人の責任，④監査人の意見に区分したうえで，①以外については，それぞれ見出しを付して明瞭に表示することを要求した。このため，わが国の監査基準においても，監査報告書の記載区分を従来の3区分から4区分にするとともに，国際監査基準において求められている記載内容を踏まえてそれぞれの記載区分における記載内容が整理された。

(3)　「重要性」と「広範性」

また，監査人による監査意見の形成過程そのものは実質的に従前とは変わらないものの，意見に関する除外および監査範囲の制約に関して，従来のわが国の監査基準では重要な影響として一括して扱っていた「重要性」と「広範性」が，国際監査基準では2つの要素を明示的に示すことになった。そこで，平成22年の改訂においては，当該影響について，「重要性」と財務諸表全体に及ぶのかという「広範性」の2つの要素から判断すべきことが明確にされた（平成22年改訂監査基準前文二2(1)）。

(4) 追記情報

監査人は，監査意見とは別に，強調することまたは説明することが適当と判断した事項について情報として追記するものとされている。旧監査基準では，財務諸表における記載を特に強調するために当該記載を前提に強調する強調事項と，監査人の判断において説明することが適当として記載されるその他説明事項との区別がなく，混在して規定されていた。明瞭性プロジェクト後の国際監査基準では，両者を区別したうえで記載することが求められたことから，わが国の監査基準においても，会計方針の変更，重要な偶発事象，重要な後発事象など，財務諸表における記載を前提に強調することが適当と判断した事項と，監査した財務諸表を含む開示書類における当該財務諸表の表示とその他の記載内容との重要な相違など，監査人がその他説明することを適当と判断した事項について，それぞれを区別して記載することを求めることにした（平成22年改訂監査基準前文二2(2)）。

なお，平成22年改訂は第10章でも説明する。

6 平成25年改訂監査基準

平成25年に監査基準が改訂された。改訂の内容は，現行監査基準の一部修正と，「監査における不正リスク対応基準」（以下，不正リスク対応基準という）の新設である。

(1) 現行監査基準の一部修正

① 審 査

特定の目的のために監査が義務づけられ，社会的影響も小さく，監査報告の利用者も限定されているようなものの中には，上場会社に対して行っている監査に対する審査と同様の審査を求める必要がないものもある。また，国際的な監査基準においても，上場会社とそれ以外の企業に対する審査には差を設けている。こうしたことから，品質管理の方針および手続において，審査以外に意見が適切に形成されていることを確認できる他の方法が定められている場合には，審査を受けないことができることになった。

②　監査役等との連携

現行の監査基準においては監査役等との連携に関する規定がないが，監査における監査役等との連携は，不正が疑われる場合に限らず重要であると考えられることから，監査人は，監査の各段階において，適切に監査役等と協議する等，監査役等と連携を図らなければならないとされた。

(2)　不正リスク対応基準

①　不正リスク対応の基本的な考え方

不正リスク対応基準は，財務諸表の不正による重要な虚偽表示のリスクに対応する監査手続等を規定している。しかし，この基準は，不正摘発を意図するものではない。このため，被監査企業に不正による重要な虚偽の表示を示す状況がない場合や，監査人がすでに不正リスク対応基準に規定されている監査手続等を実施している場合には，現行の監査基準に基づく監査が行われる。

②　不正リスク対応基準の位置づけ

不正リスク対応基準は，すべての監査に適用されるのではなく，主として，金融商品取引法に基づく監査に適用される。このため，この基準は，監査基準および品質管理基準とともに，一般に公正妥当と認められる監査の基準を構成し，監査基準および品質管理基準と一体となって適用される。

③　不正リスク対応基準の主な内容

a）　職業的懐疑心の強調

監査人は，不正リスクに対応するためには，より注意深く，より批判的な姿勢で臨むことが必要であり，監査人としての職業的懐疑心がとくに重要である。このため，不正リスク対応基準は，「職業的懐疑心の強調」を冒頭に掲記し，不正リスクの評価，評価した不正リスクに対応した監査の実施および監査証拠の評価の各段階において，職業的懐疑心を発揮することを求めている。

b） 不正リスクに対応した監査の実施

不正リスク対応基準は，不正リスクに対応した監査の実施として，監査計画の策定，確認，監査証拠の評価，不正による重要な虚偽の表示を示唆する状況および不正による重要な虚偽の表示の疑義があると判断した場合の監査手続，専門家の業務の利用，不正リスクに対応した審査，監査役等との連携，監査調書という，監査の各段階において不正リスクに対応した監査手続等を規定している。

c） 不正リスクに対応した監査事務所の品質管理

不正リスク対応基準は，不正リスクに対応した監査事務所の品質管理として，不正リスクに対応した品質管理のシステムの整備および運用，監査契約の新規の締結および更新，不正による重要な虚偽の表示の疑義があると判断された場合の審査，監査事務所間の引継，監査実施の責任者間の引継を定めている。

7 平成26年監査基準改訂

従来の監査基準は，幅広い利用者に共通するニーズを満たすように作成された財務諸表（**一般目的の財務諸表**）に対して監査人が監査を行う場合を想定して規定されていた。そこでは，監査人は，一般目的の財務諸表がGAAPに準拠して作成されているかに加え，経営者が採用した会計方針の選択やその適用方法，さらには財務諸表全体としての表示が適正表示を担保しているかという実質的な判断を含めた意見（**適正性に関する意見**）を表明していた。

一方で，近時，特定の利用者のニーズを満たすように特別の利用目的に適合した会計の基準に準拠して作成された財務諸表（**特別目的の財務諸表**）に対しても，監査という形で信頼性の担保を求めたいという要請が高まってきた。

特別目的の財務諸表は，利用目的が限定されているなど，一般目的の財務諸表と異なっていることから，必ずしも適正性に関する意見を表明することがなじまない場合もあると考えられる。また同様に，一般目的の財務諸表であっても，適用される法令によっては適正性に関する意見がなじまない場合もあると考えられる。したがって，これらの場合には，適正性に関する意見ではなく，財務諸表が当該財務諸表の作成にあたって適用された会計の基準に準拠して作成されているかどうかについての意見（準拠性に関する意見）を表明することがより適切であると考えられる。

こうしたことから，平成26年２月に監査基準が改訂され，従来の適正性に関する意見表明の形式に加えて，準拠性に関する意見表明の形式が導入された。

平成26年改訂監査基準に基づく財務諸表の種類と監査の種類の組合わせは，**図表６－２**のように示される。

〔図表６－２〕財務諸表の種類と監査の種類の組合わせ

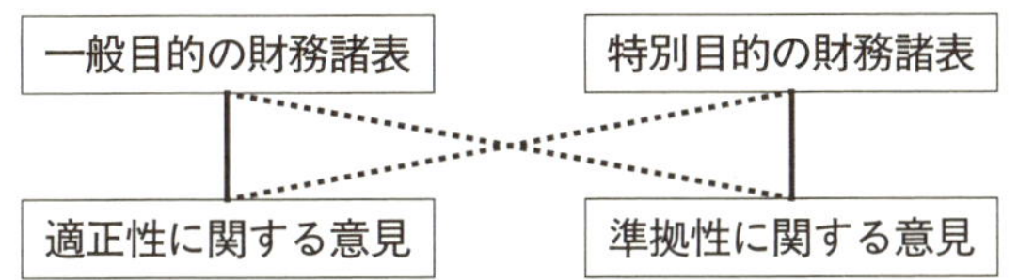

（出所）　監査基準委員会研究報告第３号「監査基準委員会報告書800及び805に係るＱ＆Ａ」p. 9の図に加筆

Ⅴ　監査の基準の構成

1　「監査基準」と「監査の基準」

監査の基準とは，企業会計審議会から公表された監査基準等の基準，監査に関する法令等，そしてこれらを補足するJICPAの委員会報告（書）・実務指針・通達その他等の総称である。「監査の基準」とは，こうした広い意味での監査の実施と報告に関する基準をいう。

監査基準はパブリック・セクターとしての企業会計審議会が設定した監査に関する基本原則であり，監査実施に際しての「一般的かつ普遍的」な基準を提供するものである。一方，日本公認会計士協会が公表している監査基準委員会報告書等の各種委員会報告（書）は，監査基準の一般的かつ普遍的な基準を受けて，プライベート・セクターとしての日本公認会計士協会が設定した監査実施に際しての具体的な指針または取扱いであり，「具体的かつ個別的」という特徴を有している。これらは，いずれもプライベート・セクターとしての日本公認会計士協会が設定したものであるため，監査環境が変化したときなどその内容を修正する必要が生じた場合には，機敏に対応することができる。

〔図表6－3〕「監査の基準」の例

1　企業会計審議会から公表された監査基準，品質管理基準，四半期レビュー基準，不正リスク対応基準など 2　法令等 　公認会計士法・同施行令・同施行規則，金融商品取引法，会社法・同計算規則，財務諸表等の監査証明に関する内閣府令・同ガイドライン 3　日本公認会計士協会の委員会報告書・実務指針・通達その他，日本公認会計士協会会則・同倫理規則，監査基準委員会報告書，品質管理基準委員会報告書，監査・保証実務委員会報告・実務指針など

（出所）　品質管理基準委員会報告書第1号第11項(9)，財務諸表等の監査証明に関する内閣府令および同ガイドラインに加筆

2　監査基準の構成

監査基準は，「第一　監査の目的」，「第二　一般基準」，「第三　実施基準」，そして「第四　報告基準」から構成されている。

このうち，実施基準と報告基準は監査の実施と報告にあたっての具体的な注意基準であり，一般基準はこれらを包括した基準として位置づけられる。

Ⅵ　監査の目的

1　監査の目的の意義

監査基準は，その冒頭で財務諸表監査の目的を示している。この監査の目的の規定は，平成14年改訂監査基準ではじめて設けられたものである。そして，平成17年，21年，22年，および25年の各改訂監査基準においてもそのまま踏襲されてきたが，26年の監査基準の改訂により2番目の目的が新設された。

第一　監査の目的

1　財務諸表の監査の目的は，経営者の作成した財務諸表が，一般に公正妥当と認められる企業会計の基準に準処して，企業の財政状態，経営成績及びキャッシュ・フローの状況をすべての重要な点において適正に表示しているかどうかについて，監査人が自ら入手した監査証拠に基づいて判断した結果を意見として表明することにある。

財務諸表の表示が適正である旨の監査人の意見は，財務諸表には，全体として重要な虚偽の表示がないということについて，合理的な保証を得たとの監査人の判断を含んでいる。

2　財務諸表が特別の利用目的に適合した会計の基準により作成される場合等には，当該財務諸表が会計の基準に準拠して作成されているかどうかについて，意見として表明することがある。

監査基準が冒頭で監査の目的を示したのは，次の理由による。

今日，財務諸表に対する公認会計士の監査意見は，利害関係者が最も注目するものとなっている。しかし，数年前のバブル経済崩壊後に発生した金融機関や一般事業会社の相次ぐ経営破綻に際して，公認会計士は直前期の監査報告書においてそれらの経営破綻の可能性を何ら指摘していなかった。このため，公認会計士はいったい何を監査していたのかとして，マスコミ等によって厳しい批判を受けたのである。

一方，公認会計士は，財務諸表監査とは，企業の財務諸表が**一般に公正妥当と認められる企業会計の基準**に準拠して作成され適正に表示しているかどうか，すなわち財務情報のGAAPへの準拠性について監査するものであり，企業の経営破綻やその兆候の有無を監査するわけではないと主張した。

しかし，社会の人々はこの主張には納得せず，あくまで企業の相次ぐ経営破綻という事実をもとに，公認会計士は当該企業の監査を適切に実施せず，その結果，監査意見も妥当ではなかったとしたのである。

このように，現に監査人が行っている監査と社会の人々が監査人に期待する監査の役割には乖離がある。この乖離を**期待ギャップ**（expectation gap）という。

企業会計審議会は，こうした状況を踏まえて，監査基準において財務諸表監査の目的や監査人の役割を明らかにすることで期待ギャップを縮小し，これを通じて財務諸表監査の信頼性を回復しようとしたのである。

また，平成26年監査基準の改訂によって監査の種類に準拠性監査が加わったため，「第一 監査の目的」にもこれが明記された。

2 監査の目的の位置づけ

「第一 監査の目的」が監査基準の冒頭に規定されているのは，次の３つの理由による。

① 利害関係者の啓蒙

監査の目的は，利害関係者を啓蒙することによって期待ギャップを縮小しようと意図したものであること。これは財務諸表監査の信頼性回復に必要な条件である。

② 準拠性監査の導入

監査の目的として従来の適正性監査に加え新たに準拠性監査が導入され，２種類の監査の目的が明記されたこと。これにより監査の幅が広がった。

③ 財務諸表監査の包括規定

監査の目的は，財務諸表監査の性格全体を包括的に表現したものであること。こうした包括的な規定は，監査基準の「第二 一般基準」，「第三 実施基準」および「第四 報告基準」を網羅したものであり，その結果，すべての監査業務を総括するものとなっている。

包括規定である監査の目的の規定を受けて監査の基礎的思考である一般基準があり，そしてその下に実施基準と報告基準が規定されている。

Ⅶ 一般基準

一般基準は，監査人の人的条件と監査人が監査を行う際の業務規範について規定している。

1）**監査人の人的条件**

① 専門能力の向上と実務経験等から得られる知識の蓄積につねに努めること

② 公正不偏の態度を保持し，独立の立場を損なうことや独立の立場に疑いを招く外観を有しないこと

③ 正当な注意を払い，懐疑心をもって監査を行わなければならないこと

④ 守秘義務を遵守すること

2）**監査の業務規範**

⑤ 重要な虚偽の表示が財務諸表に含まれる可能性を考慮し，違法行為にも留意すること

⑥ 監査の内容や判断の過程および結果を監査調書として保存すべきこと

⑦ 監査の品質管理に努めること

以上の一般基準の構成は，**図表6－4**のように考えることができる。

1　専門能力の向上と知識の蓄積

監査基準・第二・一般基準1は，監査人に職業的専門家としての能力条件と努力目標を要求している。

> **一般基準1**
> 監査人は，職業的専門家として，その専門能力の向上と実務経験等から得られる知識の蓄積に常に努めなければならない。

監査人にこのような能力条件と努力目標が要求される理由は，現代の「監査人は，近年の資本市場の国際化，企業の大規模化や取引活動の複雑化，会計処理の技術的進展，会計基準の高度の専門化などに対応するために，職業的専門家としての能力の維持・研鑽に努め，実務経験を積み，これらの能力や知識を監査の実務に活かすことにより，これまで以上に監査に対する社会の信頼に応えることが求められている」（平成14年改訂監査基準前文三2(1)）からである。

監査人が専門能力の向上と知識の蓄積を追求するための方法は，日本公認会

〔図表６－４〕一般基準の構成

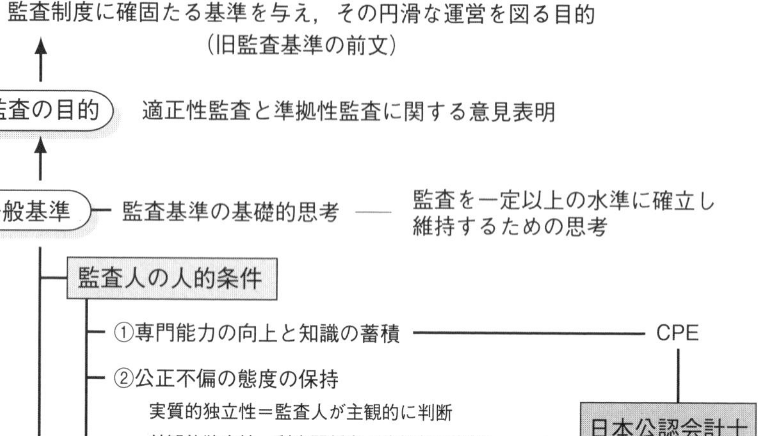

計士協会が2002（平成14）年４月からすべての公認会計士に対して義務づけた**継続的専門研修制度**（Continuing Professional Education：CPE）が有効である。CPEは，公認会計士にさまざまな研修や自己研究の機会を与え，それによって自己啓発させようとする計画である。これは，将来にわたって公認会計士制度の充実に貢献するプログラムである。

マメ知識6－2　**CPE**

CPEは公認会計士法第28条で法定されており，すべての公認会計士と外国公認会計士が履修しなければならない。CPEの履修者は，履修結果を日本公認会計士協会に自己申告する。CPEに必要な単位数は3期（1期は毎年4月1日より翌年3月31日まで）合計で120単位以上である。なお，CPE履修者には必修研修項目として「職業倫理」と「税務」に関する研修について1期につき必須単位数2単位が課され，また，法定監査に従事するCPE履修者には「監査の品質及び不正リスク対応」（不正事例研究を含む）に関する研修について1期につき必須単位数6単位が課される。履修義務の不履行者は，日本公認会計士協会の会則による懲戒処分等の検討対象になる。

2　公正不偏の態度と独立性の維持

(1)　公正不偏の態度と独立性の維持の意義

一般基準2は次のように規定している。

一般基準2
監査人は，監査を行うに当たって，常に公正不偏の態度を保持し，独立の立場を損なう利害や独立の立場に疑いを招く外観を有してはならない。

この規定は，前段が**公正不偏性**（Impartiality）または実質的独立性，後段が**外観的独立性**（Independence）とよばれることもある。監査人としていかに豊富な専門能力と十分な知識を有していても，被監査会社から独立していない者には財務諸表監査を任せることはできない。監査が制度として実施される場合，監査人の独立性を明確にすることで監査の信頼性を確保し，これを積み上げることによって監査制度の基盤を確固たるものとして構築する必要がある。

「監査人は，監査の実施に当たって，精神的に公正不偏の態度を保持することが求められ，独立性の保持を最も重視しなければならない」（平成14年改訂監査基準前文三2(2)）とされているように，独立性は財務諸表監査制度においてもっとも重要な条件である。

監査人に独立性が必要とされる理由は次のとおりである。

〔図表6－5〕監査人に独立性が必要とされる理由

① 財務諸表監査実施の前提
監査人が独立性を保持することは，利害関係者のために，被監査会社を中心とする各方面から自由な立場にいて，自由に判断を行い，そして自由に監査意見を表明できるために必要な条件であること。これは，監査に対する利害関係者の信頼性を高めることになり，監査制度の確立と維持のために必要である。

② 監査の実施結果と監査報告との間の不合理性の排除
監査が独立性のない監査人によって行われるならば，監査結果が監査以外の要因で決定されることになりかねないこと。これは不合理である。

③ 利害関係者に与える影響
監査結果が監査以外の要因で決定されるとすれば，監査人の監査を信頼している多くの利害関係者に不測の損害を与えかねないこと。これは社会に多大の影響を及ぼすことになる。

④ 財務諸表監査制度に与える影響
監査人が独立性を放棄した場合，監査人に寄せられた社会的責任や信頼を裏切ることになり，監査制度自体が社会的信頼性を失ってしまうことになること。これは財務諸表監査制度そのものを崩壊させる結果になる。

(2) 独立性が要求される監査局面

独立性が監査人に要求される監査局面を監査業務の流れの中で検討してみると，監査契約の締結から最終の監査意見の表明までの監査業務のすべての局面に及ぶ。そして，その中でも，事実を認定する局面，会計処理を判断する局面，そして，監査意見を表明する局面という，監査業務の実施と監査意見の表明に関する3つの局面が特に重要である。

マメ知識6－3

公正不偏の態度を保持しなければならない監査局面

平成14年改訂前の旧監査基準の第一・一般基準の2は，「監査人は，事実の認定，処理の判断及び意見の表明を行うに当たって，常に公正不偏の態度を保持しなければならない」と規定していた。平成14年の監査基準の改訂によってこの規定は削除されたが，公正不偏の態度を保持しなければならない監査局面に変更はないと考えられる。

①　事実を認定する局面における独立性

会計伝票や総勘定元帳など財務諸表の基礎となる会計記録に含まれる情報の背後にある事実を認定する際に，独立性を保持した監査態度によるべきことを求めるものである。会計上の取引があったとして，会計伝票に日付・金額・取引先名・取引の内容・責任者の承認等の記載があった場合に，監査人がそれらを事実として認識するためには，十分かつ適切な監査証拠に基づいてそれらを客観的な立場で慎重に監査しなければならない。監査に際して，ゆがめられた事項を故意に事実として認識するようなことがあっては，独立性を喪失したものといえる。

②　会計処理を判断する局面における独立性

被監査会社の行った会計処理の当否をGAAPにしたがって判断するに際して，被監査会社から干渉を受けたり，政策的な利益操作などを看過したりしないように求めるものである。特に，会計処理の変更があった場合に，その変更が正当な理由に基づくものか否か，変更の時期は妥当かどうか（**変更の適時性**）等の判断に際して，監査人は被監査会社からの政策的な要請を考慮するようなことがあってはならない。

③　監査意見を表明する局面における独立性

監査意見が検出された事実と異なって表明されるようなことがなく，また事実を隠蔽したり歪曲したりするようなこともなく，検出した事実を正当に評価して監査意見を表明できるように，監査人は独立性を保持することが求められる。意見表明に際して何らかの政策的配慮を加えざるを得ないようでは，独立性を保持しているとはいえない。

監査における独立性とは，監査人が監査に際して被監査会社から何らの束縛も受けず，必要な監査業務を適時に，適切な方法でかつ十分に実施できることであり，それは監査業務実施中のすべての期間を通じて保持されなければならない。独立性は，財務諸表監査の基本的な存立基盤となっているものであるだけに，監査人はこれをよく自覚してその保持に努める必要がある。

(3) 実質的独立性

監査人は独立性を保持して監査を実施しなければならない。監査人が有すべき独立性には実質的独立性と外観的独立性の2種類がある。

実質的独立性（Independence in Fact）とは，仮に，監査人が被監査会社より身分的な職位を得たり，経済的な支援やその他の経済的利益の供与を得ていたとしても，監査を実施している最中にあってはいささかも被監査会社からの圧力に屈せず，職業的専門家としての監査人の立場を堅持し，被監査会社の思惑を気にすることなく自らが必要と考える監査業務を十分に行い，そして監査結果に基づいて自らの監査意見を表明できる強い精神的な意識である。

実質的独立性の特徴は，監査人が被監査会社より身分的な職位や経済的利益の供与を得ていたとしても，監査を実施している最中にあっては独立性を保持すべきことを求める点にある。

(4) 外観的独立性

一般基準の2の後段は，監査人は独立性の保持に誤解を招くような外観も有してはならないことを定めている。この規定が設けられたのは，「公正不偏の態度に影響を及ぼす可能性という観点から」，監査人が「独立の立場をそこなう特定の利害関係を有することはもとより，このような関係を有しているとの疑いを招く外観を呈することがあってはならない」（平成14年改訂監査基準前文三2(2)）からである。

外観的独立性（Independence in Appearance）とは，監査人の独立性に関して利害関係者に無用の誤解や疑いをいだかせないために，監査人が被監査会社から独立していることを監査人の外観から判断できるように，客観的かつ明確な外形基準を設定して，これにより独立性を判断しようとするものである。

外観的独立性は，監査人の形式的な独立性を示す概念であり，実質的独立性を支える重要な考え方である。

外観的独立性が重要視される理由として次の点があげられる。

◆外観的独立性は，実質的独立性とは異なって，監査人の外観によって被監査会社との利害関係の有無を判断しようとするものであるため，規則等によって具体的に規制できること。これによって，監査人の独立性の概念が明確になり，利害関係者のだれでもが同じように判断できることになる。

◆監査人が実質的独立性を有していても外観的独立性を有していなければ，監査人の独立性の保持について利害関係者に無用の誤解や疑いをもたせることになること。この結果，監査に対する利害関係者の信頼を得られなくなってしまう虞がある。

◆外観的独立性は実質的独立性を支える概念であるため，外観的独立性がそこなわれれば実質的独立性も失われてしまう可能性があること。これは監査制度の崩壊をもたらしてしまう可能性がある。

以上のように，外観的独立性の保持は，財務諸表監査を実施する監査人に必須の条件になっている。外観的独立性が保持されているかどうかの判定には，被監査会社との間の身分的関係や経済的関係等が考えられるが，これら2つの関係で説明するのがわかりやすく，また一般的でもある。

監査人の外観的独立性は，公認会計士法第24条と第24条の2で規定されている。

公認会計士法第24条は，公認会計士が被監査会社との間で著しい利害関係（身分的関係と経済的関係）を有する場合には，当該公認会計士はその被監査会社に対し監査証明業務を実施できない旨を定めている。そして，これを受けて公認会計士法施行令第7条は，その著しい身分的関係と経済的関係を詳細に規定している。公認会計士法第24条はすべての公認会計士に適用される。

また，公認会計士法第24条の2では，公認会計士法の「大会社等」の監査を行う公認会計士について監査証明業務（いわゆる1項業務）と一定の非監査証明業務との同時提供を禁止している。ここで禁止される一定の非監査証明業務とは，会計帳簿の記帳の代行その他の財務書類の調製に関する業務や，財務または会計に係る情報システムの整備または管理に関する業務，あるいは，内部監査の外部委託に関する業務などである。これらは，「大会社等」の監査を担当している公認会計士が，監査証明の対象である財務書類を自らが作成していると認められる業務，または被監査会社等の経営判断に関与すると認められる業務（公認会計士法施行規則第6条）としてまとめることができる。

3　正当な注意と職業的懐疑心

(1)　正当な注意と職業的懐疑心の意義

一般基準3は，①監査を行う際に**正当な注意**（Due Professional Care）を払うべきことと，②職業的懐疑心を保持しなければならないことを定めている。

> **一般基準3**
> 監査人は，職業的専門家としての正当な注意を払い，懐疑心を保持して監査を行わなければならない。

正当な注意とは，職業的専門家が社会一般から期待されている当然に払うべき注意である。監査人が会社と結ぶ監査契約は，法律的には民法第643条に規定する委任，または同第656条に規定する準委任に関する契約であると解されている。

金商法上の財務諸表監査は準委任に基づくものであるのに対して，会社法上の会計監査人監査は委任に基づくもの（会社法第330条）である。したがって，監査人は，委任または準委任契約の受任者として善良なる管理者に該当することになり，正当な注意は民法第644条の**善良なる管理者の注意**に相当すると考えられる。この意味で，監査人にはその職業や社会的地位等から考えて普通に要求される程度の注意が求められる。

> **マメ知識6－4**
> **善良なる管理者とは？**
> 民事上の過失責任の前提となる注意義務の程度を示す概念で，その人の職業や社会的地位等から考えて普通に要求される程度の注意（民法第400・644条等）。善管注意義務，善管注意ともいう。以上，『法律用語辞典［第2版］』（有斐閣）。

監査基準が財務諸表監査の監査人に正当な注意を払うことを求めているのは，公認会計士としていかに優秀な監査人であっても，監査業務の遂行において当然に払うべき注意をおこたっては，監査に対する社会の信頼を得られないからである。社会的に信頼される監査を行うためには，監査人は，事実を誤認したり誤解したりすることなく，また，財務諸表のすべての重要な虚偽の表示を看過しないように，監査業務全般についてつねに正当な注意を払って慎重に監査を行う必要がある。監査人が正当な注意を払わずに財務諸表を監査して財務諸表の重要な虚偽の表示を看過したとすれば，監査に対する社会の信頼が失われることになる。このため，監査人は，職業的専門家として当然に払うべき注意を払って，慎重に監査を行わなければならないのである。

正当な注意の基準を監査実施面と監査報告面において具体的に展開した基準が，実施基準と報告基準である。こうしたことから，正当な注意の基準は，実施基準と報告基準とを包括的に規制する基準であり，前掲の**図表6－4**で示したとおり，実施基準と報告基準の上位基準として位置づけられる。

また，監査基準は，監査人が職業的懐疑心を保持すべきことを強調している。企業会計審議会は，「監査人としての責任の遂行の基本は，職業的専門家としての正当な注意を払うことにある。その中で，監査という業務の性格上，監査計画の策定から，その実施，監査証拠の評価，意見の形成に至るまで，財務諸表に重要な虚偽の表示が存在する虞に常に注意を払うことを求めるとの観点から，職業的懐疑心を保持すべきことを特に強調した」（平成14年改訂監査基準前文三2(3)）としている。この規定は，監査人が絶えず職業的懐疑心を保持して監査を行い，被監査会社の不当な会計処理の有無につねに注意を払うことを求めたものである。

職業的懐疑心とは，「誤謬又は不正による虚偽表示の可能性を示す状態に常に注意し，監査証拠を鵜呑みにせず，批判的に評価する姿勢をいう」（監基報200「財務諸表監査における総括的な目的」：第12項(11)）。このため，「監査証拠の矛盾や，記録や証憑書類の信頼性，又は経営者や監査役等から入手した質問への回答又はその他の情報の信頼性について，疑念を抱くことを含む。また，例えば，不正リスク要因が存在し，かつ，その性質上不正の可能性がある単独の記録や証憑書類が財務諸表の重要な金額を裏付ける唯一の証拠である場合など，その状況に照らして，入手した監査証拠の十分性と適切性について検討することを含む」（監基報200：A19項）。

監査人が職業的懐疑心を保持しなければならない理由は，被監査会社の作成した財務諸表のどこに不正や誤謬が潜んでいるかわからないからである。監査人はこの財務諸表のどこにあるかわからない財務諸表の不正や誤謬を看過しないように，つねに注意を払って，慎重に監査しなければならない。このため，「監査人は，財務諸表において重要な虚偽表示となる状況が存在する可能性のあることを認識し，職業的懐疑心を保持して監査を計画し実施しなければならない」（監基報200：第14項）とされ，あるいは，「監査人は，経営者，取締役等及び監査役等の信頼性及び誠実性に関する監査人の過去の経験にかかわらず，不正による重要な虚偽表示が行われる可能性を認識し，監査の過程を通じて，職業的懐疑心を保持しなければならない」（監基報240「財務諸表監査における不正」：第11項）とされているのである。

職業的懐疑心は，例えば以下について注意を払うことである（監基報200：A17項）。

- 入手した他の監査証拠と矛盾する監査証拠
- 監査証拠として利用する記録や証憑書類または質問に対する回答の信頼性に疑念をいだかせるような情報
- 不正の可能性を示す状況
- 監査基準委員会報告書により要求される事項に加えて追加の監査手続を実施する必要があることを示唆する状況

こうしたことから，職業的懐疑心を保持すべき監査局面は，監査業務を実施している最中，すなわち，監査証拠のもつ証明力を評価しているときや，他の監査証拠と矛盾していないかどうかをしているときの判断，あるいは，不正による重要な虚偽表示の存在について検討しているとき等の監査局面が中心である。この点で正当な注意の基準が監査業務のすべてに及ぶのと異なる。

以上のことから，正当な注意と職業的懐疑心は，監査における利害関係者保護の要請により，監査を適切に実施し適切な監査意見を表明するために監査人に求められる規制であるということができる。

(2) 正当な注意と監査人の責任

正当な注意の基準は，監査業務の実施において監査人が払うべき注意に関する基準であると同時に，監査人の責任の限界を明らかにする基準でもある。

監査人がその実施した監査業務について責任が問われるのは，次の場合である。

●故意（悪意）があった場合

●過失があった場合

監査人に故意があった場合に監査人が損害賠償責任を負うのは当然であるが，過失があった場合に監査人が損害賠償責任を負うかどうかについては，まずその監査人が監査業務の実施に際して正当な注意を払ったかどうかがポイントである。

監査人が正当な注意を払わずに監査を実施して，通常であれば発見できたと思われる重要な不正や誤謬を見過ごし，本来であれば不適正となるはずの財務諸表に適正意見を表明した結果，善意の第三者が不測の損害をこうむった場合，その監査人は損害賠償責任を負わなければならないであろう。その監査人は監査人としての任務を懈怠し，善良なる管理者の注意義務に違反したと認められる可能性があるからである。この場合，善意の第三者は，監査人が表明した虚偽の監査意見と自らがこうむった損害との間の因果関係を立証しなければならない。

逆に，監査人が正当な注意を払って監査したにもかかわらず，不正の手口が複雑であったりして発見できなかった場合，まず監査人は正当な注意を払って監査を実施したことを立証し，次にこれを裁判所が認めれば，損害賠償責任を負わなくてよいことになる。

こうしたことから，第4章で述べた立証責任の転換には2つの意味がある。1つは，立証すべき者が善意の第三者から監査人に転換しているということであり，2つ目は，善意の第三者が立証すべき内容は監査人が表明した虚偽の監査意見と自らがこうむった損害との間の因果関係であるのに対し，立証責任が転換されている場合に監査人が立証すべき内容は監査意見の表明に際して過失がなかったことである。過失がなかったことというのは，一般に正当な注意を払って監査を実施し監査意見を表明したことと解されている。

なお，監査人が負うべき具体的な責任の内容は，第4章と第5章で説明した。

4　不正・違法行為等に起因する虚偽の表示と監査人の責任

(1)　不正の意義

監査基準・第二・一般基準4は，不正・違法行為等による重要な虚偽の表示が財務諸表に含まれる可能性について，監査人が留意しなければならないことを次のように規定している。

> **一般基準４**
> 監査人は，財務諸表の利用者に対する不正な報告あるいは資産の流用の隠蔽を目的とした重要な虚偽の表示が，財務諸表に含まれる可能性を考慮しなければならない。また，違法行為が財務諸表に重要な影響を及ぼす場合があることにも留意しなければならない。

不正（fraud）とは，「不当な又は違法な利益を得るために他者を欺く行為を伴う，経営者，取締役等，従業員又は第三者による意図的な行為」をいう（監基報240「財務諸表監査における不正」：第10項(1)）また，経営者や取締役等が関与する不正を**経営者不正**，企業の従業員だけが関与する不正を**従業員不正**という。いずれの場合でも，企業内部または第三者との共謀の可能性がある。

不正は，不正な財務報告（いわゆる粉飾）と資産の流用とに分けられる（監基報240：第３項）。

不正な財務報告とは，「財務諸表の利用者を欺くために財務諸表に意図的な虚偽表示を行うことであり，計上すべき金額を計上しないこと又は必要な開示を行わないことを含んでいる」（監基報240：Ａ２項）。

不正な財務報告は，一般に**粉飾**とよばれ，次のような方法により行われる（監基報240：Ａ３項）。

- 財務諸表の基礎となる会計記録や証憑書類の改ざん，偽造または変造
- 取引，会計事象または重要な情報の財務諸表における虚偽の記載や意図的な除外
- 金額，分類，表示または開示に関する意図的な会計基準の不適切な適用

資産の流用は，従業員によって行われ，比較的少額であることが多い。しかし，資産の流用を偽装し隠蔽することを比較的容易に実施できる立場にある経営者が関与することもある。資産の流用は，受取金の着服，物的または知的資産の窃盗や窃用，提供を受けていない財貨・サービスに対する架空の支払，資産の私的な利用等によって行われる。資産の流用は，これらを隠蔽するために記録や証憑書類の偽造をともなうことが多い（以上，監基報240：Ａ５項）。

企業会計審議会は，「現実の企業における日常的な取引や会計記録は，多くがシステム化され，ルーティン化されてきており，財務諸表の重要な虚偽の表示は，経営者レベルでの不正や，事業経営の状況を糊塗することを目的とした会計方針の適用等に関する経営者の関与等から生ずる可能性が相対的に高くなってきていると考えられる。また，経営者による関与は，経営者の経営姿勢，内部統制の重要な欠陥，ビジネス・モデル等の内部的な要因と，企業環境の変化や業界慣行等の外部的な要因，あるいは内部的な要因と外部的な要因が複合的に絡みあってもたらされる場合が多い。」（平成17年改訂監査基準前文二１）と指摘している。

〔図表６－６〕不正の実行者と種類

実行者		種類
経営者	相対的に増加	不正な財務報告
経営者		資産の流用
従業員	減少	資産の流用

不正に似た概念に誤謬がある。**誤謬**（error）とは，財務諸表の意図的でない虚偽の表示をいい，金額または開示の脱漏をふくむ（監基報（序）：No. 100)。

不正と誤謬は，いずれも財務諸表に虚偽の表示をもたらす原因となるが，不正と誤謬は，財務諸表の虚偽の表示の原因となる行為が意図的であるか意図的でないかで区別される。

（２） 違法行為の意義

違法行為（illegal acts）とは，故意もしくは過失または作為もしくは不作為を問わず，被監査会社が関係する法令違反となるものをいう。違法行為には，企業が行う取引，企業の名前で行う取引または企業のために経営者，監査役等もしくは従業員が行う取引が含まれる。しかし，経営者，監査役等または従業員による企業の事業活動に関連しない個人の違法行為は含まれない（以上，監基報250：第10項)。

ある行為が違法行為となるかどうかは，最終的には裁判所による司法判断に属するため，通常，監査人の専門的能力を超える場合が多い。

監基報250は，監査人が遵守すべき法令を次の２つに分類し，これに合わせて監査人の責任をそれぞれ区別している（第６項，第12～13項）。

- 税金や年金に関する法令など，財務諸表の重要な金額および開示の決定に直接影響を及ぼすものとして一般的に認識されている法令
  この場合，監査人は，財務諸表の重要な金額と開示の決定に直接に影響を及ぼすと考えられている法令を遵守していることについて，十分かつ適切な監査証拠を入手しなければならない。
- その他の法令で，財務諸表の金額および開示の決定に直接影響を及ぼさないが，事業運営，事業継続能力または重大な罰則を科されないために遵守することが必要な法令（例えば，事業の許認可に関する規定，保険会社のソルベンシーに関する規制または環境に関する規制）。したがって，これらの法令への違反が財務諸表に重要な影響を及ぼすことがある。

この場合，監査人は，財務諸表に重要な影響を及ぼし得るその他の法令違反を識別するために，次の監査手続を実施しなければならない。

① 企業がその他の法令を遵守しているかどうかについて，経営者および適切な場合には監査役等へ質問する。

② 関連する許認可等に関する規制当局との往復文書を閲覧する。

（３） 虚偽の表示と監査人の責任

不正による財務諸表の重要な虚偽の表示は，監査時には発見されず監査が終了したあとに発見されることがある。財務諸表の重要な虚偽の表示の原因となる不正と誤謬とを比較してみると，監査人にとって不正による重要な虚偽の表示を発見できないリスクは，誤謬による重要な虚偽の表示を発見できないリスクよりも高い。その理由は，不正には，文書を偽造すること，取引を故意に記録しないこと，または意図的なの陳述を行うことのように，不正を隠蔽するために巧妙かつ念入りに仕組まれたスキームをともなうことがあるためである。このような隠蔽が共謀をともなっている場合には，さらに発見することが困難になる（監基報240：Ａ６項）。

このため，不正または誤謬による財務諸表の重要な虚偽の表示が事後的に発見されたとしても，そのこと自体が，GAAS に準拠して監査が実施されなか

ったことを示すものではない。監査がGAASに準拠して実施されたかどうかは，実施された監査手続，その結果得られた監査証拠の十分性と適切性，およびその監査証拠の評価に基づいて表明された監査意見が，監査実施当時の状況に応じて適切であったかどうかによって判断される（監基報200：A51項）。

監査の妥当性とは，こうした一連の監査業務における監査人の判断が，その時の客観的な状況に照らして妥当であったか否かによって決まるのである。

（４）監査の固有の限界

監査人は，一般に公正妥当と認められる監査の基準（Generally Accepted Auditing Standards：GAAS）に準拠して適切に監査計画を策定し，これに基づいて適切に監査を実施したとしても，財務諸表の重要な虚偽の表示を発見できないことがある。その理由は，監査には固有の限界があるからであり，このため監査人は監査リスクをゼロにすることはできない。

監査の固有の限界は，次の原因によって生じる（監基報200：A44項～A47項）。

①　財務報告の性質

財務報告の性質とは，財務諸表の作成には，経営者による主観的な判断や評価または不確実性が関連しているため，合理的と考えられる解釈や判断には幅があることである。すなわち，一部の財務諸表項目にはその残高に影響を与える固有の変動要因があるので，残高が一義的に一定値に決定されないことがある。そして，その変動要因は監査人が監査手続を実施してもなくすことはできない。これには，例えば貸倒引当金などの会計上の見積りが該当する。

②　監査手続の性質

監査手続の性質とは，監査人による監査証拠の入手には実務上および法令上の限界があることである。例えば，実務上の限界としては，経営者が意図的であるかどうかにかかわらず，財務諸表の作成および表示に関連するすべての情報を監査人に提供しない可能性が考えられる。このため監査人は，情報入手の網羅性に関する監査手続を実施したとしても，その結果について確信をもつことはできない。また監査は，法令違反の疑いについて公式な捜査を行うのに必要な法的権限を有していないため，被監査会社や取引の相手会社に法令違反の疑いがあったとしても，これに関する捜査を行うことはできない。

③ 監査を合理的な期間内に合理的なコストで実施する必要性

監査人は，監査を合理的な期間内に合理的なコストで実施しなければならないため，情報に誤謬または不正が存在し得るという可能性に基づいてすべての事項を徹底的に追及することは実務上不可能であることである。

5 監査調書の作成と保存

(1) 監査調書の意義

一般基準5は，次のように監査調書の作成と保存について規定している。

一般基準5

監査人は，監査計画及びこれに基づき実施した監査の内容並びに判断の過程及び結果を記録し，監査調書として保存しなければならない。

監査調書（audit working papers）とは，監査人が実施した監査手続，入手した監査証拠，および到達した結論の記録をいう（監基報230「監査調書」：第5項）。

監査調書は，次の6つの目的を満たすために作成される（監基報230：第3項）。

- ◆監査計画を策定する際，および監査を実施する際の支援とする。
- ◆監査責任者が，指示，監督および査閲を実施する際の支援とする。
- ◆実施した作業の説明根拠にする。
- ◆今後の監査に影響を及ぼす重要な事項に関する記録を保持する。
- ◆監査業務に係る審査および監査業務の定期的な検証の実施を可能にする。
- ◆法令等に基づき実施される外部による検査の実施を可能にする。

監査人が，監査調書を十分かつ適切な記録として適時に作成することには，次の効果がある（監基報230：A１項）。

- 監査業務の質を向上させること。
- 査閲を効果的に実施することが可能となること。
- 監査報告書の発行前に，入手した監査証拠および到達した結論をより適切に評価することが可能となること。

監査人は，当該監査に関与していない経験豊富な監査人が次の事項を理解できるように，監査調書を作成しなければならない（監基報230：第７項）。これは，上記の監査調書の作成目的に適合し，またその作成による効果がもたらされるために必要である。

(1)　一般に公正妥当と認められる監査の基準および適用される法令等に準拠して実施した監査手続の種類，時期および範囲

(2)　監査手続を実施した結果および入手した監査証拠

(3)　監査の過程で生じた重要な事項とその結論およびその際になされた職業的専門家としての重要な判断

また，監査人は，実施した監査手続の種類，時期および範囲の文書化において，以下の事項を記録しなければならない（監基報230：第８項）。

- 手続を実施した項目または対象を識別するための特性
- 監査手続を実施した者およびその完了日
- 査閲をした者，査閲日および査閲の対象

以上のことから，監査調書に含められる資料は膨大なものとなる。例えば，監査計画，監査手続書，分析表，監査上検討した事項の説明，重要な事項の要約，確認状や経営者確認書，チェックリスト，重要な事項に関するやりとりを示した文書（電子メールを含む）や，監査人が適切であると判断した場合には，重要な契約書や覚書といった企業の記録の抜粋またはコピーなどである。しかし，作成途中の財務諸表や監査調書の草稿，結論に至っていない考えや予備的な考えを書いたメモ，字句のみを修正した場合の元の文書，重複した文書等は含まれない。

こうした監査調書は，通常，紙媒体や電子媒体等で作成される（以上，監基報230：A３～４項）。

(2) 監査調書の整理

監査事務所は，監査報告書日後，適切な期限内に監査ファイルの整理を終わらせるために，監査ファイルの整理に関する方針と手続を定めなければならない（品基報第1号「監査事務所における品質管理」：第44項)。監査人はこの方針と手続に準拠して，監査報告書日後，適切な期限内に，監査ファイル内にある監査調書の整理についての事務的な作業を完了しなければならない（監基報220「監査業務における品質管理」：第13項)。適切な期限内とは，通常，監査報告書日から60日程度とされている（品基報第1号：A49項)。また，ここでいう事務的な作業には新たな監査手続を実施したり，新たな結論を導き出すことは含まれない。しかし，事務的な作業の範囲であれば監査調書に変更を加えることもできる。例えば，以下の事項がある（監基報220：A22項)。

- 差し替えられた修正前の文書の削除や廃棄
- 監査調書を分類したり，順序をそろえたり，リファレンス（参照番号）を付ける作業
- 監査人が監査報告書日前に入手し，監査チームメンバーと討議して合意した監査証拠を文書化する作業
- ファイル整理の手続に関する完了チェックリストへのサイン

(3) 監査調書の保管

監査事務所は，監査調書の機密性，保管の安全性，情報の完全性，アクセス可能性および検索可能性を確保するため，監査調書の管理に関する方針および手続を定めなければならない（品基報第1号：第45項)。

監査調書には被監査会社の機密書類も大量に入っているため，その保管については格別の注意が必要である。企業機密の漏えいは監査調書を通じて行われることが多いので，監査調書の保管には慎重な取扱いが求められる。このため，監査事務所は，必要なまたは法定されている監査調書の全保管期間にわたって監査調書を保存するための方針および手続を定めなければならない（品基報第1号：第46項)。責任者は保管に関する情報を一元的に管理したり，また監査調書が保管中に外部に漏れることのないように定期的に保管状況を視察したり，もし不備があれば改善するなどの配慮が要求される。

6　監査の品質管理

(1)　品質管理の意義

一般基準の6と7は，次のように，監査事務所と個々の監査人が品質管理の方針と手続に準拠すべきことを規定している。これら2つの基準は，監査の品質に関するいわば総括基準である。

> **一般基準6**
> 監査人は，自らの組織として，すべての監査が一般に公正妥当と認められる監査の基準に準拠して適切に実施されるために必要な質の管理（以下「品質管理」という。）の方針と手続を定め，これらに従って監査が実施されていることを確かめなければならない。
>
> **一般基準7**
> 監査人は，監査を行うに当たって，品質管理の方針と手続に従い，指揮命令の系統及び職務の分担を明らかにし，また，当該監査に従事する補助者に対しては適切な指示，指導及び監督を行わなければならない。

一般基準6においては，監査事務所が監査の品質を合理的に確保するための方針と手続を設定することと，その方針と手続に従って監査が実施されていることを確認することを求めている。一般基準7においては，個々の監査人が，監査事務所が定めた品質管理の方針と手続を遵守し，指揮命令の系統と職務の分担を明確にし，また，補助者への指示・指導および監督を行うべきことを定めている。

監査に関する**品質管理**（quality control）とは，「監査事務所及び専門要員が職業的専門家としての基準及び適用される法令等を遵守すること，及び，監査事務所又は監査責任者が状況に応じた適切な監査報告書を発行すること」（監基報（序）：No. 215）に関する監査の管理活動をいい，監査事務所における品質管理と個々の監査業務における品質管理により構成される。監査の品質管理は，監査事務所の内部統制と考えればよい。

企業会計審議会は，2005（平成17）年10月に，国際監査基準を参考にして『監査に関する品質管理基準』を制定した。その制定理由は次の2点にある。

① 監査法人の審査体制や内部管理体制等の監査の品質管理に関する非違事件発生への対応

② 国際的な品質管理に関する基準の整備への対応

今日では，被監査会社の大規模化やその事業活動の複雑化，高度化，国際化等にともない，また監査事務所の巨大化によって，ともすれば監査事務所における監査の品質が一定に保たれなくなることがある。監査は専門家によって実施されるが，同時にこのため，利害関係者は監査人が行った監査業務の質を判断することができず，いかなる監査業務が実施されたかはブラックボックス化するのである。監査人は，ブラックボックス化した監査業務の内容を社会に公開することはできないので，その代わりに，監査の品質を管理することによってブラックボックスの内容の適切性を担保するのである。

企業会計審議会は，監査基準とは別の基準として，『監査に関する品質管理基準』（以下，品質管理基準という）を制定している。この基準は，「公認会計士による監査業務の質を合理的に確保するためのものであり，監査基準とともに一般に公正妥当と認められる監査の基準を構成し，監査基準と一体となって適用されるものである」（「監査に関する品質管理基準の設定について二」）と位置づけられる。

さらに企業会計審議会は，2013（平成25）年３月に『監査における不正リスク対応基準』（以下，不正リスク対応基準という）を制定した。上記の品質管理基準とこの不正リスク対応基準は，監査の品質に関する総括基準としての一般基準６と７を踏まえたうえでの詳細な基準として位置づけられる。不正リスク対応基準に関しては後述する。

品質管理基準は財務諸表監査の質を確保するために制定されたものである。

中間監査と四半期レビューは財務諸表監査の一環として実施されるものであり，また，内部統制監査は財務諸表監査と一体として実施されるものであるため，これらの業務についての品質管理は，財務諸表監査の品質管理の一環として実施される（品基報第１号：第１項）。

そして，品質管理基準の実務指針として，次の報告書が公表されている。

● 品質管理基準委員会報告書第１号「監査事務所における品質管理」（2014（平成26）年４月最終改正）

〔図表6－7〕監査の品質管理に関する諸規程の相互関係

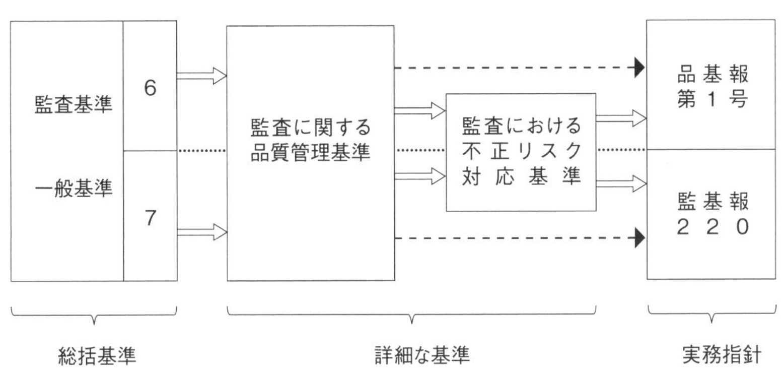

●監査基準委員会報告書220「監査業務における品質管理」(2013（平成25）年6月改正）

監査基準，品質管理基準不正リスク対応基準，および監査実務指針の間の相互関係をまとめると，**図表6－7**のようになる。

本節では品基報第1号と監基報220を一括して説明するが，品質管理基準と実務指針を遵守する主体を明確にするため，次のとおり定義する（監基報220：第6項)。

監査事務所：個人事務所または監査法人

監査責任者：監査業務の実施の責任者，すなわち，専門要員のうち，監査業務とその実施および発行する監査報告書に対する責任を負う社員等

監査チーム：個々の監査業務に従事する者をいい，監査事務所またはネットワーク・ファームに所属する者で，監査を実施する社員等および専門職員から構成される。

専門職員：専門業務に従事する社員等以外の者をいう。監査事務所が雇用する専門家（会計や監査以外の分野において専門知識を有する個人）を含む。

専門要員：監査事務所に所属する社員等および専門職員全体をいう。なお，監査に関する品質管理基準における監査実施者は，監査チームを意味する場合と専門要員を意味する場合とがある。

〔図表6－8〕品質管理のシステムの構成

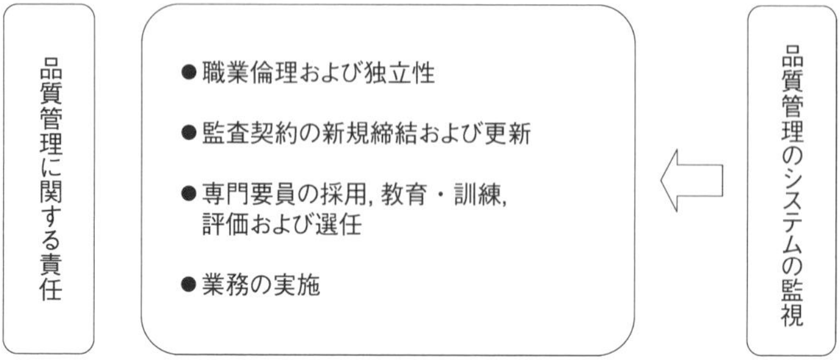

品質管理に関する責任

●職業倫理および独立性

●監査契約の新規締結および更新

●専門要員の採用，教育・訓練，評価および選任

●業務の実施

⇦ 品質管理のシステムの監視

品質管理のシステムの構成は，**図表6－8**のように示すことができる。

この他に，監査事務所は監査事務所間の引継，共同監査に関する事項を方針および手続として定める必要がある。監査事務所間の引継は，監査人の交代がいつ発生するか予見できないため，引継の方針や手続を事前に定めておくことが必要なためと，引継によって監査業務の質が損なわれることを防ぐためである。

(2) 主な内容と考え方

① 品質管理のシステムの構成（品基報第1号：第15～16項）

最近の非違事例等を踏まえると，監査事務所は，監査契約の新規の締結および更新に関する意思決定，監査人の適格性の判断，監査業務の実施，監査業務に係る審査等のそれぞれの過程において，個々の監査業務を管理する体制を整備し，適切に運用する必要がある（品質管理基準三1）。

そこで，監査事務所は，少なくとも，図表6－8の事項に関する方針および手続からなる品質管理のシステムを整備し運用しなければならない。

監査事務所は，以上の方針および手続を内部規程や監査マニュアル等において文書化し，専門要員に伝達しなければならない。

② 品質管理に関する責任（品基報第1号：第17～18項，監基報220：第7項）

監査事務所の最高経営責任者（理事長等）は，品質管理に関する最終的な責任を負う。そしてこれを品質管理の方針と手続において明確にしなければならない。その理由は，監査事務所の最高経営責任者の品質管理に対する姿勢・行動とメッセージが品質管理に関する監査事務所の風土を形成するからである。一方，監査事務所が定める品質管理のシステムに準拠し，実施する個々の監査業務の全体的な品質に関する責任は監査責任者が負う。

③　職業倫理および独立性

（品基報第１号：第11項(9)，第19～24項，監基報220：第８～10項）

職業倫理の遵守と独立性の保持は，公認会計士監査の基本である。

監査事務所は，監査事務所および専門要員が職業倫理に関する規定を遵守することを合理的に確保するために，独立性の保持に関する方針と手続を定めなければならない。ここで職業倫理に関する規定とは，監査チームおよび審査担当者が従うべき職業倫理に関する規定をいい，監査基準，品質管理基準，不正リスク対応基準，公認会計士法・同施行令・同施行規則，日本公認会計士協会が公表する会則，倫理規則，独立性に関する指針およびその他の倫理に関する規定をいう（〔図表６‐３〕「『監査の基準』の例」参照）。

監査事務所は，すべての専門要員から，少なくとも年に一度，独立性の保持のための方針および手続の遵守に関する確認書を入手しなければならない。

また，監査責任者は，自らが監査事務所の定める独立性の保持のための方針および手続を遵守するとともに，監査チームのメンバーがこれを遵守していることを確かめなければならない。監査責任者は，独立性を阻害する要因を識別した場合には，これを許容可能な水準にまで軽減または除去するためにセーフガードを適用するか，監査契約を解除する。なお，監査責任者は，適切な対応によっても問題を解決できないときには，速やかに監査事務所に報告する。

④　監査契約の新規の締結および更新

（品基報第１号：第25～27項，監基報220：第11～12項）

監査業務の実施に先立って行われるのが監査契約の新規の締結と更新である。監査事務所は監査契約の締結と更新に関する方針と手続を定めなければならない。監査契約の締結または更新は，次の３つの条件を満たす場合にのみ行うことができる。

●監査事務所が，時間および人的資源を含め，業務を実施するための適性お

よび能力を有していること

- 監査事務所が，関連する職業倫理に関する規定を遵守できること
- 監査事務所が，関与先の誠実性を検討し，契約の新規の締結や更新に重要な影響を及ぼす事項がないこと

監査事務所は，その規模および組織，監査業務に適した能力や経験を有する専門要員の確保の状況等を勘案して，適切な監査業務を実施できるかどうかを判断しなければならない。

これは監査事務所が適切な監査を実施するためのインフラの整備である。

また，関与先の誠実性に関する情報には，例えば，経営者や監査役等の経歴や事業上の評判，会計基準の解釈に関する経営者等の姿勢，監査業務の範囲に関する不当な制限の有無などがある。

監査契約の更新については，当年度・過年度の監査実施中に生じた重要な事項と，それが監査契約の更新の判断へ与える影響について検討する。さらに，監査契約締結後に重要な事実が判明した場合には，監査契約の解除も検討しなければならない。以上の方針と手続は文書化する必要がある。

監査責任者は，監査契約の新規の締結および更新が，監査事務所の定める方針および手続に従って適切に行われていることを確かめなければならない。

⑤　専門要員の採用，教育・訓練，評価および選任

（品基報第１号：第28～30項，監基報220：第13項）

監査業務の品質は，最終的には監査業務実施者の適性と個人的能力に依存する。監査事務所は，監査業務を行うのに必要な適性，能力および経験を有し職業倫理を遵守できる専門要員を十分に確保し，専門要員の採用，教育・訓練，評価および選任等の人事に関する方針と手続を定めなければならない。すなわち，ここでも監査事務所内のインフラの整備が必要なのである。

⑥　業務の実施（品基報第１号：第31～43項，監基報220：第14～21項）

品質管理に関する諸基準および実務指針で最もスペースを割いて説明しているのが，業務の実施である。

a）監査業務の実施

監査事務所は，監査業務が職業的専門家としての基準および適用される法令等に準拠して実施され，監査事務所または監査責任者が適切な監査報告書を発行できるための方針と手続を定めなければならない。これには，以下の事項がある。

- 業務の実施における品質を保持するための方針および手続
- 監督に関する方針および手続
- 査閲に関する方針および手続

監査責任者は，職業的専門家としての基準および適用される法令等に準拠して監査業務を指示，監督し，実施しなければならない。また，監査責任者は，監査事務所が定めた査閲に関する方針および手続にしたがって監査調書を査閲しなければならない。

b）監査調書の査閲

監査調書は，監査の品質の妥当性を判断する際の資料であり，その判断の手段として用いられるのが，監査責任者による監査調書の査閲である。

監査においては，専門要員は，与えられた監査手続書（audit program）にしたがって監査を実施した過程，入手した監査証拠，到達した結論を監査調書としてまとめる。その結果，専門要員の行った監査手続，その経過および結果はすべて監査調書に記録される。監査責任者は，監査報告書の提出日以前に監査調書を査閲して，得られた結論と監査意見を裏づけるのに十分かつ適切な監査証拠が入手されたことを確かめなければならない（監基報220：第16項）。

監査調書の査閲とは，監査責任者が指示した監査要点について十分かつ適切な監査証拠が入手できたかどうか，その入手方法や入手過程は適切かつ効率的かどうか，結果としてまとめられた結論は適切かどうか等について，監査責任者が専門要員の作成した監査調書を批判的に検討することである。そして，監査責任者は，その検討結果によって監査補助者に具体的な指導を行ったり追加的な指示を出したりする。

品質管理基準は，「監査実施の責任者は，監査事務所の定める，監査業務の実施に関する品質管理の方針及び手続を遵守し，補助者に対し適切な指示及び監督を行い，監査調書が適切に作成されているかを確かめなければならない」

（第八，一3）としている。監査調書が適切に作成されているかどうかを確かめるのは，監査調書が監査計画，監査の内容，判断の過程，および結果の記録であるため，すべての監査業務が監査調書に集約されるからである。

c）専門的な見解の問合せ

専門的な見解の問合せとは，「専門性が高く，判断に困難が伴う事項や見解が定まっていない事項」が生じた場合，これを解決するために，監査事務所内外の専門的な知識および経験等を有する者との討議を通じて専門的な事項に係る見解を得ることをいう。制度の趣旨は，監査判断が困難な重要な事項や見解が定まっていない事項を解決するために，監査チーム以外の者から情報を得て，職業的専門家としての監査判断の質を向上させ，より適切な監査業務の質を確保することにある。

監査事務所としての品質管理では，監査チーム以外の者に専門的な見解を問い合わせる場合の方針と手続を定め，監査責任者は専門的な見解の問合せを確実に実施し，その問合せから得られた見解に対処しているかどうかを判断しなければならない。

d）審査

審査とは，監査報告書日またはそれ以前に，監査チームが行った監査手続，監査上の重要な判断および監査意見の形成を客観的に評価するために実施する手続をいう。監査事務所は，これらの監査業務を客観的に評価するために，審査に関する方針および手続を定めなければならない。監査基準が規定している監査意見表明に係る審査（第四・報告基準 一般原則5）は，ここでいう審査と同義である。審査は，重要な事項について審査担当者と監査責任者との討議，財務諸表および監査報告書案の検討により行われる。

審査においては，審査担当者の客観性を確保するために，監査責任者は審査担当者を指名しないこと，審査担当者は審査担当期間には審査担当の監査業務に従事しないこと，審査担当者は監査チームにかわって意思決定をしないこと，その他，審査担当者の客観性を阻害するような要因を有しないことが要求される。

また，審査担当者は，次の適格性を備えている必要がある。

- 審査担当者がその職責を果たすために必要な知識，経験，能力，職位等

- 審査担当者が客観性を損なうことなく専門的な見解の問合せに対する助言を行うことができる知識，経験，能力，職位等
- 審査担当者に対し職業倫理に関する規定で要求される独立性

e）　監査上の判断の相違

監査チーム内，監査チームと専門的な見解の問合せの助言者との間，または監査責任者と審査担当者の間で，監査上の判断が相違することがある。監査事務所は，こうした場合に備えて，監査上の判断の相違に関する方針と手続を定め，到達した結論の文書化を義務づけなければならない。また，監査上の判断の相違が解決するまで監査報告書を発行してはならない。

監査責任者は，監査事務所の方針と手続に準拠して監査上の判断の相違を解決しなければならない。

⑦　品質管理のシステムの監視

（品基報第1号：第47～55項，監基報220：第22項，F22-2項）

監査事務所は品質管理のシステムの監視に関する方針と手続が適切かつ十分であるとともに，有効に運用され，かつ遵守されるために，品質管理のシステムの監視に関する方針および手続を定めなければならない。

品質管理のシステムの監視とは，品質管理のシステムに関する日常的監視と評価（監査業務の定期的な検証を含む）をいう。**日常的監視**とは，経営者や部門責任者等が通常行う経営管理活動で，日常の反復継続的な活動の中に組み込まれている。**監査業務の定期的な検証**とは，監査事務所が定めた品質管理の方針および手続に準拠して監査チームが監査業務を実施したことを確かめるために，完了した監査業務に対して実施する手続をいう。

品質管理のシステムの監視は、次の事項を評価するために行われる。

- 職業的専門家としての基準および適用される法令等が遵守されているかどうか。
- 品質管理のシステムが適切に整備され有効に運用されているかどうか。
- 品質管理の方針および手続が適切に遵守されており，発行する監査報告書が状況に応じて適切であるかどうか。

品質管理のシステムの監視の結果，不適切な監査報告書が発行されたおそれ

がある場合，または必要な監査手続が省略されたおそれがある場合には，監査事務所は追加的な対応を決定しなければならない。この場合には，法律専門家に助言を求めることができる。

監査事務所は，少なくとも年に一度，品質管理のシステムの監視の結果を，監査責任者や非監査業務の業務執行責任者ならびに監査事務所の最高経営責任者等に伝達しなければならない。

⑧ 監査事務所間の引継(品基報第1号:第59～60-2項，監基報220:第25～25-2項)

監査事務所は，監査の品質を確保するために，監査人の交代に関する方針および手続を定め，適切な引継を行わなければならない。監査人の交代に関する方針および手続は，前任の監査事務所となる場合と後任の監査事務所となる場合の双方について規定しなければならない。

監査人の交代に際しては，前任（後任）の監査事務所の監査責任者は，監査事務所が定める後任（前任）監査人への監査業務への引継に関する方針および手続に準拠して，監査業務の十分な引継を行わなければならない。

監査人の交代については，監査基準委員会報告書900「監査人の交代」(2013（平成25）年6月）が公表されている。

⑨ 共同監査（品基報1号：第61項，監基報220：第26項）

共同監査とは，複数の監査事務所が共同して実施する監査の形態をいう。大手監査法人同士，大手監査法人と中小監査法人の組合わせ，また，監査法人と個人の監査事務所の組合わせもある。しかし，全体としては共同監査は少ない。

共同監査を実施する場合には，共同監査の方針と手続を定め，共同監査による監査の質を確保する必要がある。この方針および手続には，共同監査契約の締結および更新の承認手続，事務所相互間の監査業務の分担，監査調書の査閲，監査業務に係る審査などがある。

監査責任者は，他の監査事務所の責任者に，他の監査事務所の品質管理のシステムが品質管理基準に準拠し，監査の質を合理的に確保するものであるかを確かめることが求められる。

(3)　不正リスク対応基準

さらに企業会計審議会は，2013（平成25）年3月に『監査における不正リスク対応基準』（以下，不正リスク対応基準という）を制定した。上記の品質管理基準とこの不正リスク対応基準は，監査の品質に関する総括基準としての一般基準6と7を踏まえたうえでの詳細な基準として位置づけられる。

不正リスク対応基準では，不正リスクに対応した監査の品質に関して次の5つが規定されている（不正リスク対応基準前文二4(4))。

①　不正リスクに対応した品質管理システムの整備および運用

監査事務所に，不正リスクに適切に対応できるよう，監査業務の各段階における品質管理のシステムを整備および運用するとともに，品質管理システムの監視を求めることとした。

②　監査契約の新規の締結および更新

監査契約の新規の締結および更新に関する方針および手続に，不正リスクを考慮して監査契約の締結および更新に伴うリスクを評価することをふくめるとともに，監査契約の新規の締結および更新の判断に際して（更新時はリスクの程度に応じ），監査事務所としての検討を求めている。

③　不正による重要な虚偽の表示の疑義があると判断された場合の審査

不正による重要な虚偽の表示の疑義があると判断された場合には，通常の審査担当者による審査に比べて，監査事務所としてより慎重な審査が行われる必要がある。このため，当該監査業務の監査意見が適切に形成されるよう，当該疑義に対応する十分かつ適切な経験や職位等の資格を有する審査の担当者（適格者で構成される会議体を含む）を監査事務所として選任することを，審査に関する方針および手続に定めなければならないこととした。

この監査事務所としての審査は，監査事務所の規模や組織等により，名称や体制等は異なることとなると考えられるが，例えば，大規模監査事務所の場合には，監査事務所本部における審査など，小規模事務所の場合には，社員全員による社員会における審査などが該当するものと考えられる。

④ 監査事務所間の引継

監査事務所交代時において，前任監査事務所は，後任の監査事務所に対して，不正リスクへの対応状況を含め，企業との間の重要な意見の相違等の監査上の重要な事項を伝達するとともに，後任監査事務所から要請のあったそれらに関連する監査調書の閲覧に応じるように，引継に関する方針と手続に定めなければならないこととした。

また，後任監査事務所は，前任監査事務所に対して，監査事務所の交代理由のほか，不正リスクへの対応状況，企業との間の重要な意見の相違等の監査上の重要な事項について質問するように，引継に関する方針および手続に定めなければならないこととした。

⑤ 監査実施の責任者間の引継

監査事務所内において，同一の企業の監査業務を担当する監査実施の責任者が全員交代する場合（監査実施の責任者が一人である場合の交代を含む）は，監査上の重要な事項が適切に伝達されなければならないこととした。

7 守秘義務

(1) 守秘義務の必要性

一般基準８は，守秘義務を遵守すべきことについて規定している。

> **一般基準８**
> 監査人は，業務上知り得た事情を正当な理由なく他に漏らし，又は窃用してはならない。

監査基準は，監査人の守秘義務に関して，「監査人が業務上知り得た事項を正当な理由なく他に漏らしたり，窃用することは，職業倫理の上から許されないことは当然であり，そのような行為は監査を受ける企業との信頼関係を損ない，監査業務の効率的な遂行を妨げる原因ともなりかねないことから，敢えて一般基準の一つとして維持することとした」（平成14年改訂前文三２(7)）として，被監査会社との信頼関係に配慮を示している。。

守秘義務とは，職務上知り得た秘密を他に漏らしてはならないという義務である。この義務は監査人が自ら遵守するだけではなく，その使用人や従業員に対しても遵守させなければならない。守秘義務は，被監査会社との関係が終了した後も継続する。

マメ知識6－5

業務上知り得た事項とは？

日本公認会計士協会倫理規則注解4は「業務上知り得た情報」という表現で次のように規定している。

「業務上知り得た情報とは，会員が，会計事務所等，雇用主及び依頼人から知り得た情報並びに専門業務を行うことにより知り得たその他の会社等の情報をいう。」

監査人に守秘義務が求められるのは，次の理由による。

監査人は，その実施する監査業務の過程において被監査会社のさまざまな資料を入手する。それらの中には，財務諸表を通じて外部に公表されるものもあれば，最高機密に属し取扱いに注意を要する資料もある。監査人が被監査会社の監査を十分かつ適切に実施できるためには，十分な資料を被監査会社から提供してもらう必要がある。つまり，被監査会社の資料提供に関する協力がなければ，監査業務は有効かつ適切に行うことはできないのである。被監査会社が最高機密に属す資料であっても監査に必要であるとして監査人に提供するのは，ひとえに監査人の守秘義務を信じて疑わないからである。監査人が必要に応じて自由に十分かつ適切な監査証拠を入手することができるのは，この被監査会社の監査人に対する信頼性に依存しているのである。

もし，被監査会社が監査人の守秘義務にいささかでも疑惑をいだくようなことになれば，被監査会社は以後の資料提供を拒否することになる。これは財務諸表監査制度の崩壊をもたらす。したがって，財務諸表監査制度を維持し，その円滑な発展を図るためには，監査人が被監査会社から守秘義務に対して絶対的に信頼されることが必要不可欠な条件なのである。

倫理規則6条6項は，「守秘義務は，会員が会計事務所等を退所し，依頼人又は雇用主との関係が終了した後も解除されない」とし，公認会計士法第27条はさらに厳しく「公認会計士は，正当な理由がなく，その業務上取り扱つたことについて知り得た秘密を他に漏らし，又は盗用してはならない。公認会計士でなくなつた後であつても，同様とする」としているのも，以上の理由によるのである。

正当な注意や職業的懐疑心は，適切な監査を実施し監査の結果に応じた監査意見を表明するために監査人に求められる規制である。これは利害関係者の利益に資するためである。これに対し，守秘義務は対被監査会社との関係で監査業務を円滑に実施するために監査人に求められる規制である。

(2) 守秘義務の解除

監査人の守秘義務は，場合によってはその解除も認められている。守秘義務の解除は，解除するだけの**正当な理由**があり，かつ当該正当な理由が効力をもつ範囲内に限定される。

守秘義務が解除される正当な理由の例は，**図表6－9**のようにまとめることができる。

〔図表6－9〕守秘義務が解除される正当な理由の例

8　会員の守秘義務が解除される正当な理由があるときは，次のような場合である。

一　守秘義務の解除が法令等によって許容されており，かつ依頼人又は雇用主から了解が得られている場合

二　守秘義務の解除が法令等によって要求されている場合

イ　訴訟手続の過程で文書を作成し，又は証拠を提出するとき。

ロ　法令等に基づく，質問，調査又は検査に応じるとき。

ハ　法令等に基づき，法令違反等事実の申出を行うとき。

三　守秘義務の解除が法令等によって禁止されておらず，かつ，職業上の義務又は権利がある場合

イ　訴訟手続において会員の職業上の利益を擁護するとき。

ロ　本会の品質管理レビューに応じるとき。

ハ　会則等の規定により本会からの質問又は調査に応じるとき。

ニ　監査人の交代に際し，監査業務の引継ぎを行う等，監査の基準及びこの規則等に基づくとき。

（出所）　日本公認会計士協会倫理規則第6条第8項

平成14年改訂監査基準では，「監査人の交代に当たっての前任監査人からの引継ぎ，親子会社で監査人が異なるときに親会社の監査人が子会社の監査人から情報を入手すること，監査の質の管理のために必要な外部の審査を受けることなどは監査業務の充実に関することであり，そのような場合には，関係者間の合意を得るなどにより，守秘義務の解除を図る必要がある」（前文三2(7)）として，正当な理由がある場合の守秘義務の解除を認めている。

これを受けて，「監査人予定者及び監査人は，前任監査人から入手した情報について，監査契約の締結の可否の判断及び円滑な監査業務の引継に役立てるために利用し，それ以外に利用してはならない。」（監査基準委員会報告書900「監査人の交代」第19項）とされ，また，「監査人予定者は，監査契約を締結するか否かにかかわらず，監査契約の締結前に会社から得た情報及び監査業務の引継に関して前任監査人から得た情報に対しても守秘義務を負い（倫理規則第6条第4項参照），会社とその旨を文書で確認しなければならない」（監基報900：第20項）との注意規定が設けられている。

いずれの場合にあっても，被監査会社の機密事項を外部の第三者に漏らすのであるから，事前に被監査会社の了解を得ておくことが職業的専門家としての正当な注意の発現である。また，被監査会社の機密事項の多くは監査調書に記載されているので，監査人が知らない間に監査調書が利用されたりすることのないよう，監査調書の保管についても慎重な取扱いが求められる。

第7章 実施基準とリスク・アプローチ

Summary

- 監査の実施は，監査人が財務諸表には全体として利害関係者の判断を誤らせるおそれのある「重要な虚偽表示」がないとの合理的な保証を得るために行われる。
- 「重要な虚偽表示リスク」とは，財務諸表に，重要な虚偽表示が生じる可能性を言う。
- 「虚偽表示」とは報告される財務諸表項目（金額，分類，表示又は開示）が適用基準で要求されるものとの間で生じる差異を言う。
- 監査人は重要な虚偽表示リスクの把握のため，企業と企業環境（内部統制を含む）を理解し，経営者が事業上のリスクを識別し，財務諸表に「重要な虚偽表示」が含まれないようにしているか理解することが必要である。これは「リスク・アプローチ」と呼ばれる。
- 財務諸表に含まれる虚偽表示のうち，監査上の重要性の程度を超える虚偽表示を「重要な虚偽表示」という。重要性は財務諸表利用者の経済的意思決定に影響を与えると合理的に見込まれる程度と定義される。
- 「監査リスク」は，「重要な虚偽表示リスク」と「発見リスク」から構成され，監査リスクモデルと監査リスク計画モデルがある。
- リスク・アプローチに基づくリスク評価では，監査人は把握した「重要な虚偽表示リスク」をアサーション・レベル又は財務諸表全体に係る項目に区分し，監査要点を考慮して，監査計画を策定する。これを「リスク評価手続」という。
- 財務諸表を構成する取引，残高，開示について「重要な虚偽表示」が含まれていないことを監査人が立証すべき目標を監査要点という。監査要点は監査基準委員会報告書では財務諸表項目について経営者の提示するもの（主張）であるアサーションを利用して決定することとされている。監査基準では監査要点は6つの項目が例示されている。すなわち実在性，網羅性，権利と義務の帰属，評価の妥当性，期間配分の適切性，表示の妥当性である。

➢ リスク評価手続の結果に基づき策定された監査計画（試査の範囲，監査手続，実施の時期等を含む）により，監査手続を実施して監査証拠を入手し，十分性と適切性（適合性と証明力）を評価して監査要点の立証を行う手続を「リスク対応手続」という。

➢ 監査手続は，内部統制の運用評価手続と実証手続（分析的実証手続と詳細テスト）に分類される。運用評価手続と詳細テストは二重目的手続として計画・実施される場合がある。

（注） 監査の基本的な用語である「重要な虚偽表示」，「重要な虚偽表示リスク」について，監査基準では「重要な虚偽の表示」，「重要な虚偽表示のリスク」と表現されている。他方，監査基準委員会報告書では「重要な虚偽表示」「重要な虚偽表示リスク」と表現されている。本章は主に監査基準委員会報告書の内容を解説していることから「重要な虚偽表示」，「重要な虚偽表示リスク」を用いて解説する。

◆本章で使用する重要な用語とその略号

用　語	英語表記	略号
重要な虚偽表示リスク	Risk of Material Misstatement	RMM
固有リスク	Inherent Risk	IR
統制リスク	Control Risk	CR
監査リスク	Audit Risk	AR
発見リスク	Detection Risk	DR

I 監査実施の全体構造と基礎的概念

1 実施基準の内容

監査基準の第一　監査の目的　によれば財務諸表監査の目的は，経営者が作成した財務諸表が一般に公正妥当と認められる企業会計の基準に準拠して，企業の財政状態，経営成績およびキャッシュ・フローの状況をすべての重要な点において適正に表示されているかどうかについて監査人が，自ら入手した監査証拠に基づいて判断した結果を意見として表明することにある。

監査人が適正意見を表明できるのは，財務諸表には全体として財務諸表利用者の経済的意思決定に影響を与えると合理的に考えられる重要な虚偽表示がないとの合理的な保証を得たときである。合理的な保証とは，絶対的ではないが相当程度の心証をいう。なお財務諸表に重要な虚偽表示が存在するリスクは**重要な虚偽表示リスク**とされ，監査基準委員会報告書200「財務諸表監査における総括的な目的」で以下のように定義されている（監基報200：第12項⑽）。

> 「重要な虚偽表示リスク」－監査が実施されていない状態で，財務諸表に重要な虚偽表示が存在するリスクをいう。
>
> アサーション・レベルにおいて，重要な虚偽表示リスクは以下の二つの要素で構成される。
>
> ①　固有リスク－関連する内部統制が存在していないとの仮定の上で，取引種類，勘定残高，開示等に係るアサーションに，個別に又は他の虚偽表示と集計すると重要となる虚偽表示が行われる可能性をいう。
>
> ②　統制リスク－取引種類，勘定残高又は開示等に係るアサーションで発生し，個別に又は他の虚偽表示と集計すると重要となる虚偽表示が，企業の内部統制によって防止又は適時に発見・是正されないリスクをいう。

ただし「虚偽表示」及び「未修正の虚偽表示」は次のように定義される（監基報450：第３項）。

> **「虚偽表示」**－報告される財務諸表項目の金額，分類，表示又は開示と，適用される財務報告の枠組みに準拠した場合に要求される財務諸表項目の金額，分類，表示又は開示との間の差異をいう。虚偽表示は誤謬又は不正から発生する可能性がある。
>
> **「未修正の虚偽表示」**－監査人が監査の過程で集計対象とした虚偽表示のうち，修正されなかった虚偽表示をいう。

また「虚偽表示」の例示は以下のとおりである（同450：Ａ１項）。

（１） 財務諸表の基礎となるデータの収集又は処理上の誤り
（２） 金額又は開示の脱漏
（３） 事実の見落とし又は明らかな誤解から生じる会計上の見積りの誤り
（４） 監査人が合理的でないと考える会計上の見積り又は監査人が不適切と考える会計方針の選択及び適用に関する経営者の判断。

なおこれらの例示は誤謬から生じる虚偽表示であるが，そこに経営者の意図がある場合には不正による虚偽表示であり例示は監査基準委員会報告書240「財務諸表監査における不正」（監基報240：Ａ１～Ａ５項）に記載されている。

監査人は，以下の手順で財務諸表に重要な虚偽表示が含まれていないことについての合理的な保証を得る。

1 重要な虚偽表示リスク（RMM）を評価する。
2 財務諸表の全体に関係する事項および財務諸表の各項目について立証すべき監査要点（具体的に細分化された立証すべき目標）を設定する。なお，監査要点の設定は財務諸表において明示的か否かにかかわらず経営者が提示するものすなわち**アサーション**を利用して行う。
3 財務諸表の全体に関係する重要な虚偽表示リスク（RMM）に対する全般的な対応および**アサーション・レベル**の重要な虚偽表示リスク（RMM）に対応して設定した監査要点ごとに実施すべき監査手続，実施の時期および範囲を計画する。
4 監査手続を実施する。
5 入手した監査証拠に基づいて，監査要点ごとに立証した事項を総合的に検討して監査意見の基礎とする。

この過程は，監査人が「財務諸表の適正性」という全体立証命題をブレークダウンし，細分化した個別立証命題である監査要点に対して得られた監査証拠をアキュムレート（累積）し，監査意見表明を行う。図解すると**図表７－１**のようになる。

〔図表７－１〕監査の全体構造（ブレークダウンとアキュミュレート）

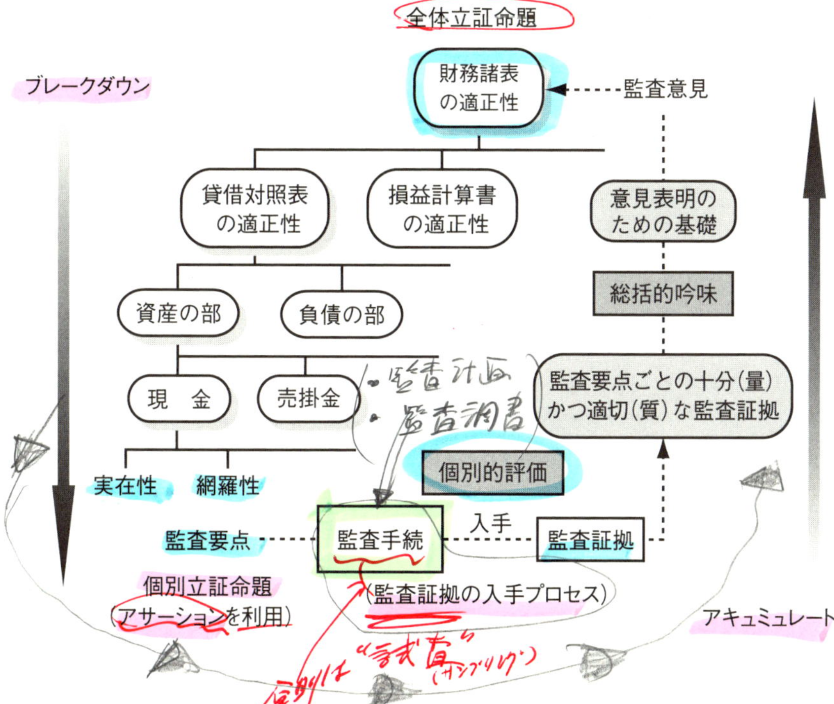

この過程は，監査人の判断に依存することになる。しかし，監査人の能力や経験には差があるため，すべてを監査人の自由裁量に委ねたのでは，監査に対する社会的信頼を得ることが難しい。監査人の責任を明確にするためにも，監査の実施について一定の枠組みを作っておく必要がある。この枠組みが監査基準に含まれる実施基準である。

実施基準は，監査基準設定当時から存在していた。しかし，現行の実施基準の骨組みは，国際監査基準を考慮して，平成３年の監査基準の改訂で作られたものである。これによって，リスク・アプローチと呼ばれる監査手法が導入され，重要な虚偽表示リスクの評価結果に応じて，戦略的に監査資源を配分しながら監査手続が実施されることになった。平成14年の監査基準の改訂では監査実施準則が全面的に削除された。平成17年にはリスク・アプローチが，被監査会社にかかわる事業上のリスクを重視し，これを幅広く評価して監査手続に反映させる監査の手法である事業上のリスク・アプローチに修正された。

事業上のリスク・アプローチとは，被監査会社にかかわる事業上のリスクを重視し，これを幅広く評価して監査手続に反映させる監査の手法である。

図表７－２に示すように，監査基準に含まれる実施基準は基本原則と個別原則すなわち監査計画の策定及び監査の実施から構成されている。

〔図表７－２〕監査基準に含まれる実施基準の構成

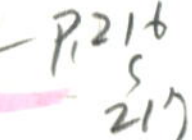

第三　実施基準

一　基本原則

1　リスク・アプローチの適用の原則

2　事業上のリスク等考慮の原則

3　十分かつ適切な監査証拠の入手の原則

4　リスク評価手続とリスク対応手続（原則試査で実施）による監査証拠入手の原則

5　不正・誤謬による虚偽表示の可能性に対する，職業的専門家としての懐疑心保持による評価・対応の原則

6　継続企業の前提の検討の原則

7　監査の各段階での監査役等と協議することなど適切な連携を図る原則

8　特別利用目的に適合した会計基準で作成される財務諸表の監査受入検討の原則

二　監査計画の策定

1　監査リスク・監査上の重要性を勘案した監査計画の策定

2　事業上のリスクから生じるRMMを暫定評価した監査計画の策定

3　財務諸表全体に関係するRMMに対する全般的な対応をした監査計画の策定

4　暫定評価のRMMに対する内部統制運用評価手続と，実証手続の監査計画（時期と範囲を含む）の策定

5　特別な検討を要するリスクの特定と対応する監査手続の監査計画の策定

6　情報技術の利用状況の影響の検討とその利用状況に適合した監査計画の策定

7　継続企業の疑義を生じさせる事象又は状況の確認と監査計画の策定
8　監査計画の前提条件の変化に対応した監査計画の適宜修正

三　監査の実施

1　暫定的RMM評価が監査手続実施の結果，不変なら，計画どおり内部統制の運用評価手続及び実証手続を実施。RMMが暫定的評価より高い場合は発見リスクの水準を低くする（より多く・より質の高い監査証拠が得られる）監査手続の実施
2　特定の監査要点に内部統制が有効でない等の場合は実証手続のみの実施
3　特別な検討を必要とするリスクへの対応は実証手続に加えて必要に応じた内部統制の整備状況の評価と運用状況の評価手続の実施
4　財務諸表全体に関係するRMMの新規発見または，対応の不足の場合の全般的対応の監査計画見直しと監査手続の実施
5　会計上の見積りの合理性を検証のため経営書の見積りと監査人の見積り及び実績との比較の実施
6　不正または誤謬を発見した場合の経営者等への報告・対応依頼および追加手続による財務諸表への影響の評価の実施
7　経営者が行った継続企業の前提の評価の監査人による検討の実施
8　経営者の評価および継続企業の疑惑解消のための経営計画の合理性に対する監査人の検討の実施
9　書面による経営者確認書の入手

四　他の監査人等の利用

※　詳細省略

＊RMMは重要な虚偽表示リスクの略号で固有リスクと統制リスクからなる。

（注）　経営者確認書の入手，他の監査人等の利用などについては第9章で説明している。

図表7－3は，左が監査契約，中央に監査計画，右に監査意見形成のプロセスを時間の流れに沿って示したものである。なお，財務諸表全体レベルの重要な虚偽表示リスクに対する対応手続は全般的な対応として監査計画に織り込まれて実施される。

〔図表７－３〕監査計画と監査実施のフローチャート

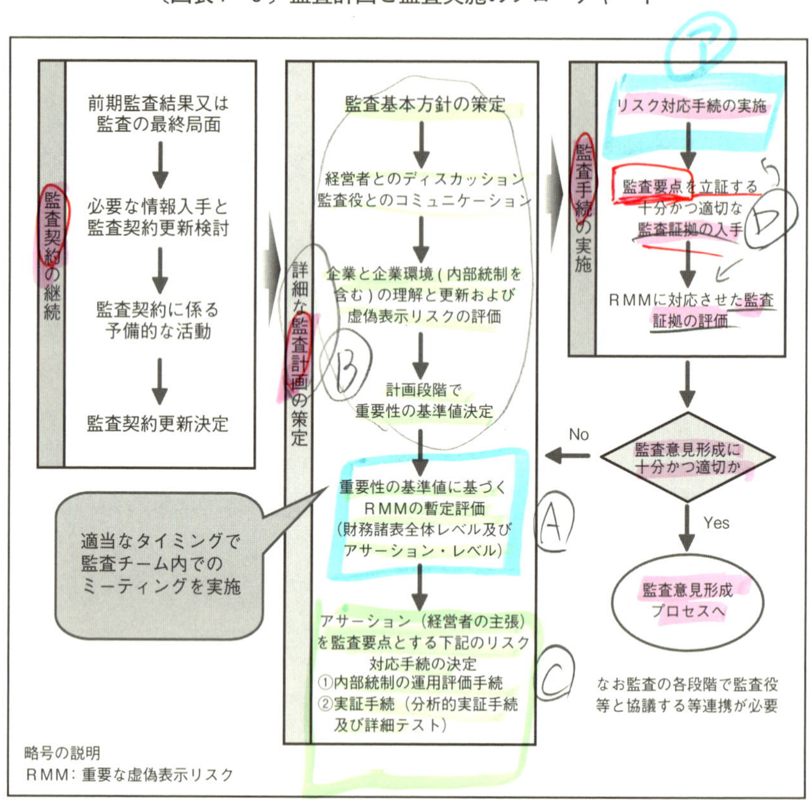

監査実施の流れは，事業上のリスク等を重視したリスク・アプローチによっており，実務指針として監査基準委員会報告書が具体的な監査手続を定めている（図表７－４）。

〔図表７－４〕実施基準と監査基準委員会報告書との対応関係

監査基準　第三　実施基準

一　基本原則
① リスク・アプローチ適用の基準
② 事業上のリスク考慮の基準
③ 十分かつ適切な監査証拠の入手の基準
④ リスク評価手続とリスク対応の基準
⑤ 不正・誤謬による虚偽表示の可能性に対する評価基準
⑥ 継続企業の前提に基づく財務諸表の作成の適否の検討
⑦ 監査人と監査役等との連携
⑧ 特別利用目的に適合した会計基準で作成される財務諸表の監査の受入の検討

↓ 監査実務指針

監査基準委員会報告書 200，300，315，330，240，500等

200「財務諸表監査における総括的な目的」　監査リスクを許容可能な低い水準に抑える十分かつ適切な監査証拠を入手しなければならない（第16項）

300「監査計画」　効果的かつ効率的な監査実施のため監査を計画する
・計画活動は監査の基本的な方針の策定（第６項）と詳細な監査計画すなわち実施すべき監査手続，時期，範囲を決定（第８項）から構成される
・計画の策定は監査の終了まで継続する連続的・反復的プロセス（A2項）
・初年度監査における追加的な考慮事項（第12項）

315「企業及び企業環境の理解を通じたRMMの識別と評価」（第４～31項）
財務諸表全体レベル
アサーション・レベル
特別な検討を要するリスクの選別
実証手続のみでは十分かつ適切な監査証拠を入手できないリスクの識別
監査実施によるリスク評価の修正
リスク評価手続の内容
・質問，分析的手続，観察，閲覧
・企業と企業環境の理解

330「評価したリスクに対応する監査人の手続」（第４～29項）
全般的な対応
アサーション・レベルのRMM対応手続
特別な検討を要するリスクへの対応
・内部統制に依拠なら運用評価手続を実施
・実証手続のみ実施の場合は詳細テストを実施
入手した監査証拠の十分性・適切性の評価

240「財務諸表監査における不正」（第11～46項）
財務諸表の虚偽表示の意図的な原因と職業専門家としての懐疑心の保持・発揮

500「監査証拠」（第５～10項）
監査意見表明の基礎となる十分かつ適切な監査証拠の入手の手続の立案と実施
監査証拠として利用する情報の適合性と信頼性の考慮
運用評価手続と詳細テストにおけるテスト対象項目の目的に適合した有効な抽出

なお図上の百番台の数字は，監査基準委員会報告書の番号である。本章から第９章を学習するに際して図表７－４は，報告書の相互関係を知る上で参考になると思われる。

マメ知識７－１

『監査ツール』

図表７－４では実施基準と監査基準委員会報告書との対応関係を示した。それでも，本章から学習している2011年12月に公表された新起草方針に基づく改正版監査基準委員会報告書の内容は，難解かもしれない。委員会報告書が公表されたのち，監査基準委員会研究報告第１号『監査ツール』（2012年６月，最終改訂2016年６月）が実務の参考に資するため公表された。日本公認会計士協会ホームページからダウンロードして，リスク・アプローチと改正版監査基準委員会報告書の関係を理解することをお勧めしたい。

2　意見形成のプロセス

実施基準一の基本原則は８つの基準から構成されている。そして，その１から４では，監査意見形成のプロセスが定められている。

①　リスク・アプローチの適用の原則

基本原則の中でも最も重要なのが，事業上のリスク等を重視したリスク・アプローチの適用である。基本原則では次のように定められている。

実施基準一　基本原則１

監査人は，監査リスクを合理的に低い水準に抑えるために，財務諸表における重要な虚偽表示のリスクを評価し，発見リスクの水準を決定するとともに，監査上の重要性を勘案して監査計画を策定し，これに基づき監査を実施しなければならない。

監査の実施に当たっては，監査人が財務諸表に含まれる重要な虚偽表示を見逃して誤った監査意見を表明する可能性である監査リスクを合理的に低いレベルに抑える必要がある。虚偽表示は事業上のリスクが原因で発生することが多

〔図表７－５〕虚偽表示と財務諸表

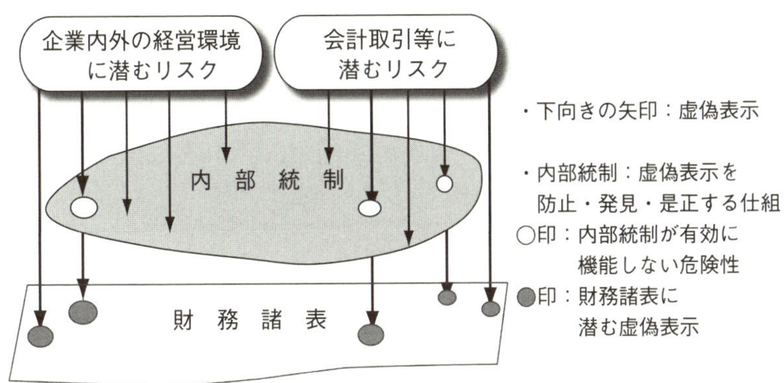

く，内部統制によって防止・発見されなかったものが，財務諸表上の重要な虚偽表示となって現れることになる。

監査人は，重要な虚偽表示を見逃さないように監査計画を策定し，リスク評価手続とリスク対応手続を実施しなければならない。

②　事業上のリスク等考慮の原則

> **実施基準一　基本原則２**
>
> 監査人は，監査の実施において，内部統制を含む，企業及び企業環境を理解し，これらに内在する事業上のリスク等が財務諸表に重要な虚偽の表示をもたらす可能性を考慮しなければならない。

監査人は，実際にどの程度の虚偽表示リスクがあるかを見極めるために，企業と企業環境を理解し，さらに内部統制を理解・暫定評価する必要がある。

監査人は事業上のリスクそれ自体を評価するのではなく，事業上のリスクが財務諸表に虚偽表示をもたらす可能性を評価しなければならない。

③　十分かつ適切な監査証拠の入手の原則

監査実施の目標は，監査要点に対して適切かつ十分な監査証拠を入手し，総括的評価をして監査意見に対して基礎を与えることである。

> **実施基準一　基本原則３**
> 監査人は，自己の意見を形成するに足る基礎を得るために，経営者が提示する財務諸表項目に対して，実在性，網羅性，権利と義務の帰属，評価の妥当性，期間配分の適切性及び表示の妥当性等の監査要点を設定し，これらに適合した十分かつ適切な監査証拠を入手しなければならない。

監査要点は監査人が個別的に立証すべき目標であり，実在性，網羅性，権利と義務の帰属，評価の妥当性，期間配分の適切性及び表示の妥当性の６つが監査基準に例示されている。これら以外にも，正確性（計算，記録等），分類の妥当性，明瞭性等が考えられる。監査基準委員会報告書315「企業及び企業環境の理解を通じた重要な虚偽表示リスクの識別と評価」では，経営者の主張であるアサーションを監査人は監査要点として直接利用する実務をもとに，**図表７－６**に示したように詳細なアサーションを説明している。これらは監査人が監査要点として利用することから，監査要点の内容と同一であると考えられる。

〔図表７－６〕監査人が利用するアサーション

区　分	アサーション	内　　容
⑴監査対象期間の取引種類と会計事象に係るアサーション	①発生	記録された取引や会計事象が発生し企業に関係していること
	②網羅性	記録すべき取引や会計事象がすべて記録されていること
	③正確性	記録された取引や会計事象に関する金額や他のデータが正確に記録されていること
	④期間帰属	取引や会計事象が正しい会計期間に記録されていること
	⑤分類の妥当性	取引や会計事象が適切な勘定科目に記録されていること
⑵期末の勘定残高に係るアサーション	①実在性	資産，負債及び純資産が実際に存在すること
	②権利と義務	企業は資産の権利を保有又は支配していること。また，負債は企業の義務であること

	③網羅性	記録すべき資産，負債及び純資産がすべて記録されていること
	④評価と期間配分	資産，負債及び純資産が適切な金額で財務諸表に計上され，評価の結果又は期間配分調整が適切に記録されていること
(3)表示と開示に係るアサーション	①発生及び権利と義務	開示されている取引，会計事象及びその他の事項が発生し企業に関係していること
	②網羅性	財務諸表に開示すべき事項がすべて開示されていること
	③分類と明瞭性	財務情報が適切に表示され開示が明瞭であること
	④正確性と評価	財務情報及びその他の情報が適正かつ適切な額で開示されていること

(出所)　監査基準委員会報告書315，A107項をもとに作成

監査人は，入手した十分かつ適切な監査証拠を総合して，総括的に吟味した上で監査意見を表明することになる。この段階で，①監査証拠の質または量が不十分な場合，②当初の監査計画時点で前提とした企業と企業環境，内部統制が実際と大きく異なる場合，監査計画の修正を検討し必要に応じて追加的な監査手続を実施する。

④　リスク評価手続とリスク対応手続の原則

> **実施基準一　基本原則4**
> 監査人は，十分かつ適切な監査証拠を入手するに当たっては，財務諸表における重要な虚偽表示のリスクを暫定的に評価し，リスクに対応した監査手続を，原則として試査に基づき実施しなければならない。

この基本原則は，監査証拠を入手するための監査手続の内容と適用方法を定めたものである。

リスク対応の監査手続は，内部統制の有効性を暫定的に評価した結果をもとに，試査により実施すべきこととされている。この暫定評価した内部統制は運用評価手続を実施して初めてその有効性が確認できるので，内部統制の運用評価手続もリスク対応手続に含められている。

リスク評価手続とリスク対応手続は目的による違いであり，両者の関係は図表7-7のようにまとめることができる。

〔図表7-7〕リスク評価手続・リスク対応手続との関係

<table>
<tr><td rowspan="3">手続＼リスク</td><td colspan="4" rowspan="3">リスク評価手続</td><td colspan="3">リスク対応手続</td></tr>
<tr><td rowspan="2">内部統制の運用評価手続</td><td colspan="2">実証手続</td></tr>
<tr><td>分析的実証手続</td><td>詳細テスト</td></tr>
<tr><td rowspan="4">対象とするリスク</td><td colspan="5">重要な虚偽表示リスク（RMM）</td><td colspan="2" rowspan="4">発見リスク（DR）</td></tr>
<tr><td rowspan="3">固有リスク（IR）</td><td colspan="4">統制リスク（CR）（注１）</td></tr>
<tr><td colspan="2">内部統制の整備</td><td colspan="2">内部統制の運用</td></tr>
<tr><td>デザイン</td><td>業務への適用</td><td>有効性の想定</td><td>裏付け（注２）</td></tr>
</table>

監査基準委員会報告書315
第4～30項

監査基準委員会報告書330
第5～23項

（注１） 従来の報告書では，統制リスクを評価するために行う手続を統制評価手続と呼んでおり，内部統制の整備状況の評価と運用状況の有効性を確かめる手続を含んでいた。
（注２） 監査人は，運用評価手続によって，内部統制の整備状況の有効性について，当初の想定が裏づけられているか確認する。
（出所） 「JICPA ジャーナル」2005年７月号，16ページ図３をベースにして一部修正

以上で，実施基準の基本原則１から４までを説明したが，実施基準一　基本原則５　不正・誤謬による虚偽表示の可能性に対する評価・対応，基本原則６　継続企業の前提に基づく財務諸表の作成の適否の検討は，第11章で説明する（その他基本原則７監査人と監査役等との連携，基本原則８特別目的の財務諸表の監査が規定されている）。なお，実施基準は監査計画の策定，監査の実施についても規定しているが日本公認会計士協会の監査実務指針が監査実務に対して強制力を持った規定として具体的な定めをしている。以下では，監査実務指針である監査基準委員会報告書を中心として説明することとする。

マメ知識7－2

監査時間

監査論の学習では監査実施過程を理解しなければならない。監査がどのようにして進められるのかイメージがわかない。監査時間の実態を分析したJICPAの資料（平成20年6月公表）があるので紹介しておこう。

単位：パーセント

監査計画	統制リスクの評価	実証手続	報告書作成他
12	39	33	16

この見積りは，連結売上高および資産総額2,000億円，国内子会社10社，海外子会社4社，財務諸表監査，内部統制監査，四半期レビュー，過年度に大きな監査上の問題を起こしていない等の金商法監査と会社法監査を受けている会社を想定して見積もられている。

II　リスク・アプローチ

1　事業上のリスク等を重視したリスク・アプローチ

企業は事業を経営する上でその事業内容や複雑性，その事業規模，属する産業の状況等により，様々な「**事業上のリスク**」に直面している。経営者はこうした事業上のリスクに対して内部統制を整備・運用して，事業を効率的に経営しなければならない。事業上のリスクとは，企業目的の達成や戦略の遂行に悪影響を及ぼし得る重大な状況，事象，環境及び行動の有無に起因するリスク，又は不適切な企業目的及び戦略の設定に起因するリスクをいう（監基報315：第3項(2)）。

重要な虚偽表示は，事業上のリスクの管理の失敗に伴う財務指標の悪化を避けるために，経営者が利益操作を行うことによってもたらされることが多い。監査人は，経営者による事業上のリスクの把握と対応あるいは適応の状況を十分に理解した上で，事業上のリスクのうち財務諸表に直接または間接に影響を与えるリスクを識別する。ただし，事業上のリスクのすべてが重要な虚偽表示リスクとなるわけではないので注意を要する。

監査人は，識別された事業上のリスクが財務諸表に影響を与える項目を虚偽表示と考え，それが発生する可能性を虚偽表示リスクとして把握する。監査人は，重要性の基準に基づいて，虚偽表示が財務諸表利用者の経済的意思決定を誤らせるほど重要か否かを暫定的に評価する。評価結果に基づいてリスク対応手続を計画・実施し，監査意見を形成する。

2　監査リスク（AR）

今日の財務諸表監査は，リスク・アプローチを基本的なモデルとして実施されている。

リスク・アプローチとは，監査人が重要な虚偽表示リスク（RMM）の高い項目に重点的に人員や時間を充てて，効果的，効率的に監査を実施し，重要な虚偽表示を防止及び発見・是正することにより，監査リスクを合理的に低い水準に抑える手法をいう。

監査リスクは，次のように説明されている（監基報200：第12項(5)）。

> 「監査リスク」－監査人が，財務諸表の重要な虚偽表示を看過して誤った意見を形成する可能性をいう。監査リスクは，重要な虚偽表示リスクと発見リスクの二つから構成される。

重要な虚偽表示リスクは，固有リスクと統制リスクの２つの別個のリスクから構成されている（同：第12項(10)）。しかし，実際には２つのリスクは組み合わさって存在していると考えられるため，これらを一括して評価することがより合理的である。なお，固有リスクと統制リスクを別々に評価する監査実務も認められている。

重要な虚偽表示リスク（RMM）は，財務諸表に財務諸表利用者の経済的意思決定を誤らせるほどの虚偽表示（重要な虚偽表示）が生じる可能性を示している。

3　監査の有効性と効率性

監査の有効性とは，重要な虚偽表示リスクから発生すると予想される重要な虚偽表示を監査手続により発見・修正できることである。一方，監査の効率性とは，監査を有効に実施するために，費やすことのできる時間や費用が限られているため，監査資源をメリハリをつけて監査実施過程に投入することである。この2つを同時に達成するのがリスク・アプローチである。

事業上のリスク等を重視したリスク・アプローチでは，企業と企業環境を理解（内部統制を含む）し，重要な虚偽表示リスクが高い項目に対して重点的に監査資源が投入されることから，監査意見の表明という目的を有効かつ効率的に達成し得る監査アプローチである。

4　さまざまなリスク概念と関連性

監査の計画策定および実施段階で考慮すべきリスク概念と定義は，以下のとおりである。

(1)　企業および経営者側において対処すべきリスク

●重要な虚偽表示リスク（RMM）：

アサーションにつき，企業内部で固有リスク（IR）から生じた重要な虚偽表示が，内部統制で防止または発見・是正できずそのまま残ってしまうリスクである。内部統制が整備されていないアサーションについては，固有リスク（IR）はそのまま重要な虚偽表示リスク（RMM）になる。

●固有リスク（IR）：

内部統制が存在しない状況を仮定して，企業が作成する財務諸表に重要な虚偽表示がなされる可能性を意味する。固有リスクについては，①経営環境により影響を受けるリスク，②特定の取引記録およびアサーションが有する本来のリスクがある。例えば，技術進歩が進めば特定の製品が陳腐化し，棚卸資産が過大評価されるリスクが増加し，また会計上の見積りは定型的な事実に基づく金額より固有リスクは高い。

●統制リスク（CR）：

アサーションの固有リスクの識別を前提に，リスクが現実にならないために企業が整備し運用する内部統制が想定したように機能しないで，重要な虚偽表示が発生する結果となるリスクである。統制リスクは，（1－内部統制の有効性）として示すこともできる。通常監査人が評価する場合は内部統制の有効性を評価した結果により統制リスクを決定する。

上記の3つのリスクの関係は，下のようなモデルで表すことができる。

RMM＝IR×CR

企業および経営者側において対処すべきリスクは，財務諸表の監査からは独立して存在するものである。しかし，監査を実施するに当たって，監査人はこれらのリスクを監査上の重要性の基準をもとに評価する必要がある。評価の結果，監査人から見て重要性のないリスクは監査の実施に際して考慮の対象外とされる。

(2) 監査人の立場から考慮すべきリスク

●監査リスク（AR）：

財務諸表に重要な虚偽表示が含まれているにもかかわらず，監査手続を実施してもなおそれを発見できずに，監査人が誤った監査意見を表明してしまうリスクである。監査の失敗のリスクである。

●発見リスク（DR）：

監査人が重要な虚偽表示のリスク（RMM）の評価結果に基づいて，実証手続を計画・実施しても，重要な虚偽表示を発見できないリスクである。監査人が決定できるのは発見リスクであり，監査人はこれによって監査リスクを管理・統制することになる。

5 監査リスクモデルと監査リスク計画モデル

経営者が統制すべきリスクである重要な虚偽表示リスクと監査人が統制すべき監査リスクおよび発見リスクには，次のようなモデルとして示される関係がある。

監査リスクモデル

AR＝RMM×DR

この式は「監査リスク」（AR）は，①財務諸表に重要な虚偽表示が含まれる可能性である「重要な虚偽表示リスク」（RMM）と，②そのリスクがもたらす重要な虚偽表示を監査人が発見できない（看過する）リスクである「発見リスク」（DR）から構成されることを示し，**監査リスクモデル**と呼ばれる。

財務諸表利用者の利益を保護し，また　監査に対する信頼を保つために，監査リスクは一定の水準以下に抑えることが求められる。暫定的に評価した重要な虚偽表示リスク（RMM）に応じて，発見リスク（DR）を一定以下にする監査計画の策定を考えた場合，監査リスクモデルは，**監査リスク計画（統制）モデル**として考えられる。

監査リスク計画（統制）モデル

$$DR = \frac{AR}{RMM}$$

このモデルから，監査リスク（AR）が一定である場合は，企業の状況の変化に応じて変化する重要な虚偽表示が財務諸表に含まれる可能性（RMM）と発見リスク（DR）は反比例することになる。RMMが高く（低く）なればDRは低く（高く）設定することが必要（可能）となる。見方を変えて，監査手続の有効性の観点でみるとRMMが高くなった場合には監査手続の有効性を高くして防ぎ，逆にRMMが低くなるならば，監査手続の有効性も低くてもよいことになる。

発生する虚偽表示は同じでも，監査上の重要性が企業決算の変化等に応じて変化した場合，重要な虚偽表示リスクは変動する（例えば利益の予想が大幅に減少し，重要性の基準値が小さくなった場合にRMMが高くなる）ことに注意する必要がある。監査人の視点から，各リスクとの関係をまとめたのが**図表7-8**である。

〔図表7-8〕**監査人の視点から見た各リスク**

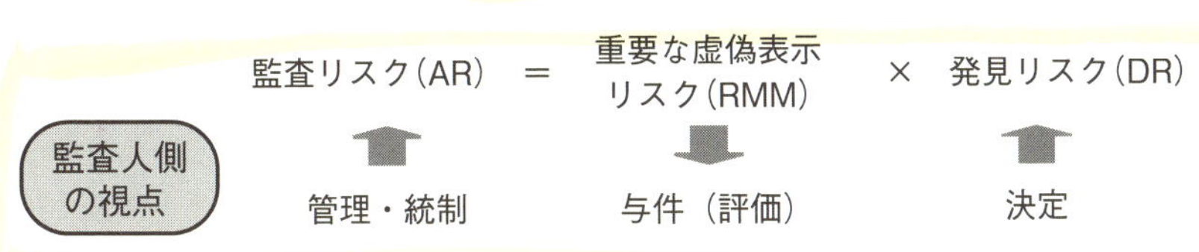

発見リスクの程度を決定し，対応する監査手続の計画を策定することとは，

具体的には，使用する監査技術，実施の時期（タイミング），実施の回数，往査場所，監査範囲，サンプル数等の詳細な監査計画を策定することである。

以上説明してきたように，現代の監査は，事業上のリスク等を重視したリスク・アプローチを基本としている。この監査アプローチによると，監査人は，企業と企業環境の理解（内部統制を含む）で始まるリスク評価手続により重要な虚偽表示リスク（RMM）を暫定的に評価するだけでなく，３つの段階，すなわち①監査開始時点，②監査実施の過程，③監査の結果を報告する時点でそれぞれ重要な虚偽表示リスクを評価することになる。なお，暫定的という意味は，合理的かつ適切な監査証拠を入手するための監査計画は連続的かつ反復的プロセスであるため，重要な虚偽表示リスクはひとまず決まる。しかし，重要な虚偽表示リスクは，その後内部統制の運用評価手続の結果や経営環境の変化等により修正されるかもしれないということである。

監査の開始時点では，前年度の監査調書，企業と企業環境，内部統制の状況の予想に基づいて重要な虚偽表示は暫定的に評価される。

監査計画策定時点での評価は，その後の監査の実施によって評価の妥当性が確認できる場合もある。しかし，実際の状況が予想と大きく異なる場合には，その時点で監査計画の見直しと監査の再実施または監査手続の追加が必要となる。

監査の結果を評価し報告する段階では，監査人は重要な虚偽表示リスクの評価に漏れがないかを確認する。

このように，重要な虚偽表示リスクの暫定的評価は監査実施段階を経て，徐々に確定する。

監査計画策定上，監査人は，重要な虚偽表示リスクの識別を一定の秩序だった方法で行う必要がある。この目的のために，監査基準の実施基準に例示されている６つの一般的な**監査要点**（**実在性，網羅性，権利と義務の帰属，評価の妥当性，期間配分の適切性及び表示の妥当性**）を用いることあるいは監査基準委員会報告書の定めにより図表７－６で示したアサーション（経営者の主張）を監査要点として利用することが有用である。

III　監査上の重要性と基準値・値の設定

本章では，頻繁に虚偽表示の前に「重要な」という形容詞を付して説明した。この「重要な」という形容詞は何を意味するのであろうか。監査基準の実施基準および監査基準委員会報告書では，「重要な」という形容詞を監査上の重要性という言葉に置き換えて使用している。

監査上の重要性は，監査計画の策定と監査の実施，監査証拠の評価，監査意見の形成に係る監査人の判断の規準である（図表７－９）。

実施基準では，「監査人は，……監査上の重要性を勘案して監査計画を策定し，これに基づいて監査を実施しなければならない」（監査基準第三　実施基準一　基本原則１，実施基準二　監査計画の策定１）としている。

〔図表７－９〕重要性の構成要素と適用局面

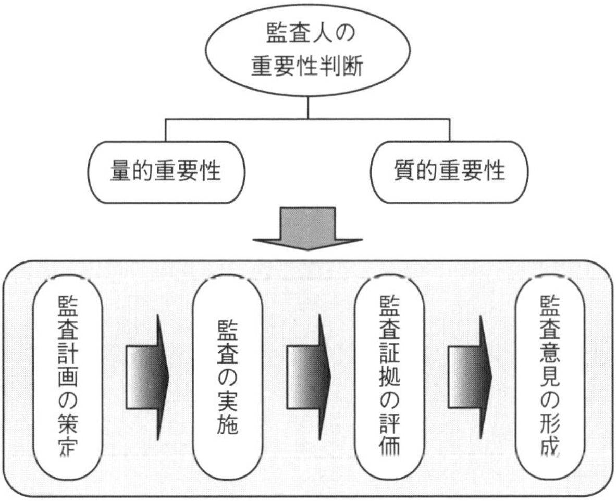

また，監査基準委員会報告書320「監査の計画及び実施における重要性」では，財務諸表の作成と表示における重要性について次のように述べられている（監基報320：第２項）。

・脱漏を含む虚偽表示は，個別に又は集計すると，当該財務諸表の利用者の経済的意思決定に影響を与えると合理的に見込まれる場合に，重要性があると判断される。
- 重要性の判断は，それぞれの状況を考慮して行われ，虚偽表示の金額又は内容による影響を受ける。
- ある事項に関する重要性の判断は，財務諸表の一般的な利用者が有する財務情報に対する共通のニーズを勘案して行われる。財務情報の利用者には様々なニーズがあるものの，ごく限られた特定の利用者にしか影響を及ぼさないであろう事項に関する虚偽表示は考慮されない。

1　監査上の重要性

監査上の重要性とは，財務諸表利用者の経済的意思決定への影響を考慮して，監査人が発見した虚偽表示が個別にまたは集計して財務諸表の全体に及ぼす影響の程度を判断するための規準をいう。監査上の重要性は，虚偽表示だけでなく，監査範囲の制約が監査意見の形成に及ぼす程度を判断するための規準等を含む広範な概念として理解される。しかし，本章では，虚偽表示の重要性だけについて説明する。

監査人が重要な虚偽表示を看過して誤った監査意見を形成する可能性（監査リスク）を考慮する場合には，どの程度の虚偽表示を重要と判断するかの規準（監査上の重要性）が予め定められている必要がある。監査上の重要性は画一的に定まるものではなく，監査人が職業的専門家としての判断によって決定する。

監査上の重要性は，監査人が，財務諸表全体に与える影響を考慮して判断する。監査人は，監査を実施して発見した虚偽表示が１つの場合には単独で重要か否かを判断し，複数ある場合には集計して，その合計額が財務諸表全体に与える影響が重要か否かを判断しなければならない。

2　量的・質的重要性

監査上の重要性は，①虚偽表示が財務諸表全体としての適正性に及ぼす金額的な影響（量的重要性），②虚偽表示の性質による影響（質的重要性）に基づき監査人が判断する。

①　量的重要性

監査計画時に決定した財務諸表において重要と判断される虚偽表示の金額を「**重要性の基準値**」といい，監査人はその金額を上回る虚偽表示を発見すると金額的な影響が重要であると判断する。

②　質的重要性

虚偽表示の金額が少額であっても，他の関連項目や次年度以降に重要な影響がある場合，質的な影響が重要であると判断される。これを**質的重要性**という。

監査人は，監査計画の策定において，財務諸表において重要と判断される虚偽表示の金額を重要性の基準値として決定しなければならない。重要性の基準値の決定には，金額的影響以外に質的影響にも注意すべきである（監査基準委員会報告書320「監査の計画及び実施における重要性」）。この場合には，監査人は，影響を受ける特定の勘定や取引に関して重要性の基準値を小さくすることで対応する（同：第9項）。

金額的に重要でなく，かつ質的に重要な虚偽表示のすべてを発見するように監査計画を策定することは想定されておらず，監査計画の策定における重要性の基準値は，通常，金額的影響を考慮して決定される。

監査の実施過程で質的影響から検討を要する虚偽表示を発見した場合には，監査人は，当該虚偽表示が発生した原因を把握したうえで，重要な虚偽表示リスクを再評価し，監査計画を見直して同様の虚偽表示が他の勘定や取引または監査対象領域に含まれていないか，または影響を及ぼしていないかどうかを確かめる必要がある（同：第11項）。

以上のように，監査人が決める重要性は，基本的に量的重要性である。しかし，質的な側面も考慮しなければならない。ただし，この場合も結局は発見事項の評価の問題であり，最終的には金額的重要性に集約されることになる。

3　重要性の基準値の設定

監査実務における重要性の基準値は，監査人が，過年度の財務情報，当年度の予測経営成績等を基礎に総資産，純資産，売上高，経常利益，当期純利益等の金額の一定割合を基本として平均するか，中位数（各項目を金額の大きい順に並べてちょうど中位に来る金額を選ぶ方法）とするか等を検討した上で決定する。しかし，その時々の経済情勢と財務情報の開示内容およびこれに対する投資家等の意思決定における財務情報への依存割合に大きく左右されるため，固定的な概念で取り扱うと，財務情報の利用者のニーズからのズレが生じる可能性を考えておく必要がある。

各監査法人は，それぞれに重要性の基準値の計算方法等のガイドラインを設けて，法人としての監査業務の管理に供している。しかし，具体的数値基準およびその根拠は公表されていない。具体的数値基準およびその根拠は，財務情報の利用者の立場からは，監査意見の信頼性を推定することができる値となるので，アウトラインだけでも示すなど，何らかの開示があったほうが望ましい。なお監査基準委員会報告書320では次のような規定がある（同：A６項）。

> 選択した指標に適用する割合の決定は，職業的専門家としての判断を伴うものである。例えば，監査人は，製造業を営む営利を目的とする企業において税引前利益を指標とする場合には５％が適切であると考えることがあるが，状況によっては，これとは異なる割合が適切であると判断することもある。また，選択する指標に適用する割合も指標の性質により異なり，売上高に適用する割合は，通常，税引前利益に適用する割合よりも小さい。

（1） 財務諸表全体レベルでの重要性の基準値

財務諸表全体レベルの「**重要性の基準値**」とは，意見表明の対象となる財務諸表に含まれる虚偽表示の合計額が，適正意見を表明できないほどの重要性を持つか否かを判断する基準となる数値である。監査計画の初期の段階で監査人は重要性の基準値を暫定的に決定し，その後の企業業績等の変化および経済環境等の変化に対応して，重要性の基準値は監査の終了時まで継続的に見直す必要がある。そのため，重要性の基準値は，監査人にとって最も重要となる値となる。

（2） その他の重要性

重要性には「重要性の基準値」の他に２つの重要性概念，すなわち「特定の取引種類，勘定残高又は開示等に対する重要性の基準値」及び「手続実施上の重要性」がある。これらの重要性に関する各用語の用語は，監査基準委員会報告書320で次のように定義されている（同：第8項）。

> ⑴　「重要性の基準値」－監査計画の策定時に決定した，財務諸表全体において重要であると判断する虚偽表示の金額（監査計画の策定後改訂した金額を含む）をいう。
> ⑵　「特定の取引種類，勘定残高又は開示等に対する重要性の基準値」－企業の特定の状況において，特定の取引種類，勘定残高又は開示等に関する虚偽表示が重要性の基準値を下回る場合でも，財務諸表の利用者が財務諸表に基づいて行う経済的意思決定に影響を与えると合理的に見込まれる特定の取引種類，勘定残高又は開示等がある場合に，当該特定の取引種類，勘定残高又は開示等について適用する重要性の基準値をいう。
> ⑶　「手続実施上の重要性」－未修正の虚偽表示と未発見の虚偽表示の合計が重要性の基準値を上回る可能性を適切な低い水準に抑えるために，監査人が重要性の基準値より低い金額として設定する金額をいう。この手続実施上の重要性は，複数設定される場合がある。なお，特定の取引種類，勘定残高又は開示等に対する重要性の基準値に対して設定した手続実施上の重要性を含む。

このほかに，「構成単位レベルの重要性」がある。これは，グループ監査チームが決定する構成単位の重要性の基準値をいう（詳細は，第9章Ⅰ節グループ監査を参照）。

図表7-10は，ここまでで説明した各種の重要性の基準値の関係を示したものである。

〔図表7-10〕各種の重要性の基準値

財務諸表全体レベル	➡	重要性の基準値
特定の取引種類・勘定残高・開示等	➡	特定の取引種類・勘定残高・開示等に対する重要性の基準値
取引・勘定・開示レベル	➡	手続実施上の重要性
グループ構成単位レベル	➡	構成単位の重要性の基準値

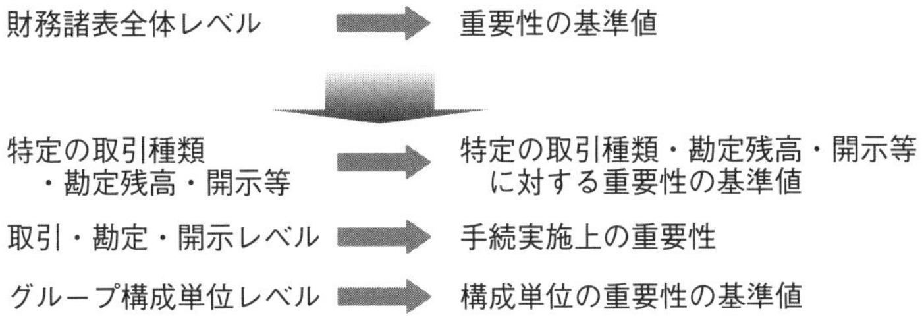

4　監査計画・監査実施・意見表明の各段階での重要性

監査人は，重要性の基準値を，財務諸表に与える影響金額を考えた上で，監査計画の策定時に金額で決定する。また明らかに僅少な虚偽表示と想定する金額も決定する（監基報450：A２項)。これにより効果的・効率的な監査の実施のためには，財務諸表利用者の判断に影響する金額以下のものは監査の対象外としてよいとの判断ができる。

重要性の基準値は，監査の実施段階および監査の報告段階で，常に改訂の検討がなされる。監査実施過程において重要性の基準値を改訂するケースおよび改訂の影響は，以下のとおりに規定されている（監基報320：第11項)。

> 監査人は，監査の実施過程において，当初決定した重要性の基準値を改訂すべき情報を認識した場合には，重要性の基準値を改訂しなければならない。なお，特定の取引種類，勘定残高又は開示等に対する重要性の基準値を設定している場合には同様の検討が必要である。

適用指針では，重要性の基準値の見直しが必要な場合についての例示を示している（同：A10項)。

> 監査の実施過程において，企業再編等の状況の変化，新たな情報又はリスク対応手続の実施の結果更新された企業及び事業活動に関する理解によって，監査人は，重要性の基準値（設定している場合，特定の取引種類，勘定残高，開示等に対する重要性の基準値）を改訂することが必要と判断する場合がある。
>
> 例えば，監査の実施過程において，企業の実績が，重要性の基準値を当初決定する際に使用した年度の業績予測と大幅に乖離する可能性が高まった場合には，監査人は重要性の基準値を改訂する。

5　監査上の重要性と監査リスクとの関係

監査上の重要性と監査リスクとの間には，負の相関関係がある。ここでいう監査上の重要性は，量的重要性，すなわち重要性の基準値・値を意味する。

他の条件が一定であれば，当初決定された重要性の基準値・値のもとで評価した監査リスクは，重要性の基準値・値が変更されると，**図表７-11**で示すように変化することになる。

〔図表７-11〕重要性の基準値の変動と監査リスクの変動との相関関係

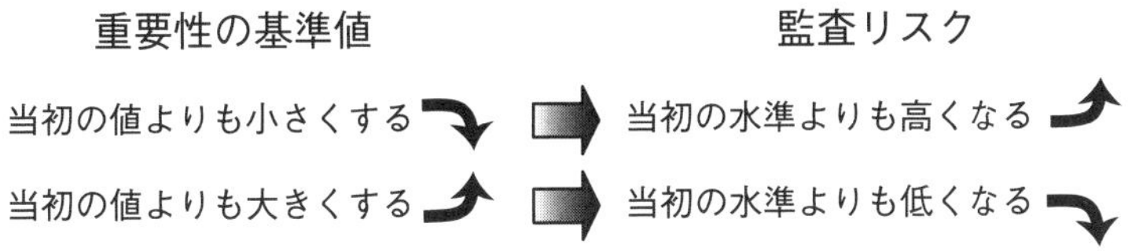

重要性の基準値		監査リスク
当初の値よりも小さくする ↘	⇒	当初の水準よりも高くなる ↗
当初の値よりも大きくする ↗	⇒	当初の水準よりも低くなる ↘

重要性の基準値・値が変更されるのは，監査計画を策定する初期の段階で予想した経営成績，財政状態が，監査実施過程で大きく変化したことが判明した場合である。例えば，当期純利益が当初の予想の20億円から200億円に増加した場合，重要性の基準値を当期純利益の５％に設定していたとすれば，それは１億円から10億円に変更されたことになるのである。重要性の基準値・値を当初の水準よりも大きくした場合には，監査リスクは当初の水準よりも低くなる。重要と判断される金額はより大きくなるため，監査人が，より大きな金額の虚偽表示を見逃して適正意見を表明した場合でも，**監査の失敗**とはみなされないことになる。

一方，重要性の基準値・値を当初の水準よりも小さくした場合には，監査リスクは当初の水準よりも高くなる。より小さな金額まで重要と判断されるため，監査人はより少額の虚偽表示まで発見した上で適正意見を表明しなければ，監査が失敗したとみなされるおそれがある。

重要性の基準値・値の変更にともない，監査リスクが高くなると，これを一定以下の水準に抑えるためには，発見リスクをより低くする必要性が生じ，監査計画の見直し，監査手続の強化につながる。発見リスクを低くするとはリスク対応手続の有効性を高くすることである。この関係を図解と文章で示したのが**図表７-12**である。

重要性の基準値は，重要な虚偽表示に対する監査人の判断に直接影響を及ぼす。重要性の基準値が低くなれば，重要な虚偽表示とすべき対象事項が増加し，結果として重要な虚偽表示リスク（RMM）が高くなる。この結果，発見リス

〔図表7-12〕重要性の基準値・値と重要な虚偽表示リスク

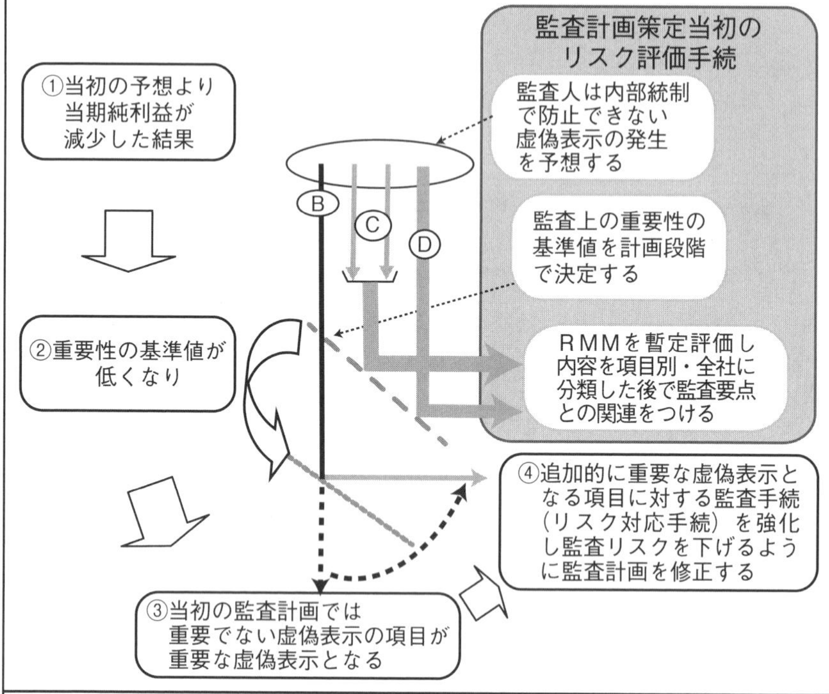

監査計画策定当初の
リスク評価手続
監査人は内部統制
で防止できない
虚偽表示の発生
を予想する
監査上の重要性の
基準値を計画段階
で決定する
RMMを暫定評価し
内容を項目別・全社に
分類した後で監査要点
との関連をつける
①当初の予想より
当期純利益が
減少した結果
②重要性の基準値が
低くなり
B
C
D
③当初の監査計画では
重要でない虚偽表示の項目が
重要な虚偽表示となる
④追加的に重要な虚偽表示と
なる項目に対する監査手続
（リスク対応手続）を強化
し監査リスクを下げるよう
に監査計画を修正する

監査上の重要性の基準値変更の要因とRMM変更の流れの説明

【例示】

当初の監査計画策定時点では，「B」の内部統制で防止できない虚偽表示の発生が予想された。しかしこの項目は個別でも，類似の項目と合計しても重要性の基準値以下と予想されたため虚偽表示リスクを構成しないと考えられた。しかし，以下の原因で重要性の基準値が小さくなる方向に変化した。

① 当初の予想より当期純利益が減少する。
② その結果，重要性の基準値が小さくなる。
③ 最初の監査計画策定時点で重要性がなかった虚偽表示の項目が，重要な虚偽表示に該当することになる。
④ 重要な虚偽表示リスク（RMM）が高くなるため，監査リスクを一定にするには発見リスク（DR）を低くする（発見する確率を上げる）必要がある。

この結果発見リスクを低くするために「リスク対応手続」を強化する監査計画の見直しが必要となる。

$$\text{発見リスク(DR)} \downarrow = \frac{\text{監査リスク(AR)} \rightarrow}{\text{重要な虚偽表示リスク(RMM)} \uparrow}$$

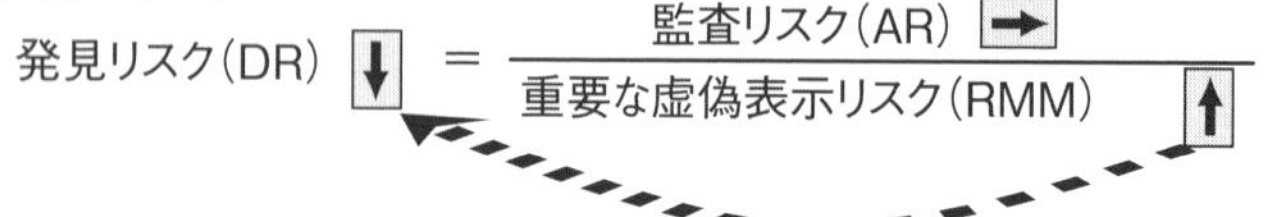

ク（DR）が一定の場合，以下に示すように監査リスク（AR）は相対的に高くなる関係にある。

例えば，監査の計画段階で監査対象会社の当期純利益が半減したことにより，監査上の重要性の基準値が100百万円から50百万円になったとする。この場合に監査で商品の評価減不足，70百万円の虚偽表示が発見されたとする。当初の重要性の基準値であれば70百万円の虚偽表示は重要な虚偽表示に該当しないため，監査は失敗とはならない。

しかし，重要性の基準値が50百万円に低下した結果，この項目を監査手続により発見できなかったことで監査は失敗とみなされる。すなわち，重要性の基準値が低くなることは，監査の失敗リスクである「監査リスク（AR）」が高くなると考えられるのである。監査リスクを再び低くするためには，発見リスクを低くして，監査手続（リスク対応手続）により重要な虚偽表示を発見できるように監査計画と監査実施手続を見直すこととなる。すなわち，より厳格な監査手続（証明力がより強くかつ適合性のより高い監査証拠を入手する実証手続の選択，期末日により近い時期，期末日または容易に予測できない時期への実施時期の変更，実証手続の実施範囲の拡大）を実施するように，監査人は監査計画を見直し監査手続を実施することになる。

Ⅳ　監査手続と監査証拠

1　監査手続

監査手続とは，個々の監査要点に対し証拠資料を入手し，何らかの監査技術を選択・適用し，監査証拠を形成する過程である。**監査技術**とは，監査証拠を形成するための検証手段である。監査技術は，監査の過程で用いられる「監査の手法としての監査手続」と呼ばれることもある。

また，重要な虚偽表示リスクとの関連において，監査手続は，重要な虚偽表示リスクを暫定的に評価するための①「**リスク評価手続**」，②評価された重要な虚偽表示リスクに対応して実施される「**リスク対応手続**」とに区分される。監査基準委員会報告書では，監査証拠を入手する実施目的の違いにより，次のような説明がある（監基報（序）：用語集 No.238,239）。

リスク評価手続（Risk Assessment procedures）：内部統制を含む，企業及び企業環境を理解し，不正か誤謬かを問わず，財務諸表全体レベルの重要な虚偽表示リスクと，アサーション・レベルの重要な虚偽表示リスクを識別し評価するために実施する監査手続をいう。

リスク対応手続（Further Audit procedures）：監査リスクを許容可能な低い水準に抑えるために，識別し評価したアサーション・レベルの重要な虚偽表示リスクに対応して，立案し実施する監査手続をいう。リスク対応手続は，運用評価手続と実証手続で構成する。

以下では，まず，各監査技術の意味を説明した上で，具体的な適用事例を示すこととする。

（1） 監査技術（監査の手法としての監査手続）の分類

① 閲覧及び実査

記録や文書の閲覧：取締役会等の議事録，稟議書，予算書，経営計画書，重要な契約書，各種の会計帳簿と伝票および証憑書類などの記録や文章を，紙媒体，電子媒体またはその他の媒体を問わず，監査人がその目で見て確かめる手法である。閲覧によって入手される監査証拠の証明力は，記録や文書の情報源，また，企業内部の記録や文書の場合には，それらの作成に係る内部統制の有効性によって異なる。

閲覧の方法には，記録や文書を監査対象期間にわたってざっと見てみる「走査（通査）」，総勘定元帳の記帳項目からテストサンプルとして抽出した取引と会計伝票および請求書・領収書等の証憑書類と照合する「証憑突合」，連結財務諸表と連結精算表，親会社や連結子会社の財務諸表，あるいは親会社や連結子会社の財務諸表と試算表，総勘定元帳，補助元帳，勘定明細表等との照合手続である「帳簿突合」などが含まれる。

有形物の実査：監査人が，有形物である資産を，期末時点等で実際に自分の目で見て直接確かめる手法である。実査は監査要点の「実在性」の検証に最も適応した手続といえる。建設会社の受注工事の現場視察，外部預け棚卸資産の実査，棚卸立会時点でのテスト・カウントなどの形で適用される。

有価物の実査：監査人が，現金・預金および有価証券等を期末時点等に直接数えて「実在性」を確認する手法である。有価証券等の実査は文章の閲覧に含める場合もある（監査基準委員会報告書500「監査証拠」A15項）が，現金と同等の換金性を持つ上場株式，預金証書，預金通帳，受取手形，小切手帳および手形帳は，原則として，決算期末日に現金と同時にそれらの存在を直接目で確かめる必要がある。この監査手続は，特に内部統制の構成要素である資産の保全の状況視察も兼ねるため，必然的に二重目的の監査手続として計画，実施される。実施に際しては，会社とのトラブル防止を考えて，必ず会社の保管責任者の立会を求め，実査終了後の有価物の返還確認も書面で入手するのが通例である。

有価物の実査は，帳簿に計上されているものだけでなく，金庫等に保管されているすべての有価物の実査を行い，簿外の資産の保管理由とその合理性を確かめなければならない。取引先からの担保として預かった資産の不正流用（私的な取引証拠金としての差し入れ）や，違法な取引での保管が起こり得るので特に注意が必要である。なお有価物が実在したからと言って必ずしも所有権または評価に関する監査証拠を入手できるわけではないことに注意する必要がある。

② **観察**：監査人が業務処理のプロセスや手続を確かめるために，業務が実際に行われている現場でその実施の様子を直接見る手法である。観察は，必ず質問と合わせて実施される。会社の誰と一緒に観察するか，あるいは単独で観察するかはその目的によるが，効果は大きく変わることが考えられる。

この手法は，計画時点で製造工程や設備，建設工事の現場を視察して企業を理解するために用いたり，内部統制の整備状況を理解して重要な虚偽表示のリスクを評価のために実施したりすることがある。リスク対応手続として，内部統制の一時点での運用状況の評価手法として実施される場合も考えられる。

観察は，経験のある監査人が事前の準備をした上で実施した場合には，特に有効な監査手続となる。業務処理のプロセスや手続についての監査証拠を入手できるが，観察を行った時点のみの監査証拠であることや，観察されているという事実により影響を受けることに留意しなければならない。

立会は，観察の一種であり，企業が実施する棚卸資産の実地棚卸しの状況を確かめる監査手続である。立会は監査要点の実在性と棚卸資産の状況を確認することで評価の妥当性を確かめることができる。なお棚卸資産の実地棚卸の立会については監査基準委員会報告書501「特定項目の監査証拠」に詳細が定められている。

③ **確認**：質問の一種であり，監査人が郵便を用いて企業の取引先等へ直接問合わせ，監査要点としての資産の実在性，負債の網羅性を確認する手続であり，最も重要な監査技術として位置づけられている。

銀行との取引残高（預金，借入金，割引手形等），預け・預かり有価証券，売掛金，受取手形，貸付金，買掛金，支払手形，年金，生命保険，預け商品などに適用される。

通常，確認は，発送先の選定，発送手続および回収は監査人が管理下において行うが，確認の依頼は被監査会社名（銀行なら口座開設者の名前と印鑑で依頼する）で実施することとなる。

回収後の差異の調整，未回収先への返送督促や再発送等，未回答残高についての証憑突合せ，後日実施する回収の確認テスト（領収書，入金記録等との証憑突合せ）は，確認の一環であると考えられている。連結財務諸表監査における確認は，親会社のみでなく子会社の残高についても対象となるので留意を要する。

確認については，監査基準委員会報告書505「確認」において詳細な説明がなされている。

④ **再計算**：監査人自らが記録や文書の計算の正確性を，直接再計算して確かめる手法である。システム化が進んでいる場合は，コンピュータを利用して再計算する手法も取り入れられている。

連結精算表，親会社や連結子会社の試算表，総勘定元帳，売掛金等の勘定明細表，減価償却費計算，退職給付債務明細表，給与計算，消費税明細表等について適用される。

計算の正確性は，監査要点の6つの例示には含まれていないが重要である。サンプリングのための母集団の網羅性の確認には欠かせない手法ともなる。なぜなら，サンプルを抽出する母集団が，真の母集団の一部にしか過ぎない（意図的な取引の除外がある）ことを防ぐのに，サンプルを選ぶもととなる帳簿の合計金額，合計件数を計算するのが一番確実な方法だからである。

⑤　**再実施**：主として内部統制の運用評価手続の実施に際して用いられる手法で，監査人が再度自ら実際に実施してみて，その有効性等を確かめる手法である。例えば，会社の日々の現金実査を担当者が実施した直後に，監査人が再度実施することで実際の実施状況とその有効性を確かめることができる。手作業またはCAAT（コンピュータ利用監査技法）によって実施される。

⑥　**分析的手続**：財務諸表に含まれる財務データ相互間またはその他の経営情報との関連から，監査人が財務諸表項目の合理性を推定する手法で，監査の計画・実施・意見表明決定直前の各段階で実施される監査手続である。監査人が財務諸表項目について理論的な推定値を計算し，実際のデータとの差異について，合理的な理由を質問・関連書類の閲覧等により確かめて，財務諸表が適正に表示されているとの監査証拠を入手する手続である（詳細は第9章Ⅶ節を参照）。

⑦　**質問**：財務諸表全体に関して，あるいはその構成項目である取引，残高，開示に関して，それらに責任と権限のある経営者，従業員等に監査人が直接問い合わせて説明または回答を得る手法である。質問には，口頭による質問と書面による質問がある。質問は監査の全過程で適用されるが，質問に対する回答だけでは十分かつ適切な監査証拠となり得ないことが多いため，質問以外の監査手続によって補完し，回答を評価することが不可欠である。

マメ知識7－3

実査，立会，確認

監査では重要な監査手続として，実査，立会，確認がある。証明力の強さでは実査＞立会＞確認という関係が成り立つ。また，現物があるか否かでも差異がある。対象となる項目をあげておくことにする。

監査対象項目	監査手続
現金，定期預金，受取手形，有価証券	実査
棚卸資産，有形固定資産	立会
預金，売掛金，貸付金，取立依頼手形，借入金，保管受取手形，外部預け有価証券，棚卸資産（外部に預けている場合）	確認

具体的には，リスク評価手続を実施する際の企業と企業環境の理解のための情報収集（内部統制のデザインと業務への適用についての情報収集を含む）や，リスク対応手続において，実証手続を実施する際の監査要点を立証するための情報収集，運用評価手続を実施する際の内部統制の運用状況についての情報収集，契約債務・係争事件・その他の偶発債務の存否の確認のための情報収集などの目的で実施されることになる。

（2） 監査手続としての監査技術の適用例

① **実地棚卸の立会**：監査技術の複合的組合せにより，棚卸資産の監査要点である，実在性，網羅性，期間帰属の妥当性，評価の妥当性，決算修正の計算と記帳の正確性に関する監査証拠を入手する手段である。関連する勘定科目である売上高と売掛金，売上原価および買掛金等の複数の科目の監査要点も立証できる。実地棚卸の立会に複合的に含められる監査技術は次のとおりである。

(閲覧)：次の帳簿・書類等について実施する。

・棚卸指示書，棚卸資産保管場所マップ

・棚卸票（タグ）の配布回収管理表

・棚卸資産台帳

・期末前後の入庫・出庫関連証票書類等

（後日，決算監査時に追加的に証票突合を実施する）

(質問，観察)：次の事項について実施する。

・棚卸票（タグ）の配布および管理状況

・棚卸対象資産の保管領域の明確化と棚卸対象外資産（機械設備，器具備

品，仕入未検収品，売上返品未検収品，売上済の未出荷品，売上預り品，仕入返品未出荷品）の区分と明示方法

・入荷領域および出荷領域での棚卸資産の存在の有無と内容の明示方法

・長期滞留品，不良品，過剰在庫品の有無とその情報の収集方法（例えば品質等の情報を棚卸表（タグ）備考欄に記載する指示の有無と記載があるかの確認等）

（有形資産の実査）

・試査により，棚卸対象資産のテスト・カウントを実施する。

上記各監査技術を用いて入手した監査証拠は，後日その処理が適切に行われて，財務諸表に適正に表示されていることを確認する必要がある。また，実地棚卸数量と帳簿残高数量との差については棚卸差異として的確に把握し，所定の承認手続を経て決算修正仕訳として起票され決算に反映されていることを確認するまでが，本来の実地棚卸立会の監査手続といえる。

② **確認手続**：確認手続は，書面による企業の取引先等への直接質問であるとともに，回答入手後にさまざまな監査手続が組み合わさって構成されている。

（質問）

・統一的な様式を用いて書面による質問を実施する。

・回答内容について会社に再質問を行う。

確認不能先があれば，重要な問題を含むケースが潜在しているので，特別の注意を持って会社の経理責任者および監査役と協議する。

（閲覧）

売掛金を例にとると，取引の実在性を確認するために，基本契約書，注文書，出荷関連資料，納品書，請求書，物品受領書，先方からの支払明細書，入金案内書，領収書控等との照合を実施する。

（調整計算の再実施）

確認状で発生した差異の調整計算は，通常会社が行うが，著しく重要な差異が発生した場合，監査人が直接再度調整をすることが有効な監査手続と考えられる。

③ **有価物の実査手続**：この手続には，次の監査技術が含まれている。

（観察）有価物の保管状況を視察する。

（質問）担当者に対して書面により保管責任を負っている有価物の確認と，その網羅性および実査後に正常に返却したことの確認を行う。

（閲覧）現物と管理台帳との照合，保管責任有価物のうち銀行等への預け分の預り書，総勘定元帳との照合を行う。

（確認）預け有価物の実査日と同一日による預け先に対して確認状を発送する。

2 監査証拠

(1) 監査証拠の定義

監査証拠とは，監査人が意見表明の基礎となる個々の結論を導くために利用する情報である（監査基準委員会報告書500「監査証拠」：第4項(2)）。

監査人は，監査証拠の入手費用と監査意見表明のための効果を勘案して策定した監査計画に基づいて，監査手続を実施して監査証拠を入手する。監査証拠には，過年度において入手した監査証拠や監査契約の新規締結あるいは継続の可否の検討を実施する時点で入手した監査証拠，その他の情報源から入手した監査証拠を含むことがある。過年度の監査証拠は，監査証拠の形で整備・ファイル・保管されているのが一般的である。この資料は，リスク評価手続としての「企業及び企業環境の理解」のための最も重要な情報である。また，前年度から変更が予想されない内部統制の運用評価手続の監査証拠として活用される場合もある。

(2) 監査証拠の具体的な例

定義から明らかなように，監査証拠は情報であり，①財務諸表の基礎となる会計記録に含まれる情報，②その他の情報がある（同：第4項(2)）。

① 財務諸表の基礎となる会計記録に含まれる情報

会計記録には，一般に，伝票や入力データとその裏付けとなる記録が含まれ，総勘定元帳，補助元帳，仕訳帳，入出金伝票，振替伝票（特に決算修正伝票），財務諸表に対するその他の直接修正，原価配分・計算・調整・開示を裏付ける計算書または精算表，稟議書，小切手帳，手形帳，電信送金票，領収書，請求書，契約書などがある。販売先あるいは仕入先との間で商品が検収され支払対象となったことを示す通知書である「支払明細書」があれば，売掛金・売上あるいは仕入・買掛金の残高を確認するための強力な監査証拠となる。

②　その他の情報

その他の情報としては，各種議事録，第三者に対する確認状，証券会社のアナリスト・レポート，同業他社とのデータ比較分析表，内部統制マニュアル，内部統制のフローチャート，分析的手続のために監査人が推論に利用した情報やその結果得た推定値，内部監査人の監査報告書などがあげられる。

(３)　監査証拠の十分性と適切性

監査意見の表明のためには，個々の監査要点〔個別的立証命題〕を立証することが必須である。監査要点を立証するためには，監査人は十分かつ適切な監査証拠を入手する必要がある（**図表７-13**）。

〔図表７-13〕十分かつ適切な監査証拠の要件

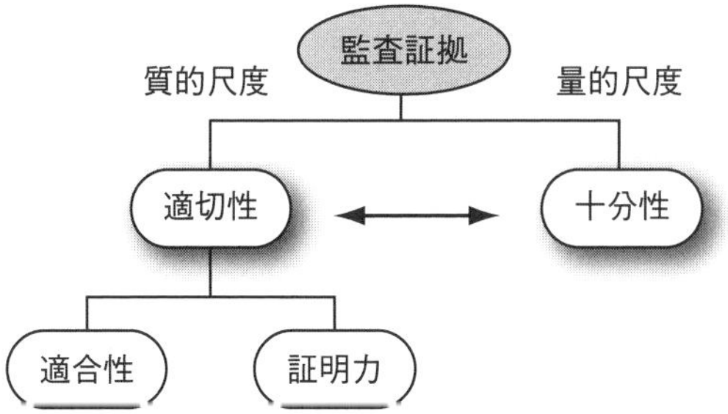

監査証拠
質的尺度
量的尺度
適切性
十分性
適合性
証明力

監査人が監査意見の表明に際して十分かつ適切な監査証拠を入手しなければ，正当な注意を行使しなかったとみなされ，監査人は責任を問われることになる。以下，図表７-13を説明する。

①　監査証拠の適切性

監査証拠の**適切性**とは，監査証拠の質の問題である。証拠の質は，監査証拠の適合性と証明力（信頼性）の2つから構成される。監査基準委員会報告書500「監査証拠」は，次のように説明している（同：第4項(4)）。

> 「(監査証拠の）適切性」－監査証拠の質的尺度をいう。すなわち，意見表明の基礎となる監査証拠の適合性と証明力をいう。

例えば，売掛金残高の実在性を検証するための監査手続としては確認がある。確認は，監査人が直接取引先に郵便で残高の存在を問い合わせるものであり，監査証拠の証明力が強い。

単に質（証明力）の低い監査証拠を数多く入手したとしても，十分かつ適切な監査証拠とはならない。監査証拠が適合性または証明力の両方または一方を欠いている場合，多くの証拠を集めても監査要点についての監査人としての十分な心証は得られないことになる。

a） 監査証拠の適合性

監査手続は，特定の監査要点の立証に向けて計画されているが，同時に複数の監査要点に適合する監査証拠を提供する場合がある。しかし，その監査証拠は，その他の監査要点の立証に必ずしも適合するとは限らない（同：A28項）。

> 例えば，期末日後の売掛金の回収に関連した文書の閲覧は，売掛金の期末日における実在性と評価の妥当性に関する監査証拠を提供するが，売掛金の期間帰属の適切性については必ずしも監査証拠を提供しない。

監査人が監査証拠を複数の監査手続により入手することは，一般的な監査実務である。

b） 監査証拠の証明力

監査証拠の証明力（信頼性）の強弱は，一般に，情報源，入手状況，種類により異なる。証明力については，以下のような説明がある（同：A31項）。

> - 企業から独立した情報源から入手した場合には，より強くなる。
> - 企業内部で作成される監査証拠の証明力は，情報の作成と管理に関する内部統制等，関連する内部統制が有効な場合には，より強くなる。

- 監査人が直接入手した監査証拠（例えば，内部統制の運用について観察により入手した監査証拠）は，間接的に又は推論に基づいて入手する監査証拠（例えば，内部統制の運用について質問により入手した証拠）よりも，証明力が強い。
- 監査証拠は，紙媒体，電子媒体又はその他の媒体に関わらず，文書化されたものの方が口頭で得たものよりも，証明力が強い（例えば，議事録は，会議の後の口頭による議事説明よりも証明力が強い）。
- 原本によって提供された監査証拠は，コピーやファックス，フィルム化，デジタル化その他の方法で電子媒体に変換された文書によって提供された監査証拠よりも，証明力が強い。
- 原本以外の文書の信頼性は，その作成と管理に関する内部統制に依存することがある。

②　監査証拠の十分性

監査証拠の**十分性**とは，監査証拠の量の問題である。監査基準委員会報告書500では，次のように説明されている（同：Ａ４項）。

> 十分性は監査証拠量的尺度である。必要な監査証拠の量は，監査人が評価した虚偽表示リスクの程度によって影響を受け（評価したリスクの程度が高いほど，より多くの監査証拠が要求される。），また，監査証拠の質によって影響を受ける（質が高いほど，より少ない監査証拠で済む）。

監査証拠の量と質は相互に関連している。一般に監査証拠の質が高ければ，監査証拠の量は少なくてもよい。しかし，前述のように，監査証拠の量が多ければ，監査証拠の質は低くてもよいということにはならない。あくまでも，監査人は適切な監査証拠の入手を前提に必要な量を考えなければならない。

監査要点に対する監査証拠の質と量は，監査の最終段階において総括的に吟味（総合的評価）する必要がある。総括的吟味の結果，財務諸表全体に対する監査意見が形成できると判断すれば，監査人は意見表明の基礎となる**十分かつ適切な監査証拠**が得られたことになる。

（4） 監査証拠の分類

監査証拠は，分類することによって監査証拠の証明力が判別できるため，一定の属性（証明力）に基づき次のように分類される。

① 形態別分類（監査証拠の物理的形態を基準とした分類）

- **物理的証拠**：資産の実在性に関する証拠で監査人が直接その存在を認知しうるもの（現金，有形固定資産，棚卸資産，有価証券，予備株券，小切手帳（用紙），手形帳（用紙），受取手形
- **文書的証拠**：稟議書，取締役会議事録，経営会議議事録，月次予算実績対比表，月次決算書，試算表，総勘定元帳，補助簿，経理規定，会計システム・フローチャート，業務システム・フローチャート，内部統制マニュアル
- **口頭的証拠**：経営者，内部監査人，経理責任者，各部門長，監査役，従業員，顧問弁護士，鑑定士などの陳述や証言

② 源泉別分類（監査対象企業の支配力の及ぶ範囲を基準とした分類）

- **外部証拠**：監査対象企業の支配力の及ぶ範囲外から入手した証拠
- **内部証拠**：監査対象企業の支配力の及ぶ範囲内から入手した証拠

連結決算時代では，子会社には親会社の支配力が及ぶため，範囲の認定は慎重な検討を要する場合がある。

マメ知識7－4

文書的証拠と外部証拠

監査実施過程ではさまざまな文書的証拠が入手される。銀行残高証明書は文書的証拠の１つであり直接入手が原則であるが，監査人が被監査企業のニューヨーク支店経由で銀行残高証明書のコピーを入手したものを監査証拠としていたために，行員による巨額な資産流用を発見できないことがあった（大和銀行株主代表訴訟）。文書的証拠は物理的証拠の次に証明力が強いが，直接ではなく間接的に入手すれば被監査会社の支配力が及ぶため文書的証拠も証明力は弱くなる。源泉別分類の重要性は理解できるであろう。

一般に，証明力は物理的証拠，文書的証拠，口頭的証拠の順に強い。また，外部証拠は内部証拠よりも証明力が強いが，その入手源泉の信頼性によって証明力が大きく異なる。内部証拠も，内部統制の整備が行き届いている場合には，証明力は相対的に高くなると考えられる。

監査証拠を分類することは，監査手続を実施する前後で以下のような意義がある。

●監査手続の実施前

監査証拠の証明力を事前に評価して，監査要点を立証するうえで最も適切な監査証拠を入手するための監査手続の策定に役立てられる。

●監査手続の実施後

監査手続を実施して入手した監査証拠の十分性と適切性を事後的に評価するのに役立てられる。

V　監査計画と監査基準委員会報告書300

実施基準は，監査人が監査を行う場合に，最初に監査計画を策定し，これにしたがって監査手続を実施して，その結果が監査計画どおりか否かを評価検討し，当初の監査計画の状況に変化が生じた場合には，当初の監査計画を修正して追加の監査手続を実施することを求めている。監査計画の詳細は，監査基準委員会報告書300「監査計画」に定めがある。

1　監査計画の定義

監査計画（Audit plan）：
効果的かつ効率的な方法で監査を実施するために，監査業務に対する基本的な方針を策定し，詳細な監査計画を作成することをいう。（監基報（序）：用語集No. 26）

上の定義から明らかなように，監査計画は，①基本的な方針の策定，②詳細な監査計画から構成されている。監査計画の策定は，監査の特定の段階ではなく，むしろ前期の監査の終了直後，または前期の監査の最終段階から始まり，

〔図表 7 -14〕監査計画と構成要素

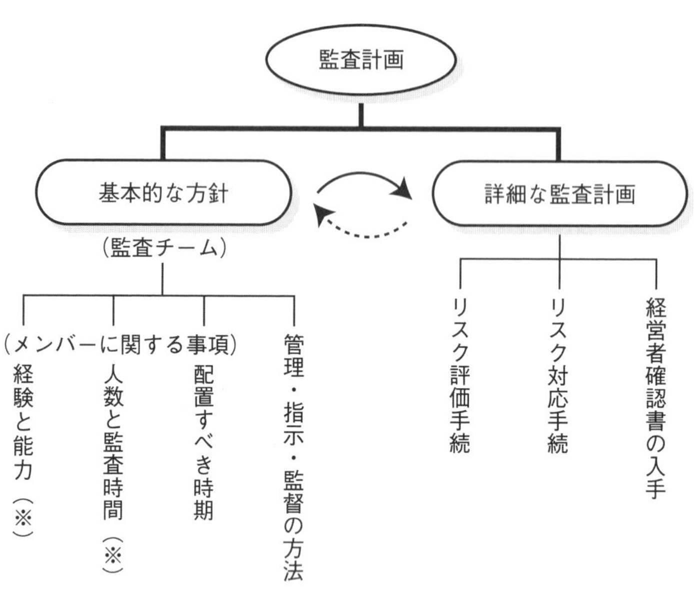

※　特定の監査領域に配置すべき監査チームのメンバーに関して決定する

当期の監査が終了するまで継続する連続的かつ反復的なプロセスである。

監査人は，通常，詳細な監査計画を作成する前に監査の基本的な方針を策定する。しかし，両者は必ずしも別個または前後関係が明確なプロセスではなく，一方に修正が生じれば当然に他方にも修正が生じる，相互に密接に関連したプロセスである（図表 7 -14参照）。

監査計画の策定には，経験豊かな監査責任者および主要な監査チームのメンバーが参画することが求められる。必要に応じて，適宜，監査チーム内で討議する機会を持って，監査チーム内での意思疎通と重要な虚偽表示リスクの判定についての共通認識を持つことが望まれる（同：第 4 項）。

2　監査計画の構成

監査計画の策定は，監査の新規契約の締結または契約の更新の時点からスタートする。そして，リスク評価手続の初期の段階で監査の基本的な方針が策定され，その基本的な方針にしたがって入手した情報に基づき，リスク評価手続としての詳細な監査計画が策定されることになる。

監査の基本的な方針とは，監査業務の範囲，監査の実施時期および必要なコミュニケーションならびに監査の方向性を設定し，詳細な監査計画を作成するための指針となるものである（同：第6－7項参照）。

一方，**詳細な監査計画**とは，監査リスクを合理的に低い水準に抑え，十分かつ適切な監査証拠を入手するために，監査チームが実施すべき監査手続，その実施時期および範囲を決定するための具体的なプランのことである。詳細な監査計画には，監査人が計画したリスク評価手続，リスク対応手続およびその他の監査手続，その実施時期および範囲等が含まれる。通常，リスク評価手続の計画は，監査の初期の段階で作成される。一方，リスク対応手続の計画は，リスク評価手続の結果に基づき作成される（同：第8項参照）。

重要な虚偽表示のリスクの評価プロセスは，**図表7－15**のとおりとなる。

図表7－15に示す右側の手続①から④までは，重要な虚偽表示のリスクを監査計画策定のために暫定的に評価する過程である。監査の目的は，すべての虚偽表示を発見することではないため，監査人は重要性の基準を適用する。監査人には，金額が小さく重要でないと判断した虚偽表示まで発見することを要求されてはいないからである。

3　監査計画の効果

監査計画を策定する効果として，次の点をあげることができる（同：第2項）。

- 監査の重要な領域に対して監査人が適切な注意を払うこと
- 潜在的な問題を適時に識別し解決すること
- 監査業務を適切に管理し，その結果，効果的かつ効率的な方法で監査を実施すること
- リスクに対応するために，適切な能力及び適性を有する監査チームメンバーを選任し，作業を適切に割り当てること
- 監査チームメンバーに対する指示，監督及び監査調書の査閲を適切に行うこと
- 必要に応じて，構成単位の監査人の作業や専門家の業務と連携すること

〔図表7-15〕監査計画の策定時点での重要な虚偽表示リスクの評価

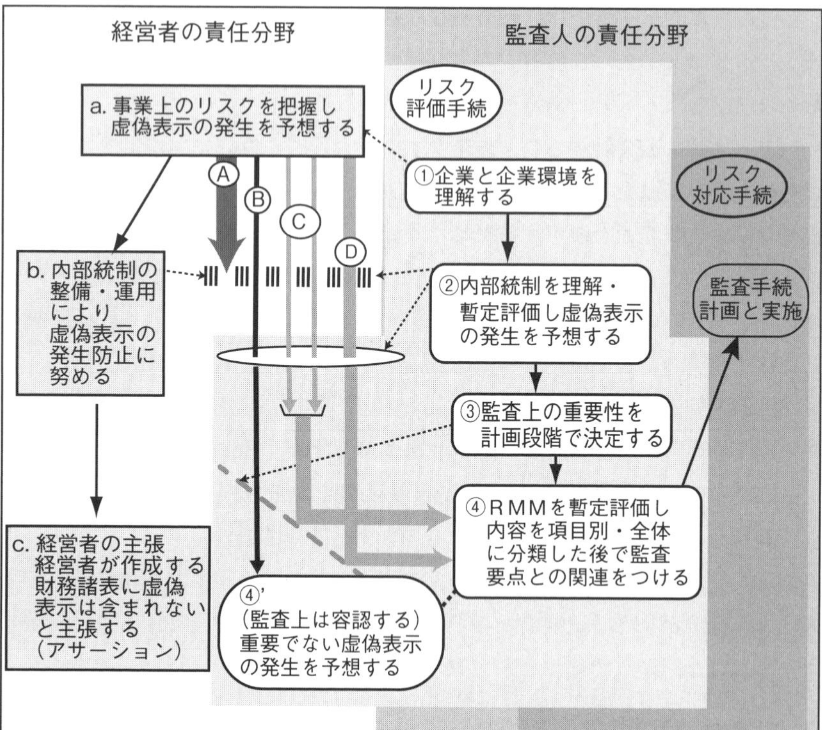

●経営者による事業上のリスク評価手続〔a～c〕，ただし一部リスク対応手続を含む
なお通常経営者はB，C，Dは発生しないと予想している。
●監査人によるリスク評価手続〔①～④〕
●虚偽表示の発生内容
A：発生時点では虚偽表示であった取引が内部統制により防止又は発見・是正され虚偽表示でなくなると予想される項目
B：内部統制で防止できない項目であるが，重要性の観点から④のRMMを構成しないもの（ただし，経営者にとっては重要な問題である場合が多い）
C：Bの場合で他に同じようなケースの発生が予想され，それらの合計額が監査上重要となり，④のRMMを構成する項目
D：内部統制で防止できない重要性のある項目で，本来のRMMを構成する項目
（監査人はCとDに対して監査手続を実施して重要な虚偽表示が発見された場合には経営者に修正を求めるとともに潜在的虚偽表示についても推定評価する）

4　監査計画の修正

①監査計画を策定する前提として把握した事象や状況が変化した場合，②監査の実施過程で予期しない出来事が生じた場合，③監査手続の実施結果が想定した結果と異なった場合には，計画された監査手続によっては重要な虚偽表示リスクに適切に対応できないと判断されることがある。そのため，監査人は，監査の基本的な方針や詳細な監査計画を監査期間中，必要に応じて見直し，修正しなければならない。

Ⅵ　リスク評価手続と監査基準委員会報告書315

リスク評価手続とは，監査人が企業および企業環境（内部統制を含む）を理解し，重要な虚偽表示リスクを暫定的に評価するために実施する監査手続である。

監査人は，財務諸表に重要な虚偽表示が存在するかどうかを評価する際に，次のリスクを考慮しなければならない。

- 財務諸表全体レベルでの重要な虚偽表示リスク
- アサーション・レベルでの重要な虚偽表示リスク

これらの2つのレベルでの評価に関して，すでに第6章で述べたように監査基準の平成17年改訂前文では，従来のリスク・アプローチでは，前者の虚偽表示リスク評価およびリスク対応が十分でなかったと指摘されている。そのため，「重要な虚偽表示リスク」を「財務諸表全体」および「財務諸表項目」の2つのレベルで評価することとしたと，改訂の趣旨を説明している。つまり，監査人は自らの関心を財務諸表項目に狭めてしまう傾向にあるため，財務諸表全体の視点からリスク評価をさせることにある。財務諸表全体レベルでの重要な虚偽表示リスク（例えば，脆弱な内部統制）は，個々の財務諸表項目の重要な虚偽表示リスクに影響を与えるからである。現行の監査基準委員会報告書では，「財務諸表項目レベル」が「アサーション・レベル」と呼ばれることになっている。

リスク評価手続は，監査基準委員会報告書315「企業及び企業環境の理解を

〔図表7-16〕不正リスクに対応した監査のプロセス（リスク・アプローチ）

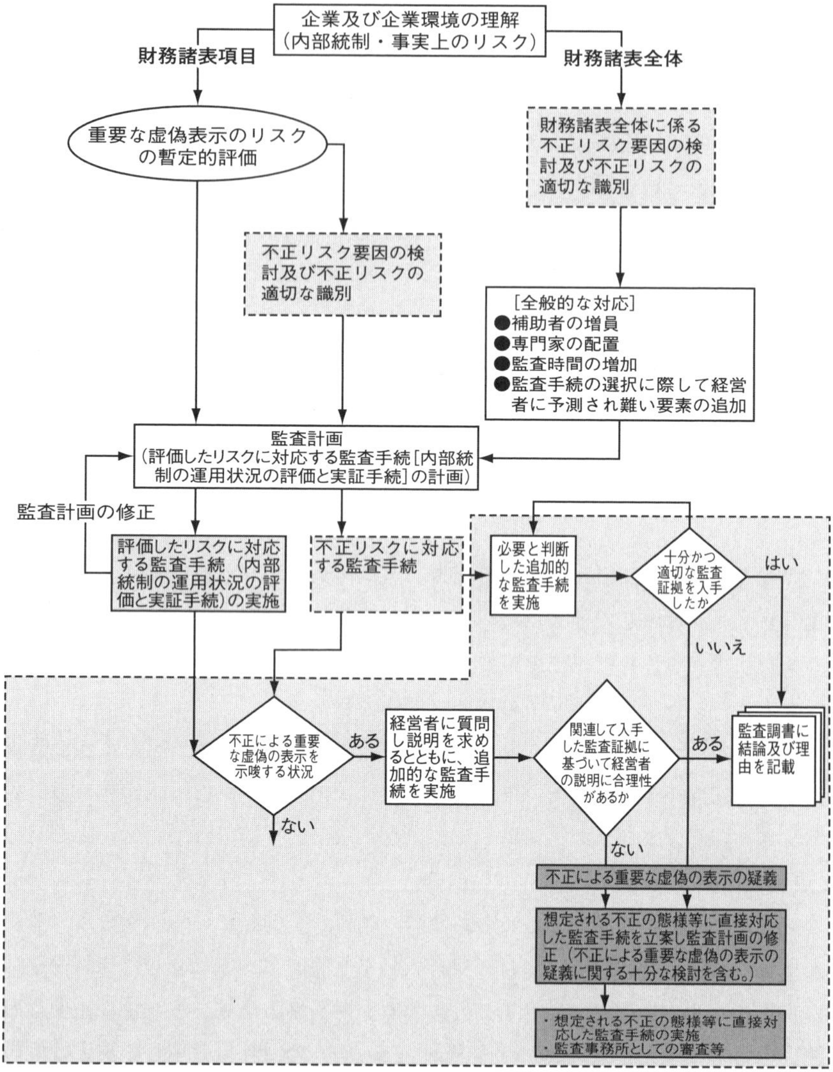

（出所）　企業会計審議会監査部会（2013年3月14日）資料。不正リスク対応基準の公表によって，リスク・アプローチの考え方が一部修正された。この考え方は第11章Ⅰ節で説明する。不正リスク対応基準は，監査人が不正による重要な虚偽の表示を示唆する状況を監査手続の実施により識別した場合に適用されるものである。監査人がこうした状況がないと判断すれば，不正リスクに対応するための特別な監査手続は実施されない。したがって，図中左側の「↓ない」の先には，「不正リスクに対応する監査手続の終了」という語句が隠れていると考えることができる。

通じた重要な虚偽表示リスクの識別と評価」で詳細に規定されている。

同委員会報告書の要求事項の構成は，1.リスク評価手続とこれに関連する活動〔第４～９項〕，2.内部統制を含む企業及び企業環境の理解〔第10～23項〕，3.重要な虚偽表示リスクの識別と評価〔第24～30項〕，4.監査調書〔第31項〕である。

1　リスク評価手続とこれに関連する活動

企業および企業環境を理解する最も基本となる情報としては，過年度の監査調書と監査の経験，新規監査契約の締結あるいは監査契約継続の可否を検討する活動段階で入手した情報がある。その他の情報源としては，企業のホームページでのIR情報，決算短信，新聞雑誌等の企業と企業が属する産業のニュースなどが考えられる。

同業他社の情報も，分析的手続を実施する際には必要となる。特に，同業他社の不祥事のニュースを入手した場合，被監査企業に波及していないか否かを見極める必要がある。例えば，異常な売上計上基準がマスコミで話題になれば，被監査企業の売上の会計処理がどうなっているのか，監査人は最低限確認する必要がある。

2　内部統制を含む企業及び企業環境の理解

(1)　企業及び企業環境(内部統制を含む)について理解すべき事項

監査人は，重要な虚偽表示リスクを評価するために，企業及び企業環境を理解する必要がある。企業により理解すべき事項は異なるが，監査基準委員会報告書315 A16項からA38項では，適用指針として「2-1　企業及び企業環境」の見出しのもとに共通的な事項を次の通り示している。

- 産業，規制等の外部要因
- 企業の事業活動等
- 特別目的事業体
- 企業の会計方針の選択と適用
- 企業目的および戦略並びにそれらに関連する事業上のリスク
- 企業の業績の測定と検討

同報告書A39項からA100項では「2-2　内部統制」の見出しのもとに共通的な事項を次の通り示している。

- 内部統制の一般的な性質と特性
- 監査に関連する内部統制
- 内部統制の理解の内容と程度
- 内部統制の構成要素―統制環境，企業のリスク評価プロセス，財務報告に関連する情報システム，統制活動，監視活動

（2） 事業上のリスクの理解

監査・保証実務委員会研究報告第1号「監査ツール」が公表されたことに伴い廃止（2012年6月廃止）された監査・保証実務委員会研究報告第19号「重要な虚偽表示リスクの評価手法」は，事業上のリスクおよび勘定等の特性から識別される固有リスクの例として，**図表7-17**に示す事項をあげている。また，監基報315の付録2では，文章による説明の方法で重要な虚偽表示リスクを示す状況と事象が例示されている。これらの例示は事業上のリスクの理解をするうえで非常に有用である。

〔図表7-17〕事業上のリスクおよび勘定等の特性から識別される固有リスク例

（1） 事業上のリスク		
企業環境	事業上のリスク（固有リスク要因）	固有リスク：影響を受ける勘定等および経営者の主張（アサーション）
景気の後退期： ・販売の低下 ・与信先の業績が悪化	・棚卸資産が滞留	・棚卸資産の過大計上（評価）
	・滞留債権の発生	・貸倒引当金の過小計上（網羅性・評価）
・技術革新のテンポの著しく速い産業	・生産設備の陳腐化 ・遊休資産の発生 ・棚卸資産が陳腐化し販売不能	・減価償却費の計上不足（評価） ・表示の誤り（表示） ・棚卸資産の過大計上（評価）
商慣習が確立していない業界： ・売上計上時点が不明	・従業員による売上代金の着服 ・滞留債権の発生	・売上の早期計上（期間帰属） ・売掛金の過大計上（実在性） ・貸倒引当金の過小計上（網羅

確 ・代金の回収も規則的に行われない		性・評価）
・為替相場の変動が激しい	・先物為替予約や通貨オプション取引などの失敗	・損失計上の先送り（網羅性）
・受注産業，熾烈な受注競争	・裏リベート等の支出	・費用の未計上（網羅性）
・不動産，宝飾品または美術品などが商取引の対象であり，取引価格に必ずしも客観性があるわけではない	・不正取引 ・売上代金の着服	・架空売上，売上の過大計上（実在性）
・顧客が特定少数	・親密な関係が構築できるので，不正が発生する可能性	・全般的な対応が必要となる可能性が高い
・取締役会や監査役の監視機能が十分に機能していない	・経営者や従業員が不正を行う可能性	・この条件だけでは勘定等に結び付く固有リスクを特定できないが，全般的な対応が必要となる可能性が高い
・経営者が積極的な経営方針を掲げ，厳しい販売目標を設定	・従業員が，その圧力に耐えられず，押込販売。滞留債権の発生	・架空売上，売上の過大計上（実在性） ・貸倒引当金の過小計上（網羅性・評価）
・経営者が開示制度の重要性を十分に理解していない	・会計方針の採用につき，適切な判断ができなかったり，会計方針を不適切に変更する	・財務諸表全体の適正表示に影響

（2）勘定等の特性

勘定等の特性	固有リスク
現金や有価証券は盗難，横領の可能性が高い	・現金・有価証券の過大計上 ・損失の未計上

資産の評価や引当金の計上は，経営者の見積りや判断を必要とする	・実際の商取引に基づく会計記録より虚偽表示の生じる可能性が高い

図表７-17は，企業環境から影響を受けて発生する事業上のリスク，それが財務諸表にどのような影響を与えるか，事業上のリスクが発生することによって，固有リスクが勘定・取引・開示等およびアサーションを脅かすものとして顕在化することを示したものである。

経営者の主張を監査要点として利用することとされているので，これらのリスクに関連する監査要点を右側の括弧内に示すことで，図表７-17は重要な虚偽表示リスクの整理に役立つように配慮されている。

(３) 内部統制の理解

監査人は，監査に関連する内部統制を理解しなければならない。内部統制の理解において，内部統制の整備状況として，①内部統制のデザインの有効性，および②デザインされた仕組みが実際に業務に適用されているかの判断を行い，監査人は，内部統制の有効性の暫定的評価を行う。内部統制の有効性の暫定評価の検証は，監査の実施段階で通常，実証手続に先駆けて実施する運用評価手続によって行われる。内部統制の理解とは企業レベルでの内部統制，暫定評価の検証は活動レベルでの内部統制が対象になると理解しておけばよい。

① 内部統制を理解する目的

監査人が内部統制を理解する目的には，下の事項が含まれる。

発生する可能性のある虚偽表示の種類を明確にする。

・重要な虚偽表示リスクに影響を与える要因を検討する。

・リスク対応手続，その実施の時期および範囲を立案する。

内部統制に依拠した実証手続を実施するか否かにかかわらず，監査人は，監査に関連する内部統制について理解しなければならない。

② 監査に関連する内部統制

通常，監査に関連する内部統制は，一般に公正妥当と認められる企業会計の基準に準拠して，財務諸表の信頼性を確保する目的と財務諸表に重要な虚偽表示を生じさせる可能性のあるリスクの管理に関係するものである。監査上必要な内部統制の評価対象は，内部統制の目的のうち主として財務諸表の信頼性に関連する部分である。

財務諸表監査とは直接関連しない内部統制については，検討する必要はない。この点について，監査人は，効率的な監査を行うために，常に意識しておくことが必要である。

③　内部統制の限界

監査人は，内部統制の限界として，担当者の熟練度不足による判断の誤りや単純ミス，担当者の病気等による一定期間の統制機能の停止，共謀による無効化，経営者等統制の要になる人による無視等により，その効果がなくなる可能性を常に考慮する必要がある。内部統制は，運営する人の要素により影響を受けやすい仕組みであるといえる。

④　ITにより自動化された内部統制

ITにより自動化された内部統制については，必要に応じてITの専門家の支援を得て内容を理解することが必要である。

⑤　内部統制の構成要素

内部統制の構成要素についての概略は，第１章で説明した。詳細な内容は，監査基準委員会報告書315の付録１に説明されている。

(４)　企業及び企業環境を理解するためのリスク評価手続

監査基準委員会報告書315「企業及び企業環境の理解を通じた重要な虚偽表示リスクの識別と評価」第５項では，企業及び企業環境を理解するためのリスク評価手続として，①経営者やその他の企業構成員への質問，②分析的手続，③観察および記録や文書の閲覧があげられている。

3　重要な虚偽表示リスクの識別と評価

監査人は，以下の手順に従い，重要な虚偽表示リスクの評価を行う。

- 虚偽表示リスクに関連する企業及び企業環境（内部統制の整備を含む）を理解する過程を通じて，また，取引，勘定残高，開示等を検討することにより，虚偽表示リスクを識別する。
- 識別した虚偽表示リスクが，財務諸表全体レベルの虚偽表示リスクか，アサーション・レベルの虚偽表示リスクかを検討する。
- 当該虚偽表示リスクが財務諸表に与える影響の度合い（影響度）を検討する。
- 当該虚偽表示リスクが財務諸表の重要な虚偽表示につながる可能性（発生可能性）を検討する。

(1)　財務諸表全体レベルの重要な虚偽表示リスク

財務諸表全体レベルの重要な虚偽表示リスクは，財務諸表全般に広く関わりがあり，アサーション・レベルの多くに潜在的に影響する重要な虚偽表示リスクである。それは，特定のアサーションに必ずしも結びつけられるものではなく，アサーション・レベルにおける重要な虚偽表示リスクを増大させる。

例えば，事業上の理解で識別した固有リスクのうち，以下のような企業環境に影響を受けて発生する事業リスクは，財務諸表全体レベルの重要な虚偽表示リスクにつながる可能性が高い。

- 顧客が特定少数の場合に親密な関係が構築され，架空取引等の不正が発生する。
- 経営者が財務報告の開示制度の重要性を十分に理解していない場合に，会計方針の採用や継続性に問題が発生する。

これらの発生可能性の判断に際しては，これらの状況を緩和する内部統制の整備を考慮した上で，重要な虚偽表示リスクの暫定的評価につなげる。

〔図表7-18〕リスク評価手続とリスクの暫定評価

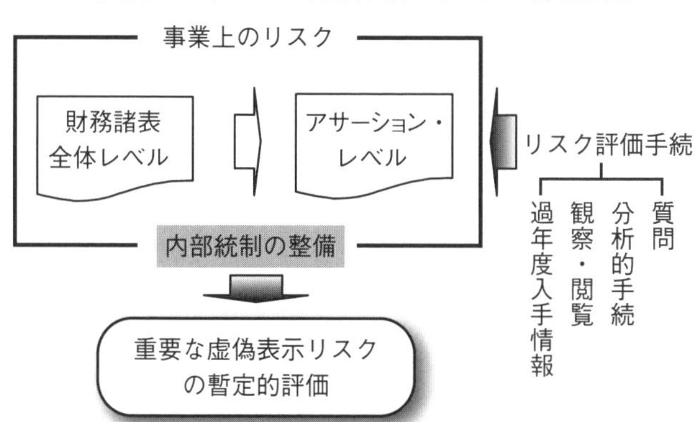

(2) アサーション・レベルの重要な虚偽表示リスク

① 財務諸表構成項目ごとの取引，残高，開示

アサーション・レベルの重要な虚偽表示リスクは，特定の取引，勘定残高，開示等およびこれらに関連するアサーション（実在性，網羅性等）にかかわる重要な虚偽表示リスクである。

例えば，事業上の理解で識別した固有リスクに対して，その発生を防止,発見，是正する内部統制の有無を確認し，その有効性を暫定的に評価した上で重要な虚偽表示リスクの程度が暫定的に決定される。

評価した重要な虚偽表示リスクの程度にかかわらず，重要な取引，勘定残高，開示等の各々に対する実証手続は，常に実施されなければならない。例えば，現金預金，借入金，売掛金，売上高，買掛金，棚卸資産，売上原価等は，重要な虚偽表示リスクの発生可能性が高いと考えられるので，常に実証手続の実施の対象となる（監基報330：第17項）。

② 特別な検討を必要とするリスク

特別な検討を必要とするリスクは，重要な虚偽表示リスクの質的側面を重視したものであり，すべての監査で存在する。監査人は，リスク評価の一環として識別した重要な虚偽表示リスクの中から，特別な検討を必要とするリスクを監査人の職業的専門家としての判断により決定しなければならない。その詳細は，監査基準委員会報告書315第26項から28項に規定されている。特徴は，内部統制を考慮しないで，次の内容を検討して決定する点にある。

（a） リスクの性格

（b） 潜在的な虚偽表示が及ぼす影響の度合い

（c） リスクの発生の可能性の程度

リスクの性格については，次の各項目を検討しなければならない。

・不正のリスクであるか。
・特別の配慮を必要とするような最近の重要な経済，会計またはその他の動向と関連があるか。
・取引が複雑であるか。
・関連当事者との重要な取引に係るものか。
・リスクに関連する財務情報の測定における主観的な判断によるものか（特に広範囲にわたって測定に不確実性がある場合）。
・企業の通常の事業活動外の取引または通例でない取引のうち重要な取引に係るものであるか。

例えば，重要な非定型的取引（金額的または質的に通常の取引とは異なる取引）および経営者の判断に依存している事項（例えば会計上の見積り）は，特別な検討を必要とするリスクに該当することが多い。

マメ知識７－５

「特別な検討を必要とするリスク」

平成17年の監査基準の改訂では，事業上のリスクへの配慮，財務諸表全体レベルでのリスク評価，監査手続の用語の改正，特別な検討を必要とするリスクへの対応が行われた。特別な検討を必要とするリスクへの対応については国際監査基準でも規定（significant risks）がある。それは繰延税金資産に関する監査判断，IT業界における不透明な収益認識基準が社会的に問題になったことを受けて，規定化されたものである。監査基準の改訂についての前文も精読する必要がある。

(３)　監査チーム内での討議

財務諸表に重要な虚偽表示が含まれる可能性について，監査チーム内で討議することが求められる。情報を共有するためであり，通常，討議は会議形式で行われる。しかし，討議の目的を果たせるのであればその他の方法でも実施可能である。参加者は監査チームの主要メンバーのほかに，IT 等の専門家の参加の検討が必要となる。

この討議の効果としては，次の点があげられる（監基報315：A14項参照）。

- 監査責任者を含む，経験豊富な監査チームメンバーの企業に関する知識と洞察力を共有すること
- 企業が直面している事業上のリスク，及び不正又は誤謬による重要な虚偽表示が財務諸表のどこにどのように行われる可能性があるかについて意見交換すること
- 担当する特定の領域において，財務諸表の重要な虚偽表示が行われる可能性があるかどうかをより良く理解すること，並びに，実施する監査手続の結果が，実施するリスク対応手続の種類，時期及び範囲の決定を含む監査の他の局面にどのように影響を及ぼすことがあるかについて理解すること
- 監査の過程を通じて入手した重要な虚偽表示リスクの評価，又はリスク対応手続に影響を及ぼすことがある新しい情報を伝達し共有すること

(４)　リスク評価の修正

①　財務諸表全体レベルの重要な虚偽表示リスクの評価の修正

監査人は，監査の実施過程において，広く財務諸表全体に関係し特定のアサーションのみに関連づけられない重要な虚偽表示リスクを新たに発見した場合および当初の監査計画における全般的な対応が不十分であると判断した場合には，当初の監査計画を修正し，全般的な対応を見直して監査を実施しなければならない。

②　アサーション・レベルの重要な虚偽表示リスクの評価の修正

監査人は，監査の実施過程において，運用評価手続の実施により，アサーシ

ョン・レベルの重要な虚偽表示を防止，発見，是正する内部統制が有効に運用されていないという監査証拠を入手することもある。このように当初の評価に基づく監査証拠とは矛盾する監査証拠を入手した場合，監査人は，アサーション・レベルの重要な虚偽表示リスクの評価を修正し，立案した実証手続を変更して実施しなければならない。

4　監査調書

監査人は，次の事項を監査調書に記載しなければならない（監基報315：第31項）。

(1)　監査チーム内での討議（第９項）及び重要な結論
(2)　企業及び企業環境の各々の事項（第10項）と内部統制の各構成要素（第13項から23項）に関し理解した主な内容，理解に当たって利用した情報の情報源，及び実施したリスク評価手続
(3)　識別し評価した財務諸表全体レベルの重要な虚偽表示リスクとアサーション・レベルの重要な虚偽表示リスク（第24項）
(4)　第26項から29項（特別な検討を必要とするリスク）で要求される事項により識別したリスク及びそのリスクに関連して監査人が理解した内部統制

Ⅶ　リスク対応手続と監査基準委員会報告書330

リスク対応手続とは，監査人が監査リスクを合理的に低い水準に抑えるために，暫定的に評価したアサーション・レベルの重要な虚偽表示リスクに対応して実施する監査手続をいう。リスク対応手続は，監査基準委員会報告書330「評価したリスクに対応する監査人の手続」で詳細に規定されている。

同報告書の要求事項の構成は，1.全般的対応〔第４項〕，2.評価したアサーション・レベルの重要な虚偽表示リスクに応じた監査手続〔第５～22項〕，3.表示および開示の妥当性〔第23項〕，4.入手した監査証拠の十分性及び適切性の評価〔第24～26項〕，5.監査調書〔第27～29項〕である。

1　全般的な対応

監査人は，財務諸表全体レベルの重要な虚偽表示リスクが識別された場合には，全般的な対応を立案し実施しなければならない（同：第４項)。全般的な対応については例えば，以下の事項が含まれる（同：Ａ１項)。

●監査チームメンバーが職業的懐疑心を保持していること

●豊富な経験を有するまたは特定分野における専門的な知識若しくは技能をもつ監査チームのメンバーの配置，専門家の利用

●監査チームのメンバーへの指導監督の強化

●実施するリスク対応手続の選択では，企業が想定しない要素の組込

●実施すべき監査手続の種類，時期及び範囲の変更（実証手続実施の基準日を期末日前から期末日へ変更，より確かな心証を得られる監査証拠を入手できる監査手続への変更）

このうち，被監査会社が想定しない監査手続とは次の通りである。

・事前予告なしの有形物，有価物の全数実査

・監査計画で決めた事業場以外の場所への往査

・特定の銀行や取引先への取引および残高の同時確認

予定外の時期の監査の実施も有効である。例えば，監査終了後すぐに翌期の処理あるいは後日の回収・支払等決済について監査を計画することなどである。この場合には，企業は対応の準備ができないため，不正，誤謬等を発見できる可能性が高い。

全般的な対応の対象となる重要な虚偽表示リスクとしては，以下のようなものがある。

●連結すべき子会社が連結範囲に含まれていない。

●重要な契約債務があるが，その内容の把握，網羅性，将来にわたる経営成績と財政状態への影響についての分析ができていない。

●企業が買収の対象となる可能性があるが，対応策に法令遵守ができていない。

●オーナー経営者の引退とそれに伴う役員退職慰労金の支給が巨額になる可能性があるが資金手当て，決算への影響分析等ができていない。

〔図表7-19〕リスク対応手続

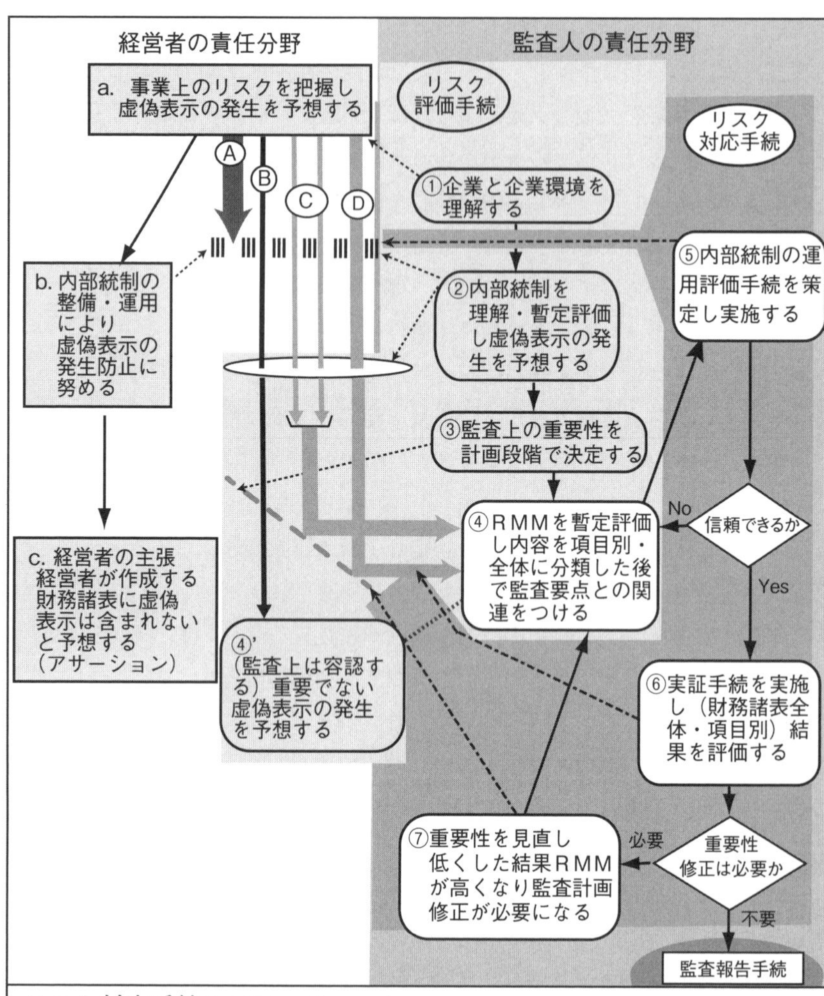

リスク対応手続のフローチャート

⑤　監査計画に従い内部統制の運用評価手続を実施する。当初の想定よりも内部統制の信頼度が低ければ，再度④に戻って RMM を再検討し監査計画を見直す。信頼できれば⑤へ進む。

⑥　当初暫定評価したRMMの評価を確定させ，項目別に実証手続（分析的手続/詳細テスト）を実施する。なお，財務諸表全体レベルのRMMはより慎重な手続が必要となる。また⑤を省略してRMM評価の後，直ちに実証手続を実施するケースもある。

⑦　分析的実証手続等を実施して，重要性の基準値の修正が必要かどうか判断し必要であれば重要性の基準値の見直しを行い，重要性の基準値が小さくなれば，RMMは高くなる。

この結果を受けて④のプロセスに戻ってRMMを再評価する。重要性の基準値の修正が不要であれば監査報告手続に進む。

●期末間際に子会社買収があった場合の詳細把握と効力発生の時期および開示が十分できていない。
●次期以降の決算に重要な影響を与える後発事象が発生するおそれがあるが，その分析が経営者によって十分にはなされていない。

2　アサーション・レベル（取引種類，勘定残高，開示等）の重要な虚偽表示リスクに対応して実施する監査手続

監査人は，評価したアサーション・レベルの重要な虚偽表示リスクに応じて，リスク対応手続，その実施の時期および範囲を立案し実施しなければならない。その際，リスク対応手続で検討すべき項目は，次のように記載されている（同：第6項）。

> 監査人は，リスク対応手続の立案に当たって，以下を実施しなければならない。
> (1)　取引種類，勘定残高，開示等の各々について，評価したアサーション・レベルの重要な虚偽表示リスクの根拠を，以下の事項を含めて考慮すること
> ①　関連する取引種類，勘定残高，開示等に係る特性に起因する重要な虚偽表示の発生可能性（固有リスク）
> ②　関連する内部統制を勘案しているか（統制リスク）。すなわち，実証手続の種類，時期及び範囲の決定において，有効に運用されている内部統制への依拠を予定しているか。この場合には，内部統制の運用状況が有効であるかどうかを判断するための監査証拠を入手することが必要である。
> (2)　評価した重要な虚偽表示リスクの程度が高いほど，より確かな心証が得られる監査証拠を入手すること

監査人は，アサーション・レベルの重要な虚偽表示リスクに対応するために，①運用評価手続，②実証手続からなるリスク対応手続を実施する。

監査人は，運用評価手続を実施するだけで，特定のアサーションに係る重要な虚偽表示リスクに効果的に対応することが可能と判断する場合がある。一方，当初のリスク評価の過程から，内部統制の影響を考慮しないで実証手続のみを実施することが適切な対応と判断することもある。この場合には十分な検討が必要である。

a） **運用評価手続**

監査人は，リスク評価において内部統制が有効に運用されていると想定して依拠する場合，また，実証手続だけではアサーション・レベルにおいて十分かつ適切な監査証拠が入手できない場合，運用評価手続を実施する。運用評価手続は，内部統制の有効性の想定に対して裏づけを入手する手続である。

逆に，監査人は，ある特定の監査要点について，内部統制が存在しない，あるいは有効に運用されていない可能性が高いと判断した場合，内部統制に依拠することなく，実証手続により十分かつ適切な監査証拠を入手しなければならない。

●リスク評価において内部統制が有効に運用されていると想定し依拠する場合

監査人は，実証手続に先駆けて，あるいは同時に（二重目的テスト）運用評価手続を実施し，監査対象期間において内部統制の有効性が当初の計画時点での予想と同じかそれ以上であることについての裏づけ（心証）を得ることが必要となる。

例えば，月次の予算と実績の比較管理であれば，以下のような内部統制のデザインと業務への適用が考えられる。

●実証手続だけでは，アサーション・レベルにおいて十分かつ適切な監査証拠が入手できない場合

監査人は，関連する内部統制の運用状況の有効性に関する監査証拠を入手するために，運用評価手続を実施しなければならない。例えば，定型的な日々の取引において，ほとんど手作業を介在させない高度な自動化処理が行われる場合には，利用可能な監査証拠の十分性と適切性は，正確性と網羅性に対する内部統制の有効性に依存する。このため，実証手続のみでは重要な虚偽表示がないという十分かつ適切な監査証拠を入手できないと結論づけることがある。

b） **実証手続（分析的実証手続と詳細テスト）**

実証手続は，**分析的実証手続**と取引，残高，開示等に関する**詳細テスト**の2つに分類される。監査人は実証手続の適用にあたっては，①実証手続の種類（実査か，立会か，確認か），②実施時期（期末日前を基準日とするか期末日を基準日とするか），ならびに③範囲（例えばサンプル数）を決めなければならない。

ⅰ）**分析的実証手続**は，一般に，取引量が多く予測可能な取引に対して適用される。例えば，企業の資金調達利率が明確な場合に，借入金の月次平均残高と支払利息の関係を利用して支払利息の計上額の妥当性を確認する（分析的実証手続に関しては第９章Ⅶ節３参照）。

月次で翌月10日までに １．管理会計のシステムで部門別の予算と実績比較表を一定の様式で作成 ２．管理部門で内容確認，承認された後に業績に責任を負う各部門に配布 ３．各部門で予算実績の差異を分析，責任者の承認と管理部門への再提出 ４．管理部で企業全体の月次管理資料としてまとめ，関係者へ配布 ５．月次経営会議で内容の分析，対応策の検討と立案及び実施計画の策定を実施する内部統制の仕組が考えられる。
この場合の運用評価手続は，
１．運用評価手続実施の時期の直前月までの任意の１カ月を選択 ２．月次経営会議の議事録を閲覧し会議の日付と署名の確認 ３．経営会議議事録に添付された予算・実績差異分析表等の閲覧 ４．予算・実績対比表の管理部門責任者・各部門責任者の承認の確認 ５．月次経営会議の内容についての経営者又は部門責任者への質問 等を実施し，業績の評価手続（業績のモニタリング）が機能していることについての心証を得る。

ii）**詳細テスト**は，通常，実在性や評価の妥当性等の経営者の主張に関する監査証拠，すなわち証明力が強い監査証拠を入手する場合に計画され実施される。

詳細テストとしては，記録や文書の閲覧，質問や確認のほか，有形資産の実査や再計算等の監査の手法としての監査手続が用いられる。

監査人は，実証手続として，①分析的実証手続だけを実施するか，②詳細テストだけを実施するか，または③詳細テストと分析的実証手続を組み合わせて実施するかを慎重に計画し実施する。

実在性または発生という監査要点に関連する実証手続を立案する場合，監査人は，財務諸表計上額と照合済みの総勘定元帳からサンプルを抽出し，会社の通常の処理の手続を遡る形で証憑書類の閲覧，照合により適合する監査証拠を入手する**遡及法**を用いる。

一方，網羅性という監査要点に関連する実証手続を立案する場合，監査人は，注文書あるいは契約書などの証憑書類からサンプルを抽出し，それが総勘定元帳を経由して財務諸表に計上されていることを確かめる**前進法**を用いる。例えば，監査人は，期末日後の出金に関する記録を閲覧し，買掛金への計上漏れがないかどうかを判断する。遡及法と前進法を示したのが，**図表7-20**である。

〔図表7-20〕 遡及法と前進法

財務諸表作成プロセスに関する実証手続については，監基報330に特別の取り扱いが定められている（同：第19項）。

> 財務諸表作成プロセスに関連する実証手続に，以下の手続を含めなければならない。
> (1) 財務諸表とその基礎となる会計記録との一致又は調整内容を確かめること
> (2) 財務諸表作成プロセスにおける重要な仕訳及びその他の修正を確かめること

決算修正仕訳の起票から会計システムへの入力（または転記）は，通常の取引の仕訳とは異なり，特別の承認方法と入力（または転記）方法がとられる。時には，精算表に直接転記して財務諸表を作成し終えてから，後日，会計システムに入力（または転記）することなどがあるため，特別に注意を要する業務プロセスとして考えるべきである。決算修正仕訳および追加の修正仕訳に対して実施する監査手続は，決算プロセスの複雑さおよび関連する重要な虚偽表示リスクに対応して決定するが，かなり広い範囲で詳細テストを実施することが多い。監査人が修正を求めた事項は，原則，すべてテストの対象となる。

3 二重目的テスト

特定のアサーションの詳細テストを計画する場合に，運用評価手続と同時に，同じサンプルを用いて当該項目の監査要点（①実在性，②網羅性，③権利と義務，④評価の妥当性，⑤期間配分の適切性，⑥表示の妥当性）を確かめる実証手続を計画することがある。この場合には，内部統制が有効に運用されているかどうかを確認できると同時に，対象となる取引等の監査要点が立証されることとなる。このように，２つの目的を一度に満たすように計画された監査手続を**二重目的テスト**と呼ぶ。

例えば，交際費の管理について，部長による事前承認という内部統制が実際に運用されているか確かめる運用評価手続と，交際費の取引の実在性を確かめる詳細テストを同時に実施する場合である。

〔図表７-21〕二重目的テストの監査手続の例

監査手続
１．特定期間の総勘定元帳に計上されている交際費を母集団としてサンプルを抽出する ２．稟議書による部長の事前承認，適切な証憑の添付と保存を確かめる（運用評価手続） ３．稟議書，請求書，出金伝票，領収書の査閲により，交際費の支出目的，交際相手，接待内容，日時，を確認して，当該費用が企業経営のために必要な費用であり実際に発生したものであることを確かめる（詳細テスト） ４．必要に応じて，支出当事者あるいは部長に直接質問して交際費支出の経緯と内容について確認することも実証手続として有効である

上の手続２．では，サンプルに占める部長の事前承認がない稟議書の割合（内部統制の逸脱率）により，内部統制の運用状況の有効性を判断する。手続３．では，交際費が処理月に実際に発生しており，適切に記帳処理が行われていたかどうかを判断する。手続４．は，手続２．および３．の結論を補強するものとなる。なお二重目的テストは，それぞれのテストの目的を別々に考慮して，立案され，評価される（同：A22項）。

4　特別な検討を必要とするリスク

識別し評価した重要な虚偽表示リスクのなかで特別な監査上の検討を必要とするリスクであると判断した項目（例えば，会計上の見積や収益認識等，不正の疑いのある取引，関係当事者で行われる通常でない取引など）については，監査人は，そのリスクに個別に対応する実証手続を実施しなければならない。特別な検討を必要とするリスクに対しては，運用評価手続を実施せず実証手続のみを実施する場合，詳細テストだけを実施するか，または詳細テストと分析的実証手続を組み合わせて実施しなければならず，分析的実証手続のみによることは認められない。この点は注意を要する。

特別な検討を必要とするリスクへの対応のポイントは，より証拠力の強い監査証拠の入手にある。対象となる特別な検討を必要とするリスクの防止または発見のための内部統制が整備，運用されている場合には，運用評価手続を実施し，内部統制が有効と判断されれば重要な虚偽表示リスク評価を低くする対応も必要となる。

5　監査の実施により識別した虚偽表示の検討

監査手続が完了した段階で，発見・識別した虚偽表示を集計し，監査の基本的な方針及び詳細な監査計画修正の要否を判断する。

修正が必要な場合は次のとおりである（監基報450：第５項）。

(1)　識別した虚偽表示の内容とその発生状況が他の虚偽表示が存在する可能性を示唆しており，それらを合算した際に重要な虚偽表示となり得る他の虚偽表示を示唆している場合

(2)　監査の過程で集計した虚偽表示の合計が，監査基準委員会報告書320に従って決定した重要性の基準値に近づいている場合

マメ知識７－６

国際監査基準のあゆみ

国際会計士連盟IFAC（International Federation of Accountants; IFAC）は1977年10月に49カ国，63の会計士団体が集まって創設され，現在（2016年２月），130カ国175の会計士団体が加入している。IFACの創設の目的は，『統一的基準を持ち，協調し合った全世界の会計専門職を発展させ，その質の向上を図る』ことにある。これを受けて，IFACはすでに30年前から，国際ファイナンスに用いる監査基準の設定に努力してきた。

第１期（80年代）：監査の国際的ガイドライン（指針）の公表

まず，国際的な監査基準の公表はIFAC常任理事会の下部組織である国際監査実務委員会（International Auditing Practice Committee: IAPC）が担当した。IAPCは1979年７月『IFACの公表する監査の国際的ガイドラインに関する趣意書』を公表し，1980年１月 IAG（International Auditing

Guideline: IAG）1『財務諸表監査の目的と範囲』を公表，1990年7月にIAG29『固有リスク及び内部統制リスクの評価と実証手続に対する影響』の計29の監査の国際的ガイドラインを公表した。最後のガイドラインでは，監査の手法にリスク・アプローチをとり入れた。この期間に公表された意見書は，性格がガイドラインであり，基準としての権威は希薄であった。

第2期（90年代）：IAG集成・統合化（codification project）

10年間にわたり，IAPCが公表した29本のIAGは，IAG間での内容の重複，使用する用語の不統一が判明した。そこで，IAPCは，名称をIAGからIAS（International Auditing Standard: IAS）に名称を変更し，監査基準の内容を対象項目別（subject matter number）に組み替え，用語の統一・様式の統一化をし，基準の内容についてブラック・レタリング（太文字化：should）を行い，1994年6月にCodificationを公表した。Codification化とは，1冊の本としてまとめることを意味する。

第3期（2000年代）：IASの理解可能性を明快にすること（clarity project）

2002年，IAPCは,国際監査・保証基準審議会（International Auditing and Assurance Standards Boards: IAASB）に組織再編を行った。この期間に，IAASBが推し進めたプロジェクトは，財務諸表監査の目的を明確化し，各基準書の目的を設定，監査人に課されている義務を明確化し，文章を改善し，IASを組み替えて読みやすくし，IASの理解可能性を高めることにあった。

この結果，国際監査・保証基準審議会は次のようなことをした。

- 19本のIASと品質管理基準を組み替え（redrafted）
- 16本のIASは改訂（revised）・組み替え（redrafted）
- 2本のIASの公表
- 2本のIASを1本のIASへの合体化

2009年，証券監督者国際機構（International Organization of Securities Commissions: IOSCO）は「国際監査基準に関する声明」を公表して，各国の証券規制当局に対し，①クロスボーダーでの証券の公募・上場におけるISAに基づく監査の受入れ，②国内向けの監査基準設定にあたってISAの考慮を促進する声明を発表した。

一方，わが国の監査基準の原型は，企業会計審議会が1956（昭和31）年，監査基準，監査実施準則の改訂と監査報告準則の新設を公表した時に始まる。この体系を離脱したのは，2002（平成14）年の監査基準の改訂であった。この改訂では，国際監査基準の動向をとり入れ，監査基準の体系を基本原則と個別原則に分け，各準則がJICPAの監査実務指針（監査基準委員会報告書）にゆだねられることになった。その後の改訂は，国際監査基準との調整にあった。そして，2011（平成23）年，JICPAの監査実務指針は国際監査基準の内容を参考にして書き換えられた。わが国の監査の基準にIFACの考え方をとり入れる理由は，企業会計審議会が置かれている金融庁がIOSCOの加盟機関であること，JICPAがIFACの会員であることによる。

第 8 章　実施基準と試査

Summary

- 監査人が十分かつ適切な監査証拠を入手する方法には，項目の抽出を伴う方法と項目の抽出を伴わない方法がある。
- 項目の抽出を伴う方法には，精査と試査がある。
- リスク対応手続において，内部統制の運用評価手続あるいは詳細テストを実施する際に利用する方法は項目の抽出を伴う方法であり，分析的実証手続を実施する際に利用する方法は項目の抽出を伴わない方法である。
- 内部統制の運用評価手続においては，試査に基づく監査手続を実施し，通常，精査を採用しない。
- 詳細テストにおいては，原則として試査に基づく監査手続を実施するが，例外的に精査を採用することもある。そして，試査が原則として採用される理由は 4 つある。
- 試査には，監査サンプリングによる試査と特定項目抽出による試査がある。両者は主に項目の抽出方法，結論の形成方法，母集団に関して誤った結論を形成するリスクの点で異なる。
- 監査サンプリングによる試査を利用する場合には，内部統制の運用評価手続と詳細テストがあるが，①監査サンプリングの立案，②サンプルの抽出と監査手続の実施，③内部統制の逸脱率と虚偽表示額の推定，④結果の評価といった 4 つのステップに分けて考える。
- 監査サンプリングによる試査は，サンプルとして抽出されない項目に対して監査手続を実施しなくても，推定を経て母集団全体に対する結論を形成できる。
- 特定項目による試査は，通常，詳細テストにおいて利用するが，母集団の中から特定項目として抽出されない残余部分に関する監査証拠を提供しない。母集団全体に対する結論は，通常，当該残余部分に対して分析的実証手続等を実施し，その結果と総合的に勘案して判断する。

（注） 監査の基本的な用語である「重要な虚偽表示」，「重要な虚偽表示リスク」について，監査基準では「重要な虚偽の表示」，「重要な虚偽表示のリスク」と表現されている。他方，監査基準委員会報告書では「重要な虚偽表示」「重要な虚偽表示リスク」と表現されている。本章は主に監査基準委員会報告書の内容を解説していることから，監査基準の引用以外は，「重要な虚偽表示」，「重要な虚偽表示リスク」を用いて解説する。

財務諸表監査の目的は，監査人が財務諸表の適正性について意見を表明することにある。監査基準第三 実施基準一 基本原則3は，財務諸表に対する適正性意見を形成するための論理構造として，経営者が提示する財務諸表項目に対して監査要点を設定し，監査要点に適合した**十分かつ適切な監査証拠**を入手し，財務諸表全体に関する自己の意見を形成するに足る基礎を得ることを求めている。

本章では，意見表明の基礎となる十分かつ適切な監査証拠の入手方法について説明する。本章に関連して，監査基準委員会報告書500「監査証拠」および監査基準委員会報告書530「監査サンプリング」が公表されている。

最初に，本章を理解する上で必要となる用語を定義しておくことにする。

母集団：監査人が項目を抽出し，結論を導き出そうとする項目全体をいう（監基報530：第4項(5)）。例えば，保管されている小切手一式，納品書の綴り，注文請書の綴り，売掛金の得意先別補助元帳や買掛金の仕入先別補助元帳などがある。

項　目：監査人が監査手続を適用する具体的な対象となるものをいう。例えば，預金入金票に記載されている小切手，銀行取引明細書の入金取引，請求書，納品書，注文請書，貸付先や取引先ごとの債権・債務の残高のような金額単位などがある。

なお，試査の種類によって監査手続を適用する対象となる項目の呼称が異なる。監査サンプリングによる試査では，母集団を構成する個々の項目をサンプリング単位といい，母集団から監査手続を適用する具体的な対象として抽出する項目をサンプルという。特定項目抽出による試査では，母集団を構成する個々の項目について固有の呼称はないが，母集団から監査手続を適用する具体的な対象として抽出する項目は特定項目という。

Ⅰ　十分かつ適切な監査証拠の入手方法

監査人は，意見表明の基礎となる十分かつ適切な監査証拠を入手するために監査手続を立案し，実施する。

十分かつ適切な監査証拠の入手方法は，項目の抽出を伴う方法と項目の抽出を伴わない方法に分かれる。監査手続の実施対象である母集団に対して，監査の手法としての監査手続をどのように適用するかによって，十分かつ適切な監査証拠の入手方法をフローチャートで示すと**図表８－１**のように体系的に分類できる。

財務諸表監査で実施されるリスク対応手続には，内部統制の運用評価手続と実証手続（詳細テスト，分析的実証手続）がある。監査人が内部統制の運用評価手続あるいは詳細テストを実施する際に利用する方法は，項目の抽出を伴う方法である。一方，分析的実証手続を実施する際に利用する方法は，項目の抽出を伴わない方法である。

１　項目の抽出を伴う方法

図表８－１の**項目の抽出を伴う方法**とは，監査人が監査手続の実施対象である母集団から項目を抽出し，個々の項目を詳細に調査する方法である。

項目の抽出を伴う方法は，監査人が母集団からどの範囲で項目を抽出するかによって，（１）**精査**と（２）**試査**に分類され，監査手続の対象項目の抽出方法には，以下のものがある。

（１）　精査

（２）　試査

①　監査サンプリングによる試査

ａ）統計的サンプリング

ｂ）非統計的サンプリング

②　特定項目抽出による試査

〔図表８－１〕十分かつ適切な監査証拠の入手方法の体系

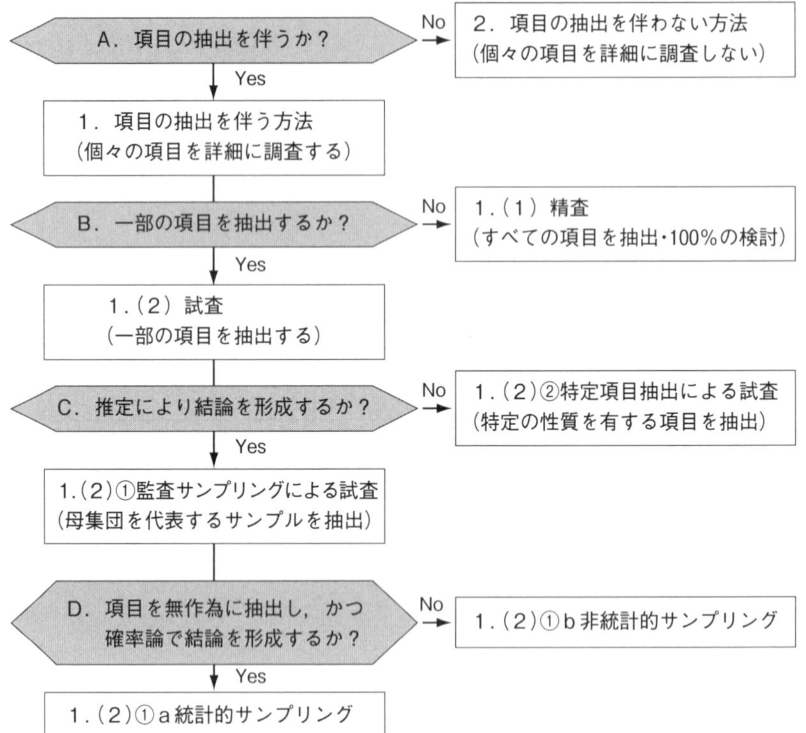

監査人は，リスク対応手続において，内部統制の運用評価手続および詳細テストを立案する際には，監査手続の対象項目について監査手続の目的に適う有効な抽出方法を決定しなければならない。

監査手続の対象項目を抽出するという点では各方法に違いはないが，これらの方法のうちどの方法またはどのような組合せが適切かどうかは，特定の状況によって異なる。例えば，それはアサーションに関連する重要な虚偽表示リスクやそれぞれの方法の実行可能性と効率性などによる。

内部統制の運用評価手続においては，試査に基づく監査手続を実施し，通常，精査を採用しない。詳細テストにおいては，原則として，試査に基づく監査手続を実施するが，例外的に精査を採用することもある。なお，監査手続の対象項目の抽出に当たっては，監査人が監査証拠として利用する情報の信頼性を検討していることが前提となることに留意する。これは，監査人が十分かつ適切な監査証拠を入手することを求められていることによる。

第7章で説明したように，監査証拠の適切性は，監査証拠として利用する情報の適合性と監査証拠の証明力で構成され，当該証明力は監査証拠として利用する情報の信頼性の程度に依存するからである。監査人は，当該情報が監査の目的に照らして十分に信頼性を有しているかどうかを評価しなければならないが，この監査人による評価には，以下の2点が含まれる。

- 企業が作成した情報の正確性および網羅性に関する監査証拠を入手する
- 企業が作成した情報が監査の目的に照らして十分に正確かつ詳細であるかどうかを評価する

(1) 精　　査

精査（100%の検討）とは，特定の監査手続の実施に際して，取引種類または勘定残高を構成している項目の母集団全体について，そのすべての項目を抽出して監査手続を実施することである（監基報（序）：用語集 No. 157）。

精査は，内部統制の運用評価手続には通常適用しない。しかし，精査は，詳細テストにおいては用いられることがある。

十分かつ適切な監査証拠を入手するうえでは，以下のように，精査が費用対効果の高い方法である場合には，例外的に精査が適合する状況も想定される（監基報500「監査証拠」：A53項）。

●母集団が少数の金額的に大きい項目から構成されている場合

一般的に，土地や建物といった不動産は，固定資産として事業に供される資産であり，その売却は頻繁に行われるものではないが，売却されるとなるとその金額は大きくなることが多い。

例えば，年に3件しか不動産の売却取引がなく，いずれの取引も金額的に重要性が大きい場合には，不動産の売却取引という母集団から，乙工場，B店舗，F店舗の3件の売却取引すべてを抽出して監査手続を実施することが想定される（**図表8-2**）。

●特別な検討を必要とするリスクが存在する場合で，精査以外の他の方法では十分かつ適切な監査証拠を入手することができない場合

〔図表８－２〕精査の概念図

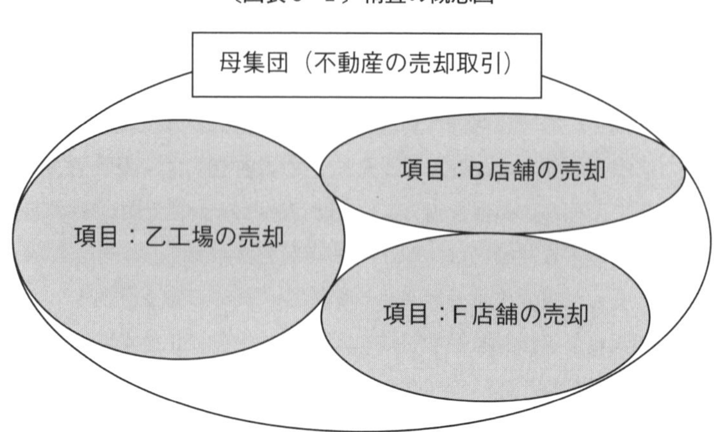

- 情報システムによって自動的に行われる反復的な性質の計算等，精査が費用対効果の高い方法である場合

(2) 試　査

試査とは，特定の監査手続の実施に際して，母集団からその一部の項目を抽出して，それに対して監査手続を実施することである（監基報（序）：用語集No. 112）。

試査は，母集団を構成する項目のうち，どのような項目を抽出するかによって，**①監査サンプリングによる試査，②特定項目抽出による試査**に分類される。一部の項目しか抽出しないという点では，両者に違いはない。

①　監査サンプリングによる試査

監査サンプリングによる試査とは，監査人が監査対象となった母集団全体に関する結論を導き出すための合理的な基礎を得るため，母集団の特性（特徴）を代表すると期待できるサンプルを抽出する方法，つまり母集団内のすべてのサンプリング単位に抽出の機会が与えられるような方法によって，母集団から一部（100％未満）の項目をサンプルとして抽出し，監査手続を実施することである（監基報530「監査サンプリング」：第４項(1)）。

監査サンプリングの目的は，サンプルが抽出される母集団について，監査人が結論を導き出すための合理的な基礎を得ることにあるので，監査人は，母集団の特性を表すサンプルを選ぶことにより，偏向が回避された代表的なサンプルを抽出することになる（同：A12項）。

監査サンプリングによる試査には，**ａ．統計的サンプリング**，**ｂ．非統計的サンプリング**がある。いずれの方法によっても母集団から抽出される一部の項目は，母集団の特性を代表するサンプルであることが期待できる。

ａ）統計的サンプリング

統計的サンプリングは，①各サンプリング単位が確率論に基づいて抽出の機会が与えられるような方法でサンプルを無作為に抽出し，②サンプリングリスクの測定を含めサンプルのテスト結果を評価するに当たって確率論を利用するサンプリング手法である。

ｂ）非統計的サンプリング

一方，上記の統計的サンプリングの要件のうち，①か②のいずれか１つでも満たさない場合は，非統計的サンプリングといい，監査人の判断も加味して母集団の特性を代表するサンプルが抽出される。

いずれのサンプリング手法を用いるかは，監査人が個々の状況により，監査の有効性と効率性を考慮して判断することになる。抽出されるサンプル数自体は，統計的サンプリングまたは非統計的サンプリングの選択を決定付ける判断基準とはならないことに注意しなければならない。

主なサンプルの抽出法には，無作為抽出法，系統的抽出法，金額単位抽出法および任意抽出法がある。

マメ知識８－１　**サンプルの抽出法**

サンプルの抽出法には多くの方法があり，その主なものは以下のとおりである（同：付録４）。

１．無作為抽出法

乱数表などの乱数ジェネレーターを利用してサンプルを抽出する方法である。

乱数とは，出現する値に規則性のない数をいい，サイコロの出目のように規則性がなく予測不能な数値のことである。何度も生成した時に，すでに分かっている値の列から次に現れる値を予測できないような数値の列を乱数列と呼び，その中の個々の値を乱数という。

Microsoft Excel のRAND関数，RANK関数を使って乱数表を作る方法を例示する。

・A1セルに「=RAND()」と入力して，A100まで下にコピーする。
・B1セルに「=RANK(A1, A1：A100)-1」と入力して，B100まで下にコピーする。

	A	B
1	0.0190203	98
2	0.7142669	28
3	0.4249892	57
4	0.8709486	18
5	0.528038	48
6	0.9801337	5
7	0.7668636	24
8	0.7558665	26
⋮	⋮	⋮
98	0.7188976	27
99	0.9796867	1
100	0.1599009	84

これで，B1セルからB100セルに「0～99までの整数の乱数を100個生成」することができる。

2．系統的抽出法

母集団を構成するサンプリング単位数をサンプル数で割ることによってサンプル間隔が求められる。例えば，サンプル間隔が50である場合，初めの50項目の中から最初のサンプルを決定し，その後は50番目ごとにサンプルを抽出する。最初のサンプルは任意抽出により決定してもよいが，コンピュータによる乱数ジェネレーターまたは乱数表を利用して決定された場合，サンプルは真に無作為である可能性がより高くなる。

3．金額単位抽出法

詳細テストを実施する場合，サンプリング単位を，母集団を構成する個々の金額単位とみなすことが効率的であることがある。売掛金残高のような母集団の中から特定の金額単位を抽出して，監査人は，当該金額単位を含む項目，例えば，個別の残高などを検討することがある。金額単位をサンプリング単位として定義するこの方法の1つの利点は，金額が多額の項目に抽出機会がより多くなるので，それらの項目に監査の重点を置き，結果としてより少ないサンプル数とすることができる点にある。金額単位抽出法は項目の金額を重視した方法の一種であり，そのサンプル数，抽出および評価は，金額によって結論付けられる。この方法は，系統的抽出法と一緒に用いられることがある。また，無作為に項目を抽出する場合，最も効率的になる。

４．任意抽出法

ある定まった手法に従わずにサンプルを抽出する。定型化した手法を利用しないが，それでもなお，すべての意識的な偏向や予測（例えば，捜すのが難しい項目を避けたり，常にページの最初もしくは最後の項目を選択したりまたは選択しないようにすること）を避けて，母集団におけるすべての項目に抽出の機会があることを確かめるようにする。任意抽出法は，統計的サンプリングを使う場合には適切でない。

②　特定項目抽出による試査

特定項目抽出による試査とは，特定の監査手続の実施に際して，監査人が自らの判断によって母集団に含まれる特定の性質を有する項目を識別して抽出し，監査手続を実施することである。

特定項目抽出による試査は，通常，詳細テストにおいて利用するが，内部統制の運用評価手続の実施に当たり，特定項目を抽出する場合もある。

母集団から特定項目を抽出することを決定するに当たっては，監査人は企業の理解，評価した重要な虚偽表示リスク，およびテストする母集団の特性などを考慮するが，抽出される特定項目には，以下のものを含むことがある（同：A54項）。

ａ）高額の項目または他の特性を示す項目

母集団に含まれる潜在的な内部統制の逸脱や虚偽表示の多くが一定の特性を持つ項目に存在する可能性が高い場合，高額の項目または他の特性を示す項目（疑いのある項目，通例でない項目，特にリスクが高い項目，または過去に内部統制の逸脱や虚偽表示が発生した項目など）を，母集団の中から特定項目として抽出することを決定することがある。

例えば，売掛金残高に含まれる滞留売掛金など，異常で特に虚偽表示が発生しやすい項目または虚偽表示の発生の経験のある項目を特定項目として抽出し，その回収可能性を検証する場合がある。

b）一定金額以上のすべての項目

母集団に含まれる少数の項目が母集団全体の金額の大部分を占めている場合，取引種類または勘定残高の合計金額の大きな割合を検討するため，一定金額を超える項目を抽出することを決定することがある。

例えば，売掛金残高に一定金額以上の得意先の占める割合が大きい場合に，当該一定金額以上の得意先，A社，G社，L社の売掛金残高を特定項目として抽出し，売掛金の確認状を送付しその回答を検証する場合がある（図表8－3）。

また，手続実施上の重要性として設定した金額以上の項目を，母集団から特定項目として抽出することもある。

c）情報を入手するための項目

企業の特徴または取引の性質などの情報を入手するために，項目を検討することがある。

このような状況のうち，aはリスクが高い項目を母集団から特定項目として抽出することを意味し，bは金額的重要性が大きい項目を母集団から特定項目として抽出することを意味する。これらaとbに関して，監査人が十分にその状況を把握していない場合には，監査人は自らの判断によって母集団に含まれる特定項目を識別して抽出できないので，通常，監査サンプリングによる試査を採用することが適当である。

つまり，監査サンプリングによる試査は，あらゆる監査局面で適用することが可能である。一方，特定項目抽出による試査を適用する監査局面は限定される。

〔図表8－3〕特定項目抽出による試査の概念図

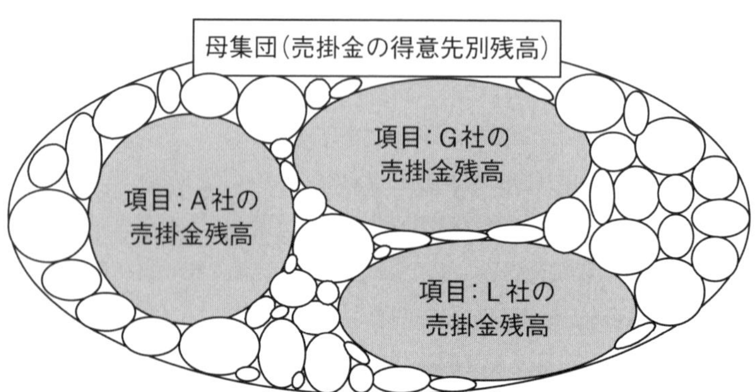

2　項目の抽出を伴わない方法

図表8-1で示したように，精査と試査は，母集団から一部の項目を抽出するか，あるいはすべての項目を抽出するかという点において異なる。しかし，両者は項目を抽出し個別的に詳細な検証を実施する方法であるという点においては共通している。

これに対して，項目の抽出を行わずに十分かつ適切な監査証拠を入手する方法もある。**この項目の抽出を伴わない方法**とは，監査手続の実施対象である母集団から項目の抽出を行わずに，母集団全体に対して監査手続を実施する方法である。したがって，監査人が個々の項目を詳細に調査することはない。例えば，質問や分析的手続などの監査の手法としての監査手続は，項目の抽出を行わずに母集団全体に対して調査を実施する方法である。

なお，質問や分析的手続の深度は，年度監査と四半期レビュー手続で異なる。年度監査においては，質問に対する回答を裏付ける監査証拠の入手が要求される。しかし，四半期レビューにおいては，質問に対する回答を裏付ける証拠の入手は要求されず，質問に対する回答が合理的であり，かつ，整合的であるかについて十分に注意を払うことで足りる。また，年度監査において実施する分析的手続は，四半期レビューにおける分析的手続と特段異なる手法を用いるものではない。しかし，年度監査においては実証手続としての分析的手続が求められ，矛盾又は異常な変動の調査において質問を行った結果に対して回答の合理性を確かめるための手続を行う必要がある。一方，四半期レビューにおいて実証手続は求められていないので，実証手続として分析的手続を行うわけではなく，矛盾又は異常な変動の調査において質問を行った結果に対して回答の合理性を確かめるための手続を行う必要はない。

マメ知識 8－2

母集団の選択

十分かつ適切な監査証拠を入手するためには，母集団を選択する必要がある。その選択にあたり，監査人は以下の２点に留意しなければならない。

・監査要点との適合性…監査要点の立証にとって適切な母集団であること
・母集団の完全性…結論づけに必要な項目をすべて含む母集団であること

【問題】

売掛金に関する証拠資料として，例えば，注文書綴り，物品受領書綴り，売掛金の得意先別補助元帳がある。売掛金の実在性や網羅性の立証にとって適切な母集団を選択しなさい。なお，売上の計上基準は検収基準を採用しているものとする。

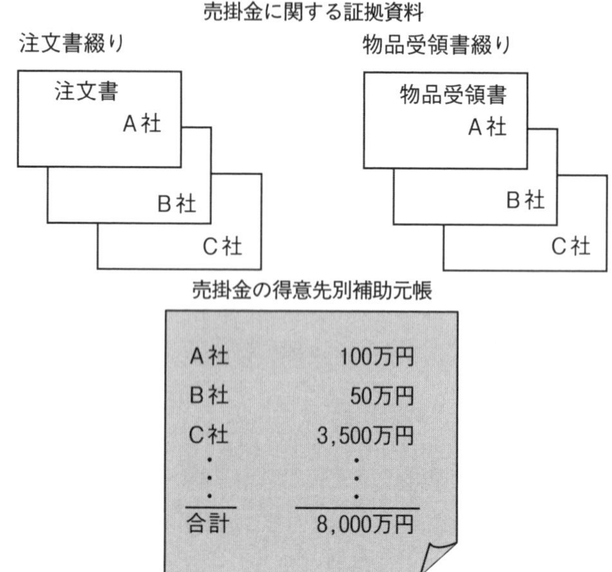

【解答】

実在性の立証は，帳簿上の記載をもとに取引事実等を調査する方法（これを，遡及法という）を採用することになるので，売掛金の実在性という監査要点に適合する母集団は「売掛金の得意先別補助元帳」である。もちろん「売掛金の得意先別補助元帳」は得意先の売掛金残高をすべて含んでおり，母集団の完全性という要件を満たしている必要がある。

一方，網羅性の立証は，取引事実等の根拠をもとに帳簿上の記載の有無を調査する方法（これを，前進法という）を採用することになるので，売掛金の網羅性という監査要点に適合する母集団は「物品受領書綴り」になる。もちろん，「物品受領書綴り」は当該事業年度に顧客から入手した物品受領書をすべて含んでおり，母集団の完全性という要件を満たしている必要がある。

なお，注文書を入手していても，欠品等を理由に注文を受けないこともあり，必ずしも売上取引に結びついていないこともあるので，「注文書綴り」は売掛金の網羅性を立証する際の母集団にはならない。

II　原則として採用される試査

監査基準第三 実施基準一 基本原則4は，試査が監査要点に適合した十分かつ適切な監査証拠を入手する原則的な方法であることを明示している。

> **実施基準一 基本原則4**
> 監査人は，十分かつ適切な監査証拠を入手するに当たっては，財務諸表における重要な虚偽表示のリスクを暫定的に評価し，リスクに対応した監査手続を，原則として試査に基づき実施しなければならない。

財務諸表監査において，リスクに対応した監査手続として詳細テストを実施する際は，監査人は原則として試査に基づき監査手続を実施する。試査の採用はあくまで原則であり，例外的に精査が行われることもある。財務諸表監査において試査が原則的な方法とされるのは，一般的に以下のような4つの理由による。

《試査が原則的な方法とされる理由》

①　監査資源の制約（限られた時間，費用，人員）

監査人が精査によってすべての項目を抽出して監査手続を実施することを要求した場合，被監査会社にとって許容できない費用負担が生じ，財務諸表監査は制度として社会に受け入れられないおそれがある。そのため，財務諸表監査は，監査人の側からすると限られた時間，費用，人員のもとで行うことになり，試査を採用せざるを得ない。

②　有効な内部統制の存在

被監査会社において有効な内部統制が存在し，財務報告の信頼性が相当程度確保されていることが財務諸表監査の実施の前提になっている。そのため，財務諸表の信頼性を保証する上で，内部統制の有効性に依拠する試査を採用することには合理性がある。

③ 統計技術や統計理論の発達

統計技術や統計理論の発達により，監査人の判断の確からしさが向上したため，試査を採用することに合理性がある。

④ 財務諸表監査の目的に関する社会的合意

財務諸表監査の目的が，監査の制約条件がある中で，財務諸表の虚偽表示が皆無であることを絶対的な水準で保証するものではなく，重要な虚偽表示の不存在を合理的な水準で保証するものであることは社会的に合意ができている。そのため，その目的を果たす上で試査を採用することには合理性がある。

上記の試査採用理由のうち，①は精査が非現実的であるから試査を採用せざるを得ないという消極的な理由である。他方，②～④は試査によっても十分かつ適切な監査証拠を入手できるという積極的な理由である。

III 試査による母集団に対する結論の形成

試査には，監査サンプリングによる試査と特定項目抽出による試査の２つがある。それぞれについて母集団全体に関する結論を形成する方法について説明する。

1 監査サンプリングによる試査における結論の形成

監査サンプリングによる試査は，母集団の特性を代表すると期待できる方法，つまり母集団内のすべてのサンプリング単位に抽出の機会が与えられるような方法によって，監査人は母集団から一部（100％未満）の項目をサンプルとして抽出する。そして，それに対して実施した監査手続の結果から母集団全体の一定の特性を推定することにより，監査人は母集団全体に関する結論を形成する。

運用評価手続においては，サンプルの逸脱率を母集団全体に対する推定逸脱率とみなし，監査人は母集団全体に対する結論を形成できる。そのため，監査人は，母集団全体に対する逸脱率について推定する必要はない。

詳細テストにおいては，抽出したサンプルに虚偽表示が含まれていた場合には，発見された虚偽表示に基づいて母集団全体に存在する虚偽表示を推定し結論を形成する。つまり，サンプルとして抽出されない項目に対して監査手続を実施しなくても，監査人は推定を経て母集団全体に対する結論を形成することができる。推定による結論の形成を可能にしているのは，有効な内部統制の存在である。財務報告の信頼性を確保することを目的として経営者が整備・運用している内部統制が有効である場合には，財務諸表の重要な虚偽表示は内部統制によって防止または発見・是正される可能性が高く，会計記録の全般的な信頼性が認められることになる。有効な内部統制が存在するという間接（状況）証拠が，非サンプルに対する推定的立証を可能にしているのである。

以上の説明を図表にしたのが**図表８－４**である。

〔図表８－４〕監査サンプリングによる試査により結論を形成する方法（詳細テスト）

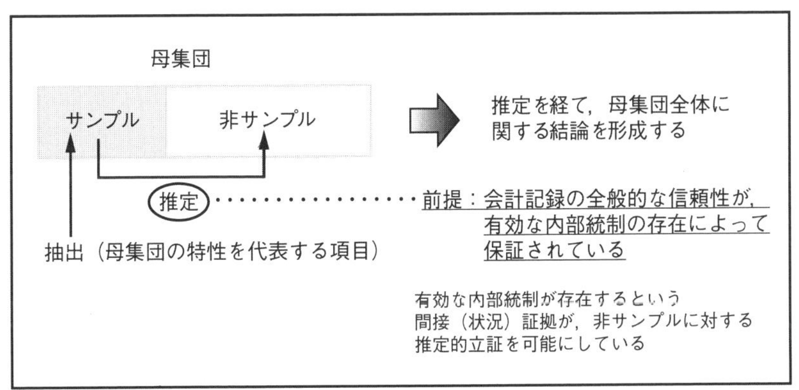

2　特定項目抽出による試査における結論の形成

母集団から抽出される特定項目は，監査人の判断によって抽出される特定の性質を有する項目のみであり，母集団全体の特性を代表しない。したがって，特定項目抽出による試査は，母集団の中から抽出されない母集団の残余部分に関する監査証拠を提供していないことになる。そのため，特定項目に対して実施した監査手続の結果から母集団全体にわたる一定の特性を推定することは予定されていないし，また，監査人はこのような推定をしてはならない。

監査サンプリングによる試査のように母集団への推定が認められていない特定項目抽出による試査においては，監査人は母集団全体に関する結論をどのように形成するのであろうか。

特定項目抽出による試査においては，監査人が自らの判断によって母集団に含まれる特定の性質を有する項目を識別して抽出し，それに対して監査手続を実施する。母集団の中から特定項目として抽出されない項目に関する監査証拠を提供しない。そこで，特定項目として抽出されない項目に重要性がある場合には，それらの項目に重要な虚偽表示が含まれている可能性が無視できるほど低いと考えられる場合を除いて，監査人は分析的実証手続等を実施し，その結果と特定項目に対する詳細テストの結果を総合的に勘案して母集団全体についての結論を形成する。つまり，監査サンプリングによる試査と異なり，特定項目として抽出されない項目に対して，分析的実証手続等を実施することにより，監査人は推定を経ることなく母集団全体に関する結論を形成する。

以上の説明を図表にしたのが**図表８－５**である。

〔図表８－５〕特定項目抽出による試査により結論を形成する方法(詳細テスト)

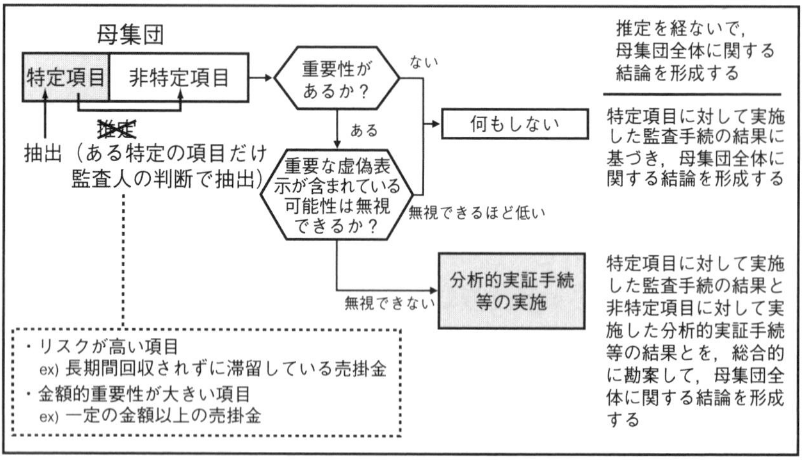

Ⅳ　試査における監査判断を誤るリスク

1　監査サンプリングによる試査において監査判断を誤るリスク

監査サンプリングによる試査において，監査人が母集団に関して誤った結論を形成するリスクは，サンプルの抽出行為に起因するサンプリングリスクと，それ以外のノンサンプリングリスクに分類される（**図表8－6**）。

〔図表8－6〕監査判断を誤るリスク

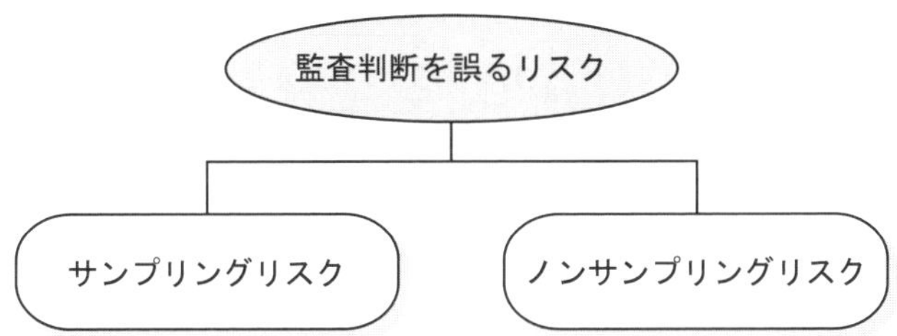

(1)　サンプリングリスク

サンプリングリスクとは，抽出したサンプルが母集団の特性を正確に反映していないために，監査人が母集団について誤った結論を形成するリスクである。

サンプリングリスクは，サンプルの抽出行為に起因するリスクである。抽出したサンプルが母集団の特性を正確に反映しない場合，推定によって得られた結論は，母集団を構成するすべての項目に対して同じ監査手続を実施した場合に得られる結論とは異なる可能性がある。

このように母集団の特性を代表する項目のすべてをサンプルとして抽出できない場合にサンプリングリスクは生じる。サンプリングリスクは，一般に，サンプル数の増加によって低くすることができる。サンプル数を増加させれば抽出漏れを防止できるからである。

サンプリングリスクは，次のような2種類の誤った結論をもたらす可能性がある（同：第4項(2)）。

①　運用評価手続において，内部統制が実際の状態よりも有効であるとする

結論，または，詳細テストにおいて，実際に存在している重要な虚偽表示が存在していないとする結論。このような誤った結論は，監査の有効性に影響を与え，誤った監査意見を形成する可能性が高い。

② 運用評価手続において，内部統制が実際の状態よりも有効でないとする結論，または，詳細テストにおいて，実際に存在していない重要な虚偽表示が存在しているとする結論。このような誤った結論は，通常，当初の結論が正しくなかったことを確かめるための追加の作業が必要となるため，監査の効率性に影響を与える。

(2) ノンサンプリングリスク

ノンサンプリングリスクとは，サンプリングによる抽出行為に起因しないリスクであり，サンプリングリスクに関連しない他の理由によって，監査人が母集団について誤った結論を形成するリスクである（同：第4項(3)）。具体的には，不適切な監査手続の適用，または監査証拠の誤った解釈により，虚偽表示または内部統制の逸脱を識別できないことなどを原因として母集団について誤った結論を形成するリスクである。

ノンサンプリングリスクは，適切な監査計画，補助者に対する適切な指導監督および監査実務の適切な遂行などによって低くすることができる。ノンサンプリングリスクに相当するリスクは，監査手続の実施において常に生じるものであり，特定項目抽出による試査のみならず精査や項目の抽出を伴わない方法においても生じる。

2 特定項目抽出による試査において監査判断を誤るリスク

特定項目抽出リスクとは，監査人が特定項目抽出による試査において，母集団について誤った判断を形成するリスクである。

ノンサンプリングリスクに相当するリスクのほか，非抽出項目に潜在し得る内部統制の逸脱もしくは虚偽表示について判断を誤ったこと，非抽出項目に対して実施された他の監査手続が非抽出項目について誤った結論を導いたことなどが主な原因である。

特定項目抽出リスクは，適切な監査計画，補助者に対する適切な指導監督お

〔図表８－７〕監査サンプリングによる試査と特定項目抽出による試査の比較

<table>
<tr><th>異同点</th><th colspan="3">監査サンプリングによる試査</th><th colspan="3">特定項目抽出による試査</th></tr>
<tr><td>項目の抽出</td><td colspan="6">母集団から一部の項目を抽出して，それに対して監査手続を実施するという点は共通している。</td></tr>
<tr><td>項目の抽出方法</td><td colspan="3">サンプルの抽出方法としては，統計的サンプリングと非統計的サンプリングがあり，いずれにしても母集団の特性を代表する項目を抽出する。</td><td colspan="3">監査人が自らの判断によって母集団に含まれる特定の性質を有する項目（リスクが高い項目や金額的重要性が大きい項目）を識別して抽出する。</td></tr>
<tr><td>推定の有無</td><td colspan="3">サンプルに対して実施した監査手続の結果から，母集団全体にわたる一定の特性を推定する。</td><td colspan="3">特定項目に対して実施した監査手続の結果から，母集団全体にわたる一定の特性を推定することはない。</td></tr>
<tr><td>非抽出項目</td><td colspan="3">非抽出項目に対して監査手続は実施しない。</td><td colspan="3">通常，非抽出項目に対して監査手続を実施する。</td></tr>
<tr><td>結論の形成方法</td><td colspan="3">詳細テストにおいては，抽出したサンプルに対して実施した監査手続の結果から，母集団全体の一定の特性を推定し，母集団全体に対する結論を形成する。
運用評価手続においては，サンプルの逸脱率を母集団全体に対する推定逸脱率とみなし，母集団全体に対する結論を形成できるので，母集団全体に対する逸脱率について推定する必要はない。</td><td colspan="3">推定を経ずに，母集団全体に対する結論を形成する。通常，特定項目に対して実施した詳細テストの結果と非特定項目に対して実施した分析的実証手続等の結果とを，総合的に勘案して，母集団全体に関する結論を形成する。</td></tr>
<tr><td rowspan="4">母集団に対して結論を誤るリスク</td><td>リスク</td><td>原因</td><td>低下手法</td><td>リスク</td><td>原因</td><td>低下手法</td></tr>
<tr><td>サンプリングリスク</td><td>抽出行為に起因する。</td><td>サンプル数を増加する。</td><td rowspan="3">特定項目抽出リスク</td><td colspan="2">ノンサンプリングリスクに相当するリスクがある。</td></tr>
<tr><td rowspan="2">ノンサンプリングリスク</td><td rowspan="2">不適切な監査手続の適用，または監査証拠の誤った解釈により，虚偽表示または内部統制の逸脱を識別できないこと等に起因する。</td><td rowspan="2">適切な監査計画の策定，補助者に対する適切な指導監督，監査実務の適切な遂行等を行う。</td><td>非抽出項目に潜在し得る内部統制の逸脱もしくは虚偽表示についての判断を誤る。</td><td>非抽出項目全体を小さくする。</td></tr>
<tr><td>非抽出項目に対する他の監査手続が有効ではない。</td><td>他の監査手続の有効性を高める。</td></tr>
</table>

よび監査実務の適切な遂行などのほか，抽出項目を増加させて非抽出項目全体を小さくすることや，非抽出項目に実施される他の監査手続の有効性を高めることによって低くすることができる。

図表8－7は，監査サンプリングによる試査と特定項目抽出による試査を比較する形でまとめたものである。

V　リスク対応手続における監査サンプリングによる試査の利用

監査サンプリングによる試査は，リスク対応手続，すなわち**運用評価手続**および**実証手続**（**詳細テスト**）において利用される。いずれの場合も母集団を代表するサンプルに対する監査手続の結果から母集団の特性を推定する点において共通している。以下のように運用評価手続と実証手続での目的は異なる。

〈運用評価手続における監査サンプリングによる試査の利用〉

運用評価手続において，監査サンプリングによる試査を利用する目的は，内部統制が依拠を予定する程度に有効に運用されているという暫定的に評価した統制リスクの程度の当否を確かめることにある。

運用評価手続を実施した結果，サンプルから発見された内部統制の逸脱率（**サンプルの逸脱率**）が，母集団全体に存在すると推定される内部統制の逸脱率となる。これが当初の評価の当否が確かめられたと判断できる許容限界として定めた所定の内部統制の逸脱率（**許容逸脱率**）を下回っていると判断できる場合，監査人は，内部統制が依拠を予定する程度に有効に運用されているという暫定的に評価した統制リスクの程度の当否を確かめられたと判断する。

〈実証手続（詳細テスト）における監査サンプリングによる試査の利用〉

実証手続（詳細テスト）において，監査サンプリングによる試査を利用する目的は，取引種類，勘定残高，開示等に重要な虚偽表示が含まれていないという当初の評価の当否を確かめることにある。

〔図表8－8〕各種の逸脱率および虚偽表示額の定義と利用方法

種類	定義	評価・決定・推定方法	利用方法
予想逸脱率	監査人が母集団の中に存在すると予想する内部統制の逸脱率である。	過去の監査から得られた知識や内部統制を含む企業および企業環境の理解に基づいて，または母集団から抽出した少数の項目の調査をもとに評価する。	サンプル数の決定に利用する。予想逸脱率が高い場合や予想虚偽表示額が大きい場合は，サンプル数は増加する。
予想虚偽表示額	監査人が母集団の中に存在すると予想する虚偽表示額である。		
許容逸脱率	母集団における実際の逸脱率が一定の率を上回らないような適切な保証水準を得るために，監査人が設定した所定の内部統制の逸脱率をいい，監査人が受け入れることのできる内部統制からの逸脱率である。	許容逸脱率は，内部統制が依拠を予定する程度に有効に運用されているという統制リスクの暫定的評価の水準をもとに決定する。	内部統制が依拠を予定する程度に有効に運用されているという当初の評価の当否が確かめられたと判断できる許容限界として利用する。
許容虚偽表示額	母集団内の実際の虚偽表示額が一定の金額を上回らないような適切な保証水準を得るために，監査人が設定した虚偽表示額をいい，監査人が受け入れることのできる虚偽表示額である。	許容虚偽表示額は，個別には重要でない虚偽表示を集計すると財務諸表に重要な虚偽表示となるリスクと未発見の虚偽表示の可能性を考慮して，重要性の基準値を基礎として手続実施上の重要性と同額か，それより少額の金額として決定する。	取引種類，勘定残高，開示等に重要な虚偽表示が含まれていないという当初の評価の当否が確かめられたと判断できる許容限界として利用する。
推定逸脱率	サンプルから発見された内部統制の逸脱率をもとに，母集団全体に存在すると推定する内部統制の逸脱率である。	運用評価手続においては，サンプルの逸脱率が母集団全体に対する推定逸脱率とみなすことができるので，母集団全体に対する逸脱率について明確に推定する必要はない。	サンプルの逸脱率を母集団全体の逸脱率とみなし，当該逸脱率が許容逸脱率の範囲内であれば，依拠を予定する程度に内部統制が有効に運用されていると当初に評価した統制リスクの程度が確かめられたと判断する。
推定虚偽表示額	サンプルから発見された虚偽表示額をもとに，母集団全体に存在すると推定する虚偽表示額である。	詳細テストにおいては，サンプルから発見された虚偽表示額をもとに，母集団全体の虚偽表示額を推定する。	推定虚偽表示額に例外的な虚偽表示額を加えた額が，許容虚偽表示額の範囲内であれば，取引種類，勘定残高，開示等に重要な虚偽表示が含まれていないという当初の評価の当否が確かめられたと判断する。
例外的事象	抽出したサンプルに対して実施した手続の結果，特別の事態により単発的に発生し，特定した母集団を明らかに代表していない内部統制の逸脱または虚偽表示である。	極めて稀な状況であり，例外的事象と判断するためには，その内部統制の逸脱または虚偽表示が残りの母集団に影響を及ぼさないという，十分かつ適切な監査証拠を入手するための追加的な監査手続を実施し，相当に高い心証を得なければならない。	内部統制の逸脱または虚偽表示が例外的事象であることが確かめられた場合は，推定から除外する。ただし，例外的な虚偽表示の影響については，それが修正されなかった場合，推定虚偽表示額に加えて，許容虚偽表示額と比較することになる。

実証手続（詳細テスト）を実施した結果，サンプルから実際に確かめられた虚偽表示の金額をもとに母集団全体の虚偽表示額（**推定虚偽表示額**）を推定する。これが当初の評価の当否が確かめられたと判断できる許容限界として定めた虚偽表示額（**許容虚偽表示額**）を下回っていると判断できる場合，監査人は，取引種類，勘定残高，開示等に重要な虚偽表示が含まれていないという当初の評価の当否を確かめられたと判断する。

以下，リスク対応手続における監査サンプリングによる試査の利用に関する説明を理解する上で，各種の逸脱率および虚偽表示額の定義やその利用方法について予め理解しておく必要があるので，**図表 8 - 8** でまとめておくことにする。

監査サンプリングによる試査は，複雑な考慮を伴う。以下，運用評価手続および実証手続における監査サンプリングの立案から監査手続の実施によって得られる結果を監査人が評価するまでの一連の流れを，4つのステップに分けて説明する（**図表 8 - 9**）。

〔図表 8 - 9〕監査サンプリングによる試査の 4 ステップ

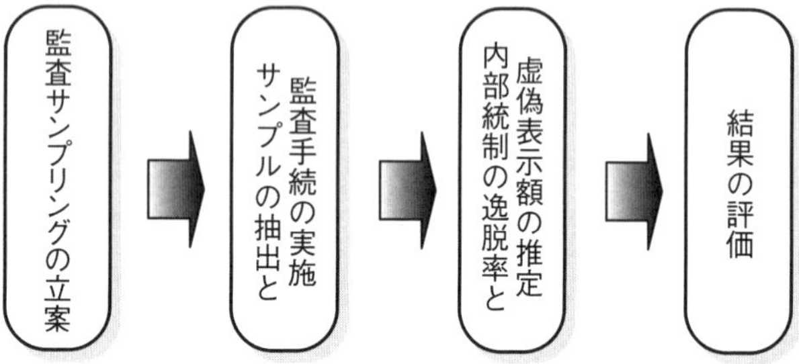

監査サンプリングの立案 → サンプルの抽出と監査手続の実施 → 内部統制の逸脱率と虚偽表示額の推定 → 結果の評価

ステップ 1　ステップ 2　ステップ 3　ステップ 4

1　ステップ 1 ――監査サンプリングの立案

ステップ 1 は監査サンプリングの立案であり，監査人は監査手続の目的とサンプルを抽出する母集団の特性を考慮しなければならない（同：第 5 項）。以下①～⑥の 6 つの考慮事項に分解できる（**図表 8 -10**）。

〔図表8-10〕ステップ1：監査サンプリングの立案における考慮事項

① 監査手続の組合せの検討（サンプリングによる試査の実施だけでよいか？）
② 想定される虚偽表示と内部統制の逸脱の明確化と適切な母集団の設定（何が虚偽表示か？　何が内部統制の逸脱か？　母集団は適切か？）
③ 母集団の階層化（サンプリングリスクを高めることなく，サンプル数を減らせるか？）
④ 運用評価手続に係る監査サンプリングの立案（予想逸脱率・統制リスクの程度の暫定的評価，許容逸脱率の決定）
⑤ 詳細テストに係る監査サンプリングの立案（予想虚偽表示額の暫定的評価，許容虚偽表示額の決定）
⑥ サンプル数の決定（サンプリングリスクを許容できる水準まで軽減できるか？）

以下，図表8-10を説明する。

① 監査手続の組合せの検討

監査サンプリングによる試査は，項目の抽出を伴う方法である。それは項目の抽出を伴わない方法に比べて，重要な虚偽表示の発見に効果的ではあるが効率的ではなく，十分かつ適切な監査証拠の入手方法として，監査サンプリングによる試査だけを実施することは，監査の効率性を害するおそれがある。

そこで，監査サンプリングの立案に当たっては，監査人は監査サンプリングによる試査と項目の抽出を伴わない方法の組合せを検討することになる。

例えば，減価償却費の計算の正確性を確かめる場合を考えてみる。監査人は監査サンプリングによる試査に基づく詳細テスト（例えば，減価償却費の再計算を行う）と項目の抽出を伴わない方法（例えば，固定資産全体の帳簿価額と平均償却率を使用して減価償却費の推定値を算出し実績値と比較検討する分析的実証手続を行う）の組合せを検討する。より高水準の保証を要求する場合は，監査サンプリングによる試査に基づく詳細テストに依存する程度が高くなり，低水準の保証で十分な場合は，項目の抽出を伴わない分析的実証手続に依存する程度が高くなる。

② 想定される虚偽表示と内部統制の逸脱の明確化と適切な母集団の設定

監査サンプリングの立案に当たって，監査人は監査手続の目的に関連する状況のみを網羅的に対象とし，虚偽表示の推定または内部統制の逸脱の評価を行う必要がある。

そのため，監査人は入手すべき監査証拠の性質と，当該監査証拠に関連する可能性のある虚偽表示もしくは内部統制の逸脱の発生の状況またはその他の特徴について考慮して，想定される虚偽表示または内部統制の逸脱の定義を明確にするとともに適切な母集団を設定する。

例えば，売掛金の実在性を確かめるための確認手続においては，確認基準日前に行われた顧客の支払を会社が確認基準日直後に入金処理した場合，確認先から残高が零の回答を得たとしても，これを虚偽表示とみなさない。また，得意先勘定間の転記誤りがあったとしても，売掛金の残高合計に影響を与えない。したがって，当該転記誤りが不正リスクの評価または貸倒引当金の妥当性等の他の領域に重要な影響を及ぼすことがあるとしても，売掛金の実在性を確かめる監査手続に係るサンプルのテスト結果の評価においては，虚偽表示と考えることは適切でない（同：A 6 項）。

母集団に対して監査手続を実施することにより，十分かつ適切な監査証拠を入手するために，母集団の設定に際しては，サンプルを抽出する母集団の網羅性に関する監査証拠を入手するための監査手続を実施する必要がある。母集団の網羅性とは，結論づけに必要な項目をすべて含む母集団であることを意味する。

③ 母集団の階層化

母集団の階層化とは，母集団を類似した特性（多くの場合，金額）を持ったサンプリング単位の集団であるいくつかの下位母集団に分けるプロセスである（監基報（序）：用語集 No. 19）。

母集団を識別した特性ごとの下位母集団に分けることにより，母集団の階層化を行った場合，各階層に含まれる項目の持つ特性のバラツキを抑え，それによってサンプリングリスクを高めることなくサンプル数を減少させることができ，監査人は監査の効率性を高めることができる。ただし，これによってサンプリングリスクを低くできるわけではない。

詳細テストを実施する場合，母集団は金額によって階層化されることが多い。階層化により，過大計上という潜在的な虚偽表示の発生する可能性が高いと考えられる金額的に重要な項目に重点を置いた監査が可能となる。同様に，母集団は，例えば，売掛金の評価において貸倒引当金を検討する場合に，その残高を年齢により階層化するなど，高い虚偽表示リスクを示唆する特定の特性に従って階層化されることがある（**図表8-11**）。

〔図表8-11〕下位母集団に階層化して監査の効率性を高める例

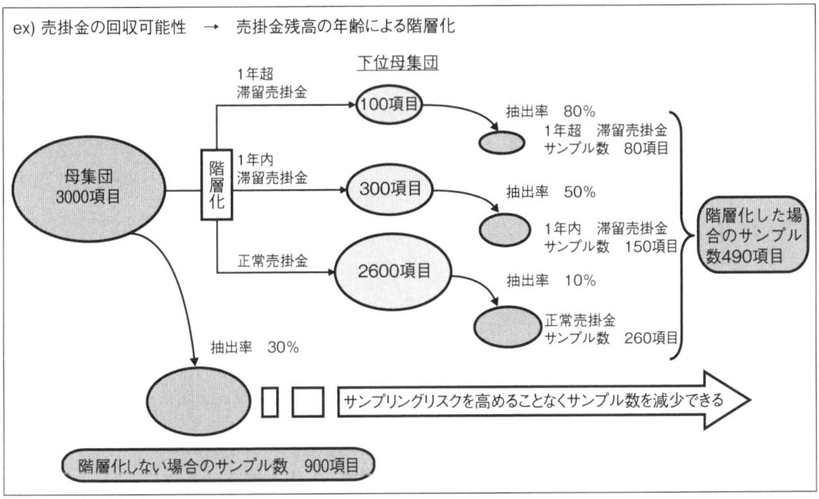

図表8-11は母集団を階層化することにより，抽出サンプル数を減少できる事例を示したものである。ある階層に属するサンプルに監査手続を実施した結果は，当該階層化された下位母集団に対する推定のみに利用される。各階層について推定された虚偽表示額は，取引種類または勘定残高の合計に与える影響の可能性を考慮する際に合計される。

監査人は，母集団全体について結論を得るために，母集団全体を構成する他のすべての階層に関して，重要な虚偽表示リスクを考慮することが必要になる。例えば，母集団のうち20%の件数に当たる項目が勘定残高の90%を構成していることがある。監査人は，その20%の件数に当たる項目に対してサンプルの検討を決定することがある。監査人は，このサンプルの結果を評価し，残りの

10%とは別に，勘定残高の90%について結論を得る。なお，残りの10%の残高については，追加のサンプルや他の方法を利用して監査証拠を入手するか，または，その残高を重要でないと考えることもある。

④　運用評価手続に係る監査サンプリングの立案

運用評価手続に係る監査サンプリングの立案に際しては，監査人は監査サンプリングによる試査の対象となる母集団に含まれる予想逸脱率と統制リスクの程度を暫定的に評価する。

予想逸脱率とは，監査人が母集団に存在すると予想する所定の内部統制の逸脱率をいい，統制リスクとは，財務諸表の重要な虚偽表示が内部統制によって防止または発見・是正されない可能性をいう。

予想逸脱率は，監査人が過去の監査から得た知識や内部統制を含む企業および企業環境の理解に基づいて，または母集団から抽出した少数の項目の調査を基礎として評価され，サンプリングリスクを許容できる水準まで軽減し得るサンプル数を事前に判定するために用いられる。予想逸脱率が高くなるとサンプル数を増加することになる。しかし，監査人が受け入れられないほど予想逸脱率が高くなる場合には，依拠を予定する程度に内部統制が有効に運用されていないと判断し，監査人が当該内部統制への依拠を断念し運用評価手続を実施しない。

監査人は，予想逸脱率の暫定的評価を踏まえて，統制リスクの程度を暫定的に評価する。予想逸脱率が低いからといって必ずしも統制リスクの程度を低く評価するわけではない。

例えば，予想逸脱率が低いと評価されても，統制リスクの程度を中程度と評価することもある。それは，統制リスクの程度を低いと裏付けるための運用評価手続の負荷が，そのことによって軽減できる実証手続の負荷を上回っている場合には，かえって監査効率を阻害することになるからである。

また，母集団における実際の逸脱率が一定の率を上回らないような適切な保証水準を得るために，監査人が設定した所定の内部統制の逸脱率を，監査人が受け入れることのできる内部統制の逸脱率（**許容逸脱率**）として決定しておく必要がある。許容逸脱率は，内部統制が依拠を予定する程度に有効に運用されているという統制リスクの暫定的評価の水準をもとに決定されることになり，内部統制が依拠を予定する程度に有効に運用されているという当初の評価の当否が確かめられたと判断できる許容限界として利用することになる。

⑤　詳細テストに係る監査サンプリングの立案

詳細テストに係る監査サンプリングの立案に際しては，監査サンプリングによる試査の対象となる母集団に含まれる予想虚偽表示額について暫定的に評価する。

予想虚偽表示額とは，監査人が母集団の中に存在すると予想する虚偽表示額をいい，監査人が過去の監査から得た知識または母集団から抽出した少数の項目の調査を基礎として評価され，サンプリングリスクを許容できる水準まで軽減し得るサンプル数を事前に判定するために用いられる。予想虚偽表示額が大きくなるとサンプル数は増加する。

また，母集団内の実際の虚偽表示額が一定の金額を上回らないような適切な保証水準を得るために，監査人が設定した虚偽表示額を，監査人が受け入れることのできる虚偽表示額（**許容虚偽表示額**）として決定しておく必要がある。許容虚偽表示額は，個別には重要でない虚偽表示を集計すると財務諸表に重要な虚偽表示となるリスクと未発見の虚偽表示の可能性を考慮して，重要性の基準値を基礎として手続実施上の重要性と同額か，それより少額の金額として決定されることになる。監査人は取引種類，勘定残高，開示等に重要な虚偽表示が含まれていないという当初の評価の当否が確かめられたと判断できる許容限界として利用することになる。

⑥　サンプル数の決定

監査人は，サンプリングリスクを許容可能な低い水準に抑えるために，十分なサンプル数を決定しなければならない（監基報530：第６項）。監査人が許容できるサンプリングリスクは，必要とされるサンプル数に影響を与える。監査人が許容できるサンプリングリスクの程度が低ければ低いほど，より多くのサンプル数が必要になる。サンプル数は，統計的手法の適用や職業的専門家としての監査人の判断によって決定される。

図表 8 -12の２つの表は母集団から抽出するサンプル数の決定に影響を与える諸要因を示したものである。これらの諸要因は，監査サンプリングを適用する状況が同様であれば，統計的サンプリングまたは非統計的サンプリングのいずれであっても，サンプル数に同様の影響を与える。

〔図表 8 -12〕サンプル数の決定に影響を与える諸要因の例示

〈運用評価手続におけるサンプル数の決定に影響を与える諸要因〉

これらの諸要因は総合的に考慮する必要があり，監査人が，運用評価手続の種類または時期および実証手続のアプローチを一定にして評価したリスクに対応することを想定している。

要　因	サンプル数に与える影響
1．監査人のリスク評価において，関連する内部統制を考慮に入れる程度が増加する，つまり，監査人が内部統制の運用状況の有効性に依拠しようとする程度が高い	増加する
2．監査人が受け入れることのできる内部統制の逸脱率（許容逸脱率）が低い	増加する
3．監査人が母集団の中に存在すると予想する所定の内部統制の逸脱率（予想逸脱率）が高い	増加する ※予想逸脱率が受け入れられないほど高い場合，通常，運用評価手続を実施しない
4．母集団における実際の逸脱率が許容逸脱率を上回っていないということについて監査人が得ようとする保証水準が高くなる，つまり，監査人が必要とするサンプリングの信頼度が高い	増加する
5．母集団におけるサンプリング単位数が増加し，大きな母集団になる	母集団を構成する項目数が一定以上（一般に1,000件）あれば，それ以上増えても，統計的に一定以上の信頼度を得るのに必要なサンプル数は変わらない。サンプル数に与える影響は無視できるほど小さい

6．母集団におけるサンプリング単位数が減少し，小さな母集団になる	監査サンプリングは十分かつ適切な監査証拠を入手するための他の方法に比べて効率的でないことがある

〈詳細テストにおけるサンプル数の決定に影響を与える諸要因〉

これらの諸要因は総合的に考慮する必要があり，監査人が，運用評価手続のアプローチや実証手続の種類または時期を一定にして，評価したリスクに対応することを想定している。

要　因	サンプル数に与える影響
1．監査人の重要な虚偽表示リスクの評価が高くなる	増加する
2．同一のアサーションに対してより多くの他の実証手続が実施される	減少する
3．監査人が受け入れることのできる許容虚偽表示額が小さい	増加する
4．監査人が母集団の中に存在すると予想する虚偽表示額（予想虚偽表示額）が大きい	増加する
5．母集団の適切な階層化	減少する
6．許容虚偽表示額が母集団における実際の虚偽表示額を上回らないことについて監査人が得ようとする保証水準が高くなる，つまり，監査人が必要とするサンプリングの信頼度が高い	増加する
7．母集団におけるサンプリング単位数が増加し，大きな母集団になる	母集団を構成する項目数が一定以上（一般に1,000件）あれば，それ以上増えても，統計的に一定以上の信頼度を得るのに必要なサンプル数は変わらない。サンプル数に与える影響は無視できるほど小さい
8．母集団におけるサンプリング単位数が減少し，小さな母集団になる	監査サンプリングは十分かつ適切な監査証拠を入手す

	るための他の方法に比べて効率的でないことがある

2　ステップ2――サンプルの抽出と監査手続の実施

ステップ2はサンプルの抽出と監査手続の実施であり，2つの点を考慮する必要がある（図表8-13）。

〔図表8-13〕ステップ2：サンプルの抽出と監査手続の実施の考慮事項

①　母集団の特性を代表するサンプルを抽出する
②　目的に照らして適切な監査手続を実施する

①　母集団の特性を代表するサンプルの抽出

監査サンプリングによる試査においては，母集団の中のすべてのサンプリング単位に抽出の機会が与えられるような方法で，母集団の特性を代表するサンプルを抽出しなければならない。サンプルは，統計的サンプリングか非統計的サンプリングによって抽出される。いずれの方法を用いるかは，どちらがより効果的かつ効率的に十分かつ適切な監査証拠を入手できるかにより判断する。

なお，抽出したサンプルが監査手続の適用対象として適当でない場合，代わりのサンプルを抽出して手続を実施しなければならない。例えば，支払承認の証拠を入手するために実施するテストにおいて，書き損じ等のため無効にされた小切手が抽出される場合がある。監査人は，当該抽出した小切手が適切に無効処理されており，内部統制の逸脱にならないと判断した場合，適切に再抽出した代わりのサンプルを検討する。

②　目的に照らして適切な監査手続の実施

抽出した各サンプルに対して，監査人は目的に照らして適切な監査手続を実施しなければならない。抽出したサンプルに対して予定した監査手続を適用できない場合は，適切な代替手続を実施する。

予定した監査手続を抽出したサンプルに適用できない場合の例としては，当該サンプルに関連する証拠書類が紛失している場合がある。

適切な代替手続の例としては，積極的確認の依頼に対する回答がない場合に，その後の入金状況の検討時に相手先と対象取引等についても確かめる場合がある（同：A15-16項）。

抽出したサンプルに対して予定した監査手続が適用できず，適切な代替手続も実施できない場合は，当該サンプルを，運用評価手続においては内部統制の逸脱として，詳細テストにおいては虚偽表示として扱わなければならない。

抽出したサンプルに対して監査手続を実施した結果，内部統制の逸脱または虚偽表示を識別した場合，監査人はその内容と原因を調査して，それらが監査手続の目的と監査の他の領域に及ぼす影響を評価しなければならない。

識別した内部統制の逸脱と虚偽表示を分析するに当たり，その多くに，例えば，取引の種類，地域，製品種目または期間に共通の特徴があることに気付く場合がある。そのような状況では，母集団の中から共通の特徴をもつ項目をすべて識別して，これらについて監査手続を拡大して実施することを決定する場合がある。さらに，そのような内部統制の逸脱または虚偽表示は意図的であり，不正の可能性を示唆することもある（同：A17項）。

3　ステップ3――内部統制の逸脱率と虚偽表示額の推定

ステップ3は，内部統制の逸脱率と虚偽表示額の推定である。監査人は2つの点を考慮する必要がある（**図表8-14**）。

〔図表8-14〕ステップ3：内部統制の逸脱率と虚偽表示額の推定における考慮事項

①　運用評価手続を実施する場合

サンプルから発見した内部統制の逸脱率（例外的事象は除外する）が，推定することなく母集団全体の逸脱率となる。

②　詳細テストを実施する場合

サンプルから発見した虚偽表示額（例外的事象は除外する）をもとに，母集団全体の虚偽表示額を推定する。

監査手続の実施過程で，抽出したサンプルに対して監査手続を実施した結果，特別の事態により単発的に発生したため，特定した母集団を明らかに代表しない内部統制の逸脱または虚偽表示が発見されることがある。このような内部統制の逸脱または虚偽表示を**例外的事象**という。

サンプルについて発見した内部統制の逸脱または虚偽表示が例外的事象であると考えるのは，極めて稀な状況であり，その判断に当たっては相当に高い心証を得なければならない（同：第12項）。そもそも，母集団の特性を代表するサンプルを抽出することが適切であると判断して，母集団を決定しサンプルを抽出しており，抽出された項目が母集団を代表していないと判断するのは矛盾する。例えば，内部統制の運用評価手続を実施した際に，あるサンプルがデザインされた内部統制から逸脱していた場合，それが母集団を代表していないと結論付けることは極めて稀な状況であり，通常は，そのサンプルは母集団を代表する逸脱と考え，その逸脱を考慮に入れて当該内部統制の運用状況の有効性の程度を評価することになる。

この心証を得るために，その内部統制の逸脱または虚偽表示が，再発しない事象または状況の結果であり，残りの母集団に影響を及ぼさないという，十分かつ適切な監査証拠を入手するための追加的な監査手続を実施しなければならない。

例えば，通常発生しないようなコンピュータの故障による虚偽表示が挙げられる。この場合，監査人は，故障当日に処理された取引を調査するなどによって故障の影響を評価するとともに，監査人は故障の原因が監査手続や結論に及ぼす影響を慎重に検討する必要がある。

①　運用評価手続を実施する場合

サンプルから発見した逸脱率が，そのまま母集団全体の**逸脱率**となる。サンプルに対する運用評価手続によって判明した内部統制の逸脱率が，そのまま母集団全体に含まれる内部統制の逸脱率とみなすことができるので，母集団全体の逸脱率を推定する必要はない。ただし，例外的事象は，特別の事態により単発的に発生し，母集団における他の内部統制の逸脱を代表しない内部統制の逸脱であり，母集団全体の逸脱率の決定に際しては除外する必要がある。

以下にイメージを示すことにする。

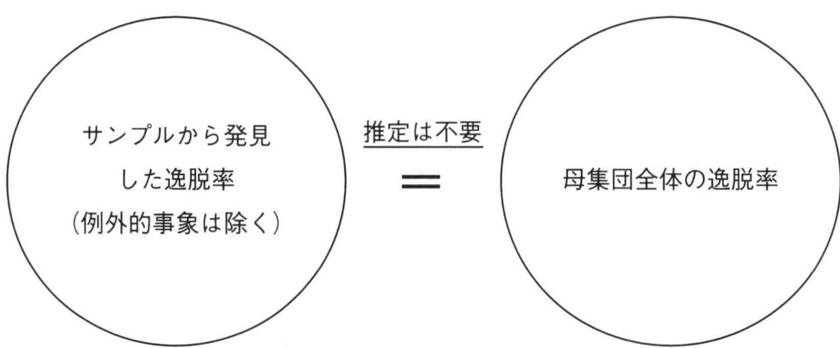

例えば，統計的サンプリングにより運用評価手続を実施した場合に，その結果に基づき算定される母集団の逸脱率について，アメリカ公認会計士協会のAudit Samplingのテーブルを用いて説明する（図表8-15)。このテーブルはサ

〔図表8-15〕統計的サンプリングの場合の上限逸脱率

	発見された逸脱数										
サンプル数	0	1	2	3	4	5	6	7	8	9	10
20	10.9	18.1	*	*	*	*	*	*	*	*	*
25	8.8	14.7	19.9	*	*	*	*	*	*	*	*
30	7.4	12.4	16.8	*	*	*	*	*	*	*	*
35	6.4	10.7	14.5	18.1	*	*	*	*	*	*	*
40	5.6	9.4	12.8	16.0	19.0	*	*	*	*	*	*
45	5.0	8.4	11.4	14.3	17.0	19.7	*	*	*	*	*
50	4.6	7.6	10.3	12.9	15.4	17.8	*	*	*	*	*
55	4.1	6.9	9.4	11.8	14.1	16.3	18.4	*	*	*	*
60	3.8	6.4	8.7	10.8	12.9	15.0	16.9	18.9	*	*	*
70	3.3	5.5	7.5	9.3	11.1	12.9	14.6	16.3	17.9	19.6	*
80	2.9	4.8	6.6	8.2	9.8	11.3	12.8	14.3	15.8	17.2	18.6
90	2.6	4.3	5.9	7.3	8.7	10.1	11.5	12.8	14.1	15.4	16.6
100	2.3	3.9	5.3	6.6	7.9	9.1	10.3	11.5	12.7	13.9	15.0
120	2.0	3.3	4.4	5.5	6.6	7.6	8.7	9.7	10.7	11.6	12.6
160	1.5	2.5	3.3	4.2	5.0	5.8	6.5	7.3	8.0	8.8	9.5
200	1.2	2.0	2.7	3.4	4.0	4.6	5.3	5.9	6.5	7.1	7.6

（*の箇所は，上限逸脱率が20%を超えるため記載が省略されている）

（出所）　AICPA ; Audit and Accounting Guide/Audit Sampling を基に作成

ンプリングリスク10％（信頼度90％）における上限逸脱率を表している。この表の利用から得られる逸脱率は，逸脱の上限値であることに留意する。

このAudit Samplingのテーブルを使って具体的に説明する。

サンプルを25件抽出し，逸脱数が０の場合に，監査人が依拠を予定する程度に内部統制が有効に運用されていると判断できるとするなら，このテーブル上のサンプル数が25件で発見された逸脱数が０で示されている8.8％が，監査人が受け入れることのできる内部統制の逸脱率（許容逸脱率）となる。

例えば，サンプル数25件に対しテストを実施した結果，逸脱数が２件あり，うち１件が例外的事象であった場合，上限逸脱率は14.7％となる。上限逸脱率が14.7％というのは，サンプル数25件に対して１件のエラーがあったテスト結果から，サンプリングリスクを考慮すると母集団全体の逸脱率は14.7％よりは小さいと90％の信頼度で評価できることを意味している。この14.7％がサンプルから発見した逸脱率であり，母集団全体の逸脱率となる。

この場合，許容逸脱率8.8％を上回っているので，当初の評価を裏付ける追加の監査証拠が入手されない限り，統制リスクの程度を当初の想定より高く評価する必要がある。サンプル数をさらに20件追加し逸脱が発見されなかった場合には，このテーブル上のサンプル数が45件で発見された逸脱数が１で示されている8.4％が上限逸脱率となり，許容逸脱率8.8％を下回っていることから，当初想定した統制リスクの程度が確かめられたことになる。

抽出したサンプルの中で発見された逸脱数から「単純に計算した逸脱率（逸脱数１÷サンプル数25＝4.0％）」よりも大きな数字となるのは，単純に計算した逸脱率に加えてアローワンスとしてのサンプリングリスクを考慮しているからである。これは，抽出したサンプルが母集団の特性を正確に反映していないために，たまたま逸脱数が１件という少ない結果になってしまっている可能性があるからである。このケースで母集団全体の逸脱率を単純に計算した逸脱率4.0％で評価することは，内部統制が実際よりも効果的に運用されていると誤った結論を導いてしまうことになる。

② 詳細テストを実施する場合

詳細テストにおいては，サンプルで発見した虚偽表示額から母集団全体の虚偽表示額を推定しなければならない（同：第13項）。これを**推定虚偽表示額**といい，推定に際して虚偽表示が例外的事象であると確かめられた場合，当該虚偽表示は母集団における虚偽表示額の推定から除外される。しかし，母集団を代表しない例外的な虚偽表示の影響については，それが修正されなかった場合，推定された虚偽表示額とは別に考慮する必要がある。

監査人は，虚偽表示の大きさに関する全体的な見解を得るために，母集団における虚偽表示額を推定することが必要であるが，この推定は，計上されるべき金額を確定するには十分でないことがある。

以下にイメージを示すことにする。

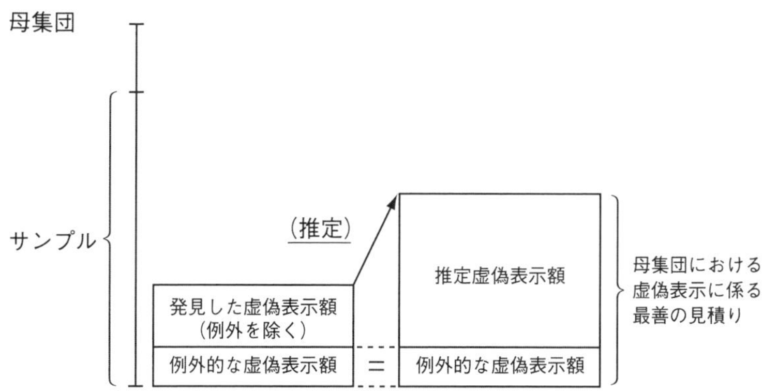

母集団からサンプルを抽出し，サンプルから発見した虚偽表示額のうち例外的事象を除外して推定虚偽表示額を算出する。当該虚偽表示額に例外的な虚偽表示額を加えた額が，母集団における虚偽表示に係る最善の見積りとなる。

4　ステップ４――サンプリング結果の評価

ステップ４は，サンプルに対して監査手続を実施した結果を評価することである。監査人は，サンプルのテスト結果および母集団に関する結論について合理的な基礎を得たかどうかを評価しなければならない（同：第14項）。監査人は評価を行う際に①～③の３つの点を考慮する必要がある（**図表８-16**）。

〔図表８-16〕ステップ４：結果の評価を行う際の考慮事項

① 運用評価手続を実施した結果の評価
サンプルの逸脱率が許容逸脱率を下回っているか？ 近似している場合や上回っている場合の対応は？
② 詳細テストを実施した結果の評価
推定虚偽表示額と例外的な虚偽表示額の合計が許容虚偽表示額を下回っているか？ 近似している場合や上回っている場合の対応は？
③ 母集団に関する結論に対して合理的な基礎を得られなかったと判断した場合の対応
経営者に対する調査依頼・修正要請，計画されていた監査手続の修正を検討する。

① 運用評価手続を実施した結果の評価

サンプルにおける予想を超えた高い逸脱率は，当初の評価を裏付ける追加の監査証拠が入手されない限り，評価した重要な虚偽表示リスクの程度をより高くすることにつながる可能性がある（同：A21項）。

運用評価手続においてはサンプルの逸脱率が母集団全体に対する推定逸脱率とみなすことができるので，母集団全体に対する逸脱率について明確に推定する必要はない。

サンプルの逸脱率＝母集団全体の逸脱率
（例外的事象を除く）

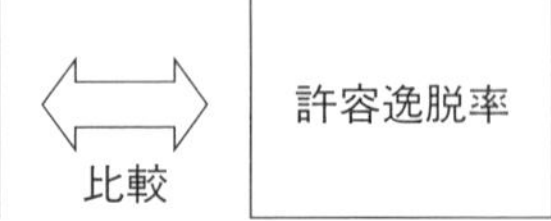

●**サンプルの逸脱率が許容逸脱率を下回っていると判断する場合**

暫定的に評価した統制リスクの程度が確かめられたと考える。

●**サンプルの逸脱率が許容逸脱率を下回っているが，これに近似している場合**

サンプルの逸脱率が許容逸脱率に近づくほど，母集団における実際の逸脱率が許容逸脱率を上回る可能性は高くなる。サンプリングリスクを考慮すれば実際には許容逸脱率を超えている可能性があるので，監査人は慎重に検討する必要があり，追加的な監査証拠を入手することが必要となる場合もある。

●サンプルの逸脱率が許容逸脱率を上回っていると判断する場合

暫定的評価を裏付ける追加の監査証拠が入手されない限り，統制リスクの程度を当初の想定より高く評価することになり，評価した重要な虚偽表示リスクの程度を当初の想定より高くすることにつながる可能性がある。

②　詳細テストを実施した結果の評価

サンプルにおける予想を超えた多額の虚偽表示は，重要な虚偽表示がないという追加の監査証拠を入手できない限り，取引種類，勘定残高，開示等に重要な虚偽表示があると監査人が判断する原因になることがある（同：A21項）。

実証手続（詳細テスト）においては，推定虚偽表示額と例外的な虚偽表示額の合計が，母集団における虚偽表示に係る最善の見積りとなる。

推定虚偽表示額＋例外的な虚偽表示額
(母集団における虚偽表示に係る最善の見積り)

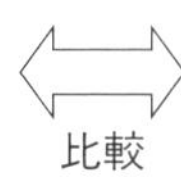

許容虚偽表示額

●推定虚偽表示額と例外的な虚偽表示額の合計が許容虚偽表示額を下回っていると判断する場合

当該虚偽表示の金額的重要性はないと考える。

●推定虚偽表示額と例外的虚偽表示額の合計が許容虚偽表示額を下回っているが，これに近似している場合

推定虚偽表示額と例外的な虚偽表示額の合計が許容虚偽表示額に近づくほど，母集団における実際の虚偽表示額が許容虚偽表示額を上回る可能性は高くなる。サンプリングリスクを考慮すれば実際には許容虚偽表示額を超えている可能性があるので，監査人は慎重に検討する必要があり，追加的な監査証拠の入手が必要となる場合もある。

●推定虚偽表示額と例外的な虚偽表示額の合計が許容虚偽表示額を上回っていると判断する場合

テストされたサンプルは，母集団に関する結論に対して合理的な基礎を提供しない。ただし，推定虚偽表示額が，サンプル数の決定に用いられた予想虚偽表示額を上回った場合，母集団における実際の虚偽表示額が許容虚偽表示額を上回っているという受け入れられないサンプリングリスクが存在すると結論付けることはある。

母集団の中の実際の虚偽表示額が許容虚偽表示額を上回っていると判断する場合，実際の虚偽表示額は金額的に重要であり，取引種類，勘定残高，開示等に重要な虚偽表示があると監査人が判断する原因になることがある。

母集団の中の実際の虚偽表示額が許容虚偽表示額を上回っているかどうかを評価する際に，他の監査手続の結果を考慮し，追加的な監査証拠の入手が必要な場合がある。その場合，実際の虚偽表示額が許容虚偽表示額を上回っていないという追加の監査証拠を入手できない限り，取引種類，勘定残高，開示等に重要な虚偽表示があると監査人が判断する原因になることがある。

③　母集団に関する結論に対して合理的な基礎を得られなかったと判断した場合の対応

監査サンプリングによって，母集団に関する結論に対して合理的な基礎を得られなかったと判断した場合，例えば監査人は以下のように対応する（同：A23項）。

ａ．経営者に対して，発見した虚偽表示および他の虚偽表示が存在する可能性について調査を依頼し，すべての必要な修正を要請する。

ｂ．合理的な基礎を得るために必要なリスク対応手続の種類，時期および範囲を見直す。例えば，運用評価手続の場合，監査人は，サンプル数を増やしたり，代替的な内部統制をテストしたり，または関連する実証手続を修正する。

第9章 実施基準と監査基準委員会報告書

Summary

- 連結財務諸表をはじめとするグループ財務諸表の監査にあたっては，グループ財務諸表全体の監査人と，その構成単位の監査人とが適切なコミュニケーションを図ることが必要となる。グループ監査責任者は，構成単位の監査人の業務の信頼性を勘案し，自らの責任においてその業務を利用しなければならない。
- 監査の過程で専門家の業務を利用する場合には，当該専門家の適性，能力および客観性を評価した上で，専門家の業務の適切性を評価し，監査人の責任において専門家の業務を利用しなければならない。
- 内部監査の結果を利用する場合には，内部監査の目的および手続が監査人の監査の目的に適合するかどうか，内部監査の方法および結果が信頼できるかどうかを評価し，監査人の責任において内部監査の結果を利用しなければならない。
- 会計上の見積りは，経営者が恣意的な会計処理を行うリスクがより高いため，リスク評価手続およびリスク対応手続の各段階において，追加的な監査手続を実施する必要がある。
- 被監査会社が利用するITは，内部統制の構成要素の全てに対して影響を与えるため，監査人は内部統制の評価にあたりITの影響を考慮する必要がある。
- 監査役等とのコミュニケーションには①双方の連携の促進，②監査役等からの情報入手，③重要な虚偽表示リスクの軽減といった役割が期待されており，必要な項目についてコミュニケーションしなければならない。
- 分析的手続は，①リスク評価手続，②実証手続，③監査の最終段階での全般的な結論の形成のために利用される。実証手続として分析的手続を実施する場合には，その適切性を判断し，使用するデータの信頼性および推定値の精度を評価することが求められる。

- 監査人は，財務諸表の作成責任の所在や，財務諸表の作成に関する基本的な事項，重要な会計方針，資料の網羅的な提示といった財務諸表監査の前提となる事項や重要な経営者の見解について，経営者から書面をもって確認しなければならない。
- 監査人は，監査の過程を監査調書に記録し保存しなければならない。監査調書は，経験豊富な監査人が理解可能なように，一定の要件を満たす必要がある。
- 監査人が監査意見を表明する前には，監査事務所の品質管理の方針および手続に従った適切な意見表明に関する審査を受けなければならない。また，監査事務所は適切な審査が行われていることをモニタリングしなければならない。

（注） 監査の基本的な用語である「重要な虚偽表示」，「重要な虚偽表示リスク」について，監査基準では「重要な虚偽の表示」，「重要な虚偽表示のリスク」と表現されている。他方，監査基準委員会報告書では「重要な虚偽表示」「重要な虚偽表示リスク」と表現されている。本章は主に監査基準委員会報告書の内容を解説していることから，監査基準の引用以外は，「重要な虚偽表示」，「重要な虚偽表示リスク」を用いて解説する。

Ⅰ　グループ監査

1　総　論

わが国では，戦後処理における財閥の解体および独占禁止法の下での純粋持株会社の設立禁止により，企業集団としての活動に一定の制限が行われてきた。このような事情を反映し，わが国における企業内容の開示制度は，長らく単体決算中心であった。しかしながら企業活動の拡大や複雑化に対応するため，事業持株会社のもとであっても子会社や関連会社を用いた事業展開が活発になってきたことや，1997（平成９）年の独占禁止法改正によって純粋持株会社設立が解禁されたこと等を背景として，2000（平成12）年３月期より企業集団全体の財政状態等を示すため連結決算中心の開示に制度改正が行われた。その後，2014（平成26）年３月期には単体開示の簡素化が行われ，連結財務諸表の重要性はますます高まってきている。

今や財務報告制度の中心に位置づけられる連結財務諸表であるが，その監査を行う際には，連結財務諸表の監査を行う監査チームと，連結財務諸表を構成する個別財務諸表の監査を行う監査チームとが別の監査事務所に所属していることも珍しくない。このような場合，連結財務諸表の監査を行う監査チームは，個別財務諸表の監査結果を他の監査人の監査結果として利用することになる。監査基準・第三実施基準四「他の監査人等の利用」１には，以下のように記載されている。

> １　監査人は，他の監査人によって行われた監査の結果を利用する場合には，当該他の監査人によって監査された財務諸表等の重要性，及び他の監査人の品質管理の状況等に基づく信頼性の程度を勘案して，他の監査人の実施した監査の結果を利用する程度及び方法を決定しなければならない。

当該監査基準の具体的な要求事項が，監基報600「グループ監査」において実務上の指針として示されている。監基報600は，①主に連結財務諸表の監査チームである「グループ監査チーム」，②企業集団を構成する個々の企業の監査チームである「構成単位の監査人」とのコミュニケーションの方法等について定めた実務指針である。

なお，連結財務諸表の監査において，監基報600は適用すべき実務指針であるが，監基報600の適用は連結財務諸表の監査に限られず，複数の構成単位からなるグループが作成する財務諸表に対する監査一般に対して適用される。例えば個別財務諸表が本店，支店のそれぞれで財務情報を作成している場合や，単一の構成単位から作成される財務諸表であっても他の監査人の関与がある場合には適用されることがある。

2　グループ監査の実施体制

グループ財務諸表の監査チームであるグループ監査チームと，連結財務諸表を構成する連結子会社等の監査人である構成単位の監査人は，相互にコミュニケーションをとりながらグループ監査を進めていく必要がある。このコミュニ

〔図表９－１〕グループ監査チームと構成単位の監査人

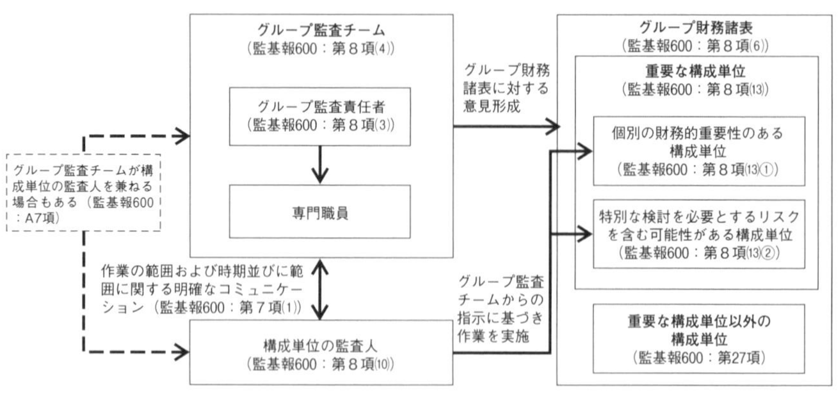

（出所）　監基報600に基づき作成

ケーションは，主としてグループ監査チームが構成単位の監査人に対して作業指示を行い，構成単位の監査人が作業の結果をグループ監査チームに報告するというものになる。このようなグループ監査におけるグループ監査チームと，構成単位の監査人およびグループ財務諸表との関係を図示すると**図表９－１**のとおりとなる。

なお，主な用語の定義を**図表９－２**に記載した。前述の連結財務諸表監査の例であれば，「グループ財務諸表」を「連結財務諸表」に，「構成単位」を「連結子会社または関連会社」と読み替えることで理解が容易になる。

〔図表９－２〕グループ監査に関連する主な用語

用　語	定　義
グループ監査責任者（監基報600：第８項⑶）	グループ財務諸表の監査業務とその実施およびグループ財務諸表に対して発行する監査報告書に責任を有する者をいう。
グループ監査チーム（監基報600：第８項⑷）	グループ財務諸表の監査の基本的な方針を策定し，構成単位の監査人とコミュニケーションを行い，連結プロセスに関する作業を実施し，グループ財務諸表に対する意見形成のため監査証拠から導かれた結論を評価する，グループ監査責任者および専門職員をいう。

グループ財務諸表（監基報600：第８項(6)）	複数の構成単位の財務情報を含む財務諸表をいう。
構成単位（監基報600：第８項(9)）	グループ財務諸表に含まれる財務情報の作成単位となる，企業またはその他の事業単位をいう。
構成単位の監査人（監基報600：第８項(10)）	グループ監査チームの依頼により，グループ財務諸表の監査のために，構成単位の財務情報に関する作業を実施する監査人をいう。
重要な構成単位（監基報600：第８項(13)）	グループ監査チームが，以下のいずれかに該当すると識別した構成単位をいう。 ①　グループに対する個別の財務的重要性を有する。 ②　特定の性質または状況により，グループ財務諸表に係る特別な検討を必要とするリスクが含まれる可能性がある。

（出所）　監基報600に基づき作成

グループ財務諸表に対する監査意見に責任を持つのはグループ監査責任者であり，構成単位に対する作業は構成単位の監査人が実施する。構成単位の監査人が重要な構成単位に対して実施する作業は，構成単位の財務諸表に対して監査意見を表明することを目的とした監査（例えば会社法に基づく監査）であることもあれば，構成単位の監査人は監査意見の表明は行わずにグループ監査チームから指示された作業（一般にリファードワークやリファーラル業務とよばれる業務）を実施するだけのこともある。

構成単位に対して作業を実施するのは構成単位の監査人であっても，あくまでグループ財務諸表に対する監査意見に責任を持つのはグループ監査責任者である。グループ監査責任者は，グループ財務諸表に対する監査報告書において，構成単位の監査人の利用に関して言及してはならない（監基報600：第10項）。

グループ監査責任者は，グループ財務諸表に対する監査契約の締結および更新に関する責任も有している。グループ監査責任者は，監基報220「監査業務における品質管理」の適用にあたり，グループ財務諸表の意見表明の基礎となる十分かつ適切な監査証拠を入手することを合理的に見込めるかどうかを判断しなければならない（監基報600：第11項）。

さらに，グループ経営者によって課される制約により，グループ監査チームが十分かつ適切な監査証拠を入手できず，かつ，それによって見込まれる影響が，グループ財務諸表に対する意見を表明しないことにつながると判断した場合，グループ監査責任者は，監査契約の新規の締結または更新を行ってはならない（監基報600：第12項）。特に重要な構成単位に関する情報の入手可能性を制約された場合には，十分かつ適切な監査証拠を入手できないことになる可能性が高いものと判断する。さらに，グループ経営者がそのような制約を課す原因によっては，グループ監査チームからの質問に対するグループ経営者の回答等の信頼性に疑義が生じる場合がある（監基報600：A17項）。

3　グループ財務諸表の監査の基本的な方針および詳細な監査計画

グループ監査チームは，監基報300「監査計画」に従って，グループ財務諸表の監査の基本的な方針およびその詳細な監査計画を策定し，グループ監査責任者がこれらを査閲しなければならない（監基報600：第15項）。グループ財務諸表の監査計画の策定にあたっては，構成単位の重要性を識別するため，グループ全体，構成単位およびこれらの環境を理解する（監基報600：第16項）。

グループ財務諸表に存在する重要な虚偽表示リスクの評価にあたって，グループ監査チームは，グループ全体統制を含むグループ，その構成単位およびそれらの環境や連結プロセスを理解することが求められる。また，重要な構成単位の財務情報に関する作業の実施を構成単位の監査人に依頼する場合，以下の事項を理解したうえで依頼する必要がある（監基報600：第18項）。

(1)　構成単位の監査人が職業倫理に関する規定を理解し遵守しているか。
(2)　構成単位の監査人が職業的専門家としての能力を有しているか。
(3)　グループ監査チームが，十分かつ適切な監査証拠を入手するにあたり必要な程度まで構成単位の監査人の作業に関与することができるか。
(4)　構成単位の監査人が，監査人を適切に監督する規制環境の下で業務を行っているか。

これらの理解は，グループ監査チームと構成単位の監査人が同一のネットワーク・ファームに所属している場合は，ネットワーク・ファームによる品質管理の監視の結果を評価することで可能となることもある。また，このような手段による評価ができない場合は，構成単位の監査人への訪問や，書面による質問等により理解を深めようとする（監基報600：A33項）。その結果，前記(1)から(3)に関して重大な懸念がある場合，グループ監査チームは，当該構成単位の監査人に作業の実施を依頼せずに，当該構成単位の財務情報に関する十分かつ適切な監査証拠を入手しなければならない（監基報600：第19項）。

他方，このような懸念がなく，構成単位の監査人が重要な構成単位の作業を実施する場合は，グループ監査責任者は，グループ監査チームが十分かつ適切な監査証拠の入手に必要な程度まで，これら構成単位の監査人の作業に関与できるかどうかを評価しなければならない（監基報600：第11項）。

グループ監査チームと構成単位の監査人は，財務諸表に重要な虚偽表示が行われる可能性について討議することがある。このような討議を行うことで，グループ全体統制や構成単位に関する知識の共有や，構成単位またはグループに係る事業上のリスクに関する情報交換を行うことが可能となる（監基報600：A27項）。

4　重要性の決定

グループ監査チームは，グループ財務諸表を監査するにあたっての重要性について，以下の基準値や金額を決定しなければならない（監基報600：第20項）。

(1)　グループ財務諸表全体としての重要性の基準値
(2)　グループ財務諸表における特定の勘定残高等に対する重要性の基準値
(3)　構成単位の重要性の基準値
(4)　グループ財務諸表にとって明らかに僅少であるとみなすことができない虚偽表示の金額の基準

グループ全体の重要性の基準値を決定した後，構成単位の重要性の基準値を決定することになる。構成単位の重要性の基準値は，グループ全体の重要性の基準値よりも低く設定される。これは，構成単位における未修正の虚偽表示と未発見の虚偽表示の合計が，グループ財務諸表全体としての重要性の基準値を上回ることがないような水準として設定される。構成単位の重要性の基準値の総合計は，必ずしもグループ全体の重要性の基準値に一致せず，これを超える

〔図表９－３〕構成単位毎の重要性に関する監査人の対応

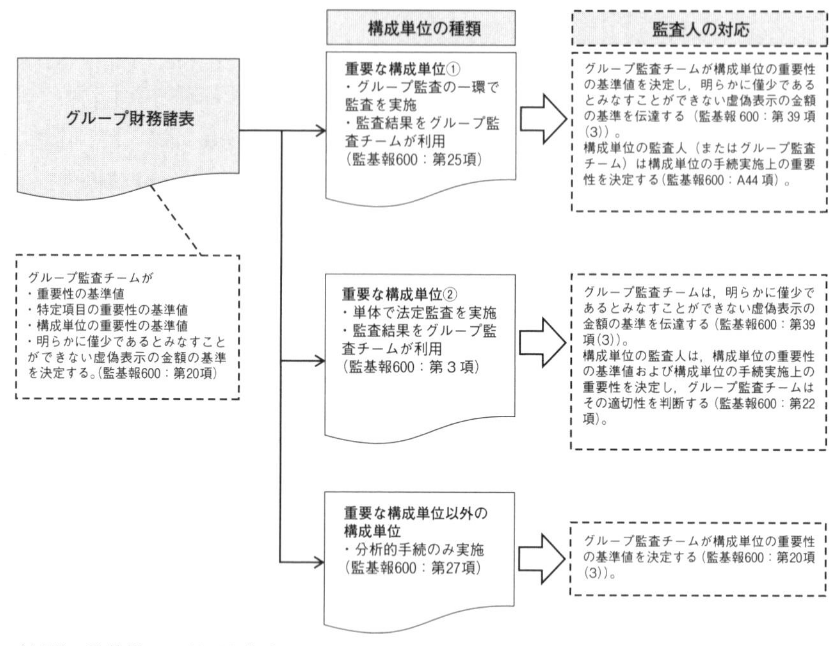

（出所）　監基報600に基づき作成

こともある。

構成単位の監査人は，グループ監査チームより割り当てられた構成単位の重要性の基準値を用い，構成単位の手続実施上の重要性を決定し，監査計画を立案する（監基報600：A44項）。

なお，構成単位が法令等で定められた監査の対象（例えば構成単位が会社法上の大会社である場合など）で，グループ監査チームが構成単位の監査を利用してグループ財務諸表の監査における監査証拠を入手する場合，グループ監査チームは，構成単位の監査人が決定した構成単位の財務諸表全体としての重要性の基準値および手続実施上の重要性がグループ監査の観点から適切な水準であるかどうかを判断する（監基報600：第22項）。

これらを図示すると**図表９－３**のとおりとなる。

5　リスクの評価と評価したリスクへの対応

グループ監査チームは，構成単位の財務情報に関し，グループ監査チームまたはその指示を受けた構成単位の監査人が実施すべき作業の種類を決定し，構成単位の監査人の作業への関与の内容，時期および範囲を決定しなければならない（監基報600：第23項）。また，グループ全体統制および連結プロセスを理解し，グループ全体統制が有効であると想定する場合，または実証手続のみでは十分かつ適切な監査証拠を入手できない場合，グループ全体統制の運用評価手続を実施する（監基報600：第24項）。

(1)　構成単位の財務情報について実施する作業

構成単位の財務情報について実施すべき作業は，各構成単位の重要性等に基づき決定される。量的な重要性がある構成単位は「個別の財務的重要性を有する重要な構成単位」とされ，構成単位の重要性の基準値に基づいた，構成単位の財務情報の監査が実施される（監基報600：第25項）。また，「特定の性質又は状況によりグループ財務諸表に係る特別な検討を必要とするリスクが含まれる可能性がある重要な構成単位」においては，構成単位の重要性の基準値に基づいた，構成単位の財務情報の監査の他，よりリスクに焦点を当てた作業が行われることがある（監基報600：第26項）。（図表9－4を参照のこと）。

〔図表9－4〕構成単位の種類毎の監査人が実施すべき作業

構成単位の種類		実施すべき作業
重要な構成単位	個別の財務的重要性を有する重要な構成単位（監基報600：第25項）	構成単位の重要性の基準値に基づいた，構成単位の財務情報の監査
	特定の性質または状況によりグループ財務諸表に係る特別な検討を必要とするリスクが含まれる可能	以下の作業の種類のうち1つまたは複数を実施 (1)　構成単位の重要性の基準値に基づく構成単位の財務情報の監査 (2)　グループ財務諸表に係る特別な検討を必要とするリスクに関連する1つまたは複数の特定の勘定残高，

	性がある重要な構成単位（監基報600：第26項）	取引種類または開示等の監査 (3) グループ財務諸表に係る特別な検討を必要とするリスクに関連する特定の監査手続
重要な構成単位以外の構成単位（監基報600：第27項）		グループ・レベルでの分析的手続

（出所） 監基報600に基づき作成

グループ監査チームは，上記の手続の他，グループ全体統制および連結プロセスに関する作業を実施してもなお，グループ財務諸表についての意見表明の基礎となる十分かつ適切な監査証拠を入手できないと考える場合がある。

このような場合には，グループ監査チームは重要な構成単位以外の構成単位から構成単位を選定し，かつ選定した構成単位の財務情報に関して以下の作業の種類のうち１つまたは複数を組み合わせて実施するか，または構成単位の監査人にその実施を依頼しなければならない（監基報600：第28項）。

- 構成単位の重要性の基準値に基づく構成単位の財務情報の監査
- １つまたは複数の特定の勘定残高，取引種類，開示等の監査
- 構成単位の重要性の基準値に基づく構成単位の財務情報のレビュー
- 特定の手続

グループ監査チームは，構成単位の選定を適宜見直さなければならない。

(2) 構成単位の監査人が実施する作業への関与

グループ監査チームは，構成単位の監査人が実施する作業に適切に関与する必要がある。構成単位の監査人が実施する作業への主な関与としては，**①リスク評価への関与**と**②特別な検討を必要とするリスクの対応手続への関与**がある。

グループ監査チームによる構成単位の監査人が行うリスク評価への関与は，構成単位の監査人が重要な構成単位の財務情報の監査を実施する場合に，特別な検討を必要とするリスクを識別するため実施される。

グループ監査チームは，構成単位の監査人に関する理解に基づき構成単位の監査人のリスク評価への関与の内容，時期および範囲を決定することになるが，少なくとも以下を実施しなければならない（監基報600：第29項）。

⑴　グループにとって重要である構成単位の事業活動に関する，構成単位の監査人または構成単位の経営者との協議
⑵　構成単位の財務情報に不正または誤謬による重要な虚偽表示が行われる可能性に関する，構成単位の監査人との討議
⑶　特別な検討を必要とするリスクに関する，構成単位の監査人の監査調書の査閲

グループ監査チームによる構成単位の監査人が行う特別な検討を必要とするリスクの対応手続への関与は，構成単位の監査人が作業を実施する構成単位において特別な検討を必要とするリスクが識別されている場合に，当該リスク対応手続の適切性を評価するというかたちで行われる。グループ監査チームは，構成単位の監査人に関する理解に基づき，構成単位の監査人のリスク対応手続への関与が必要かどうかを決定しなければならない（監基報600：第30項）。

6　連結プロセス

グループ監査チームは，グループ全体統制および連結プロセスを理解し，グループ全体統制が有効であると想定する場合，または実証手続のみでは十分かつ適切な監査証拠を入手できない場合，グループ全体統制に依拠することで監査を効果的かつ効率的に実施するため，グループ全体統制の運用評価手続を実施する（監基報600：第31項）。

グループ監査チームは，連結プロセスから生じるグループ財務諸表の重要な虚偽表示リスクに対応するリスク対応手続の種類，時期および範囲を立案し実施しなければならない。含まれるべき全ての構成単位がグループ財務諸表に含まれているかどうかの評価もここで行われる（監基報600：第32項）。また，連結プロセスのリスク対応手続は，以下のような事項を評価できるよう立案する必要がある（監基報600：第33～36項）。

- 連結のための修正および組替の適切性，網羅性および正確性の評価（第33項）
- 何らかの不正リスク要因または経営者の偏向が存在する兆候があるかどうかの評価（第33項）
- 構成単位の財務情報がグループ財務諸表と同一の会計方針に従い作成，もしく

は表示上で適切に修正されているかの評価（第34項）
- 構成単位の監査人とのコミュニケーションにおいて特定された財務情報と同一のものがグループ財務諸表に反映されているかどうかの確認（第35項）
- 期末日の異なる構成単位の財務諸表をふくむ場合，これらの財務諸表に適用される財務報告の枠組みに準拠した修正が行われたかの評価（第36項）

7　後発事象

構成単位の財務情報について監査が実施される場合には，実施するグループ監査チームまたは構成単位の監査人は，それらの構成単位の財務情報の期末日とグループ財務諸表の監査報告書日の間に発生した後発事象を識別するための手続を実施する（監基報600：第37項）。構成単位の財務諸表に対して監査が実施されている場合，構成単位の財務諸表の監査報告日までの後発事象を識別するための手続は当然に実施される。しかし，グループ財務諸表の監査報告日が構成単位の財務諸表の監査報告日よりも遅い場合には，グループ財務諸表の監査報告日までの後発事象を追加的に識別する必要がある。

他方，構成単位の監査人によって構成単位の財務情報について監査以外の作業が実施される場合には，グループ監査チームは，構成単位の監査人に，グループ財務諸表上で修正または開示することが要求される可能性のある後発事象に気づいたときにはグループ監査チームへ通知するように依頼しなければならない（監基報600：第38項）。重要性に鑑みて監査以外の作業が実施される構成単位については，後発事象を識別する手続を実施することまで求めるものではなく，後発事象に気づいた場合にはグループ監査チームへ通知することを求めるにとどまっている点で，監査が実施される構成単位とは取扱いが異なる。

8　構成単位の監査人とのコミュニケーション

グループ監査チームと構成単位の監査人との間に有効な双方向のコミュニケーションが存在しない場合，グループ監査チームがグループ財務諸表についての意見表明の基礎となる十分かつ適切な監査証拠を入手できないリスクがある。グループ監査チームが要求する事項に関する適時の明確なコミュニケーションは，グループ監査チームと構成単位の監査人との間で，有効な双方向のコミュニケーションの基礎となる。

グループ監査チームは，構成単位の監査人に，グループ財務諸表の監査において要求する事項として，実施すべき作業，その作業結果の利用目的ならびに構成単位の監査人のグループ監査チームへの報告の様式および内容を適時に伝達しなければならない。この伝達に際しては，さらに以下の事項を含めなければならない（監基報600：第39項）。

(1)　構成単位の監査人がグループ監査チームに協力することの確認の依頼
(2)　グループ財務諸表の監査に関連する職業倫理に関する規定
(3)　構成単位の財務情報の監査またはレビューの場合には，構成単位の重要性の基準値およびグループ財務諸表にとって明らかに僅少であるとみなすことができない虚偽表示の金額の基準
(4)　グループ監査チームが識別した特別な検討を必要とするリスクの中で，構成単位の監査人の作業に影響を及ぼすリスク
(5)　グループ経営者が作成した関連当事者のリストおよびグループ監査チームが把握しているその他の関連当事者

グループ監査チームは，監査の過程において，構成単位の監査人の作業に影響を及ぼす，グループ財務諸表に係る不正による重要な虚偽表示を示唆する状況を識別した場合には，構成単位の監査人に適時に伝達する。また，構成単位の監査人が，不正による重要な虚偽表示を示唆する状況を識別した場合は，その内容を適時にグループ監査チームに伝達するよう依頼しなければならない。

グループ監査チームは構成単位の監査人に対して，グループ財務諸表の監査に関連する以下の事項を報告するように依頼しなければならない（監基報600：第40項）。

(1)　構成単位の監査人が職業倫理に関する規定を遵守したかどうか。
(2)　構成単位の監査人がグループ監査チームにより要求された事項を遵守したかどうか。
(3)　構成単位の監査人が報告の対象とする構成単位の財務情報の特定
(4)　重要な虚偽表示をもたらす可能性がある違法行為に関する情報

(5) 構成単位の財務情報の未修正の虚偽表示のリスト
(6) 経営者の偏向が存在する兆候
(7) 構成単位で識別された財務報告に関する内部統制の重要な不備
(8) 構成単位の監査人が構成単位の統治責任者に報告しまたは報告を予定しているその他の重要事項
(9) グループ財務諸表の監査に関連するか，または構成単位の監査人がグループ監査チームの注意を喚起したいと考えるその他の事項
(10) 構成単位の監査人の発見事項，結論または意見

9 入手した監査証拠の十分性および適切性の評価

グループ監査チームは，構成単位の監査人からの報告事項を評価しなければならない。評価するにあたっては，以下の手続を実施する（監基報600：第41項）。

(1) 適切な場合には，構成単位の監査人，構成単位の経営者またはグループ経営者とその評価の結果判明した重要な事項を協議すること
(2) 構成単位の監査人の監査調書のその他の関連する箇所を査閲する必要があるかどうかを決定すること

特に構成単位の監査人の監査調書のうち，特別な検討を必要とするリスクに関連する監査調書は，重点的な査閲の対象とされることが多い。

これらの手続を実施した結果，構成単位の監査人による作業が不十分であるとグループ監査チームが判断した場合には，実施すべき追加手続およびその実施者（構成単位の監査人もしくはグループ監査チーム）を決定しなければならない。

さらにグループ監査チームは，連結プロセスについて実施した監査手続およびグループ監査チームが実施した作業から，グループ財務諸表についての意見表明の基礎を得るために十分かつ適切な監査証拠が入手されたかどうかを評価しなければならない（監基報600：第43項）。

グループ監査責任者は，未修正の虚偽表示，および十分かつ適切な監査証拠を入手することができなかった状況が，グループ財務諸表の監査意見に与える

影響を評価しなければならない（監基報600：第44項）。

10　グループ経営者およびグループ統治責任者とのコミュニケーション

グループ監査チームはグループ財務諸表の作成責任を負うグループ経営者およびグループ統治責任者とコミュニケーションを行うことが求められている。グループ経営者に対するコミュニケーションと，グループ統治責任者に対するコミュニケーションとでは，その目的および内容が異なる。そのため，以下ではこれらを分けて説明する。

(１)　グループ経営者とのコミュニケーション

グループ監査チームは，監基報265「内部統制の不備に関するコミュニケーション」に従い，識別された内部統制の不備のうちどれをグループ経営者に報告するかを判断しなければならない。この判断にあたって，グループ監査チームは，次の事項を考慮しなければならない（監基報600：第45項）。

(1)　グループ監査チームが識別した，グループ全体の内部統制の不備
(2)　グループ監査チームが構成単位の内部統制において識別した，内部統制の不備
(3)　構成単位の監査人がグループ監査チームに報告した内部統制の不備

グループ監査チームは，不正を識別した場合，構成単位の監査人から不正について報告された場合，または不正が存在する可能性があることを示す情報を入手した場合，不正の防止および発見に対する責任を有する者に知らせるため，適切な階層のグループ経営者に適時にこれらの事項を報告しなければならない（監基報600：第46項）。

構成単位の監査人が構成単位の財務諸表に対して監査意見を表明する場合，構成単位の財務諸表に重要な影響を及ぼす可能性がある事項で構成単位の経営者が把握していない事項にグループ監査チームが気づいた場合，グループ監査チームは，当該事項を構成単位の経営者に伝達するようにグループ経営者に依頼しなければならない。

グループ経営者が構成単位の経営者に伝達することを拒否した場合には，グループ監査チームは，グループ統治責任者と協議しなければならない。これらによっても解決しない場合には，グループ監査チームは，法律上および職業専門家としての守秘義務に従った上で，構成単位の監査人に対して，当該事項が解決するまでは構成単位の財務諸表に対する監査報告書を発行しないように助言するかどうかを考慮しなければならない（監基報600：第47項）。

(2) グループ統治責任者とのコミュニケーション

グループ監査チームは，監基報260「監査役等とのコミュニケーション」の要求事項に加えて，以下の事項についてグループ統治責任者とコミュニケーションを行わなければならない（監基報600：第48項）。

(1) 構成単位の財務情報について実施する作業の種類の概要
(2) 重要な構成単位の財務情報について構成単位の監査人が実施する作業に関してグループ監査チームが予定している関与の概要
(3) グループ監査チームが構成単位の監査人の作業を評価したことによって判明した作業の品質に関する懸念事項
(4) グループ財務諸表の監査に対する制約（例えば，グループ監査チームの情報の入手が制限されていること）
(5) 以下の不正または不正の疑い
- グループ経営者または構成単位の経営者による不正または不正の疑い
- グループ全体統制において重要な役割を担っている従業員による不正または不正の疑い
- 不正がグループ財務諸表の重要な虚偽表示となる場合には，上記以外の者による不正または不正の疑い

II 専門家の業務の利用

1 専門家の業務の利用の意義

企業活動は常に進歩し複雑さを増していくとともに，会計基準も年々複雑化

〔図表９－５〕監査チームを取り巻く専門家

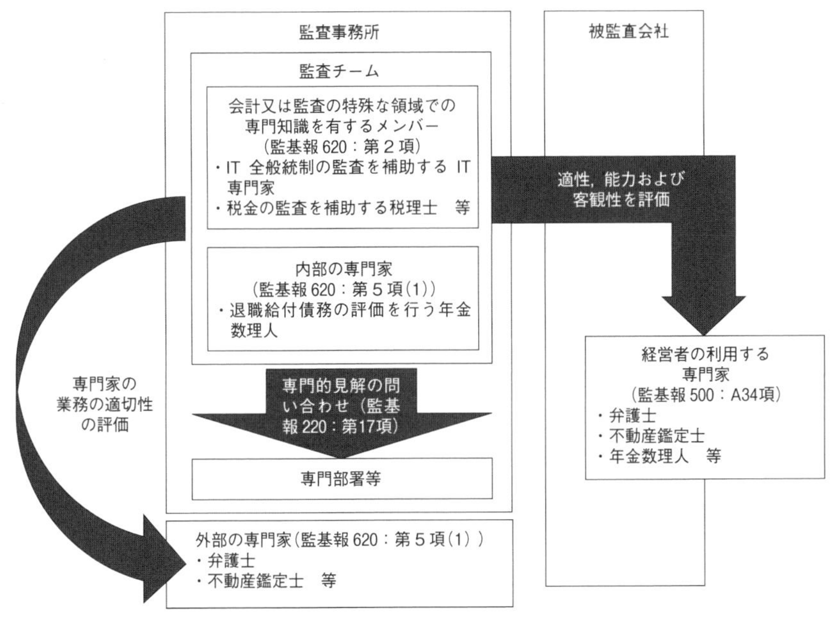

（出所）　監基報220，500，620に基づき作成

しさらに将来の見積りを多分に含んだものになってきている。このような監査人を取り巻く環境変化により，監査人が会計上・監査上の判断を行うにあたって公認会計士としての専門領域外の知識を必要とされる場面も増えてきている。例えば，退職給付会計における退職給付債務の金額，金融商品会計における複雑な金融商品の公正価値，土地建物の評価額などは必ずしも公認会計士がその見積りを実施することを想定しているものではない。このように会計または監査以外の領域における技能，知識，経験を必要とされる場合，監査人は適切な専門家の業務を利用しつつ業務を行うこととなる。

監査人が専門家を利用するのは，実証手続によって入手した監査証拠の十分性と適切性を評価する場面に限られず，企業および企業環境の理解からリスク評価，リスク対応手続の立案の場面まで広範に及ぶ。

なお，ここで取り扱う「専門家の業務の利用」とは，監査人が会計または監査以外の専門分野における個人または組織の業務を利用することであり，以下のような場合は含まない（下線は筆者による）。

> ●監査チームが会計又は監査の特殊な領域で専門知識を有するメンバーを含む場合や同領域で専門知識を有する個人若しくは組織に専門的見解の問合せを実施する場合（監基報620：第2項(1)）
> ●経営者の利用する専門家の業務を監査人が利用する場合（監基報620：第2項(2)）

監査チームを取り巻く専門家を**図表9－5**に示している。それぞれその知見を利用するにあたっての要求事項は異なるので，留意する必要がある。

2　専門家の業務を利用する場合の監査人の責任

監査人は専門家の業務を利用したとしても，監査意見に対する責任は軽減されず，監査人は監査意見に対して単独で責任を負う必要がある（監基報620：第32項）。監査基準・第三実施基準四「他の監査人等の利用」2には，以下のように記載されており，専門家の業務の利用にあたっては，専門家としての能力および業務の客観性を評価することを求めている。

> 2　監査人は，専門家の業務を利用する場合には，専門家としての能力及びその業務の客観性を評価し，その業務の結果が監査証拠として十分かつ適切であるかどうかを検討しなければならない。

監査人は上記の手続を実施し当該専門家の業務が監査人の目的に照らして適切であると結論づけた場合に，当該専門家による当該専門分野での指摘事項または結論を適切な監査証拠として受け入れることができる。しかし，無限定意見の監査報告書において専門家の業務を利用したことを記載してはならない。これは，あくまでも監査人は監査意見に対して単独で責任を負うためである（監査基準・第三実施基準四「他の監査人等の利用」2）。

しかしながら，限定事項付意見の理由を説明するために専門家の業務を利用している旨を記載することが適切であると判断した場合には，監査報告書上でその旨の記載をすることがある。例えば，重要性のある資産の時価評価にあたって，専門家の業務が監査人の目的に対して適切であると結論づけた場合の専門家の評価額が，経営者の主張する時価とは大きく乖離しており監査人が意見を限定する必要があると判断した場合などが考えられる。

この場合には，必要に応じて当該専門家の同意を得るとともに，専門家の業務を利用したことで監査意見に関する監査人の責任は軽減されない旨を監査報告書に記載する必要がある（監基報620：第14項）。

3　専門家の業務を利用するための監査手続

監査人は，十分かつ適切な監査証拠を入手するにあたって，会計または監査以外の分野の専門知識が必要な場合，専門家の業務を利用するかどうかを判断しなければならない（監基報620：第６項）。

専門家の業務を利用するという判断を行った場合は，以下の各項の手続を実施する必要がある（監基報620：第８～11項）。

- 専門家の適性，能力および客観性を評価する（第８項）
- 専門家の専門分野を理解する（第９項）
- 専門家と合意する（第10項）
- 専門家の業務の適切性を評価する（第11項）

以下，各項目について説明する。

4　専門家の適性，能力および客観性の評価（第８項，A14～20項）

専門家の業務を利用するという判断を行った場合，まず，利用する専門家が適性，能力および客観性を備えているかどうかを評価しなければならない。専門家そのものの適性，能力および客観性は，専門家の業務が監査人の目的に照らして適切であるかどうかを判断するにあたって，重要な要素となる。それぞれの要素に関して第８項には明確な定義はない。しかし，以下のような事項に関連しているとされている。

- 適性………十分な専門知識を有しているか
- 能力………適性を発揮できる条件が整っているか
- 客観性……中立的な判断ができるか，利益相反はないか専門家は，監査人自身が求められるような**独立性を保持していることまでは求められない**ものの，業務にあたって客観性を保っていることについて十分な心証を得る必要がある。とくに外部の専門家の客観性を評価する場合には，①専門家が被監査会社と利害関係を有しているか，②客観性に関する阻害要因がある場合に専門家が有効なセーフガードを有しているかを評価することを検討する。必要な場合には，専門家から被監査会社との利害関係に関する書面を入手することもある。

専門家の適性，能力および客観性の検討を行うにあたり，監査人は専門家の過去の実績の調査や専門家との討議，専門家の有する資格，業界団体への加入状況，業務実施基準の遵守状況等を検討する。専門家によっては隣接する専門分野ではあるものの，監査人が利用しようとする専門分野そのものの知識に関しては限定的である場合や，適合していないこともあるので留意する必要がある。例えば損害保険を専門とする保険数理人は，年金数理計算に関して限られた知識しかもち合わせていないことがあり，このような場合，監査人が退職給付債務に関して利用する専門家としては適合していない可能性がある。

5　専門家の専門分野の理解（第９項，A21～22項）

監査人は専門家の業務の内容，範囲および目的を決定し，専門家の業務の適切性を評価するために専門家の専門分野を十分に理解する必要がある。理解すべき内容としては，監査人が専門家を利用しようとしている事項への適合性や，職業的専門家としての基準および法令等が適用される業務かどうか，どのような仮定やモデルが利用されているかといった事項が含まれる。

6　専門家との合意（第10項，A23～31項）

監査人は以下の事項について専門家と合意する必要がある。特に⑷の守秘義務に関しては，専門家も監査人と同等の守秘義務を負うことが必要である点に留意する。

⑴　専門家の業務の内容，範囲および目的
⑵　監査人および専門家のそれぞれの役割と責任

(3)　専門家が提出する報告書の様式を含め，監査人と専門家との間のコミュニケーションの内容，時期および範囲
(4)　専門家が守秘義務を遵守する必要性

合意は必ずしも書面による必要はなく，書面による合意が行われない場合は監査計画時のメモや監査手続書などの監査調書として文書化する。なお，監査事務所が専門家の業務を利用するにあたっての詳細な手続を定めている場合には，監査調書として文書化することは必ずしも要求されない。

7　専門家の業務の適切性に係る評価（第11項，A32〜40項）

監査人は，実施された専門家の業務が，監査人の目的に照らして適切か否かを評価しなければならない。その理由は，専門家が必要な適性，能力および客観性を有していると判断でき，その業務の内容を理解しており，かつ業務内容等について合意ができていたとしても，専門家の業務の結果を監査人が鵜呑みにすることは許されないからである。

専門家の業務の適切性の評価にあたっては，少なくとも以下の事項の検討を行う（監基報620：第32〜39項）。

(1)　専門家の指摘事項または結論の適合性や合理性，および他の監査証拠との整合性
(2)　専門家の利用した重要な仮定の適合性と合理性
(3)　専門家の利用した重要な基礎データの目的適合性，網羅性および正確性

監査人は，専門家の業務が監査人の目的に照らして適切ではないと判断した場合，専門家に追加業務を依頼するか，監査人自らが追加的な監査手続を実施するかを決定しなければならない。このような手続によってもなお問題事項を解消できなかった場合，十分かつ適切な監査証拠を入手できなかったことになるため，監査人は限定付意見の表明もしくは意見不表明とすることを検討する。

III 内部監査の利用

1 内部監査機能および内部監査人

内部監査機能とは，企業に対して，確立されまたは提供される評価活動をいう。当該機能には，内部統制の妥当性および有効性を検討，評価および監視することが含まれる。内部監査機能の活動に従事する者を内部監査人という（監基報610：第6項）。

内部監査は，経営者の経営管理目的に資するために経営者直属の内部監査部門により実施されるものであり，その目的や監査の手法はさまざまである。しかしながら，内部監査は経営者の整備・運用する内部統制の一部であり財務諸表監査に関連する可能性があるため，会計監査人は内部監査を利用できる可能性がある。監査基準第三実施基準四「他の監査人等の利用」3では以下のように規定されている。

> 3　監査人は，企業の内部監査の目的及び手続が監査人の監査の目的に適合するかどうか，内部監査の方法及び結果が信頼できるかどうかを評価した上で，内部監査の結果を利用できると判断した場合には，財務諸表の項目に与える影響等を勘案して，その利用の程度を決定しなければならない。

また，監査人は内部監査の結果の利用の可否にかかわらず，被監査会社が内部監査機能を有している場合には，その組織上の位置づけおよび内部監査によって実施された，または実施される業務を理解する必要がある。

マメ知識9－1

内部監査部門の組織上の位置づけ

内部監査部門の組織上の位置づけは，経営者直轄組織として他の部門から独立しているか，監査役（会）や監査委員会等への報告ラインや直接の質問の機会を持っているかといったことを勘案して判断する。

2　内部監査の目的と監査人の目的（財務諸表監査）との適合性の評価

経営者が設定する内部監査の目的には以下のようなものが考えられ，必ずしも財務報告目的には限られない（監基報610：A３項）。

> **内部監査機能の目的**
> - 内部統制の監視
> - 財務情報および業務情報の検討
> - 業務活動の検討
> - 法令等の遵守の検討
> - リスク・マネジメント
> - 企業統治（ガバナンス）

特に非上場会社においては，事業運営の経済性，効率性および有効性の監査のみを目的としていることも少なくないため，監査人は，内部監査がどのような目的を設定され，その活動を行っているかを適切に理解する必要がある。

上記の検討を行った結果，内部監査の目的が監査人の目的と一致する部分があったとしても，実際に内部監査人の特定の作業を利用する際には，以下のように当該作業の信頼性を評価する手続が必要である（監基報610：第８項）。

> ８．内部監査人の作業が財務諸表の監査の目的に照らして適切かどうかを判断するにあたり，監査人は以下の事項を評価しなければならない。
> (1)　内部監査機能の客観性
> (2)　内部監査人の専門的能力
> (3)　内部監査人が専門職としての正当な注意を払い作業を実施するかどうか。
> (4)　内部監査人と監査人との間で有効なコミュニケーションが図れるかどうか。

内部監査機能の客観性を評価するにあたって，内部監査部門は経営者等の指示に従って業務を行う組織であるため，監査人と同等の独立性は有していない。特に内部監査部門が，監査役等の統治責任者に対する直接の報告ラインを有していないような場合には，内部監査結果の利用に際しては相当程度慎重に対応する必要がある。

なお，わが国においては米国の統合監査におけるダイレクト・アシスタンス（内部監査機能等による監査手続の直接支援）は想定されておらず，会社法第396条第５項においても会計監査人が被監査会社の従業員を使用して監査を行うことを禁じている点に留意する必要がある（監基報610：第２項）。

3　内部監査の利用と監査人の責任

監査人は表明した監査意見に単独で責任を負うものであり，その責任は内部監査を利用したとしても軽減されない点に留意する必要がある（監基報620：第４項）。換言すれば，内部監査の結果が誤っていた場合には，監査人は誤った内部監査結果を利用したことに関する責任を負うことになる。

Ⅳ　会計上の見積りの監査

1　会計上の見積りの性質

わが国において一般に「会計ビッグ・バン」とよばれる一連の会計制度の改革によって，連結会計，退職給付会計，金融商品会計，税効果会計，減損会計，継続企業の前提に関する開示，企業結合会計等の一連の会計基準の整備がすすめられた。その結果，「会計ビッグ・バン」の時代以前と比較して，財務諸表を作成する際に経営者が見積りを行う場面が飛躍的に増加することとなり，財務諸表においてこれらの見積りが適切に行われているか否かが，監査人が財務諸表の適正性を判断するにあたっての重要な要素となることが多くなってきている。

会計上の見積りには，①将来の結果を予測（将来の貸倒れや，棚卸資産の売却見込み等）することにより測定されるものと，②測定時点における状況に基づいた現在の項目の価値として表されるもの（金融商品や固定資産の価値等）とがあり，公正価値に関する見積りの多くは後者に含まれる。会計上の見積りが必要となる項目のうち，代表的なものとして**図表９-６**の事項が挙げられる（監基報540：Ａ６～７項）。

〔図表9－6〕会計上の見積りが必要となる項目の例

公正価値以外に関するもの（A6項）	公正価値に関するもの（A7項）
✓　貸倒引当金 ✓　滞留または処分見込等の棚卸資産 ✓　製品保証引当金 ✓　資産の償却方法または耐用年数 ✓　回復する見込みに関して不確実性が存在する場合の投資の減損 ✓　工事契約等の長期契約 ✓　訴訟の調停や判決から生ずる費用	✓　活発な公開市場で取引されていない複雑な金融商品 ✓　ストック・オプション等 ✓　処分目的で保有する固定資産 ✓　のれん，無形資産を含む，企業結合で取得した資産または負債 ✓　独立した事業当事者間で行われる金銭的対価を伴わない資産または負債の交換取引

（出所）　監基報540に基づき作成

監基報540の例示以外にも，以下のような事項も会計上の見積りが必要となる事項として考えられる。

✓　繰延税金資産の回収可能性の評価

✓　退職給付債務の評価

✓　有形固定資産やのれんの減損

このように会計上の見積りが財務諸表の作成にあたって重要な役割を果たしているという状況を反映し，監査基準・第三実施基準三「監査の実施」5は，監査人に対して，以下のように，会計上の見積りの合理性を判断するための十分かつ適切な監査証拠の入手を求めている。

> 5　監査人は，会計上の見積りの合理性を判断するために，経営者が行った見積りの方法の評価，その見積りと監査人の行った見積りや実績との比較等により，十分かつ適切な監査証拠を入手しなければならない。

これは，経営者が行った会計上の見積りについて，それが将来の予測であることや，市場価格等の外部データを入手できないことなどを理由として監査人が判断を避けることなく，その会計上の見積りの合理性を判断することが求められていることを示している。しかしながら，会計上の見積りは正確に測定することができない事象に対して行われるため，当然のことながら会計数値も一意に定まるものではないことが多い。また，期末時点における見積り額と確定額とは財務諸表に虚偽表示がなくとも乖離することも多く，さらに当該乖離が判明するのは，多くの場合，監査報告書の提出後である。

このような会計上の見積りの性質は，経営者にとっては会計上の見積りを恣意的に行うことによる利益操作を行う誘因と手段を提供することになるとともに，監査人にとっては監査を失敗するリスクを増大させる要因となる。そのため，監査人は会計上の見積りに対してより深度ある監査を実施することが求められるのである。

会計上の見積りおよび関連する開示が，正確に測定することができないという性質に影響される程度を「見積りの不確実性」といい（監基報540：第6項⑹），監査人は見積りの不確実性がもたらす重要な虚偽表示リスクを適切に判断し，当該リスクに対応した監査手続を実施しなければならない。

重要な虚偽表示リスクを評価する方法は①監基報315「企業及び企業環境の理解を通じた重要な虚偽表示リスクの識別と評価」に，リスク対応手続については②監基報330「評価したリスクに対応する監査人の手続」に一般的な記載があるが，会計上の見積りに関してはこれらに加え③監基報540「会計上の見積りの監査」に従った監査手続を実施することになる。

2　リスク評価手続とこれに関連する活動

監査人は会計上の見積りに関する重要な虚偽表示リスクを識別し，評価する基礎を得るため，以下の3点について理解する必要がある（監基報540：第7項）。

⑴　適用される財務報告の枠組みにおける要求事項
⑵　経営者が会計上の見積りが必要となる事象等を把握する方法
⑶　経営者が会計上の見積りを行う方法およびその基礎データの理解

以下ではこれらの各項目についての説明を行う。

⑴　適用される財務報告の枠組みにおける要求事項

監査人は，適用される財務報告の枠組みが要求する以下のような事項を理解する必要がある（監基報540：A12項）。

●会計上の見積りを認識する一定の状況や測定方法

●公正価値での測定を容認または要求する一定の条件

●要求または容認される開示

また，これらの理解は，経営者が会計上の見積りを適切に行っているかどうかを監査人が判断するための基礎となる。会計上の見積りが，それを規定する財務報告の枠組みによって測定の方法を定められている場合には，その方法に従うことが求められる。経営者は見積額を直接に算定できることもあれば，代替的な仮定や結果を検討した上で信頼性の高い見積額を算定できることもある。

開示に関しては，退職給付会計における割引率や長期期待運用収益率の記載のように，会計上の見積りに特に影響を与える重要な仮定について開示を要求していることがある。また，保証債務による損失の発生可能性など見積りの不確実性が高い場合には，会計上の見積りを財務諸表において認識することを認めず，注記により一定の開示を要求していることもある。これらの要求される開示事項についても，監査人は適切に理解しておく必要がある。

(2)　経営者が会計上の見積りが必要となる事象等を把握する方法

監査人は，経営者が会計上の見積りが必要となる事象等を把握する方法を理解しなければならない。経営者は，その事業や産業に関する知識や経験に基づいて，会計上の見積りが必要となる事象を把握することが多いが，リスク管理機能を担う部署を設置するなど組織的に対応していることもある（監基報540：A15項）。

また監査人は，会計上の見積りに関連する状況の変化について，経営者に質問を行わなければならず，例えば以下のような事項の有無を質問することになる。

●新しい種類の取引の発生

●会計上の見積りを必要としていた取引条件の変更

●適用される財務報告の枠組み等の改正

●経営者の影響が及ばない事項に関する変更

●その他の新しい状況または事象の発生

会計上の見積りが網羅的に実施されているか否かは，監査人の重要な検討事項となることが多い。当該網羅性は，二重責任の原則に基づき第一義的には経営者および経営者が整備した組織によって担保されるべきものであるが，監査人は，リスク評価手続の実施を通じて被監査会社および企業環境を理解することにより，監査の過程で入手した他の監査証拠と合わせて，会計上の見積りが必要となる状況やその変化を把握することができる。

監査人が，経営者の把握できなかった会計上の見積りが必要となる事象等を発見した場合は，それは経営者が識別していない重要な虚偽表示リスクである可能性がある。経営者が把握できなかった会計上の見積りが必要となる事象等が，重要な虚偽表示リスクであった場合，他に経営者が識別していない重要な虚偽表示リスクがないかどうかを評価するとともに，識別が漏れていたことが内部統制の重要な不備であるかどうかを判断しなければならない（監基報315：第15項）。

(3) 経営者が会計上の見積りを行う方法およびその基礎データの理解

監査人は以下の事項に関し，経営者が会計上の見積りを行う方法およびその基礎データを理解する必要がある（監基報540：第7項(3)参照）。

① 会計上の見積りを行う際に使用する測定方法
② 関連する内部統制
③ 経営者による専門家の利用の有無
④ 会計上の見積りに係る仮定
⑤ 会計上の見積りを行う方法の変更の有無およびその理由
⑥ 経営者による見積りの不確実性の影響の評価等

経営者が会計上の見積りを行う方法を理解するにあたって，監査人は，会計上の見積りが関連する勘定科目等について，財務報告の枠組みが規定する方法や一般的に認知されている測定技法があればそれを使用しているかどうか，見積りにあたって使用された基礎データは期末時点のものかどうかを理解する。被監査会社が独自の測定方法を使用している場合には，重要な虚偽表示リスクが高まることがある。

とくに使用されている基礎データが期中のある時点のものである場合，当該時点から期末日までに発生した事象や取引および状況の変化をどのように適切に見積りに反映しているかを理解する必要がある。これは会計上の見積りが，財務諸表作成時点において入手可能な情報に基づき最善の見積りであることを求められることによるものである。

〔図表9－7〕経営者による会計上の見積りを理解する際の監査人の検討事項例

項　目	検討事項例
①　**会計上の見積りを行う際に使用する測定方法**（A23項）	✓　会計上の見積りの対象となる資産，負債の性質 ✓　財務報告の枠組みが規定する方法や一般的に認知されている測定技法を使用しているか
②　**関連する内部統制**（A26項）	✓　会計上の見積りを行う担当者の経験と能力 ✓　使用データの網羅性，正確性等の判断 ✓　経営者による会計上の見積りの査閲 ✓　見積り対象取引を行う担当者と見積り担当者との職務の分離 ✓　特定モデルの設計，使用，定期的な検証等に関する内部統制
③　**経営者による専門家の利用の有無**（A28項）	✓　見積りが要求される事項の性質 ✓　使用するモデルの技術的な性質
④　**会計上の見積りに係る仮定**（A30項）	✓　仮定の性質 ✓　経営者が仮定の目的適合性と網羅性を評価する方法 ✓　仮定が経営者の統制可能な事項に属しているか ✓　公正価値に関する見積りは独立第三者間取引により成立する価格を反映しているか ✓　仮定や入力数値の観察可能性
⑤　**会計上の見積りを行う方法の変更の有無およびその理由**（A36項）	✓　会計上の見積りを行う方法に前年度から変更があるかどうか，または変更が必要であるかどうか ✓　会計上の見積りを変更した場合，変更後の見積りの方法の適切性
⑥　**経営者による見積りの不確実性の影響の評価等**（A37項）	✓　経営者が代替的な仮定や結果を検討しているか ✓　経営者による会計上の見積りの決定方法 ✓　経営者が前年度に行われた会計上の見積りの確定額を監視し，その結果に適切に対応したか

（出所）　監基報540に基づき作成

監査人が，会計上の見積りに関するリスク評価手続を実施するにあたってのもう１つの重要な手続がいわゆるバックテストとよばれる監査手続である。当該監査手続に関し，監基報540第８項で以下のように記載されている。

> 8．監査人は，当年度の監査のために，前年度の財務諸表に計上されている会計上の見積りの確定額，又は該当する場合には再見積額について検討しなければならない。
>
> 監査人は，会計上の見積りの性質や，この検討により当年度の財務諸表における会計上の見積りに関する重要な虚偽表示リスクの識別と評価に有益な情報を入手できるかどうかを考慮して，検討の内容と範囲を決定する。
>
> しかしながら，監査人の検討は，見積りの時点において利用可能であった情報を基礎として行った過年度における判断を問題とするものではない。

バックテストは前年度の見積額を対象とした手続ではあるが，留意すべきであるのは当該監査手続はあくまでもリスク評価手続であるという点である。前年度の見積額と当年度における確定額等が乖離していても，前年度の見積りの妥当性を問題とするものではなく，あくまでも当年度の会計上の見積りのリスク評価の検討材料とする監査手続である点に留意する必要がある。

3　重要な虚偽表示リスクの識別と評価

監査人は，会計上の見積りに関する重要な虚偽表示リスクを識別し評価するにあたって，見積りの不確実性の程度を評価しなければならない（監基報540：第９項）。当該評価は，さまざまな要因を考慮の上で決定される（**図表９－８**参照）。

上記の評価の結果，見積りの不確実性が高いと識別された会計上の見積りは，一般的に経営者の偏向の影響も受けやすく，また，不正・誤謬のいずれの面からも重要な虚偽表示リスクが高くなると考えられる。

そのため，見積りの不確実性が高い会計上の見積りについて，監査人は，特別な検討を必要とするリスクが生じているかどうかを決定する必要がある（監基報540：第10項）。具体的には，以下のような会計上の見積りが，一般に見積りの不確実性が高いと考えられる（監基報540：Ａ46項）。

〔図表９－８〕見積りの不確実性に影響を与える要因

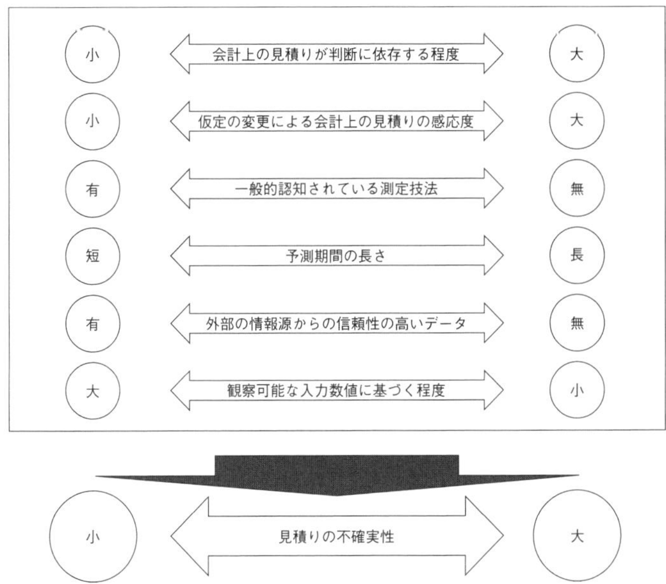

（出所）　監基報540に基づき作成

- 係争中の訴訟の結果に関する判断
- 長期間不確実な事象に依存する将来キャッシュ・フロー
- 一般的に認知されている測定技法を使用しない場合
- 当初の会計上の見積りと実際の確定額との間に相当な差異がある場合
- 被監査会社が自社開発した極めて専門的なモデルを使用する場合
- 観察可能な入力数値がない場合における公正価値

なお，見積りの不確実性が非常に高く，合理的な会計上の見積りを行うことができないため，適用される財務報告の枠組みが当該項目の認識や公正価値による測定を認めていないことがある（監基報540：A48項）。このような場合に，会計上の見積りに関する開示が求められていれば，当該開示の妥当性についても十分かつ適切な監査証拠を入手する必要がある。

4 評価した重要な虚偽表示リスクへの対応

監査人は，評価した重要な虚偽表示リスクに基づいて，リスク対応手続を実施し，以下の点について判断しなければならない（監基報540：第11項）。

> (1) 経営者が，会計上の見積りに関連して適用される財務報告の枠組みにおいて要求される事項を適切に適用したかどうか
> (2) 会計上の見積りを行う方法が適切であり，かつ継続して適用されているかどうか，また，会計上の見積りまたはその方法に前年度からの変更がある場合には，当該変更がその状況において適切であるかどうか

上記の事項を判断するためのリスク対応手続として，以下の手続の１つまたは複数の手続を実施しなければならない（監基報540：第12項）。

> (1) 監査報告書日までに発生した事象の検討
> (2) 経営者が会計上の見積りを行った方法とその基礎データの検討
> (3) 適切な実証手続および内部統制の運用評価手続
> (4) 監査人の見積額または許容範囲の設定による経営者の見積りの評価

以下では，上記の手続について説明する。

(1) 監査報告書日までに発生した事象の検討（監基報540：A61～66項）

将来の結果の予測によって測定された会計上の見積りについて，監査報告書日までにその予測した事象が実際に発生すること（または予測とは矛盾する事象が発生すること）がある。そのような場合には，当該事象から会計上の見積りに関する監査証拠を入手することが適切な対応となることがある。例えば，期末日後すぐに旧モデルの製品在庫が全て販売された場合などは，当該在庫の正味売却価額の見積りに関する監査証拠を入手できることがある。

他方，会計上の見積りと矛盾する事象が発生した場合，経営者が会計上の見積りを行うプロセスが有効でないことや，会計上の見積りを行う際に経営者の偏向が存在することを示唆することがある。

もし，特定の会計上の見積りについて監査報告書日までに発生した事象に関

する手続を実施しないと決定した場合においても，監基報560「後発事象」を遵守する必要がある点に留意する必要がある。

(2) 経営者が会計上の見積りを行った方法とその基礎データの検討 (監基報540：A67〜69項)

公正価値に関する会計上の見積りをモデルによって算定する場合には，経営者が会計上の見積りを行った方法とその基礎データを検討することが適切な対応となることがある。この手続において，監査人は，**測定方法の適切性**と**経営者が使用した仮定の合理性**を評価しなければならない。言い換えると，会計上の見積りを行うための数式の形状（測定方法）と，当該数式に適用される変数や入力数値（仮定）の両面を評価する必要があるといえる。

◆測定方法の適切性

測定方法の適切性を評価するにあたって，監査人は，当該測定方法を選択した経営者の根拠の合理性，財務報告の枠組みで示されている要件との整合性や被監査会社の置かれた状況との整合性を検討する。

多くの場合，会計上の見積りの測定方法は，適用される財務報告の枠組みに規定されているが，そのような規定がない場合，使用された測定方法（モデルを含む）が状況において適切であるかどうかの評価は，職業的専門家としての判断によることとなる。

◆経営者が使用する仮定の合理性

経営者が使用する仮定に関する監査人の評価は，監査人が監査の時点で利用可能な情報のみに基づいて行われるものである。経営者の仮定に対する監査手続は，被監査会社の財務諸表監査との関連で実施されるものであり，仮定自体に関して意見表明するためのものではない。

経営者が使用する仮定の合理性の評価にあたって監査人は，個々の仮定の合理性のみならず，他の仮定や他の会計上の見積りとの整合性，観察可能な市場の仮定との整合性を検討する。

仮定が，特定の企業目的および戦略の結果に関する経営者の予想を反映する場合には，一般的な経済環境と被監査会社の経済状況や被監査会社の計画自体を検討するのみならず，関連する事項について過年度に行われた仮定や経営者の使用するその他の仮定との整合性を検討する。

使用される仮定の合理性が，一定の方針を実行する経営者の意思と能力によって決まる場合，経営者が過去に表明した意思を実行してきたかどうか，意思決定に係る文書の内容，監査報告書日までの当該方針の実行状況等を検討する。

会計上の見積りを裏づける仮定の合理性の評価にあたって，監査人は，いくつかの重要な仮定を識別することがあり，この場合，会計上の見積りの不確実性が高いため，特別な検討を必要とするリスクを示唆していることがある。特別な検討を必要とするリスクに対する追加的な対応については後述する。

(3) 適切な実証手続および内部統制の運用評価手続（監基報540：A83～85項）

経営者による会計上の見積りに係る内部統制の運用評価手続は，会計上の見積りを行うプロセスが良好に整備および運用されている場合に適切な対応となることがあるほか，以下のいずれかの場合は必要な手続となる。

- 見積りプロセスに係る内部統制が有効に運用されていると想定する場合
- 実証手続のみでは十分かつ適切な監査証拠を入手できない場合

(4) 監査人の見積額または許容範囲の設定による経営者の見積りの評価（監基報540：A86～90項）

経営者の見積額を評価するために，監査人が見積額または見積りの許容範囲を設定する場合，監査人は以下の事項を実施しなければならない（監基報540：第12項(4)）。

- 経営者が使用する仮定または方法を理解する
- 見積りの許容範囲を設定する場合，許容範囲を十分に絞り込む

監査人による見積額または見積りの許容範囲の設定は，例えば以下の場合には適切な対応となることがある。

- 会計上の見積りが定型的なデータ処理に基づかない場合
- 当年度の見積りプロセスが有効である可能性が低い場合
- 監査報告書日までに発生した事象が経営者の見積額と矛盾する場合
- 見積額に関連するデータを監査人が他の情報源から入手できる場合

◆経営者の使用する仮定または方法の理解

経営者が使用するものとは異なる仮定または方法を使用して監査人が見積額または許容範囲を設定する場合，会計上の見積りを行う際に経営者が使用する仮定または方法を十分に理解しなければならない。この理解によって，監査人は，適切な見積額または許容範囲の設定に関連する情報を入手し，さらに，監査人は，経営者の見積額との重要な差異を理解し評価することができる。

例えば，経営者が使用する仮定とは異なるが，同程度の妥当性がある仮定を監査人が使用したために差異が生じることがある。この差異によって，会計上の見積りが一定の仮定に対して感応度が高く，したがって見積りの不確実性が高く特別な検討を必要とするリスクを示唆していることが明らかになることがある。また，経営者による事実誤認の結果として差異が生じていることもある。

◆見積りの許容範囲の絞込み

監査人が見積りの許容範囲を設定する場合，許容範囲には全ての「見込まれる結果」ではなく，全ての「合理的な結果」を含むことを要求している。これは，全ての見込まれる結果を含む許容範囲は，監査の目的上は広すぎて有効かつ有用ではないからである。

監査人の設定する許容範囲が，虚偽表示の有無を判断できる程度に十分に絞り込まれている場合には有効かつ有用である。通常，許容範囲が手続実施上の重要性以下にまで絞り込まれていれば，経営者の見積額の合理性を評価するのに適切である。許容範囲を適切に絞り込むことができない場合，会計上の見積りの不確実性が特別な検討を必要とするリスクを生じさせている可能性がある。

◆専門家の業務の利用

監査人は，監基報540第11項に記載された事項の判断にあたって，または，監基報540第12項の評価した重要な虚偽表示リスクへの対応にあたって，会計上の見積りに関係する専門的な技能または知識が，十分かつ適切な監査証拠を入手するために必要かどうかを考慮しなければならない。

5　特別な検討を必要とするリスクに対応する実証手続

特別な検討を必要とするリスクが生じている会計上の見積りに関する監査人の実証手続においては，以下の評価に重点が置かれる（監基報540：A101項）。

⑴　経営者が会計上の見積りの不確実性の影響を評価した方法

⑵　不確実性の会計上の見積りの認識の適切性への影響を評価した方法

⑶　関連する開示の妥当性

監査人は，会計上の見積りにより特別な検討を必要とするリスクが生じている場合，監基報330の要求事項を満たすために実施する実証手続（監基報330第17項参照）に加えて，経営者が見積りの不確実性の影響を評価した方法として以下の事項を評価しなければならない（監基報540：第14項）。

⑴　経営者が代替的な仮定又は結果を検討した方法およびそれらを採用しなかった理由，若しくは経営者が代替的な仮定又は結果を検討しなかった場合における見積りの不確実性の検討過程

⑵　経営者が使用した重要な仮定の合理性

⑶　経営者が使用した重要な仮定の合理性に関連する場合，又は適用される財務報告の枠組みの適切な適用に関連する場合には，特定の行動方針を実行する経営者の意思とその能力

特別な検討を必要とするリスクが生じている会計上の見積りに関する実証手続においては，経営者が見積りの不確実性にどのように対処しているかを重点的に把握する必要がある。見積りの不確実性の検討にあたり，経営者は，いくつかの代替的な仮定を検討することがある。例えば製造業を営む被監査会社が，生産設備の減価償却費を算定するにあたり耐用年数を仮定して償却計算を行うケースを考える。この時，耐用年数として採用した仮定が10年であった場合，その他の年数（例えば５年や15年といった年数）も経営者が検討したうえで採用していないということが考えられる。

例えば，当該生産設備の耐用年数の業界平均が15年であるということが判明しており，仮定の１つとして検討対象としていた場合に，経営者が15年を採用しなかった理由を監査人が評価するという監査手続を実施する。経営者が，業界平均と比較して生産設備の１ヵ月あたり稼働時間が1.5倍程度長いことを理由に，耐用年数を10年と仮定している場合と，10年後に当該製品の生産から撤退することを意思決定していることを理由にする場合とでは，理由に対する監査人の評価は当然に異なることになる。また，この場合，経営者は当該生産設

備の耐用年数が10年～15年の間のどこかにあると考え，10年と仮定した場合の減価償却費と15年と仮定した場合の減価償却費を算定し，見積りの不確実性の影響を評価し，対処しようとすることがある。

他方，経営者は必ずしも上記のような明示的な検討過程を有しているものではないため，経営者が代替的な仮定または結果を検討しなかった場合，監査人は，会計上の見積りの不確実性の影響に対処した方法について経営者と協議し，その裏付けを求めることが必要なことがある（監基報540：A104項）。

監査人は，経営者が特別な検討を必要とするリスクを生じさせる会計上の見積りの不確実性の影響に適切に対処していないと判断した場合には，必要であれば，会計上の見積りの合理性を評価するために，監査人の許容範囲を設定しなければならない（監基報540：第15項）。

また，監査人は，特別な検討を必要とするリスクを生じさせる会計上の見積りに関して，適用される財務報告の枠組みにおいて要求される認識および測定の要件に関する検討を行う必要がある。この検討に関し，監査人は，会計上の見積りを認識するかどうかに関する経営者の意思決定および選択された会計上の見積りの測定根拠に関する十分かつ適切な監査証拠を入手する必要がある。

6　会計上の見積りの合理性の評価および虚偽表示の判断

監査人は，監査証拠に基づいて，財務諸表における会計上の見積りが，適用される財務報告の枠組みに照らして合理的であるかどうか，または会計上の見積りに虚偽表示があるかどうか評価しなければならない（監基報540：第17項）。

監査人は，監査証拠により裏付けられた監査人の見積額もしくは設定した許容範囲との差額を，虚偽表示として認識する。また，経営者が主観的な評価に基づいて会計上の見積りを変更した場合，監査人は監査証拠に基づいて，会計上の見積りに虚偽表示があると判断することがある。

識別した虚偽表示を経営者および監査役等に報告する際に，確定した虚偽表示，判断による虚偽表示および推定による虚偽表示に区分することがあるが，会計上の見積りが関係する場合は，これらを区分することが困難または不可能なことがある（監基報540：A117項）。

なお，財務諸表の注記に含まれる会計上の見積りおよび関連する開示の合理性の評価についても，基本的に同種の検討が行われることになる（監基報540：A118項）。

7　会計上の見積りに関連する開示

監査人は，会計上の見積りに関する財務諸表上の開示が，適用される財務報告の枠組みにおいて要求される事項に準拠しているかどうかについて，十分かつ適切な監査証拠を入手しなければならない（監基報540：第18項）。

また，監査人は，会計上の見積りについて特別な検討を必要とするリスクが生じている場合，見積りの不確実性に関する開示の妥当性を評価しなければならない（監基報540：第19項）。この場合，監査人は，開示が適用される財務報告の枠組みに準拠していても，その状況等を考慮し見積りの不確実性の開示が妥当ではないと判断することがある。見積りの不確実性の開示の妥当性に関する監査人の評価は，会計上の見積りについて見込まれる結果の許容範囲が重要性の金額と比較して大きくなる程，重要になる（監基報540：A121項）。

監査人は，財務諸表の注記に見積りの不確実性に関係する状況を記載するように経営者に検討を依頼することがある。経営者が行った見積りの不確実性の開示が妥当でない場合，監基報705に基づいて監査意見を検討する（監基報540：A122項）。

8　経営者の偏向が存在する兆候

監査人は，経営者の偏向が存在する兆候があるかどうかを識別するために，会計上の見積りに関する経営者の判断および決定を検討しなければならない（監基報540：第20項）。経営者の偏向は，経営者による内部統制の無効化により不正による重要な虚偽表示リスクを発生させている可能性がある（監基報240：第31項参照）。そのため，このような兆候がある場合，監査人はリスク評価およびリスク対応手続を再検討することがある。

個々の会計上の見積りに経営者の偏向が存在する兆候があったとしても，それだけでは虚偽表示とはならない（監基報540：第20項）が，経営者の偏向の累積的な影響を未修正の虚偽表示の影響に加味した場合，全体としての財務諸表に対して重要な虚偽表示を生じさせていると判断することがある（監基報700：

A２項)。

9　経営者確認書

監査人は，経営者が会計上の見積りを行う際に使用した重要な仮定が合理的であると判断しているかどうかについて，経営者確認書を入手しなければならない（監基報540：第21項)。

例えば，見積りの不確実性の性質，重要性および範囲に応じて，以下の記載を含むことがある（監基報540：A125項)。

- 経営者が使用した会計上の見積りの測定方法の適切性および継続性
- 会計上の見積りに使用した仮定が経営者の意思と能力を適切に反映している旨
- 会計上の見積りに関する開示が網羅的かつ適切である旨
- 会計上の見積りおよび開示に修正を必要とする後発事象がない旨

10　監査調書

監査人は，以下の事項を監査調書に記載しなければならない（監基報540：第22項)。

- 会計上の見積りにより特別な検討を必要とするリスクが生じている場合には，会計上の見積りの合理性とその開示に関する監査人の結論の根拠
- 経営者の偏向が存在する兆候がある場合には，その内容

監査の過程で識別した経営者の偏向が存在する兆候を文書化することは，監査人が，監査人のリスク評価および関連するリスク対応手続が適切であるかどうかを判断し，財務諸表には全体として重要な虚偽表示がないかどうかを評価する際に役立つ（監基報540：A127項)。

Ｖ　情報技術（IT）が監査に及ぼす影響の検討

1　総　　論

本来，財務諸表は手書きの帳簿を集計することで作成することが可能である。

しかし，企業の活動が大規模化・複雑化した現代では，財務諸表の作成に大量のデータ処理が必要になるため，財務諸表の作成過程に情報技術（Information technology，IT）を利用することが事実上必須となっている。したがって，監査人が財務諸表の適正性を判断するにあたっても，企業が利用するITに対する適切な理解が必要であるとともに，監査人自らもITを駆使して監査を実施する必要がある。

上記のような状況を反映し，監査基準・第三実施基準二「監査計画の策定」6は，以下のように，監査計画の策定にあたって「情報技術が監査に及ぼす影響」を検討することを求めている。

> 6　監査人は，企業が利用する情報技術が監査に及ぼす影響を検討し，その利用状況に適合した監査計画を策定しなければならない。

より具体的には，監基報315「企業及び企業環境の理解を通じた重要な虚偽表示リスクの識別と評価」の他，日本公認会計士協会IT委員会実務指針第6号「ITを利用した情報システムに関する重要な虚偽表示リスクの識別と評価及び評価したリスクに対応する監査人の手続について」（以下，「IT指針6号」と記載）に基づき監査計画を立案することとなる。

2　被監査会社が利用するITの統制リスクへの影響の評価

被監査会社が利用するITは，内部統制の構成要素（統制環境，リスク評価プロセス，情報システムと伝達，統制活動，監視活動）の全てに対して影響を与える。そのため，監査人は内部統制の評価にあたり，**図表9－9**のようにITの影響を考慮する必要がある。

〔図表9－9〕ITが内部統制の構成要素に与える影響

内部統制の構成要素	ITに関して考慮すべき影響
統制環境 （第10～11項）	・企業の事業活動にITが利用されている程度 ・経営者のITに関連する関心，理念および倫理観 ・ITに関する戦略・計画および組織等 ・情報セキュリティの確保の状況

リスク評価プロセス （第12～21項）	・内部統制におけるITの利点とリスク ・自動化された内部統制の特徴 ・情報システムの特性
情報システムと伝達 （第22～28項）	・財務報告に関連する情報システム ・関連する業務システムと仕訳入力の方法
統制活動 （第24～41項）	・統制活動の理解 ・業務処理統制と全般統制の理解およびこれらの評価 ・ITによって作成された情報の信頼性
監視活動 （第42項）	・監視活動に利用されているITとその信頼性

（出所） IT指針６号第10～42項に基づき作成

3　ITを利用した内部統制の特徴

監査人は，被監査会社のリスク評価プロセスを理解するにあたり，ITを利用した内部統制の特徴を考慮する必要がある。業務にITを利用している場合，あらかじめ規定した処理を組み込んだコンピュータ・プログラムが処理を行うことから，あらかじめ規定した処理が適切であれば大量の取引やデータを処理する場合であっても，処理の一貫性が保持されるという利点がある（IT指針６号：第13項）。

他方，入力データが誤っている場合にはそのまま誤ったデータを処理し，誤った処理結果を出力してしまうというリスクや，あらかじめ規定した処理が適切でない場合には正しいデータを入力しても誤った処理結果を出力するというリスクがある（IT指針６号：第15項）。

適切な職務分掌の観点からは，ユーザーごとにITに対するアクセス権を適切に定めることで，適切な職務の分離を確保することができる（IT指針６号：第14項）。例えば，売上データの入力にあたり，営業担当者は売価マスターに登録された売価を変更することができないように権限を制限することで，売価の入力間違いというリスクを抑制することができるとともに，営業担当者による権限外の値引きの防止にも有用である。他方，アクセス権の管理・運用が適切に行われていない場合には，権限外の取引が可能になる等，さまざまなリスクが発生することになる（IT指針６号：第16項）。

被監査会社が内部統制にITを利用している場合，内部統制は以下のように3つに分類されることとなる（IT指針6号：第17項）。

- 手作業による内部統制
- 自動化された内部統制
- 手作業による内部統制と自動化された内部統制の組み合わせ

手作業による内部統制は，作業の承認，査閲，調整項目の調整手続や追跡調査等のように，人間による判断が求められるような場面で有効となることが多い。また，コンピュータ・プログラムやデータに対する監視および必要な対策の構築は手作業による内部統制が中心となる。他方，手作業による内部統制は容易に回避，無視または無効化することができ，また，単純な間違いを起こしやすいため，一般的に，自動化された内部統制よりも逸脱が多くなる（IT指針6号：第18項）。

これに対し，自動化された内部統制は，コンピュータ・プログラムによって実行されることから，組み込まれた内部統制は同一の水準で運用され，一般に逸脱は少なくなる。しかし，予定していない状況やあらかじめ処理対象としていないデータには対応できず，これらの機能を臨機応変に追加することは一般的に困難である（IT指針6号：第19項）。

4　統制活動の理解における業務処理統制と全般統制の評価

ITによる内部統制の構築状況が，特に影響を与える内部統制の構成要素は統制活動である。監基報315第20項では，以下のように要求事項を定めている。

> 20. 監査人は，企業の統制活動の理解に際し，ITに起因するリスクに企業がどのように対応しているかを理解しなければならない。

ITを利用した情報システムに対する内部統制には，①業務処理統制と②全般統制が含まれており，両者の機能と関係を理解することが内部統制の有効性を判定する際に重要となる。

全般統制は，多くのアプリケーションに関係する方針および手続であり，業務処理統制が有効に機能することを支えるものである。全般統制には，通常，以下の事項に対する内部統制が含まれる。

●データ・センターとネットワークの運用

●システム・ソフトウェアの取得，変更および保守

●プログラム変更

●アクセス・セキュリティ

●アプリケーションの取得，開発および保守

業務処理統制は，通常，業務プロセスにおいて，個々のアプリケーションによる取引の処理に適用される手続であり，プログラムに組み込まれて自動化されている場合と，ITから自動生成される情報を利用して実施される手作業による場合とがある。**図表9-10**はこれを例示したものである。

〔図表9-10〕ITを利用した内部統制の例示（IT指針6号）

ITを利用した内部統制	例　　示
自動化された業務処理統制（第31項）	・事前に登録されているマスター・ファイル上の項目と入力された項目との突合機能 ・取引データの入力時の項目網羅性チェック ・システム間のデータ転送における整合性チェック ・パスワード等による権限設定 ・利息，減価償却，外貨換算等の自動計算
ITから自動生成される情報を利用して実施される手作業による内部統制（第32項）	・自動化された業務処理統制によって作成した一定の傾向を有するデータを出力した資料（例外リストやエラーリスト）を，手作業により確認しデータの修正等の必要な対応を行う内部統制 ・売掛金等の債権データの年齢調べ表を手作業により確認し，貸倒引当金が適切に計上されていることを確認する内部統制 ・事前に登録された仕訳パターン以外の仕訳データを出力した情報を閲覧し，誤った仕訳が行われていないことを確認する内部統制

（出所）　IT指針6号に基づき作成

上記のITから自動生成される情報や，自動化された会計処理手続は，自動化された業務処理統制と同様に全般統制により支援されるITにより自動化された機能であるため，必要な評価作業を行う。ここでいう自動化された会計処理手続とは，計算，分類，見積，その他，会計処理を手作業に代わりアプリケ

ーションが行う手続である（IT 指針 6 号：第33項）。

全般統制と業務処理統制は，業務処理統制が監査対象期間にわたって有効に運用されることを全般統制が担保する，という関係になっている。業務処理統制が監査対象期間にわたって有効であることを確認する際に，全般統制が有効であることが確認されていれば，業務処理統制の運用評価手続の範囲を縮小することが可能になるが，全般統制が有効ではないと判断される場合，業務処理統制の運用評価手続を拡大する，または，業務処理統制が有効ではないと判断することを検討する（IT 指針 6 号：第48項）。

5　IT を利用した実証手続

監査人は，実証手続の実施にあたって自ら IT を利用することも多い。大規模化，複雑化した現代の企業の監査にあたっては，被監査会社が利用している IT から出力される電子的なデータを利用することが，監査手続の有効性および効率性の確保に資するからである。監査のツールとして，コンピュータを利用して監査手続を実施するための技法を，コンピュータ利用監査技法（Computer-assisted audit techniques，CAAT）という。

監査人は，CAAT を用いることにより，電子的な取引ファイルと勘定ファイルに対するより広範な手続の実施が可能となる。CAAT により，監査人は母集団の定義の妥当性の検討，母集団の網羅性の検討，特定の性質に基づく母集団の分割，母集団からのサンプルの抽出等を確実かつ迅速に実施することが可能となる。

さらに監査人は，CAAT により総勘定元帳，補助元帳等の再計算，集計の再実施や電子ファイル間の突合を実施することがある。

分析的手続に CAAT を利用することにより，効率的，効果的に手続を実施できることがある。例えば，製品別の回転期間分析，拠点別の収益性分析，顧客別売上高推移比較等が該当する（IT 指針 6 号：第56項）。

Ⅵ　監査役等とのコミュニケーション

1　監査役等とのコミュニケーションの役割

監査人は被監査会社に対して外部の第三者としての立場で財務諸表監査を実施するため，被監査会社に関連する情報の入手の機会や発見した問題事項に対する是正等には限界がある。そのため，監査役等と適切にコミュニケーションを図り連携をとる必要がある。監査役等とのコミュニケーションおよび連携について，監査基準・第三実施基準一「基本原則」7では，以下のように記載されている。

> 7　監査人は，監査の各段階において，監査役等と協議する等適切な連携を図らなければならない。

監査役等とのコミュニケーションの役割として，監査基準委員会報告書260第4項では，以下の3点を挙げている（下線は筆者による）。

> ⑴　監査人と監査役等が，監査に関する事項を理解し，効果的な連携をもたらすような関係を構築すること
> ⑵　監査人が，監査役等から監査に関連する情報を入手すること
> ⑶　監査役等が，財務報告プロセスを監視する責任を果たし，それによって，財務諸表の重要な虚偽表示リスクを軽減すること

すなわち，監査人と監査役とのコミュニケーションによって，①双方の連携が図られ，②監査人はより多くの情報を入手し，③監査役等は財務報告プロセスを監視する責任を果たすことが可能となり，重要な虚偽表示リスクの軽減につながるのである。

ここで「監査役等」とは，監査役もしくは監査役会，監査等委員会または監査委員会を想定している（監基報260：第9項⑵)。会社法に基づく組織形態のうち会計監査人が設置されるものとして，監査役設置会社，監査役会設置会社，指名委員会等設置会社，監査等委員会設置会社が挙げられるため，これらの組

織形態における監査人のコミュニケーションの対象として「監査役等」という呼称を用いている。2015（平成27）年の会社法改正により，会計監査人の選解任等に関する議案の内容の決定権を有する機関が，取締役または取締役会から監査役または監査役会に変更されたこともあり，監査人と監査役等とのコミュニケーションの重要性は双方にとってますます大きくなってきているといえる。

なお，海外における会社の組織形態はさらに多様であることから，「統治責任者（Those charged with governance）」という用語を用いるが「監査役等」も「統治責任者」も企業の戦略的方向性と説明責任を果たしているかどうかを監視する責任を有する者または組織である点では同一の概念である。さらに，独立行政法人や一般社団（財団）法人等の非営利組織形態においてしばしばみられる「監事」という役職も「統治責任者」に該当するものと考えられる（**図表9－11参照**）。

〔図表9－11〕組織形態別の統治責任者

<table>
<tr><th colspan="2"></th><th>組織形態</th><th>統治責任者の名称</th></tr>
<tr><td rowspan="9">統治責任者</td><td rowspan="4">監査役等</td><td>監査役設置会社</td><td>監査役</td></tr>
<tr><td>監査役会設置会社</td><td>監査役もしくは監査役会</td></tr>
<tr><td>指名委員会等設置会社</td><td>監査委員会</td></tr>
<tr><td>監査等委員会設置会社</td><td>監査等委員会</td></tr>
<tr><td rowspan="5"></td><td>独立行政法人</td><td rowspan="4">監事</td></tr>
<tr><td>国立大学法人</td></tr>
<tr><td>一般社団（財団）法人</td></tr>
<tr><td>信用金庫</td></tr>
<tr><td>海外における組織</td><td>当該国の制度によってさまざまである</td></tr>
</table>

（出所） 監基報260に基づき作成

誰が，あるいはどの組織が「統治責任者」であるかは，監査人の判断事項であるが，株式会社の会計監査人としての監査であれば「監査役等」がコミュニケーションを行うべき「統治責任者」であると想定される（監基報260：第10項）。しかし，これはコミュニケーションの対象を「監査役等」に限る趣旨ではなく，必要に応じて社外取締役や非業務執行取締役ともコミュニケーションを行うことが有用なことがある（監基報260：Ａ２項）。

監査人が監査役会，監査等委員会，監査委員会と行った会議体を構成する一部の個人とコミュニケーションを行う場合，当該コミュニケーションの内容，コミュニケーションの対象とする個人の責任および権限や関連法令を検討することでその適否を判断するとともに，会議体全体に対して再度コミュニケーションを行う必要があるかどうかを判断する必要がある（監基報260：第11項）。

2　コミュニケーションを行うことが要求される事項

監基報260では，以下の項目について監査役等とのコミュニケーションを行うことが要求されている。

⑴　財務諸表監査に関連する監査人の責任（第12項）
⑵　計画した監査の範囲とその実施時期（第13項）
⑶　監査上の重要な発見事項（第14項）
⑷　監査人の独立性（第15項）
⑸　品質管理のシステムの整備・運用状況（第15-2項）

以下では各項目について説明する。

(1)　財務諸表監査に関連する監査人の責任（第12項）

監査人は，財務諸表監査に関連する監査人の責任について，監査役等と，以下の事項を含むコミュニケーションを行わなければならない。

①　監査人は，経営者が作成する財務諸表に対して監査意見を形成し，表明する責任を有すること
②　財務諸表監査は，経営者または監査役等の責任を代替しないこと

上記の事項は経営者と監査人との間に存在する二重責任の原則のうち，監査人が負う責任について監査役等に明示的に伝えるとともに，監査役等との関係においても監査役等が負う責任が財務諸表監査によって代替されるものではない旨を確認する趣旨である。

これらの事項は，通常，監査契約書または適切な形式による合意書のかたちで被監査会社との間で合意されており，コミュニケーションにあたってはこれ

らの文書の写しを利用することも考えられる（監基報260：Ａ８項）。

（２） 計画した監査の範囲とその実施時期（第13項）

監査人は，計画した監査の範囲とその実施時期の概要について，監査役等とコミュニケーションを行わなければならない。このコミュニケーションは，通常，監査の初期段階において年度の監査計画の説明として実施される。

当該コミュニケーションにより，監査役等は監査人の業務やリスク評価の状況を理解し，監査人に追加手続を依頼する可能性のある領域を識別することが可能になる。他方，監査人は企業の内部者である監査役等から直接情報を入手することで，企業および企業環境のさらなる理解に役立つが，計画した監査の範囲とその実施時期について詳細にコミュニケーションを行った場合，監査手続の予測不能性の観点から監査の有効性が損なわれることがないよう配慮する必要がある。また，監査役等から入手した情報に基づき監査の範囲とその実施時期を計画したとしても，監査人の責任は軽減されない。

当該コミュニケーションの際に，監査人が識別した特別な検討を必要とするリスクについて説明することが求められている。特別な検討を必要とするリスクの内容および識別した理由を監査役等に伝達することは，監査役等が財務報告プロセスを監視する責任を遂行するにあたって役立つことがある。

（３） 監査上の重要な発見事項（第14項）

監査人は，監査上の重要な発見事項について，監査役等とコミュニケーションを行わなければならない。重要な発見事項に関するコミュニケーションは，監査結果の報告とあわせて実施されることも多いが，重要な発見事項があれば期中において随時実施すべきものでもある。例えば，重要な発見事項に関して監査役に質問し回答を得ることで，入手した監査証拠を補強することが可能になる場合（監基報260：A15項）や，直面した困難な状況の解消に関して連携を図る場合などが挙げられる。

監査基準委員会報告書260では，監査上の重要な発見事項として監査役等とコミュニケーションを行わなければならない事項として以下を記載している。

① 会計実務の重要な質的側面に関する監査人の見解

② 監査期間中に困難な状況に直面した場合は，その状況
③ 監査の過程で発見され，経営者と協議または伝達した重要な事項
④ 監査人が要請した経営者確認書の草案
⑤ 財務報告プロセスに対する監査役等による監視にとって重要と判断したその他の事項

(4) 監査人の独立性（第15項）

監査役等が監査人の監査の方法と結果の相当性を判断するにあたって，監査人が独立性を保持して監査を実施しているか否かは，重大な判断要素となる。そのため監査人は，「独立性に関する指針」に準拠して策定された監査事務所の方針および手続に従い，独立性に関して監査役等とコミュニケーションを行う必要がある。通常，監査の開始時に当該コミュニケーションを行い，監査結果の報告時に独立性について再確認することが多いが，独立性に関して阻害要因が識別された場合などは，随時にコミュニケーションを行うこともある。

特に被監査会社が上場企業の場合，監査人は，以下について，監査役等とコミュニケーションを行わなければならない。

① 監査チームおよびネットワーク・ファーム等が，独立性についての職業倫理に関する規定を遵守した旨
② 監査事務所およびネットワーク・ファーム等と企業の間の関係およびその他の事項で，独立性に影響を与えると合理的に考えられる事項（非監査業務に係る報酬金額をふくむ）。
③ 独立性に対する阻害要因を除去または軽減するために講じられたセーフガード

マメ知識9－2　**監査事務所の国際的ネットワーク**

ネットワーク・ファームとは，ネットワークに所属する監査事務所または事業体であり，ネットワークとは監査事務所よりも大きな組織体であって，所属する事業体の相互の協力を目的としており，利益分配機能や共通の支配組織，品質管理方針等を備えている組織体をいう（監基報220：第6項⒁）。

具体的にわが国の主な監査法人は，いずれも以下のようなネットワークに属するネットワーク・ファームの1つになっている。

有限責任あずさ監査法人……KPMG（Klynveld Peat Marwick Goerdeler）
あらた監査法人……PwC（PricewaterhouseCoopers）
新日本有限責任監査法人……EY（Ernst & Young）
有限責任監査法人トーマツ……DTT（Deloitte Touche Tohmatsu）

(5) 品質管理のシステムの整備・運用状況（第15-2項）

監査人は，少なくとも以下のいずれかに該当する監査の場合は，監査事務所の品質管理のシステムの整備・運用状況の概要を監査役等に書面で伝達しなければならない。これには，監査事務所の品質管理のシステムの外部のレビューまたは検査の結果が含まれる。

- 公認会計士法上の大会社等の監査
- 会計監査人設置会社の監査
- 信用金庫，信用協同組合および労働金庫の監査

特に会社法に基づく会計監査人設置会社の場合，会社計算規則に基づいて特定監査役に対して会計監査人の職務の遂行に関する事項を通知する必要がある（会社計算規則第131条）。

3 コミュニケーションの方法

監査人は，監査役等と適時にコミュニケーションを行う必要がある（監基報260：第19項）。監査役等とのコミュニケーションの実施時期や方法について，監査人は，監査の開始時に監査役等と合意しておくことが多い。しかしながら，以下のような場合には該当事項の発生または発見後，速やかにコミュニケーションを行うことが適切であることがある（監基報260：A39～40項）。

- 監査期間中に直面した困難な状況への対処
- 内部統制の重要な不備
- 独立性の阻害要因およびセーフガードについての重要な判断
- 違法行為

上記の他，監査役等の要望によって適宜コミュニケーションの実施時期や方法を検討することもある。

監査人は，監査人と監査役等の間の双方向のコミュニケーションが，監査の目的に照らして適切に実施されたかどうかを評価しなければならない（監基報260：第20項)。ただし，当該評価を裏づけるための特別の手続を立案する必要はなく，他の目的のために実施された監査手続から得た以下のような監査人の理解に基づくことで足りる（監基報260：A41項)。

- 監査人が指摘した事項に対する監査役等の対応
- 監査役等が監査人に対して明瞭に情報提供を行っているかどうか
- 監査役等との面談にあたり経営者の了解や陪席が不要かどうか
- 監査人の指摘事項に対する監査役等の理解の状況
- 監査役等との相互理解が確立しているかどうか
- 適用される法令の規定を満たしているか

監査役等と監査人との間で行われる双方向のコミュニケーションが十分でなく，その状況を解消できない場合，監査人は，法律専門家の助言や株主とのコミュニケーションを行うことを検討する他，監査報告書において監査範囲の制約に関する除外事項を付すことや，監査契約を解除することも検討する。

4　内部統制の不備に関するコミュニケーション（監基報265）

監査人は，監査の過程で発見した内部統制の不備が監査役等の注意を促すに値するほど重要であると判断した場合，監査役等に対して適時に，書面によって当該不備を報告する必要がある（監基報265：第8項)。また，このような内部統制の重要な不備は，適切な階層の経営者に対しても適時に報告する必要がある（監基報265：第9項)。

内部統制の不備の程度は，実際に虚偽表示が発生しなかった場合であっても，虚偽表示の発生可能性および潜在的な虚偽表示の影響の大きさに影響を受ける。例えば，監査人が実証手続を実施した結果として，特定の勘定科目に特段の虚偽表示はないと結論づけた場合であっても，内部統制の重要な不備が存在する可能性はある（監基報265：A5項)。

なお，監査人が内部統制を検討する目的は，重要な虚偽表示リスクを評価し適切な監査手続を立案することにあるため，監査人自身は被監査会社の内部統制の不備を是正する責任や権限を有しない。内部統制の不備の是正は経営者の責任のもと実施されるべき事項であるが，経営者は費用対効果の観点から，内部統制の不備を是正しないことがある。重要な不備以外の内部統制の不備に関しては，是正されなかったとしても，そのことを経営者等に再度報告することは求められない（監基報265：A24項）が，内部統制の重要な不備が経営者によって是正されていない場合，当年度の報告において過年度の報告を繰り返す等の対応を行う必要がある（監基報265：A17項）。経営者が内部統制の重要な不備を合理的な理由なく是正しない場合は，そのこと自体が重要な不備を示していることがある。

Ⅶ　分析的手続

1　分析的手続総論

分析的手続とは，財務データ相互間または財務データと非財務データとの間に存在すると推定される関係を分析・検討することによって，財務情報を評価することをいう。分析的手続には，他の関連情報と矛盾，または監査人の推定値と大きく乖離する変動や関係についての必要な調査も含まれる。分析的手続を実施する際に着目する指標として，**図表９-12**のようなものが挙げられる。

〔図表９-12〕分析的手続に利用される指標の例

分析の視点	具　体　例
財務データ相互間の関係	●各種利益率分析 ●回転期間分析　等
財務データと非財務データの関係	●顧客単価分析 ●売場面積あたり売上高分析 ●従業員一人あたり人件費分析　等

（出所）　監基報520に基づき作成

分析的手続は，①リスク評価手続，②実証手続，③監査の最終段階での全般的な結論の形成のために利用される。特に実証手続として実施する分析的手続を分析的実証手続といい，監査基準委員会報告書520に詳細な要求事項が定められている。他方，リスク評価手続および全般的な結論を形成するための分析的手続に関しては，多くの要求事項は定められていないものの，それぞれの場面において**必ず実施することが要求**されている。

マメ知識９－３

分析的手続の手法

旧監査基準委員会報告書第１号「分析的手続」（平成24年３月31日廃止）第６項では，具体的な分析的手続の手法として以下の項目が記載されていた。分析の手法はこれらに限られるものではないが，今日でもなお参考となるものである。

(1)　趨勢分析……財務情報の変動分析であり，一般的に，財務情報の変動に係る矛盾または異常な変動の有無を確かめるために効果的な手法である。

(2)　比率分析……財務データ相互間または財務データと財務データ以外のデータとの関係を用いる手法である。

(3)　合理性テスト……監査人が算出した金額または比率による推定値と財務情報を比較する手法である。合理性テストの適用例としては，平均借入金残高および平均借入利率を用いた支払利息の妥当性の検討，減価償却資産の残高（増減を含む），平均耐用年数および減価償却方法を用いた減価償却費の妥当性の検討がある。

(4)　回帰分析……統計的手法による合理性テストの一種であり，統計的なリスク比率と精度の水準を利用して求めた金額による推定値と財務情報を比較する手法である。

2　リスク評価としての分析的手続（監基報315：第５項）

以下に抜粋したとおり，監査基準委員会報告書315第５項では，リスク評価手続にあたって必ず実施する事項として分析的手続を定めている（傍点は筆者による）。

５．リスク評価手続においては，以下の手続を含めなければならない。

(1)　経営者への質問，及び不正又は誤謬による重要な虚偽表示リスクを識別するために有用な情報を持っていると監査人が判断した場合には，その他の企業構成員への質問

(2)　分析的手続

(3)　観察及び記録や文書の閲覧

このように企業の全般的な状況を把握し，リスクの所在を突き止めるための

手続として財務諸表全体に対して分析的手続を実施することは，監査人が気付いていなかった企業の状況変化を把握しリスクの網羅的な把握をするために必須の作業とされている。

監基報315では，リスク評価手続として分析的手続を実施することを求めるのみで，実施方法については詳細な要求事項を定めてはおらず，その実施方法は監査人の判断によるところとなる。リスク評価手続として実施する分析的手続は，過年度の財務諸表，期中の財務情報（第１四半期財務諸表等），経営者が策定した当期の予算数値や決算予想等の相互比較や，勘定科目間の比率分析，財務情報と非財務情報の関係性の分析など多岐にわたる。

分析の着眼点を決める際に，経営者がどのような指標を重視し経営を行っているかを理解しておくことは有用である。さらに，経営者が重視する指標のみならず，外部のアナリストによる被監査会社の分析内容や金融機関が被監査会社に課した財務制限条項等を理解しておくことで，経営者が受けているプレッシャーを想定し，不正による重要な虚偽表示リスクが発生しているか否かを検討することも重要である。内部で決定した目標であるか，外部から設定された目標であるかにかかわらず，経営者が目標達成のプレッシャーを強く感じる状況は，不正による重要な虚偽表示の誘因となるのである。

マメ知識９－４

財務制限条項

財務制限条項とは金融機関が債務者との融資の交渉の結果として金銭消費貸借契約書に追加することがある条項であり，債務者の財政状態，経営成績が一定の条件に該当する場合に，債務者が借入金について期限の利益を失い直ちに一括返済の義務を負うこととするものである。例えば，「自己資本比率が○○％を下回らないこと」といった純資産維持条項や，「経常利益が○期連続して赤字にならないこと」といった利益維持条項が付されることが多いが，これらの他にもさまざまなパターンが存在する。

財務諸表に対する虚偽表示が財務制限条項を回避することとなる場合には，質的な重要性があると判断することとなるため，監査人は財務制限条項の内容を把握，理解しておく必要がある。

また，リスク評価手続として実施した分析的手続の段階で，通例でない取引（例えば新事業の開始や企業買収による売上高の増加など）や，予期せぬ関係（例えば売上高総利益率の著しい増減や，一部事業を廃止しているにもかかわらず当該事業相当の売上高が減少していない等）を監査人が識別した場合は，重要な虚偽表示リスク，特に不正による重要な虚偽表示リスクの兆候を示している可能性があるので留意し，適切にリスク評価に反映させる必要がある。

なお，小規模企業の場合は，必ずしも上記のような分析を実施できるだけの財務情報等が期中にそろっているとは限らない。この場合には，期中においては限定的な分析的手続を実施するか，または質問により情報を得ることができるが，当該企業の財務諸表の初期段階の草案を入手した時点で分析的手続の実施を計画することが必要な場合がある。

3　分析的実証手続（監基報520：第4項）

リスク対応手続のうち，実証手続として実施する分析的手続を分析的実証手続という。分析的手続が有効な場面では，詳細テストのみによって十分かつ適切な監査証拠を得ようとするよりも効率的であることが多いため，監査人は実証手続を設計するにあたって分析的実証手続の実施を検討する。さらに，経営者が実施した分析的手続の結果および利用したデータが適切であるという心証を得た場合，当該分析結果を利用することも可能である。

他方，監査人は，他の場面における分析的手続とは異なり分析的実証手続を必ず実施することを求められているわけではない。しかし，詳細テストのみを実施した場合，「木を見て森を見ず」という状況に陥る危険性もある点に留意すべきである。特に循環取引のような，各取引に関する証憑が適切に備わっていることが多いタイプの虚偽表示を詳細テストのみで発見することは困難である。監査人の推定値と，被監査会社の集計した実績値とを比較し，その乖離や矛盾等を検討することをふくめて分析的実証手続を構成しており，この段階の検討により発見される重要な虚偽表示も多い。そのため監査人は分析的実証手続を常に効率性の観点から実施するわけではなく，有効性の観点から実施することもある。

監査基準委員会報告書520第4項では分析的実証手続を実施する際の要求事項として，以下の手続を定めている（第4項(1)～(4)）。

> ⑴　分析的実証手続が適切であるかどうかを判断すること
> ⑵　監査人の推定に使用するデータの信頼性を評価すること
> ⑶　推定値の精度を評価すること
> ⑷　追加的監査手続を実施しないことを許容できる推定値との差異の金額を決定すること

以下，各項目について説明する。

（1）　分析的実証手続の適切性の評価（Ａ６～10項）

監査人は分析的実証手続の適切性を評価するにあたって，その評価は検証対象とした勘定科目に重要な虚偽表示があった場合に，それを発見できる監査手続となっているかどうか（適切性）という観点から実施する。分析的手続はデータ間に推定される関係を分析・検討する手続であるため，より密接な因果関係を有する複数のデータを監査人が適切に理解することが適切な分析的実証手続を立案するために必要となる。

例えば，多くの場合，従業員の人数と給与総額の関係や小売業における売上高と売上原価の関係などはシンプルかつ密接な因果関係を有する。しかし，前者の関係は従業員数が少ない場合に，後者の関係はサービス業など一部の業種において，必ずしも密接な因果関係を有しているとまではいえない。このように，個別の被監査会社の属する業種の状況や個別企業の状況に関する適切な理解が求められる。

また，２つ以上のパラメータを利用し，１つの財務諸表項目の推定を行うことが求められる場合も当然に存在する。例えば，固定資産総額と加重平均耐用年数を用いた減価償却総額の推定や，平均借入金額と加重平均借入金利から支払利息を推定する，といったことが行われる。どのようなデータ間の関係を利用するかの判断は監査人の知識・経験に負うところが大きいが，一般的に，損益計算書項目のような一定期間の取引が累積される勘定科目は予測可能性が高く，貸借対照表科目のような一定期間の取引が相殺された結果のみが残高として残っている科目は予測可能性が低くなる傾向がある。貸借対照表項目については詳細テスト中心の監査手続を立案し，検証済みの貸借対照表科目を利用して損益計算書項目の分析的実証手続を立案することも多い。

分析的実証手続を利用することの適切性は，検討しようとする勘定科目のアサーションの種類と重要な虚偽表示リスクの評価に影響を受ける。一般に，実在性，網羅性，評価の各アサーションの検討に関しては適切であることが多いが，権利と義務に関するアサーションの検討についてはあまり適切でないことがある。また，重要な虚偽表示リスクが大きい状況（特に内部統制が有効に機能していない状況）では，分析的実証手続により十分かつ適切な監査証拠を入手することはできないと判断することが多く，この場合は詳細テストに依拠する度合いを高めることになる。

(2)　推定に使用するデータの信頼性の評価（A11～13項）

監査人は分析的実証手続を実施するにあたり，以下の要素を考慮に入れて，推定に使用するデータの信頼性を評価することが求められている。

①　利用可能な情報の情報源

②　利用可能な情報の比較可能性

③　利用可能な情報の性質および目的適合性

④　作成に関する内部統制

分析的実証手続に利用する基礎データの信頼性に問題がある場合，分析的実証手続の結果として監査人の推定値からの乖離がなかった場合であっても，その結論をもって十分かつ適切な監査証拠を得たとは判断できない可能性がある。特に，分析的実証手続のために使用したデータがすべて被監査会社の内部で生成されたものである場合，当該データ生成に係る内部統制のテストや当該データ自体の検証をふくめた慎重な検討が必要である。データの信頼性を確かめるために実施する監査手続の立案は，勘定残高の監査手続を立案する場合と同様に監査基準委員会報告書500「監査証拠」を参照することとなる。

なお，上記の検討事項は，監査人が分析的実証手続を期末の財務諸表に対して実施する場合も，期中に実施しさらに残余期間についても実施することを計画している場合も同様に検討を行う必要がある（監基報520：A13項）。

（3） 推定値の精度の評価（A14項）

監査人は算定した推定値が重要な虚偽表示を識別するための十分な精度を有するかどうか，以下のような観点での評価を行う必要がある。

- 推定する結果に関する予測の正確性
- 情報を細分化できる程度
- 財務情報と非財務情報の両方の利用可能性

推定値の精度が十分ではないと判断した場合は，詳細テストの追加や分析的実証手続に依拠しないなどの検討が必要になる。

（4） 推定値との許容可能な差異の決定（A15項）

監査人が算定した推定値と財務諸表の計上金額との差異に対して，追加的な調査を行うか否かは，当該差異が重要な虚偽表示を原因として発生している可能性を考慮に入れて判断する。すなわち，①被監査会社の重要性の基準値が大きい場合，②監査人が重要な虚偽表示リスクを低いと評価しているアサーションに関して発生している差異である場合，③詳細テストを同時に実施するなどして分析的実証手続から得るべき監査証拠の必要な保証水準が低い場合などに，追加的な調査の必要性は相対的に低くなるため，**図表９-13**の許容可能な差異の金額は大きくなる。

分析的実証手続によって監査人が算定する推定値が財務諸表計上金額と一致するような精度をもって算定されることはまれであること，必ずしも分析的実証手続のみによって十分かつ適切な監査証拠を得る必要はないこと，そもそも財務諸表監査制度そのものが合理的保証を行うものであることから，上記のようなアローアンスを設定することが合理的な手法となるのである。

このようにして決定した許容可能な差異の金額を超える推定値からの乖離等を識別した場合，監査人は以下のような追加的な調査を実施する必要がある（監基報520：第６項）。

① 経営者への質問および経営者の回答に関する適切な監査証拠の入手

② 状況に応じて他の必要な監査手続の実施

上記の調査にあたっては経営者への質問のみで終了させるのではなく，「経営者の回答に関する適切な監査証拠」を入手することが求められている点に留

〔図表９-13〕許容可能な差異の金額の範囲の検討要素

小	重要性の基準値	大
高	重要な虚偽表示リスク	低
高	必要な保証水準	低
↓		
小	許容可能な差異の金額	大

（出所）　監基報520に基づき作成

意する必要がある。

また，監査人による推定値と被監査会社の作成した実績値とを比較する分析的実証手続は，多くの場合複数のアサーションを同時に検討することができるが，その反面推定値との乖離を解釈するにあたっては原因がどのアサーションにあるのかについて慎重な検討が必要になる。例えば売掛金の回転期間が異常に長期化していることが分析的実証手続により判明した場合，実在性と評価のいずれのアサーションの問題であるかは他の監査証拠もあわせて検討しなければ判明しないことが多い。

4　全般的な結論を形成するための分析的手続（監基報520：A16〜18項）

監査人は，監査の最終段階において，被監査会社に関する監査人の理解と財務諸表が整合していることについて全般的な結論を形成するために実施する分析的手続を立案し，実施しなければならない。この監査手続は，監査人がこれまでの監査手続を通じて形成してきた結論を裏づけることを意図したものであり，意見表明の基礎となる結論を導くのに役立つことになる。

また，この段階においてこれまで認識していなかった重要な虚偽表示リスクを認識することもあり，その場合は監基報315に従い適切にリスク評価を修正するとともに，リスク対応手続も修正する必要がある。

Ⅷ　経営者確認書

1　経営者確認書とは

監査基準・第三実施基準三「監査の実施」9には以下のように記載されており，経営者の責任の所在，財務諸表作成にあたっての基本的な事項や会計方針，提出資料の網羅性について書面をもって確認することとされている。当該書面を経営者確認書という。

> 9　監査人は，適正な財務諸表を作成する責任は経営者にあること，財務諸表の作成に関する基本的な事項，経営者が採用した会計方針，経営者は監査の実施に必要な資料を全て提示したこと及び監査人が必要と判断した事項について，経営者から書面をもって確認しなければならない。

経営者確認書とは，特定の事項を確認するためまたは他の監査証拠を裏づけるため，経営者が監査人に提出する書面による陳述をいう（監基報580：第6項)。経営者確認書は，財務諸表，財務諸表におけるアサーションまたはこれらの基礎となる帳簿および記録を含まない。また経営者確認書は，監査人を宛先とする書簡でなければならず，口頭による回答は認められない。これは，書面による陳述を要請することで，記載事項をより厳密に検討することを経営者に促し，結果として陳述の質が高まることを意図している。

なお，この場合の経営者とは，取締役または執行役のうち企業における業務の執行において責任を有する者をいい，適用される財務報告の枠組みに準拠して財務諸表を作成する責任を有する者である。企業の最高経営責任者や最高財務責任者に対して経営者確認書を要請することが通常であるが，役職名はこれらの名称に限られず，企業内の同等の役職者に要請することとなる。

マメ知識 9－5

「最高経営責任者」の名称

監基報580では「最高経営責任者」や「最高財務責任者」に対して確認書を要請することが通常とされている。この名称そのものを使用する企業はあまり多くはなく，多くの企業で最高経営責任者は「社長」とよばれている。また，新興企業や外国人株主の多い企業で「CEO（chief executive officer）」，「COO（chief operating officer）」といった英語での略称を用いることも見られる他，銀行では「頭取」，新聞社では「社主」，大学等では「総長」，非営利組織では「理事長」，政府系機関では「総裁」といった業界や組織形態独特の呼称も存在する。

いずれにしても被監査会社に対する適切な理解の下，財務諸表作成に関する最終的な責任を有する役職者に対して経営者確認書を要請することが必要である。

2　経営者確認書入手の目的と性質

監査人は，①経営者が財務諸表の作成責任および監査人に提供した情報の網羅性に対する責任を果たしたと判断していることを確認すること，②他の監査手続によって入手した監査証拠の裏づけをとることを目的として，経営者確認書を入手する。

経営者確認書は財務諸表に対する意見表明の基礎を構成する必要な監査証拠であるが，経営者確認書自体は記載されている事項に対する十分かつ適切な監査証拠とはならず，特定のアサーションに関して監査人が入手する他の監査証拠の種類または範囲には影響を及ぼさない点に留意する必要がある（監基報580：第4項）。

経営者確認書は必要な監査証拠であるため，その日付は監査報告書日よりも後になってはならない一方で，経営者確認書には後発事象の有無に関する確認事項も含まれることから，通常，監査報告書日と同日付で入手する（監基報580：第13項）。しかしながら，特定のアサーションについて経営者確認書を入手する場合などは，監査報告書日よりも前の日付の経営者確認書を入手することがある。この場合，監査報告書日に経営者確認書を更新することが必要となる場合がある。

経営者確認書には,「確認書」という名称は付されているが,経営者確認書の入手の監査手続の種類は「確認」ではなく「質問」になる。監査手続の種類としての「確認」は,第三者から回答を得る監査手続である(監基報505:第5項(1))からである。

3　経営者確認書における確認事項

経営者確認書には,経営者の責任に関する事項として,以下の事項が監査契約書に記載されているとおりに記載されなければならない(監基報580:第9～10項)。

- 適用される財務報告の枠組みに準拠して財務諸表を作成し適正に表示する責任を果たした旨(第9項)
- 経営者が財務諸表の作成に関連すると認識しているまたは監査に関連して監査人が依頼したすべての情報及び情報を入手する機会を監査人に提供した旨(第10項(1))
- すべての取引が記録され,財務諸表に反映されている旨(第10項(2))

また上記を補完する記載事項として,会計方針の選択および適用の適切性や,経営者が気づいたすべての内部統制の不備を監査人に伝達している旨の陳述を要請することがある。

さらに他の監査基準委員会報告書において経営者確認書の入手が要求されている事項について,経営者確認書において確認を求めることがある。該当する記載事項としては,以下の項目が挙げられる。

- 不正を防止し発見する内部統制を整備及び運用する責任は,経営者にあることを承知している旨(監基報240:第38項(1)参照)
- 不正による財務諸表の重要な虚偽表示の可能性に対する経営者の評価を監査人に示した旨(監基報240:第38項(2)参照)
- 企業に影響を与える不正または不正の疑いがある事項に関する情報が存在する場合,当該情報を監査人に示した旨(監基報240:第38項(3)参照)
- 従業員,元従業員,投資家,規制当局またはその他の者から入手した財務諸表に影響する不正の申立てまたは不正の疑いがある事項に関する情報を監査人に

示した旨（監基報240：第38項(4)参照）
- 重要な違法行為またはその疑いを全て監査人に示している旨（監基報250：第15項参照）
- 未修正の虚偽表示に重要性はないと判断している旨（監基報450：第13項参照）
- 重要な訴訟事件を監査人に開示し，財務報告の枠組みに従って処理している旨（監基報501：第11項参照）
- 会計上の見積りを行う際に使用した重要な仮定が合理的であると判断している旨（監基報540：第21項参照）
- 関連当事者の名称，関係及び取引を監査人に開示し，当該関係及び取引を財務諸表において適切に処理し開示した旨（監基報550：第25項参照）
- 重要な後発事象を適切に修正または開示している旨（監基報560：第８項参照）
- 継続企業の前提に重要な疑義を生じさせるような事象または状況を識別した場合の対応策及び当該対応策の実行可能性（監基報570：第15項参照）
- 比較情報に影響を及ぼす前年度の財務諸表の重要な虚偽表示を解消するために行われた全ての修正再表示に関する確認事項（監基報710：第８項参照）
- 中間監査における経営者確認書の入手（監基報910：第24項参照）

4　経営者確認書の信頼性に疑義がある場合の監査人の対応

経営者確認書の記載事項が他の監査証拠と矛盾する場合，監査人は問題を解消するための監査手続を実施することが求められる（監基報580：第16項）。この監査手続としては，例えば経営者が経営者確認書記載事項の趣旨を誤解していないか確かめるための質問や，他の監査証拠の解釈の再検討などが考えられる。

これらの手続を実施しても問題が解消しない場合，経営者の能力，誠実性もしくは倫理観，またはこれらに対する経営者の取組みもしくは実践についての評価を再検討し，それが経営者の陳述や監査証拠全体に及ぼす影響を判断しなければならない（監基報580：第16項）。また，当初のリスク評価が依然として適切であるかを検討し，必要に応じてリスク評価およびリスク対応手続を修正する（監基報580：A19項）。

上述の手続の結果，経営者確認書の記述のうち，財務諸表を適正に作成する責任を果たした旨の記述や，監査人に提供した情報および記録した取引の網羅性に関する記述について信頼性がないと判断した場合は，監査人は財務諸表に対する意見を表明してはならない（監基報580：第19項）。なぜならば，これらの確認事項に関する監査人の心証は経営者確認書以外の手段のみから得ることはできないため，これらの事項の確認が得られない場合には，監査人は十分かつ適切な監査証拠を得ることができないからである（監基報580：A22項）。この場合，監査証拠の入手が不可能であることの財務諸表への影響は広範なものとなるため，監査人は財務諸表に対する意見を表明することができないこととなる（監基報580：第19項）。

5　確認が得られない場合の監査人の対応

監査人が確認を要請した事項の一部または全部について確認を得られない場合，監査人は経営者との協議を行った上で経営者の誠実性を再評価し，経営者の陳述や監査証拠の証明力への影響を評価しなければならない（監基報580：第18項）。また，監査人が要請した確認事項に経営者が変更を加えている場合は，必ずしも確認が得られなかったことを意味するものではない。例えば財務諸表を適正に作成する責任を果たした旨の記述や，監査人に提供した情報および記録した取引の網羅性に関する記述についての変更であっても，以下のような変更である場合には，監基報705に従った検討を行った結果として，監査意見の表明は可能なことがある（監基報580：A23項）。

- 適用される財務報告の枠組みのうちの特定の要求事項以外について準拠して財務諸表を作成している旨の記述となっており，かつ，監査人が経営者確認書に信頼性があると判断している場合
- （例えば火災で焼失したような）一部の情報を除いて，すべての関連する情報を監査人に提供したと判断している旨の記述となっており，かつ，監査人が経営者確認書に信頼性があると判断している場合

Ⅸ　監査調書

1　監査業務における監査調書の意義

監査調書とは，実施した監査手続，入手した関連する監査証拠および監査人が到達した結論の記録をいう。なお，紙媒体，電子媒体等に記録された特定の監査業務に関する監査調書を取りまとめたファイルを，監査ファイルという（監基報230：第5項）。

監査基準・第二「一般基準」5において，監査人は監査調書を作成し，保存することが求められている。

> 5　監査人は，監査計画及びこれに基づき実施した監査の内容並びに判断の過程及び結果を記録し，監査調書として保存しなければならない。

監査調書は大きく分けて2つの意義を有しており，第1には監査人が監査意見を形成するための証拠資料となることであり，第2には監査人が一般に公正妥当と認められる監査の基準および適用される法令等に準拠して監査計画を策定し監査を実施したということを示す証拠資料となることである（監基報230：第2項(1)(2)）。すなわち，監査人自身が監査意見の適否を判断するための証拠資料であることはもちろんであるが，例えば，裁判所，監督官庁，日本公認会計士協会のような外部者に対して，監査人が適切に監査業務を行っていることを示すための証拠資料ともなるのである（図表9-14）。

監査証拠の大部分は絶対的なものではなく，心証的なものである（監基報200：第5項）以上，監査人が監査手続を実施した結果として得た心証を，適切に記録しておくことが求められる。

〔図表 9 -14〕監査調書の閲覧主体

（出所） 監基報230に基づき作成

2　監査調書の目的

監査調書を作成する目的として，監査基準委員会報告書230第 3 項では下記のように 6 つの目的を掲げている。

(1)　監査計画を策定する際及び監査を実施する際の支援とすること
(2)　監査責任者が指示，監督及び査閲を実施する際の支援とすること
(3)　実施した作業の説明根拠にすること
(4)　今後の監査に影響を及ぼす重要な事項に関する記録を保持すること
(5)　監査業務に係る審査及び監査業務の定期的な検証の実施を可能にすること
(6)　法令等に基づき実施される外部による検査の実施を可能にすること

上記の目的は，(1)と(4)を除き監査調書の作成者以外の者が監査調書を閲覧することを前提としたものとなっている。また，(1)と(4)についても現在の大規模化，組織化された監査業務を想定した場合，やはり監査調書の作成者以外の者が監査調書を閲覧することによってその目的が達成される。そのため，監査調書は作成者が理解できれば良いというものではなく，経験豊富な監査人が理解可能となるための要件を備えた監査調書を作成する必要がある。

3　監査調書に記載すべき事項

目的に沿った監査調書を作成するため，監基報230では監査調書に記載すべき事項が定められており，それは前述のとおり外部の者の閲覧を想定した要求事項となっている。ただし，監査調書を閲覧する全ての者がその内容を理解で

きるように記載することまでは求められておらず，監査人は監査調書を「経験豊富な監査人」が理解できるように記載することを求められている（監基報230：第７項）。

ここで「経験豊富な監査人」とは，監査実務の経験を有し，①監査のプロセス，②一般に公正妥当と認められる監査の基準及び適用される法令等，③企業の事業内容に関連する経営環境，④企業の属する産業における監査及び財務報告に関する事項について相当程度理解している監査事務所内外の者をいう（監基報230：第５項(3)）。

経験豊富な監査人が監査調書を閲覧した際に理解できるようにしておくべき事項として，以下の３点が定められている（監基報230：第７項）。

(1)　実施した監査手続の種類，時期及び範囲
(2)　監査手続を実施した結果及び入手した監査証拠
(3)　監査の過程で生じた重要な事項とその結論及びその際になされた職業的専門家としての重要な判断

このため，監査調書には入手した証拠資料（証憑書類や確認状等）やそれに基づいて検討した事項や結論のみならず，監査手続書，経営者および監査役等との議事録，重要な事項に関するやりとりを示した文書（電子メールを含む）も含まれる。他方，監査人は，作成途中の財務諸表や監査調書の草稿，結論に至っていない考えや予備的な考えを書いたメモ，字句のみを修正した場合の元の文書，重複した文書等を監査調書に含める必要はなく（監基報230：Ａ４項），また監査において検討された事項または職業的専門家としての判断のすべてを文書化することを求めているものでもない（監基報230：Ａ７項）。

4　監査報告日後の取扱い

監査調書は適時に作成する必要があるため，そのほとんどは監査報告書の発行前に作成されることとなるが，事後判明事実が生じた場合など監査報告書日後に監査手続を実施し，監査調書を作成しなければならないことがある。この場合，監査調書に以下の事項を追加する必要がある（監基報230：第12項）。

> (1) 発生した状況の内容
> (2) 新たにまたは追加的に実施した監査手続の内容，その結果入手した監査証拠，到達した結論及びそれらが監査報告書に及ぼす影響
> (3) 監査調書に追加・変更を実施した者及び実施日並びにそれらを査閲した者及び査閲日

また，監査報告書の発行後，通常60日を超えない期限内に，監査ファイルにおける監査調書を最終的に整理することが求められており，さらに，整理後の監査ファイルはその保存期間が終了するまで，いかなる監査調書であっても削除または廃棄することが禁じられる。他方，監査調書の修正・追加を行った場合には，①それが必要となった具体的理由，②それを実施した者および実施日，③それらを査閲した者および査閲日を文書化する必要がある（監基報230：第15項）。

監査調書の保存期間については明確な規定はなく，会社法における会計帳簿の保存期間である10年が参考となるが，これより短い保存期間や長い保存期間とすることもある（監基報230：第23項）。

5 監査事務所としての監査調書の管理

品質管理基準・第八「業務の実施」一「監査業務の実施」2において，監査調書に関する監査事務所の責任が規定されている。

> 2 監査事務所は，監査業務の実施に関する品質管理の方針及び手続に，監査手続の遂行，監督及び査閲の方法，監査調書としての記録及び保存の方法等に関する適切な規程を含めなければならない。

監査事務所は，監査調書としての記録および保存の方法等に関する適切な規程を定める際，以下の事項に関する方針および手続を定める（品基報第1号：第44～46項）。

- 監査ファイルの最終的な整理
- 監査調書の管理
- 監査調書の保存

監査ファイルの最終的な整理に関する方針および手続には，当該最終的な整

理を行う期限（通常は監査報告書日から60日を超えない期間とする）を定めることが含まれる。

監査ファイルの整理は，原則として発行する監査報告書毎に実施するが，金融商品取引法に基づく監査と会社法に基づく監査を同時に行っている場合や，連結財務諸表に関する監査と個別財務諸表に関する監査を行っている場合には，それぞれの作業の関連性を考慮して，監査調書を１つの監査ファイルに整理することができる。この場合，監査ファイルの整理は発行される複数の監査報告書のうちいずれか遅い監査報告書日から起算して，監査ファイルの整理を完了することとなる。なお，中間監査または四半期レビューに関する調書のファイルは，年度監査の監査ファイルとは別のファイルにして整理することに留意する（品基報第１号：A50項）。

6　個々の監査業務における監査調書の管理

品質管理基準・第八「業務の実施」一「監査業務の実施」第３～４項において，個々の監査業務の監査責任者の責任が規定されている。

> 3　監査実施の責任者は，監査事務所の定める，監査業務の実施に関する品質管理の方針及び手続を遵守し，補助者に対し適切な指示及び監督を行い，監査調書が適切に作成されているかを確かめなければならない。
> 4　監査実施の責任者は，監査意見の表明に先立ち，監査調書の査閲等を通して，十分かつ適切な監査証拠が入手されていることを確かめなければならない。

監査責任者は補助者に対する適切な指示および監督を行うとともに，十分かつ適切な監査証拠が入手されていることを確かめる責任を負っているが，これらはいずれも監査調書の査閲等を通じて実施されることになる。監査調書の査閲に関して最終的な責任を負うのは監査責任者であるが（監基報220：第15項），監査責任者は必ずしもすべての監査調書を査閲する必要はない。

監査責任者は，監査事務所の方針および手続に従って監査調書を査閲する必要がある。当該監査事務所の方針および手続は監査チームのより経験のあるメンバーが経験の浅いメンバーの作成した監査調書を閲覧するという原則に基づいて定められたものである必要がある（監基報220：A13項）。

監査責任者は監査調書のうち，重要なものを適時に査閲することで監査意見を形成する必要があり，以下のような領域に関する監査調書を中心に査閲することとなる（監基報220：A15項）。

- 監査上の判断を要する重要な領域，特に，監査の実施中に識別した専門的な見解の問合せが必要な事項に関連する領域
- 特別な検討を必要とするリスク
- 監査責任者が重要と認識するその他の領域

監査責任者は査閲した監査証拠に（電子的な方法も含め）サインを記入するなどの方法により，査閲した監査調書とその時期を記録する。これは監査の実施中に監査事務所内で監査責任者が交替した場合も同様である（監基報220：A16項）。

監査調書を査閲する場合には，査閲した監査調書自体が適切に作成されているか否かのみならず，専門的な見解の問合せが適切に実施されているか，監査手続の追加・変更の必要がないかといった事項にも留意する必要がある（監基報220：A14項）。

X　意見表明に関する審査

1　審査の意義

監査人は，監査意見を表明するにあたり原則として審査を受ける必要があり，監査責任者は審査担当者が選任されていることを確かめる必要がある。この審査は監査意見が一般に公正妥当と認められる監査の基準に準拠して適切に形成されていることを確かめるため受けるものであり，監査報告書日またはそれ以前に，監査チームが行った監査手続，監査上の重要な判断および監査意見の形成を客観的に評価するために実施する手続である。なお，審査の文書化は，当該監査報告書日後の監査調書の整理期間に行うことができる。

審査担当者によって審査が行われたとしても，監査意見に関する全ての責任は，あくまでも監査責任者が負うのであって，審査が行われたことをもって監

査責任者の責任が軽減されることはない。

監査基準・第四報告基準一「基本原則」５は，審査について以下のように定めている。

> ５　監査人は，意見の表明に先立ち，自らの意見が一般に公正妥当と認められる監査の基準に準拠して適切に形成されていることを確かめるため，意見表明に関する審査を受けなければならない。この審査は，品質管理の方針及び手続に従った適切なものでなければならない。品質管理の方針及び手続において，意見が適切に形成されていることを確認できる他の方法が定められている場合には，この限りではない。

上述のとおり，監査基準は審査が品質管理の方針および手続に従ったものであることを求めている。品質管理の方針および手続は監査に関する品質管理基準に従ったものである必要がある。審査に関する品質管理の方針に関しては，品質管理基準・第八「業務の実施」四「監査業務に関する審査」において，監査事務所が定めるべき事項として以下のように記載されている。

> 四　監査業務に係る審査
>
> １　監査事務所は，監査業務に係る審査に関する方針及び手続を定め，企業の状況等に応じて審査の範囲，担当者，時期等を考慮し，監査手続，監査上の判断及び監査意見の形成について，適切な審査が行われていることを確かめなければならない。

上記のとおり品質管理基準上，監査事務所は審査に関する方針および手続を定めるのみならず，審査が適切に行われていることをモニタリングする必要がある。また，審査の内容および結論は，下記のとおり監査調書として記録および保存することが求められている（品質管理基準・第八「業務の実施」四「監査業務に関する審査」）。

> 四　監査業務に係る審査
>
> ３　監査事務所及び審査の担当者は，監査事務所の定める方針及び手続に従って，監査業務に係る審査の内容及び結論を，監査調書として記録及び保存しなければならない。

監基報220第19～20項および品基報第１号「監査事務所における品質管理」第36～37項では，審査において実施および考慮すべき事項として以下の項目を挙げている。

■審査において実施すべき事項（監基報220：第19項）

⑴　重要な事項に関する監査責任者との討議

⑵　財務諸表等と監査報告書案の検討

⑶　監査チームが行った重要な判断とその結論に関する監査調書の検討

⑷　監査意見の評価および監査報告書案が適切であるかどうかの検討

■審査において検討すべき事項（監基報220：第20項）

⑴　独立性に関する監査チームの評価

⑵　適切な専門的な見解の問合せが行われたかどうか，およびその結論

⑶　重要な判断に関する監査調書の記載の適切性

通常，監査計画が立案された段階で監査計画の審査（計画審査）を受け，監査手続の大宗が終了した後の監査意見表明前に監査意見の審査（監査意見審査）を受けることとなる。監査計画に重要な修正が行われた場合には，適時に監査計画の修正に関する審査（計画修正審査）を受ける。

また，監査上の重要な判断が行われた場合には，随時に審査担当者に対して専門的見解の問い合わせ（事前審査）を依頼し，監査責任者と審査担当者間の判断の相違の有無を確認するとともに，判断の相違があればこれを解決する。

さらに，不正による重要な虚偽表示の疑義があると判断された場合には，上記の事項に加え，以下の事項を含めた追加的な検討が必要となる（監基報220：FA25-２項）。

■不正による重要な虚偽表示の疑義があると判断された場合に検討すべき事項

- 不正リスクを受けての修正後の監査計画の内容
- 重要性および重要な虚偽表示の発生可能性に関して行った判断
- リスク対応手続の種類，時期および範囲
- 入手した監査証拠の十分性および適切性
- 専門的な見解の問合せの要否およびその結論
- 実施した手続および結論の監査調書への記載の適切性

2　審査担当者の役割および適格性

審査を行う者を審査担当者といい，監査チームが行った監査手続，監査上の重要な判断および監査意見の形成を客観的に評価するのに十分かつ適切な経験と職位等の資格を有する者（会議体を含む）が担当する。通常，当該監査業務の監査責任者になることができる程度の経験や職位を有する社員等が，審査担当者として想定される。

審査担当者の適格性に関し，品質管理基準・第八「業務の実施」四「監査業務に関する審査」では以下のように定めている。

> 四　監査業務に係る審査
> 2　監査事務所は，監査業務に係る審査の担当者として，十分な知識，経験，能力及び当該監査業務に対する客観性を有する者を選任しなければならない。

審査担当者の選定に関し，監査事務所は選任に関する方針および手続を定める必要があり，特に以下の事項を通じて審査担当者の適格性を確保する必要がある（品基報第1号：第38項）。

(1)　審査担当者に求められる専門的な資格要件（知識，経験，能力，職位等）
(2)　審査担当者が客観性を損なうことなく専門的な見解の問合せを行うことができる程度
(3)　審査担当者に要求される独立性

上記の適格性は監査業務を通じて確保されている必要があるものであり，特に客観性の維持に関し，監査事務所は以下のような事項を規定する必要がある（品基報第1号：A44項）。

- 監査責任者が審査担当者を指名しないこと
- 審査対象の監査業務に従事しないこと
- 監査チームに代わって意思決定を行わないこと
- 審査担当者の客観性を阻害するような他の要因を有しないこと

さらに，不正による重要な虚偽表示の疑義があると判断された場合には，監査事務所はあらかじめ定めた方針および手続に従って，必要に応じて以下のような対応を行う必要がある（品基報第1号：FA42-2項）。

✓当該リスクに対応できる審査担当者を追加選任する

✓適格者で構成される会議体によって審査を実施する

なお，小規模な監査事務所においては，審査担当者の客観性の維持が困難なことがあるため，監査事務所外の適格者が審査を担当（委託審査）することもある（品基報第１号：Ａ45項）。

3　監査責任者と審査担当者の判断が相違する場合の対応

監査意見が一般に公正妥当と認められる監査の基準に準拠して適切に形成されているものと監査責任者が判断し，審査担当社員の審査を受けた際に，審査担当社員が監査責任者の見解に同意せず，両者の判断が相違することはしばしば発生する。

品質管理基準・第八「業務の実施」三「監査上の判断の相違」には，以下のとおり，監査責任者と審査担当者の判断が相違する場合には，当該相違が解決されるまでは監査報告書を発行してはならない旨が定められている（なお，監基報220第21項にも同様の規定がある）。

三　監査上の判断の相違

１　監査事務所は，監査実施者間又は監査実施の責任者と監査業務に係る審査の担当者等との間の判断の相違を解決するために必要な方針及び手続を定め，それらの方針及び手続に従って監査実施の責任者が判断の相違を適切に解決していることを確かめなければならない。

２　監査実施の責任者は，監査事務所の定める方針及び手続に従って，監査実施者間又は監査実施の責任者と監査業務に係る審査の担当者等との間の判断の相違を解決しなければならない。

３　監査事務所は，監査実施の責任者と監査業務に係る審査の担当者等との間の判断の相違が解決しない限り，監査報告書を発行してはならない。

前述のとおり審査担当者は，監査チームからの監査上の判断に関する専門的な見解の問い合わせに対して回答することもある。これは，業務が進行した段階で監査チームとの判断の相違が生じることを回避するためのものである。しかしながら，審査担当者の客観性を損なうほどに重要な事項であれば，別の審

〔図表9-15〕監査業務チームの構成

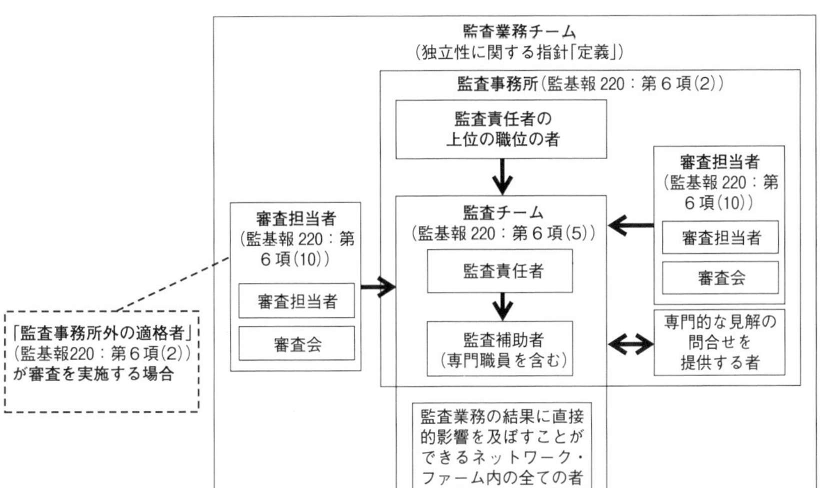

（出所）　監基報220および「独立性に関する指針」に基づき作成

査担当者（合議体を含む）を監査事務所の内外を問わず選任することとなる。

参考までに監査チームと審査担当者との関係を図示すると**図表9-15**のとおりとなる。審査担当者は，監基報220第6項(5)で定義される「監査チーム」は構成しないが，独立性に関する指針において定義される「監査業務チーム」を構成するため，被監査会社に対して独立性を保持することが求められる。

4　審査の簡素化

監査事務所は一定の要件を満たす監査業務について，審査を要しないとすることができる（品基報第1号・第34-2項）。審査を省略する監査業務につき，監査責任者は，監査意見が適切に形成されていることを確認できる他の方法（監査責任者が意見表明前に実施し文書化した自己点検等）が，監査事務所の定める方針および手続に従って適切に行われていることを確かめなければならない（監基報220：第20-4項）。

第10章 報告基準

Summary

- 監査人は，監査を実施した結果として財務諸表の適正表示について得た結論を監査意見としてまとめ，監査報告書に記載して伝達する。
- 監査には固有の限界があるため，監査意見は絶対的保証を提供することはできず，十分かつ適切な監査証拠に裏づけられた合理的な保証を提供するに過ぎない。
- 監査報告書には，監査意見の伝達によって財務諸表に対する利用者の信頼を高めること，ならびに監査人が自らの責任を果たしたことを示す機能がある。
- 監査報告書には，監査の対象，経営者の責任，監査人の責任ならびに監査意見という4つの区分が設けられなければならない。
- 経営者の責任区分には，財務諸表の作成ならびに財務報告に係る内部統制の整備・運用の責任が経営者にあることが記載される。
- 監査人の責任区分には，監査人の責任が財務諸表に対する意見表明にあること，監査手続の選択・適用が監査人の判断によること，監査の結果として入手した監査証拠が意見表明の基礎を与えるに十分かつ適切なものであることなどが記載される。
- 意見区分では，監査の結果として得られた監査人の結論が，監査意見として表明される。
- 監査意見は無限定意見と除外事項付意見に分けられ，財務報告に適用される枠組みに応じて適切な意見が表明されなければならない。
- 無限定意見は，監査人が，財務諸表が適用される財務報告の枠組みに準拠して作成されていると判断した時に表明される意見である。
- 除外事項付意見は，監査意見の表明に際して重要性及び広範性を考慮すべき事項が存在する場合に表明される意見である。

- ➢ 除外事項付意見は，その原因となる事項が財務諸表に及ぼす影響の重要性と広範性によって，限定付意見，否定的意見ならびに意見不表明に分けられる。影響が重要だが広範でないと判断されれば限定付意見が表明され，影響が重要かつ広範であると認められる場合には，否定的意見が表明されるかまたは意見不表明となる。
- ➢ 監査人は，準拠性に関する意見を表明する場合には，作成された財務諸表が，すべての重要な点において，適用された会計の基準に準拠して作成されているかどうかについての意見を表明する。
- ➢ 監査人は，利用者が財務諸表を理解する基礎として重要であると判断する事項があるときには，当該事項を強調するために監査報告書に強調事項区分を設けなければならない。
- ➢ 監査人は，監査や監査人の責任などについての利用者の理解に関連する説明が必要であると判断した場合，監査報告書にその他の事項区分を設けて当該事項を記載しなければならない。
- ➢ 監査人は，監査報告書において，過年度遡及修正に関わる比較情報に言及しなければならない場合がある。

Ⅰ　監査意見の本質

監査人は，財務諸表に対して監査証明を必要とする企業と契約を結んで監査を実施する。監査人は，実施した監査の結果を報告しなければならない。この時，報告の手段として作成されるのが**監査報告書**である。監査報告書に記載される事項のうち最も重要なものは，財務諸表の適正表示に関する監査人の意見である。

監査基準・第四　報告基準，基本原則１は次のように規定し，監査人に対して，財務諸表が企業の財政状態などを適正に表示しているかどうかについて意見を表明することを求めている。

> 監査人は，経営者の作成した財務諸表が，一般に公正妥当と認められる企業会計の基準に準拠して，企業の財政状態，経営成績及びキャッシュ・フローの状況をすべての重要な点において適正に表示しているかどうかについて意見を表明し

なければならない。

監査人が表明する意見は，**監査意見**と呼ばれる。監査意見は，監査人が監査を実施した結果として，財務諸表の適正表示について得た結論を伝達する手段である。財務諸表の利用者は，監査意見によって財務諸表の信頼性の程度を判断することができる。

財務諸表の監査は，経営者が作成する財務諸表を主題情報として実施される保証業務であり，財務諸表に全体として重要な虚偽表示がないということについて合理的な保証を提供するものである。財務諸表の監査はいわゆる合理的保証業務であり，最も高い水準の保証を提供する。しかし，監査といえども絶対的保証（absolute assurance）を提供することはできず，十分かつ適切な監査証拠に裏づけられた**合理的な保証**（reasonable assurance）を提供するに過ぎない。

合理的保証の裏づけとなる監査証拠は，適切に実施された監査手続によって収集される。監査人は，収集した監査証拠を総合的に評価し，そこから財務諸表に全体として重要な虚偽表示がないかどうか，換言すれば，財務諸表が企業の財政状態などを適正に表示しているかどうかを判断するのである。

財務諸表監査における監査意見は十分かつ適切な監査証拠に裏づけられているが，監査には**図表10-1**に示すような固有の限界があるため，監査証拠の大部分は絶対的というよりも心証的なものとならざるを得ない（監基報200：A44-47項）。

〔図表10-1〕監査の固有の限界

財務報告の性質	●財務諸表の作成には経営者の判断が伴い，また，主観的な判断や評価，不確実性が関連するため，一部の財務諸表項目は，財務諸表項目の残高に影響を与える固有の変動要因があり，その影響は追加の監査手続を実施してもなくすことはできない。
監査手続の性質	●監査人は，関連するすべての情報を入手したという保証を得るための監査手続を実施しても，情報の網羅性について確信を持つことはできない。 ●監査証拠を入手するために実施する監査手続は意図的な虚偽表示を発見するために有効でないことがある。

	●監査人は，法令違反の疑いについて公式な捜査を行うために必要となる特定の法的権限を有していない。
監査を合理的な期間内に合理的なコストで実施する必要性	●財務諸表の利用者は，監査人が合理的な期間内に合理的な費用の範囲で財務諸表に対する意見を形成することを想定しており，監査人が存在する可能性のあるすべての情報を考慮したり，すべての事項を徹底的に追及したりすることは実務上不可能であるということを認識している。

現代の財務諸表監査では，金額の誤りや意図的な虚偽記載などの事実を指摘することは意図されていない。監査人は，財務諸表が会計基準にしたがって作成されており，企業の財政状態などを適正に表示しているかどうかについて，職業的専門家としての判断に基づいて結論を導き出さなければならない。単に事実を認識・認定してそれを指摘するのではなく，認識した事実に基づいて，財務諸表の適正表示に関する推論的判断を下さなければならないのである。こうした判断に基づいて得られた結論こそが，**財務諸表の適正表示**に対する監査意見に他ならないのである。

II　監査報告書の機能と構成要素

1　監査報告書の機能

1957（昭和32）年１月１日以降に始まる事業年度から正規の財務諸表監査を実施するために，1956（昭和31）年に監査基準が改訂された。この時の前文には，「監査報告書は，監査の結果として，財務諸表に対する監査人の意見を表明する手段であるとともに，監査人が自己の意見に関する責任を正式に認める手段である」と記されていた。監査報告書に対するこうした認識は，今日でも基本的に変わっていない。

監査人は，監査を実施した結果として得られた財務諸表の適正表示に関する結論を監査意見として監査報告書に記載して，財務諸表の利用者に伝達する。財務諸表の利用者は，監査人の意見に基づいて財務諸表の信頼性の程度を判断し，当該財務諸表を投資意思決定に利用するかどうかを決定するのである。

もし監査人が監査報告書に誤った意見を記載し，これによって財務諸表の利用者に損害を与えれば，監査人は，利用者から損害賠償を求められる可能性がある。この時，監査人は，職業的専門家としての正当な注意を払って監査を実施したことを自ら立証しなければならない。それができなければ賠償を命じられることになる。また，故意に誤った意見を記載した場合には，刑事罰や行政処分を科せられることにもなる。

このように，監査人は，監査報告書に意見（特に適正意見）を記載することによって，財務諸表に対する利用者の信頼の程度を高めることになる。そして，それは同時に，監査人が自らに課せられた責任を果たしたことを宣言することにもなるのである。

2　監査報告書の構成要素

監査人は，監査報告書において，①**監査の対象**，②**経営者の責任**，③**監査人の責任**ならびに④**監査人の意見**を明瞭かつ簡潔にそれぞれ区分して記載しなければならない（報告基準二１）。

比較せよ！

マメ知識10-１

監査報告書の様式の変更

企業会計審議会は，2010（平成22）年３月に，**国際監査基準**（International Standards on Auditing: ISA）の明瞭性プロジェクト（クラリティ・プロジェクト）に対応するために，監査基準第四 報告基準について改訂を行った。

この改訂によって，監査報告書の記載区分が変更された。変更前の監査報告書には，①監査の対象，②実施した監査の概要ならびに③財務諸表に対する意見を記載することが求められていた。

監査人が無限定適正意見を表明する場合に，監査報告書の４つの区分に記載されるべき事項は，**図表10-２**に示すとおりである（報告基準三）。

〔図表10-2〕無限定適正意見監査報告書の各区分における記載事項

区分	記載事項
監査の対象	●監査対象とした財務諸表の範囲
経営者の責任	●財務諸表の作成責任は経営者にあること ●財務諸表に重要な虚偽の表示がないように内部統制を整備及び運用する責任は経営者にあること
監査人の責任	●監査人の責任は独立の立場から財務諸表に対する意見を表明することにあること ●一般に公正妥当と認められる監査の基準に準拠して監査を行ったこと ●監査の基準は監査人に財務諸表に重要な虚偽の表示がないかどうかの合理的な保証を得ることを求めていること ●監査は財務諸表項目に関する監査証拠を得るための手続を含むこと ●監査は経営者が採用した会計方針及びその適用方法並びに経営者によって行われた見積りの評価を含め全体としての財務諸表の表示を検討していること ●監査手続の選択及び適用は監査人の判断によること ●財務諸表監査の目的は内部統制の有効性について意見表明するためのものではないこと ●監査の結果として入手した監査証拠が意見表明の基礎を与える十分かつ適切なものであること
監査意見	●経営者の作成した財務諸表が一般に公正妥当と認められる企業会計の基準に準拠して，企業の財政状態，経営成績及びキャッシュ・フローの状況をすべての重要な点において適正に表示していると認められること

財務諸表監査では，いわゆる「二重責任の原則」によって，経営者と監査人の責任を峻別することとされている。監査報告書においては，これらの責任が，監査意見が表明される対象である財務諸表に対する経営者の責任と，監査を実施する監査人の責任とに明確に区分して表示されている。それぞれの記載区分の見出しに「責任」の文字を付すことで，利用者に経営者と監査人の責任範囲についての正確な理解を促すものとなっている。

また，財務諸表に対する経営者の責任として，「財務諸表に重要な虚偽の表示がないように内部統制を整備及び運用する」ことが識別されている点には注意が必要である。この責任は，経営者に当然に帰属するものと認識されるべきである。財務諸表の適正表示は，その作成に係る内部統制の整備・運用を前提として，はじめて可能となるものだからである。

監査手続と監査証拠との関係，また，監査証拠と監査意見との関係が明示されていることにも注意しなければならない。監査においては，財務諸表項目の金額や開示が適正であることを裏づけるための証拠（監査証拠）を入手するための手続が実施されるのである。この時実施される手続（監査手続）は，監査人による重要な虚偽表示リスクの評価に基づいて，監査人自身の判断によって選択・適用される。こうして入手された監査証拠が，意見表明の基礎として十分かつ適切であると認識されたとき，監査人は財務諸表に対して意見を表明する責任を果たすことができるのである。

3　監査報告書の様式

わが国における監査実務指針である日本公認会計士協会・監査基準委員会報告書700（監基報700）が，監査報告書に記載されるべき事項を規定し，報告書の文例を示している。

〔図表10-3〕監査報告に係る監査基準委員会報告書

700　財務諸表に対する意見の形成と監査報告
705　独立監査人の監査報告書における除外事項付意見
706　独立監査人の監査報告書における強調事項区分とその他の事項区分
710　過年度の比較情報－対応数値と比較財務諸表
720　監査した財務諸表が含まれる開示書類におけるその他の記載内容に関連する監査人の責任
＊その他関連のある報告書等
200　財務諸表監査における総括的な目的
560　後発事象
800　特別目的の財務報告の枠組みに準拠して作成された財務諸表に対する監査
805　個別の財務表又は財務諸表項目等に対する監査
監査・保証実務委員会実務指針第85号「監査報告書の文例」

監査報告は文書によることとされ（監基報700：第18項），独立監査人の報告書であることを明瞭に示す標題が付されなければならない（同：第19項）。監査人は，企業との契約に基づいて監査を行うため，契約内容に応じた宛先を記載する必要がある（同：第20項）。

監査報告書には，公認会計士又は監査法人の代表者が作成の年月日を付して自署・押印しなければならない（財務諸表等の監査証明に関する内閣府令第４条）。なお，監査法人が会社その他の者の財務書類について証明をする場合には，当該証明業務を執行した社員が監査報告書にその資格を表示して署名・押印しなければならない（公認会計士法第34条の12第２項）。

監査報告書は，すでに説明したように，４つに区分して記載されなければならない。そして，監査の対象を記載する区分以外の３つの区分については，それぞれ「財務諸表に対する経営者の責任」「監査人の責任」「監査意見」という見出しを付けなければならない（監基報700：第22,25,31項）。

監査基準委員会報告書では，監査の対象となる財務諸表を作成する際に適用される財務報告の枠組みとして，**適正表示の枠組み**と**準拠性の枠組み**が提示されている（監基報200：第12項⒀）。

適正表示の枠組みとは，その枠組みにおいて要求されている事項の遵守が要求され，かつ，財務諸表の適正表示を達成するために枠組みで具体的に要求されている以上の開示を行うこと，または枠組みにおける要求事項からの離脱が必要な場合があることのいずれかが，当該枠組みにおいて明示的または黙示的に認められている枠組みである。

準拠性の枠組みとは，枠組みでの要求事項の遵守が要求されるのみで，要求以上の開示も離脱も必要とされない枠組みである。

監査報告書がいずれの枠組みによって作成された財務諸表に対するものかによって，記載される文言に違いがある。

図表10－4は，わが国の金融商品取引法監査における連結財務諸表に対する監査報告書の文例である。

連結財務諸表が適正表示の枠組みに基づいて作成されることから，経営者は，適用される枠組みにおいて，場合によっては要求される以上の開示を行い，あるいは要求事項から離脱することにより，連結財務諸表の「適正な表示」を確

〔図表10-４〕金融商品取引法における連結財務諸表に対する監査報告書の文例

独立監査人の監査報告書

○○株式会社
取締役会　御中

平成×年×月×日

○　○　監　査　法　人

指定社員 業務執行社員	公認会計士	○○○○㊞
指定社員 業務執行社員	公認会計士	○○○○㊞

当監査法人は，金融商品取引法第193条の２第１項の規定に基づく監査証明を行うため，「経理の状況」に掲げられている○○株式会社及び連結子会社の平成×年×月×日から平成×年×月×日までの連結会計年度の連結財務諸表，すなわち連結貸借対照表，連結損益計算書，連結包括利益計算書，連結株主資本等変動計算書，連結キャッシュ・フロー計算書，連結財務諸表作成のための基本となる重要な事項，その他の注記及び附属明細表について監査を行った。

財務諸表に対する経営者の責任

経営者の責任は，我が国において一般に公正妥当と認められる企業会計の基準に準拠して連結財務諸表を作成し適正に表示することにある。これには，不正又は誤謬による重要な虚偽表示のない連結財務諸表を作成し適正に表示するために経営者が必要と判断した内部統制を整備及び運用することが含まれる。

監査人の責任

当監査法人の責任は，当監査法人が実施した監査に基づいて，独立の立場から連結財務諸表に対する意見を表明することにある。当監査法人は，我が国において一般に公正妥当と認められる監査の基準に準拠して監査を行った。監査の基準は，当監査法人に連結財務諸表に重要な虚偽表示がないかどうかについて合理的な保証を得るために，監査計画を策定し，これに基づき監査を実施することを求めている。

監査においては，連結財務諸表の金額及び開示について監査証拠を入手するための手続が実施される。監査手続は，監査人の判断により，不正又は誤謬による財務諸表の重要な虚偽表示リスクの評価に基づいて選択及び適用される。財務諸表監査の目的は，内部統制の有効性について意見表明するためのものではないが，監査人は，リスク評価の実施に際して，状況に応じた適切な監査手続を立案するために，連結財務諸表の作成と適正な表示に関連する内部統制を検討する。また，監査には，経営者が採用した会計方針及びその適用方法並びに経営者によって行われた見積りの評価も含め全体としての連結財務諸表の表示を検討することが含まれる。

当監査法人は，意見表明の基礎となる十分かつ適切な監査証拠を入手したと判断している。

監査意見

当監査法人は，上記の連結財務諸表が，我が国において一般に公正妥当と認められる企業会計の基準に準拠して，○○株式会社及び連結子会社の平成×年×月×日現在の財政状態並びに同日をもって終了する連結会計年度の経営成績及びキャッシュ・フローの状況を，すべての重要な点において適正に表示しているものと認める。

利害関係

会社と当監査法人との間には，公認会計士法の規定により記載すべき利害関係はない。

以上

（出所）日本公認会計士協会，監査・保証実務委員会実務指針第85号「監査報告書の文例」文例１

保する責任を負うことになる。監査報告書の「財務諸表に対する経営者の責任」区分の記載において，この点が明確にされている。

これを受けて，「監査意見」区分では，「連結財務諸表が，……を，すべての重要な点において適正に表示しているものと認める」との意見が表明されることになる。

これに対して，準拠性の枠組みに基づいて計算書類とその附属明細書が作成される場合には，当該枠組みの要求する事項を遵守するだけでよいことから，「適正な表示」という文言が特に明示されることはない。このため，経営者の責任区分の記載内容は，基準に準拠した計算書類等の作成という責任だけに言及する形で，例えば次のように記載される（監基報800：付録文例1）。

> 経営者の責任は，個別注記表の注記×に記載された会計の基準に準拠して計算書類及びその附属明細書を作成することにあり，また，計算書類及びその附属明細書の作成に当たり適用される会計の基準が状況に照らして受入可能なものであるかどうかについて判断することにある。

これにともなって，監査意見区分の記載内容も，次のように，計算書類等が基準に準拠して作成されているかどうかについてだけ判断していることを示すものとなる（同上）。

> 当監査法人は，上記の計算書類及び附属明細書が，すべての重要な点において，注記×に記載された会計の基準に準拠して作成されているものと認める。

ここで示した監査報告書は，記載内容が標準化された比較的短い書式によるものである。このような監査報告書を**短文式監査報告書**という。短文式監査報告書は，主として，金融商品取引法や会社法などに基づいて実施される法定監査で使用される。

どの会社に対しても同じような文言が並ぶ標準的な監査報告書が，果たして財務諸表の利用者にとって役に立つのかという疑問が生じるかもしれない。法定監査の場合には，監査人が行うべき手続や判断の要件が法律や監査基準等で明記され，あるいは監査慣行のなかで熟成されて来ている。このため，監査から得られる保証の程度が知られており，それらを改めて監査報告書に詳しく書き記す必要はないと考えられている。また，実施した監査手続の内容やその結果発見された事項を細かく記載しても，監査の専門家でない財務諸表の利用者にはかえって理解しにくくなる。短文式監査報告書の文言は，利用者への伝達性と監査人による責任受容とのバランスに関する歴史的経験のなかから産み出されたものなのである。

これに対して，任意監査の場合には，監査人と監査の依頼人との間で取り交わされる監査契約により，監査の方法，範囲，結果の報告内容などが細かく決められる。監査を実施した結果として発見された事項を具体的に列挙することが求められる場合もあり，監査報告書の記載事項が多くなる。監査人が実施した手続や監査による発見事項が詳細に記載される監査報告書は，**長文式監査報告書**と呼ばれる。

III　無限定意見の意味

監査人が監査報告書で表明する監査意見は，財務諸表における重要な虚偽表示の有無や監査証拠の入手状況などによって影響を受ける。監査意見には，無限定意見，限定意見，否定的意見がある。また，監査基準委員会報告書では，意見不表明も監査意見の一類型に位置づけられている。これらを影響要因によって分類すれば，**図表10-5**のようになる。

〔図表10-5〕監査意見形成への影響要因と監査意見の種類

- 監査意見
  - 無限定意見（重要な虚偽表示も監査証拠の制約もない）
  - 除外事項付意見（重要な虚偽表示または監査証拠の制約）
    - 重要な虚偽表示がある場合
      - 限定意見（影響は重要だが広範ではない）
      - 否定的意見（影響が重要かつ広範）
    - 十分かつ適切な監査証拠が入手できない場合
      - 限定意見（影響は重要だが広範ではない）
      - 意見不表明（影響が重要かつ広範）

本節では，まず無限定意見について説明し，次節で除外事項付意見についてみることにする。

1　財務報告の枠組みと無限定意見

監査人は，経営者が作成した財務諸表が一般に公正妥当と認められる企業会計の基準に準拠して，企業の財政状態，経営成績及びキャッシュ・フローの状況をすべての重要な点において適正に表示していると認められると判断したときには，**無限定適正意見**を表明しなければならない（報告基準三）。

経営者は，適正表示か準拠性かにかかわらず，適用される財務報告の枠組みに準拠して，当該枠組みの要求を満たす財務諸表を作成する責任を負っている。適正表示の枠組みのもとでは，企業の財政状態などを適正に表示する財務諸表を，また，準拠性の枠組みのもとでは，特定のルールに準拠した財務諸表をそれぞれ作成しなければならない。

監査人は，こうして作成された財務諸表が，適用される財務報告の枠組みに準拠しているかどうかに関して意見を表明する。財務諸表が，適用される枠組みに準拠して作成されていると判断した時には，**無限定意見**が表明されるのである。

適正表示の枠組みによる場合，財務諸表が企業会計の基準等に準拠して，すべての重要な点において適正に表示していると監査人が認める場合に，無限定意見が表明される。報告基準三が規定する無限定適正意見は，これに相当するものである。

一方，準拠性の枠組みでは，財務諸表が，すべての重要な点において適用される枠組みで要求される事項を遵守して作成されていると監査人が認める場合に，無限定意見が表明されることになる。この場合，監査人は，財務諸表が適正に表示されているかどうかを評価することを要求されないという点には注意が必要である（監基報700：第17項）。

監査人は，無限定意見を表明できるかどうかを判断するために，適用される財務報告の枠組みによる要求事項に基づいて，**図表10-6**に示す点を評価しなければならない（同：第11項）。

〔図表10-6〕意見形成における考慮事項

①　経営者が採用した重要な会計方針が財務諸表において適切に開示されているかどうか。 ②　経営者が採用した会計方針が適用される財務報告の枠組みに準拠しており，かつ適切であるかどうか。 ③　経営者が行った会計上の見積りが合理的であるかどうか。 ④　財務諸表において表示された情報が目的適合性，信頼性および比較可能性を有し，かつ理解可能なものであるかどうか。 ⑤　重要な取引や会計事象が財務諸表に及ぼす影響について，財務諸表の利用者が理解するために適切な開示がなされているかどうか。 ⑥　財務諸表の名称を含め，財務諸表で使用されている用語は適切であるかどうか。

さらに，適正表示の枠組みの場合には，監査人は，①財務諸表の全体的な表示，構成及び内容，②関連する注記を含む財務諸表が，基礎となる取引や会計事象を適正に表しているかどうかも合わせて評価しなければならない（監基報700：第12項）。

監査人は，以上の点を評価した上で，財務諸表がすべての重要な点において適用される財務報告の枠組みに準拠して作成されていると認めるときには，無限定意見を表明しなければならないのである。

2　無限定適正意見の意味と実質判断

監査意見については，基本的無限定意見＝無限定「適正」意見という図式が成立する。しかし，準拠性の枠組みによって作成された財務諸表に対する意見表明を考慮すると，無限定意見に「適正」という文言が含まれないことがある。

しかし，現在のところ，わが国の会計基準や関連法令には離脱規定がないため，適正表示の枠組みと準拠性の枠組みに実質的な違いはないのかもしれない。また，わが国では，金融商品取引法の下で，適正表示の枠組みによって作成される財務諸表の監査が最も重要な位置を占めている。

これらの点を考慮して，以下では，無限定意見のうち，特に無限定適正意見の意味について考えてみることにする。

監査人の意見は，監査人が自ら入手した監査証拠に基づいて得た結論を伝達するものである。それは，特定の事実を指摘するというものではなく，監査人が自ら確認した事実や状況に基づいて下した，監査人自身の専門的判断の積み重ねによって形成されるものである。したがって，財務諸表監査における適正意見は，財務諸表が企業の財政状態などを適正に表示しているという，監査人自身の主観的な判断に基づく結論である。

しかし，監査人の判断は，文字通りの主観によるものではなく，財務諸表の作成に際して企業が準拠すべきとされている，企業会計の基準に照らして行われる判断である。つまり，財務諸表が企業会計の基準に準拠して作成されているかどうかが，当該財務諸表が企業の財政状態などを適正に表示しているかどうかを判断する際の拠りどころとされているのである。

ところが，この会計基準への準拠性に基づいて判断する場合，財務諸表が準拠して作成されていると認めれば，監査人は自動的に適正意見を表明しなければならないのだろうか？　それとも何か追加的な判断を要求されているのだろうか？　この問いに対しては，必ずしも明確な回答が与えられてはない。従来から，次の３つの見解が対立してきたのである（**図表10-７**）。

〔図表10-７〕適正意見をめぐる３つの見解

①会計基準単純準拠性説	会計基準に準拠してさえいれば無条件に適正とする，あるいはすべきであるとする立場
②二重意見説	会計基準に準拠しているかどうかを判断し，その上で，財務諸表が適正に表示されているかどうかを判断すべきとする立場
③適正表示独立意見説	監査人は，自らの判断で財務諸表が適正に表示されているか否かの結論を得なければならないとする立場

わが国では，これまで①の見解が重視されてきた。わが国の会計基準は，当該基準に準拠することによってかえって適正表示を達成できない場合に，あえてその規定に準拠しないことを求める，いわゆる「**離脱規定**」を含んでいない。

このため，当該基準に準拠して財務諸表を作成することが，適正表示の必要十分条件であるとの解釈が優位を占めてきたのである。財務諸表の監査もこの見解に依拠しており，適正表示について意見表明するものであるとはいえ，実質的に準拠性の枠組みによって作成された財務諸表への意見表明がなされてきたのである。

ところが，こうした考え方に基づく監査の実施が監査人の判断を形式的なものにし，実質的な意味で企業の経営実態を反映していない財務諸表に対して無限定適正意見が表明されるというケースが生じていた。特に，1990年代はじめのバブル経済崩壊後に続発した上場企業の経営破綻は，無限定適正意見を付された財務諸表の信憑性に大きな疑問を生じさせることとなった。

こうした事態を背景に，監査基準は，監査人による**実質判断**という考え方を導入し次のように説明している（2002（平成14）年「監査基準の改訂について」9(1)③）。

> 会計方針の選択や適用方法が会計事象や取引の実態を適切に反映するものであるかの判断においては，会計処理や財務諸表の表示方法に関する法令又は明文化された会計基準やその解釈に関わる指針等に基づいて判断するが，その中で，会計事象や取引について適用するべき会計基準が明確でない場合には，経営者が採用した会計方針が当該会計事象や取引の実態を適切に反映するものであるかどうかについて，監査人が自己の判断で評価しなければならない。また，会計基準等において詳細な定めのない場合も，会計基準等の趣旨を踏まえ，同様に監査人が自己の判断で評価することになる。（以下省略）

ここでいう実質判断は図表10-7の③の立場に近いものと考えられ，少なくとも，単に会計基準に準拠しているというだけで適正と判断してはならないとするものである。現行の監査の基準では，監査人は，財務諸表作成の枠組みにおける適正表示の解釈の拡大を前提とした判断が求められている。すなわち，監査人は，経営者が会計基準等で求められている以上の開示を行ったり，あるいは会計基準等の規定から離脱したりした場合に，それらの適否をも評価した上で財務諸表の適正表示に対する意見を形成して表明しなければならないのでである。

会計基準等の要求を越えた開示の評価や，基準等から離脱した会計処理や表示については，もとより判断のための明確な拠りどころは用意されていない。文字通り，監査人による実質的な判断が要求される領域である。今後，わが国の企業が原則主義を標榜するIFRSにしたがって財務諸表を作成するようになれば，監査人の実質的な判断による適正意見の形成がより一層重要になると考えられるのである。

Ⅳ　除外事項付意見と監査報告書

1　除外事項付意見の意味

除外事項とは，監査意見の表明に当たってその影響の**重要性**及び**広範性**を考慮することが必要となる事項をいい，経営者が採用した会計方針の選択及びその適用方法，財務諸表の表示方法に関する不適切な事項（意見に関する除外事項）及び重要な監査手続を実施できなかったことによる**監査範囲の制約**（監査範囲の制約に係る除外事項）をいう（監基報（序）：用語集 No. 145)。

わが国の監査基準は，無限定適正意見を監査意見の標準として，これに対して除外事項が付される場合があることを想定して，次のように規定している（報告基準四)。

> 1．監査人は，経営者が採用した会計方針の選択及びその適用方法，財務諸表の表示方法に関して不適切なものがあり，その影響が無限定適正意見を表明することができない程度に重要ではあるものの，財務諸表を全体として虚偽の表示に当たるとするほどではないと判断したときには，除外事項を付した限定付適正意見を表明しなければならない。この場合には，別に区分を設けて，除外した不適切な事項及び財務諸表に与えている影響を記載しなければならない。
> 2．監査人は，経営者が採用した会計方針の選択及びその適用方法，財務諸表の表示方法に関して不適切ものがあり，その影響が財務諸表全体として虚偽の表示に当たるとするほど重要であると判断した場合には，財務諸表が不適正である旨の意見を表明しなければならない。この場合には，別に区分を設けて，財

務諸表が不適正であるとした理由を記載しなければならない。

また，無限定適正意見の表明を可能とする十分かつ適切な監査証拠を入手するための監査手続が実施できることが標準とされ，これに重要な制約があった場合に除外事項が付されることがあることを想定して，次のように規定されている（報告基準五）。

1．監査人は，重要な監査手続を実施できなかったことにより，無限定適正意見を表明することができない場合において，その影響が財務諸表全体に対する意見表明ができないほどではないと判断したときには，除外事項を付した限定付適正意見を表明しなければならない。この場合には，別に区分を設けて，実施できなかった監査手続及び当該事実が影響する事項を記載しなければならない。
2．監査人は，重要な監査手続を実施できなかったことにより，財務諸表全体に対する意見表明のための基礎を得ることができなかったときには，意見を表明してはならない。この場合には，別に区分を設けて財務諸表に対する意見を表明しない旨及びその理由を記載しなければならない。

このように，監査人が自ら入手した監査証拠に基づいて，全体としての財務諸表に重要な虚偽表示があると判断する場合，ならびに監査人が，全体としての財務諸表に重要な虚偽表示がないと判断するための十分かつ適切な監査証拠を入手できない場合に，除外事項付意見が表明されることになる（監基報705：第５項）。

2　除外事項付意見の類型

除外事項付意見には，①**限定意見**，②**否定的意見**ならびに③**意見不表明**という３つの類型があり，そのいずれに該当するかを判断する要件は，**図表10-８**に示すとおりである（監基報705：第６～９項）。

〔図表10‐8〕除外事項付意見の類型とその決定要件

限定意見	●監査人が，十分かつ適切な監査証拠を入手した結果，虚偽表示が財務諸表に及ぼす影響が，個別に又は集計した場合に，重要であるが広範ではないと判断する場合 ●監査人が，無限定適正意見表明の基礎となる十分かつ適切な監査証拠を入手できず，かつ，未発見の虚偽表示がもしあるとすれば，それが財務諸表に及ぼす可能性のある影響が，重要であるが広範ではないと判断する場合
否定的意見	●十分かつ適切な監査証拠を入手した結果，虚偽表示が財務諸表に及ぼす影響が，個別に又は集計した場合に，重要かつ広範であると判断する場合
意見不表明	●意見表明の基礎となる十分かつ適切な監査証拠を入手できず，かつ，未発見の虚偽表示がもしあるとすれば，それが財務諸表に及ぼす可能性のある影響が，重要かつ広範であると判断する場合 ●複数の不確実性を伴う極めてまれな状況において，たとえ個々の不確実性については十分かつ適切な監査証拠を入手したとしても，それらが財務諸表に及ぼす可能性のある累積的影響が複合的かつ多岐にわたるため，財務諸表に対する意見を形成できないと判断する場合

財務諸表を作成する際に適用される財務報告の枠組みが適正表示の枠組みの場合，限定意見は報告基準のいう**限定付適正意見**，また，否定的意見は同じく**不適正意見**となる。

意見不表明が，除外事項付「意見」として明確に位置づけられている点には注意が必要である。意見不表明とは，監査人が監査手続を実施しても意見を表明するに足る十分かつ適切な監査証拠を得られなかったために，文字通り「意見」を表明しないということである。こうした監査人の対応が，意見として位置づけられているのはなぜだろうか？　その理由は，監査の基準における監査意見の類型化の視点にあるように思われる。

図表10-9は，除外事項付意見を表明する原因，すなわち除外事項の性質と，それが財務諸表に及ぼす影響の範囲又は及ぼす可能性のある影響の範囲が広範かどうかという監査人の判断が，監査人の表明する意見の類型に対してどのように影響するかを示している（監基報705：A１項）。

〔図表10-9〕除外事項付意見の類型と影響要因の関係

除外事項付意見を表明する原因の性質	除外事項付意見を表明する原因となる事項が財務諸表に及ぼす影響の範囲，または及ぼす可能性のある影響の範囲が広範なものかどうかという監査人の判断	
	重要だが広範でない	重要かつ広範である
財務諸表に重要な虚偽表示がある	限定意見 （限定付適正意見）	否定的意見 （不適正意見）
十分かつ適切な監査証拠が入手できず，重要な虚偽表示の可能性がある	限定意見 （限定付適正意見）	意見不表明

＊（　）内は適正表示の枠組みの場合の意見の類型を示している。

この表が示すように，除外事項の重要性と広範性の判断に基づいて意見を類型化することによって，意見不表明がこの枠内に位置づけられているのである。意見不表明は，除外事項という視点から見れば，監査範囲の制約に係る除外事項による限定意見の延長線上に位置づけることが可能である。

現行の監査の基準では，監査手続の制約は監査人の判断への影響ではなく，財務諸表における重要な虚偽表示（またはその可能性）と関連づけられている。監査人が重要な虚偽表示の有無について結論を得られなかったということではなく，財務諸表に重要な虚偽表示があるかどうかが明らかでないことが財務諸表にどれほどの範囲にわたって影響を及ぼすかが考慮されなければならない。財務諸表の適正表示（ないし枠組みへの準拠性）への影響という視点から，その範囲に応じて監査人が表明すべき意見の類型が決定される。そして，影響の範囲が広範であれば，監査人は，「意見を表明しない」という「監査意見」を監査報告書に記載することを求められているのである。

〔図表10-10〕除外事項と監査意見・監査報告書の関係

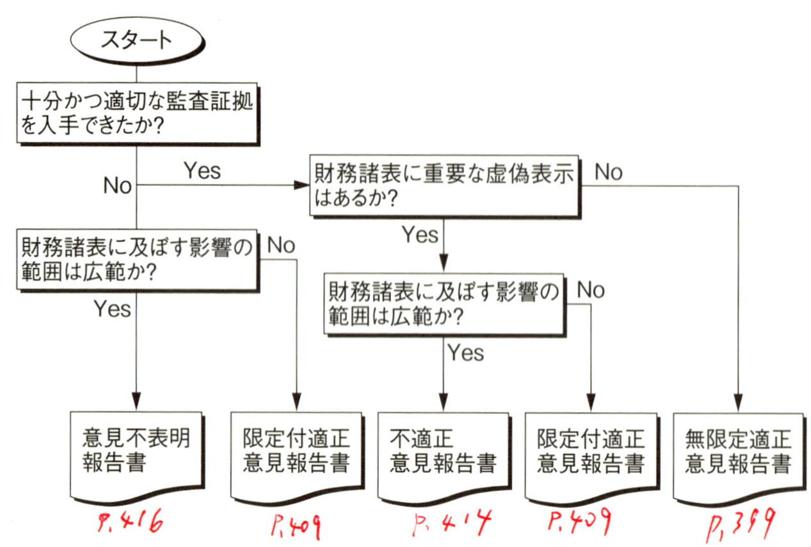

除外事項と各種の監査意見および監査報告書との関係をフローチャートで示せば，図表10-10のようになる。

3　除外事項付意見の表明

前掲の報告基準の四および五で規定されているように，監査人は，除外事項付意見を表明する場合には，監査報告書に別に区分を設けて当該意見を表明する原因となった事項について記載しなければならない。その際には，影響金額を算定することが困難でない限り，当該事項による影響金額とそれに関する説明を記載することが要求されている（監基報705：第16項）。この区分には，「限定意見の根拠」「否定的意見の根拠」など，財務諸表の作成の枠組みに応じて適当な見出しが付されなければならない（同：第15項）。

また，監査人は，除外事項付意見を表明する場合には，監査報告書の意見区分に，「限定意見」「否定的意見」など，当該意見の類型に対応した見出しを付けなければならない（同：第21項）。

以下では，除外事項付意見の類型ごとに，それぞれの根拠区分ならびに意見区分の記載内容について説明する（前掲，図表10-9を参照のこと）。

(1)　限定意見（限定付適正意見）

限定意見は，適正表示の枠組みの場合には限定付適正意見となる。この意見は，前掲の通り，①財務諸表に重要な虚偽表示があるがその影響範囲が広範ではないと判断された場合（意見に関する除外事項付限定意見），または，②十分かつ適切な監査証拠が入手できず，重要な虚偽表示の可能性があるがその影響範囲が広範ではないと判断された場合（監査の制約に係る除外事項付限定意見）に表明される。

①　意見に関する除外事項付限定意見

a）　根拠区分

財務諸表の重要な虚偽表示は，経営者が選択した会計方針の適切性およびその適用，財務諸表の開示の適切性又は十分性に関連して生ずる（監基報705：A3項）。具体的には，次のような原因が考えられる（同：A4～7項）。

- 選択した会計方針が適用される財務報告の枠組みに準拠していない
- 関連する注記を含む財務諸表が基礎となる取引や会計事象を表しておらず適正に表示していない
- 重要な会計方針の変更における会計処理と開示に関する要求事項に準拠していない
- 選択した会計方針が適用される財務報告の枠組みに準拠して一貫して適用されていない
- 選択した会計方針が誤って適用されている
- 適用される財務報告の枠組みが求める開示の全部又は一部が財務諸表に含まれていない
- 財務諸表の開示事項が適用される財務報告の枠組みに準拠して表示されていない
- 財務諸表において適正表示のための必要な開示が行われていない

監査人がこれらの事項を識別し，それが重要ではあるがその影響が広範ではないと判断した場合には，監査報告書の意見区分の直前に「限定意見の根拠」区分を設けて，当該事項を記載しなければならない。

なお，財務諸表が適正表示の枠組みによって作成されている場合の限定意見は「限定付適正意見」と呼ばれ，当該意見を表明する原因となった事項を記載する区分には「限定付適正意見の根拠」という見出しが付されることになる。

b） 意見区分

監査人は，財務諸表に重要な虚偽表示があることを原因として限定意見（適正表示の枠組みでは限定付適正意見）を表明する場合には，意見区分に「限定付意見」（「限定付適正意見」）という見出しを付けた上で，次の事項を記載しなければならない（同：第22項）。

適正表示の枠組み	財務諸表が，限定付適正意見の根拠区分に記載した事項の及ぼす影響を除き，適用される財務報告の枠組みに準拠して，すべての重要な点において適正に表示している旨
準拠性の枠組み	財務諸表が，限定付意見の根拠区分に記載した事項の及ぼす影響を除き，すべての重要な点において，適用される財務報告の枠組みに準拠して作成されている旨

なお，財務諸表の作成に際して適用される財務報告の枠組みの違いによって，意見区分に記載される文言が異なるのは，無限定意見（無限定適正意見）の場合と同じである。

c） 根拠区分と意見区分の文例

次に，適正表示の枠組みに基づく限定付適正意見報告書のうち，根拠区分と意見区分の記載例（**図表10-11**）を示す。監査人は，財務諸表にとって重要な棚卸資産における虚偽表示を識別しているが，その影響は財務諸表全体として虚偽表示に当たるとするほど広範ではないと判断している，という状況下での文例である（同：付録・文例１）。

〔図表10-11〕限定付適正意見報告書の文例（根拠区分と意見区分）

限定付適正意見の根拠

会社は，貸借対照表上，棚卸資産をXXXで計上している。会社は，棚卸資産を取得原価と正味売却価額のうちいずれか低い方の価額ではなく，取得原価で計上している。これは，我が国において一般に公正妥当と認められる企業会計の基準に準拠していない。財務諸表に計上されている棚卸資産を取得原価と正味売却価額のうちいずれか低い方の価額で評価していたならば，棚卸資産を正味売却価額までXXX切り下げることが必要であった。この結果，営業利益，経常利益及び税引前当期純利益はそれぞれXXX過大に，当期純利益及び純資産はXXX過大に表示されている。

限定付適正意見

当監査法人は，上記の財務諸表が，「限定付適正意見の根拠」に記載した事項の財務諸表に及ぼす影響を除き，我が国において一般に公正妥当と認められる企業会計の基準に準拠して，○○株式会社の平成×年×月×日現在の財政状態並びに同日をもって終了する事業年度の経営成績及びキャッシュ・フローの状況を，すべての重要な点において適正に表示しているものと認める。

②　監査の制約に係る除外事項付限定意見

a）　根拠区分

監査人は，企業の管理の及ばない状況，監査人の作業の種類又は実施時期に関する状況，経営者による監査範囲の制約によって，十分かつ適切な監査証拠を入手できない場合がある（同：A 8項）。具体的には，次のような原因が考えられる（同：A10-12項）。

- 企業の会計記録が滅失している
- 重要な構成単位の会計記録が行政当局により長期にわたり差し押さえられている
- 持分法の適用が要求される関連会社の財務情報に関して，持分法が適切に適用されているかどうかを評価するための十分かつ適切な監査証拠を入手できない
- 監査人の選任の時期により棚卸資産の実地棚卸に立会うことができない
- 監査人は実証手続の実施のみでは十分かつ適切な監査証拠を入手できないと判

断しているが，これに関連する企業の内部統制が有効でない
- 監査人による実地棚卸の立会を経営者が拒否している
- 特定の勘定残高に関する外部確認について監査人の要求を経営者が拒否している

監査人がこのような状況下に置かれたことにより無限定意見の表明の基礎となる十分かつ適切な監査証拠を入手できず，その影響は重要だが財務諸表全体について意見を表明できないほど広範ではないと判断して除外事項付意見を表明する場合には，監査報告書の意見区分の直前に「限定付意見の根拠」区分を設けて，十分かつ適切な監査証拠を入手できない理由を記載しなければならない（同：第19項)。適正表示の枠組みに基づく財務諸表に対する意見表明の場合には，この区分には「限定付適正意見の根拠」という見出しが付されることになる。

b） 意見区分

監査人は，監査の制約に係る除外事項付限定意見（限定付適正意見）を表明する際には，意見区分に「限定付意見」（適正表示の枠組みの場合は「限定付適正意見」）という見出しを付ける。そしてその上で，根拠区分に記載した事項の財務諸表に及ぼす可能性のある影響を除き，財務諸表が適用された財務報告の枠組みに準拠して作成されている（適正表示の枠組みの場合は，適正に表示している）旨の意見を表明することになる。

意見に関する除外事項の場合には，重要な虚偽表示の影響が実際に生じており，金額的にも明らかになっている。このため，根拠区分に記載された事項の影響を除きという文言が記載され，その影響を考慮して限定意見が表明される。

これに対して，監査の制約に係る除外事項の場合には，重要な虚偽表示があるかどうかが明らかではなく，また，それが財務諸表に及ぼす影響を評価するために必要な監査証拠が得られていない。実際に影響が出ているかどうかも明らかではない。このため，監査人としては，財務諸表が無限定で財務報告の枠組みに準拠して作成されていると結論づけることはできない。しかし，仮に当該重要な虚偽表示の影響を適切に評価できなくても，その影響の範囲が財務諸表全体について意見が表明できないほどではないと判断したとき，当該制約の

影響の可能性を除外した上で意見を表明することになるのである。

c）　根拠区分と意見区分の文例

次に，適正表示の枠組みに基づく限定付適正意見報告書のうち，根拠区分と意見区分の記載例（**図表10-12**）を示す。監査人は，在外関連会社に対する投資に関して十分かつ適切な監査証拠を入手することができなかったが，そのことが財務諸表に及ぼす可能性のある影響は重要であるが広範ではないと認められるという状況である（同：付録・文例３）。

〔図表10-12〕限定付適正意見報告書の文例（根拠区分と意見区分）

限定付適正意見の根拠

○○株式会社は，当連結会計年度中にXYZ社の株式を取得し，在外関連会社として当該会社の投資に対し持分法を適用している。XYZ社に対する投資は，平成X1年12月31日現在の連結貸借対照表上XXXで計上され，XYZ社の当期純利益のうち○○株式会社の持分相当額であるXXXが，同日に終了した連結会計年度の○○株式会社の当期純利益に含まれている。

当監査法人は，XYZ社の財務情報を入手することができず，また，XYZ社の経営者及び監査人とのコミュニケーションが認められなかったため，XYZ社に対する平成X1年12月31日現在の○○株式会社の持分法による投資簿価及び同日に終了した連結会計年度の当期純利益のうち関連する持分法投資利益について，十分かつ適切な監査証拠を入手することができなかった。

したがって，当監査法人は，これらの金額に修正が必要となるかどうかについて判断することができなかった。

限定付適正意見

当監査法人は，上記の連結財務諸表が，「限定付適正意見の根拠」に記載した事項の連結財務諸表に及ぼす可能性のある影響を除き，我が国において一般に公正妥当と認められる企業会計の基準に準拠して，○○株式会社及び連結子会社の平成×年×月×日現在の財政状態並びに同日をもって終了する連結会計年度の経営成績及びキャッシュ・フローの状況を，すべての重要な点において適正に表示しているものと認める。

(2) 否定的意見(不適正意見)

否定的意見は，適正表示の枠組みでは不適正意見となる。この意見が表明されるのは，監査人が財務諸表に重要な虚偽表示があると判断し，かつ，その影響の範囲が広範であり，財務諸表が全体として虚偽表示に当たると結論づけた場合である。

重要な虚偽表示の原因となる事項は限定意見の場合と同じだが，当該事項によって財務諸表にもたらされる影響の範囲が広範である場合に否定的意見が表明されなければならない。したがって，監査人が否定的意見を表明する場合には，監査報告書の意見区分の直前に「否定的意見の根拠」(適正表示の枠組みの場合は「不適正意見の根拠」)という見出しを付した区分を設けて，重要な虚偽表示の原因となった事項を記載しなければならない。

意見区分には「否定的意見」(「不適正意見」)という見出しが付けられ，財務諸表の作成に際して適用される財務報告の枠組みに応じて，次のように記載されなければならない(同：第23項)。

適正表示の枠組み	不適正意見の根拠区分に記載した事項の及ぼす影響の重要性に鑑み，財務諸表が，適用される財務報告の枠組みに準拠して適正に表示していない旨
準拠性の枠組み	否定的意見の根拠区分に記載した事項の及ぼす影響に鑑み，財務諸表が，すべての重要な点において適用される財務報告の枠組みに準拠して作成されていない旨

次に，適正表示の枠組みにしたがって作成された連結財務諸表に対して不適正意見を表明する監査報告書の文例(根拠区分及び意見区分)を掲げておこう(**図表10-13**)。監査人は，会社には連結の範囲に含めていない子会社があるため，連結財務諸表に重要な虚偽表示があると認識し，その影響が広範であると判断している。また，監査人がこの虚偽表示の財務諸表に及ぼす影響を確定することができなかったという状況である(同：付録・文例2)。

〔図表10-13〕不適正意見報告書の文例（根拠区分と意見区分）

不適正意見の根拠

注記Xに記載されているとおり，会社は，平成X1年度に××株式会社の支配を獲得したが，支配獲得日において××株式会社が保有する重要な資産及び負債の一部の時価を確定することができないことを理由に，子会社××株式会社を連結の範囲に含めていない。

そのため，当該投資は連結貸借対照表上，取得原価により計上されているが，我が国において一般に公正妥当と認められる企業会計の基準に従えば，××株式会社は会社により支配されているため，連結の範囲に含めなければならない。

××株式会社を連結に含めた場合，連結財務諸表上，多岐にわたり重要な影響を及ぼすため，××株式会社を連結の範囲に含めなかったことによる影響金額を算定できなかった。

不適正意見

当監査法人は，上記の連結財務諸表が，「不適正意見の根拠」に記載した事項の連結財務諸表に及ぼす影響の重要性に鑑み，我が国において一般に公正妥当と認められる企業会計の基準に準拠して，○○株式会社及び連結子会社の平成×年×月×日現在の財政状態並びに同日をもって終了する連結会計年度の経営成績及びキャッシュ・フローの状況を適正に表示していないものと認める。

なお，監査報告書の監査人の責任区分の最後に記載される，意見を表明するための基礎となる十分かつ適切な監査証拠を入手したと判断している旨は，表明される意見を明示する形で記載される。すなわち，限定付適正意見を表明する場合には「限定付適正意見表明の基礎となる十分かつ適切な監査証拠を入手したと判断している」と記載され，不適正意見ならば「不適正意見表明の基礎となる十分かつ適切な監査証拠を入手したと判断している」といった記載がなされるのである。

(3) 意見不表明

監査人は，監査範囲の制約があるため十分かつ適切な監査証拠を入手することができず，重要な虚偽表示の可能性がある場合にその影響が重要かつ広範であると判断したときには，財務諸表に対する意見を表明してはならない。この場合でも，監査人は監査報告書を作成し，財務諸表について監査を行った旨を記載した上で，意見を表明しない旨及びその理由を記載しなければならない。

マメ知識10-2

意見表明の基礎

平成22年に『監査基準』が改訂される以前の監査報告書では，「実施された監査の概要」を記載する区分（範囲区分）の最後に，「監査の結果として意見表明のための合理的な基礎を得たと判断している」と記載されていた。合理的な基礎は，監査人が入手した十分かつ適切な監査証拠を総合的に評価することによって得られるものとされていた。

現行の監査の基準の下では，「合理的な」という修飾語がなくなり，監査人が，意見表明の基礎となる十分かつ適切な監査証拠を入手したと判断している旨が記載される形になった。

記載される文言は異なるが，監査意見が，監査人が自ら入手した監査証拠に基づいて判断した結果であることに違いはない。

意見不表明の場合の監査報告書では，監査人の責任区分の記載内容が，意見が表明される監査報告書とは異なるという点には注意が必要である。

無限定意見であるか除外事項付意見であるかにかかわらず，監査人が意見を表明する際には，まず監査人の責任が意見を表明することである旨が記載される。その上で，監査の基準にしたがって監査証拠を入手するための監査手続が実施され，その結果として意見表明の基礎となる十分かつ適切な監査証拠を入手したと判断していることが明らかにされる。

これに対して，意見不表明の監査報告書においては，財務諸表に意見を表明することが監査人の責任である旨の記述は同じだが，具体的な監査の手続については何も記載されない。代わりに，意見表明の基礎となる十分かつ適切な監査証拠を入手することができなかった旨が記載される。そして，この直後（意見区分の直前）に「意見不表明の根拠」区分が設けられ，十分かつ適切な監査証拠を入手できなかった理由が記載されることになるのである（**図表10-14**）。

〔図表10-14〕意見不表明監査報告書における監査人の責任区分の記載事項

> 当監査法人の責任は，当監査法人が，我が国において一般に公正妥当と認められる監査の基準に準拠して実施した監査に基づいて，独立の立場から財務諸表に対する意見を表明することにある。
>
> しかしながら，「意見不表明の根拠」に記載した事項により，当監査法人は，意見表明の基礎となる十分かつ適切な監査証拠を入手することができなかった。

監査人が十分かつ適切な監査証拠を入手できない原因は，監査の制約に係る除外事項付限定意見のところで示した通りである。いずれも，監査人自身ではコントロールできない要因によるものであるという点には注意が必要である。

監査人が財務諸表に意見を表明しないことは，自らの責任を完遂できなかったことを意味する。しかし，その原因が監査手続の瑕疵にあるのでなければ，監査人による監査契約の不履行には当たらない。監査人は，職業的専門家としての正当な注意を払って監査を実施しようとしたが，監査範囲に重大な制約があったために，財務諸表の適正表示ないし準拠性に関する結論を得るに至らなかったことを正式に認めて伝達するのである。

意見不表明監査報告書の意見区分には，「意見不表明」という見出しの下に次の事項が記載されなければならない（同：第24項）。

- 意見不表明の根拠区分に記載した事項の及ぼす可能性のある影響の重要性に鑑み，意見表明の基礎を得るための十分かつ適切な監査証拠を入手することができなかった旨
- 財務諸表に対して意見を表明しない旨

マメ知識10-3

「意見不表明」は監査意見か？

監査人の意見が十分かつ適切な監査証拠に基づいて表明されるものであるとすれば，意見不表明を意見の一類型とすることは合理的だろうか？

監査範囲に制約がある場合，その影響は，監査人が十分かつ適切な監査証拠を入手できないという形で現れる。つまりそれは，財務諸表そのものに対してではなく，監査人の財務諸表に対する判断に及ぶものなのである。財務諸表に重要な虚偽表示があるかどうか，あるいは財務諸表が全体として虚偽

表示に当たるかどうかは，監査人が十分かつ適切な監査証拠を入手できたかどうかとは独立の事象である。
　監査証拠の不足は，監査人が財務諸表の状態について的確に判断することを妨げる重要な要因である。それ故に監査人は，不十分な証拠に基づいて敢えて意見を表明することを禁じられるのである。
　このように考えると，意見不表明を監査意見の一つとして位置づけることには，理論的にやや問題があるように思われる。

　次に，適正表示の枠組みによる連結財務諸表に対する意見不表明監査報告書の文例を示す（**図表10-15**）（監査人の責任区分，根拠区分及び意見区分）。監査人は，会社の純資産の90％超に相当する共同支配企業に対する投資に関して，当該共同支配企業の財務情報について十分かつ適切な監査証拠を入手することができず，未発見の虚偽表示がもしあるとすれば，それが財務諸表に及ぼす可能性のある影響が重要かつ広範であると判断しているという状況である（監基報705：付録・文例４）。

〔図表10-15〕意見不表明監査報告書の文例（監査人の責任区分，根拠区分，意見区分）

監査人の責任

　当監査法人の責任は，当監査法人が，我が国において一般に公正妥当と認められる監査の基準に準拠して実施した監査に基づいて，独立の立場から連結財務諸表に対する意見を表明することにある。
　しかしながら，「意見不表明の根拠」に記載した事項により，当監査法人は，意見表明の基礎となる十分かつ適切な監査証拠を入手することができなかった。

意見不表明の根拠

　会社の共同支配企業XYZ社（X国）に対する投資は，会社の連結貸借対照表上XXXで計上されており，これは，平成×年12月31日現在の会社の純資産の90％超に相当する。
　当監査法人は，XYZ社の経営者及び監査人とのコミュニケーションが認められず，また，XYZ社の監査人の監査調書の閲覧も認められなかった。
　その結果，当監査法人は，共同支配企業であるXYZ社の資産，負債及び損益に係る持分相当額，並びに連結株主資本等計算書と連結キャッシュ・フロー計算書を構成する数値に修正が必要となるか否かについて判断することができなかった。

意見不表明

当監査法人は，「意見不表明の根拠」に記載した事項が連結財務諸表に及ぼす可能性のある影響の重要性に鑑み，監査意見の基礎を与える十分かつ適切な監査証拠を入手することができなかったため，上記の連結財務諸表に対して意見を表明しない。

なお，監査人は，除外事項付意見の表明が見込まれる場合には，その原因となる状況と除外事項付意見の文言の草案について監査役に報告しなければならない。これによって，監査人は，次のことが可能となる（同：A24項）。

① 監査役等に除外事項付意見の表明が見込まれること及び除外事項付意見の表明の理由又は状況を事前に知らせることができる

② 除外事項付意見を表明する原因となる事実に関する監査役等の見解を確認することができる

③ 見込まれる除外事項付意見の原因となる事項に関して，監査役から追加の情報や説明を受けることができる

マメ知識10-4

上場廃止と監査意見

上場会社が2年間続けて債務超過の状態にあったり，銀行取引の停止処分を受けることが確実になったりした場合には，当該会社は上場廃止になる。

監査論的には，上場会社が粉飾をしたり，監査人が不適正意見を表明するか意見を表明しなかったりした場合に，取引所がその影響が重大であると考えたときには，当該会社は上場廃止となる（東京証券取引所：上場関係規則集「株式上場廃止基準・取扱い⑽⑾」）。

V　準拠性に関する意見

『監査基準』は，「財務諸表が特別の利用目的に適合した会計の基準により作成される場合等には，当該財務諸表が会計の基準に準拠して作成されているかどうかについて，意見として表明することがある。」と規定している（監査の目的２）。この場合の「会計の基準に準拠」しているかどうかに関する意見は，**「準拠性に関する意見」**と呼ばれる。監査人がこの意見を表明する場合には，適正表示に関する意見の表明を前提とする報告の基準に準じて，作成された財務諸表が，すべての重要な点において，財務諸表の作成に当たって適用された会計の基準に準拠して作成されているかどうかについての意見を表明しなければならない（報告基準一１）。

監査人は，財務諸表に適用される財務報告の枠組みが「準拠性の枠組み」であることが適切に記述されているかどうかを評価しなければならない（監基報800：第11項）。また，監査人は，監査報告書に，①財務諸表の作成目的及び想定利用者又はこれらの情報について記載している特別目的の財務諸表の注記への参照，ならびに②財務諸表に対する経営者の責任の区分において，経営者が適用される財務報告の枠組みが受入可能なものであることを判断する責任を有する旨を記載しなければならない（同：第12項）。

なお，準拠性に関する意見の監査報告書における経営者の責任区分および意見区分の記載内容は，397頁に例示したようなものになる。

VI　個別の財務表または財務諸表項目等に対する監査報告

個別の財務表または財務諸表項目等（以下，「個別財務表等」という）に対する意見形成及び監査報告は，財務諸表に対する意見形成および監査報告に準じて行われなければならない（監基報805：第10項）。ただし，監査人が，企業の完全な一組の財務諸表（以下，「完全財務諸表」という）に対する監査に併せて個別財務表等に対する監査報告を行う場合には，それぞれ別の業務として意見を表明しなければならない（同：第11項）。

完全財務諸表に対する意見と個別財務表等に対する意見を一つの監査報告書において表明する場合には，それぞれの意見を別個に記載しなければならず，また，個別財務表等が完全財務諸表と区別されていることを確認するまでは，監査人は個別財務表等に対する監査報告書を発行してはならない（同：第12項）。

完全財務諸表に対する監査意見が除外事項付意見の場合，または監査報告書に強調事項区分やその他事項区分が含まれている場合には，監査人は，それらの個別財務表等の監査報告書に対する影響を判断しなければならない（同：第13項）。

監査人は，完全財務諸表全体に対して否定的意見を表明するか意見不表明とする必要があると判断する場合には，一つの監査報告書に当該完全財務諸表の一部を構成する個別財務表等に対する無限定意見を含めてはならない（同：第14項）。また，完全財務諸表全体に対して否定的意見を表明するか意見不表明とする場合には，監査報告書が別個に発行される場合であっても，当該完全財務諸表の一部を構成する個別の財務表に対して無限定意見を表明してはならない（同：第16項）。

なお，監査人は，完全財務諸表全体に対して否定的意見を表明するか意見不表明とする必要があると判断するときに，そこに含まれる財務諸表項目等に対しては無限定意見を表明することが適切であると考える場合でも，①法令で禁止されていないこと，②当該意見が表明される監査報告書が否定的意見または意見不表明が含まれる監査報告書とともに発行されないこと，ならびに③財務諸表項目等が企業の完全財務諸表の主要部分を構成しないことの３点がすべて満たされなければ，無限定意見を表明してはならない（同：第15項）。

VII　追記情報

1　追記情報

報告基準の七は，**追記情報**について次のように規定している。

> 監査人は，次に掲げる強調すること又はその他説明することが適当と判断した事項は，監査報告書にそれらを区分した上で，情報として追記するものとする。
> (1)　正当な理由による会計方針の変更
> (2)　重要な偶発事象
> (3)　重要な後発事象
> (4)　監査した財務諸表を含む開示書類における当該財務諸表の表示その他の記載内容との重要な相違

追記情報は，2002（平成14）年に実施された『監査基準』の改訂に際して設けられたものである。監査人の責任は，本来，意見の表明による保証の枠組みの中で果たされるべきものであり，その枠組みから外れる事項は意見とは明確に区別する必要がある。追記情報とは，こうした考え方を整理した上で，監査人が財務諸表の表示に関して適正であると判断し，なおもその判断に関して説明を付す必要がある事項や財務諸表の記載について強調する必要がある事項を，意見とは明確に区分して監査報告書に記載するものである。

しかし，財務諸表における記載を特に強調するために当該記載を前提に強調する**強調事項**と，監査人の判断において説明することが適当として記載される**説明事項**とが明確に区分されてこなかった。国際監査基準（ISA）では，強調事項とその他の事項を区分して記載することが求められている。これに基づいてわが国の報告基準でも，強調事項とその他の説明事項を区分して記載することが求められている。

(1)　強調事項区分

監査基準委員会報告書706によれば，強調事項区分とは，財務諸表に適切に表示又は開示されている事項について，利用者が財務諸表を理解する基礎として重要であると監査人が判断し，当該事項を強調するために設ける区分をいうとされている（同：第4項）。そして，監査人は，財務諸表に表示又は開示されている事項について，利用者が財務諸表を理解する基礎として重要であるため，当該事項を強調して利用者の注意を喚起する必要があると判断し，かつ当該事項について財務諸表に重要な虚偽表示がないという十分かつ適切な監査証拠を入手した場合，監査報告書に強調事項区分を設けなければならないと規定している（同：第5項）。

強調事項区分を設ける場合には，①当該区分は意見区分の次に設けられ，②「強調事項」または「会計方針の変更」や「重要な偶発事象」などの適切な見出しが付されなければならない。また，③強調事項は，財務諸表における記載箇所と関連づけて明瞭に記載されるとともに，④強調事項が監査人の意見に影響を及ぼすものではないことが記載されなければならない（同：第6項）。

特に④に関連して，強調事項を記載することは，①監査人が限定意見もしくは否定的意見を表明すること又は意見を表明しないこと，あるいは②適用される財務報告の枠組みにより経営者に要求される財務諸表上の開示に代替するものではないという点には注意が必要である（同：A3項）。

監査人が，強調事項区分が必要と判断する可能性がある場合の例としては，次のようなものがある（同：A1項）。

- 会計方針の変更
  財務諸表に広範な影響を及ぼす新しい会計基準の早期適用
- 重要な偶発事象又は後発事象
  重要な訴訟や規制上の措置の将来の結果に関する不確実性
  企業の財政状態に重大な影響を及ぼしたか，または今後も引続き及ぼす大きな災害

また，監査基準委員会報告書の規定により，特定の状況において強調事項区分を設けることを要求される場合がある。

- 財務報告の枠組みが受入可能ではないと監査人が判断したが，法令等により財

務報告の枠組みが規定されている場合で，監査契約締結の条件として経営者が合意した追加的な開示が行われた場合（監基報210：第15項）
- 事後判明事実に限定して監査手続を実施した場合（監基報560：第11項）
- 訂正後の財務諸表に対する監査報告書における財務諸表の訂正理由への参照と以前に発行した監査報告書についての記載（同：第15項）
- 継続企業の前提に関する重要な不確実性が認められる場合（監基報570：第18項）
- 財務諸表が特別目的の財務報告の枠組みに準拠して作成されていることの注意喚起（監基報800：第13項）

特別目的の財務諸表に対する監査報告書には，監査報告書の利用者の注意を喚起するために，強調事項区分を設けて，適切な見出しを付けて財務諸表が特別な目的の財務報告の枠組みに準拠して作成されており，他の目的には適合しないことがある旨を記載しなければならない（監基報800：第13項）。また，監査報告書が特定の利用者のみを想定しており，監査報告書に配布または利用の制限を付すことが適切であると判断する場合には，適切な見出しを付けてその旨を記載しなければならない（同：第14項）。

なお，かつて，追記情報は無限定意見が表明される場合に限って記載されるという解釈があった。しかし，現行の監査の基準の下では，監査人が必要と判断した強調事項は，表明する監査意見の類型のいかんにかかわらず記されることになる。

次に，監査報告書における強調事項区分の記載例を示そう。

まず，強調事項区分記載の前提として，重要な訴訟により他社に対する損害賠償支払の可能性が生じている状況で，連結財務諸表に次のような注記事項Xが開示されている場合の強調事項区分の記載例である（**図表10-16**）。

注記事項X（連結貸借対照表関係）

当社は米国内で販売した製品が特許権を侵害しているとして，A社より以下のように損害賠償請求訴訟を提起されておりますが，……であり，当該訴訟の最終的な結論は現在のところ得られていないため，その判決により生ずるかもしれない負担金額については，連結財務諸表に計上しておりません。

〔図表10-16〕強調事項区分の記載例（係争中の重要な訴訟）

強調事項

注記事項X（連結貸借対照表関係）に記載されているとおり，会社は特許権の侵害に関する損害賠償請求訴訟の被告となっている。当該訴訟の最終的な結論は現在のところ得られていないため，その判決により生ずるかもしれない負担金額については，連結財務諸表に計上されていない。

当該事項は，当監査法人の意見に影響を及ぼすものではない。

（出所）　日本公認会計士協会，監査・保証実務委員会実務指針第85号「監査報告書の文例」文例27

次に，継続企業の前提に重要な不確実性が存在する場合の強調事項区分の記載例を示す。会社には，継続企業の前提に重要な疑義を生じさせる状況が存在し，当該状況を解消または改善するための対応をとってもなお継続企業の前提に関する重要な不確実性が認められる。しかし，継続企業を前提として連結財務諸表を作成することは適切であり，かつ開示は適切であると判断できる状況である（**図表10-17**）。

〔図表10-17〕強調事項区分の記載例２（継続企業の前提に関する不確実性）

強調事項

継続企業の前提に関する注記に記載されているとおり，会社は……の状況にあり，継続企業の前提に重要な疑義を生じさせるような状況が存在している。当該状況を解消し，または改善するために……をしてもなお……のため，現時点では継続企業の前提に関する重要な不確実性が認められる。連結財務諸表は継続企業を前提として作成されており，このような重要な不確実性の影響は反映されていない。

当該事項は，当監査法人の意見に影響を及ぼすものではない。

（出所）　日本公認会計士協会，監査・保証実務委員会実務指針第85号「監査報告書の文例」文例30①

(2)　その他の事項区分

監査人は，財務諸表に表示または開示されていない事項について，監査，監査人の責任または監査報告書についての利用者の理解に関連するため監査報告書において説明する必要があると判断した場合，「その他の事項」または他の適切な見出しを付した区分を設けて，当該事項を記載しなければならない（監基報706：第７項）。

わが国の監査報告書では，公認会計士法の規定に基づいて，その最後に監査対象会社と監査人との利害関係に関する記述がなされなければならない（第25条第２項）。この記述は，これまでは追記情報として扱われていなかったが，現行の監査の基準の下では，その他の事項区分の１つとして記載されることになる。このため，記載に際しては，「利害関係」などの適切な見出しが付されなければならない。

このように，その他の事項区分には，法令または一般に認められる実務慣行によって，財務諸表監査における監査人の責任または監査報告書についての追加的な説明を記載することが要求されていたり，あるいは認められていたりする事項が記載される。

その他の事項区分は「二重責任の原則」の例外ではない。したがって，ここに記載される事項は，財務諸表に表示することが要求されていないものであることを明瞭に示す内容でなければならない。また，本来，財務諸表の作成責任を負う経営者が提供することを要求されている情報を記載してはならない（監基報：A９項）。その他の事項区分は監査意見区分の次に設けられるが，強調事項区分がある場合にはその次に置かれることになる（同：A10項）。

監査基準委員会報告書の規定により，特定の状況においてその他の事項区分を設けることを要求される場合がある。

- 事後判明事実に限定して監査手続を実施した場合（監基報560：第11項）
- 訂正後の財務諸表に対する監査報告書における財務諸表の訂正理由への参照と以前に発行した監査報告書についての記載（同：第15項）
- 対応数値方式において前年度の財務諸表が前任監査人により監査されており，前任監査人が対応数値を監査している旨及びその意見を監査報告書に記載することにした場合（監基報710：第12項）
- 対応数値方式において前年度の財務諸表が未監査の場合（同：第13項）
- 比較財務諸表方式において前年度の財務諸表に前年とは異なる意見を付す場合

（同：第15項）
- 比較財務諸表方式において前任監査人が前年度の財務諸表に係る監査報告書を再発行しない場合（同：第16項）
- 比較財務諸表方式において前年度の財務諸表が未監査の場合（同：第18項）
- 監査した財務諸表が含まれる開示書類におけるその他の記載内容に修正が必要であるが経営者が修正に同意しなかった場合（監基報720：第9項）

次に，その他の事項区分の文例を示しておこう（**図表10-18**）。過年度の比較情報を前任監査人が監査しており，無限定適正意見が表明されている。比較情報の修正を必要とする事項は検出されていないという状況である。

〔図表10-18〕その他の事項区分の文例（過年度情報に係る事項）

その他の事項

会社の平成×年×月×日をもって終了した前連結会計年度の連結財務諸表は，前任監査人によって監査されている。前任監査人は，当該連結財務諸表に対して平成×年×月×日付けで無限定適正意見を表明している。

Ⅷ　過年度比較情報の監査報告

1　過年度遡及修正

2011（平成23）年4月1日以降に始まる事業年度から，企業会計基準第24号「会計上の変更及び誤謬の訂正に関する会計基準」（以下「過年度遡及会計基準」という）が適用されている。これによって，企業は，会計方針や表示方法の変更や過去の誤謬の訂正を行った場合に，変更後の会計方針や表示方法を過去の財務諸表にも適用していたかのように，遡って会計処理や表示の変更を行うことが必要となった。

有価証券報告書に記載される財務諸表においては，これまでも当年度と前年度の数値が併記されていた。しかし，前年度の数値は，原則として，前年度に提出された有価証券報告書に記載されていたものがそのまま写されているに過ぎず，会計方針の変更などがあっても数値に遡及的な変更が加えられることはなかった。ところが，国際的な会計基準のコンバージェンスの一環として，また，財務諸表の期間および企業間での比較可能性を向上させ，意思決定有用性を高めるために過年度遡及会計基準が適用されたことにより，前年度の財務諸表数値の遡及修正が必要となったのである。

2　比較情報に対する監査意見

有価証券報告書には，これまでも当年度と前年度の監査報告書が添付されていた。前年度の監査報告書は，前年度の有価証券報告書に添付されていたものがそのまま転載されているに過ぎない。しかし，過年度遡及会計基準が適用され，会計方針や開示方法の変更によって前年度の有価証券報告書に記載されていた財務諸表の数値が修正される可能性が生じたため，前年度の監査報告書の転載ができない場合がある。

適用される財務報告の枠組みに基づき財務諸表に含まれる過年度の金額及び開示は「**比較情報**」と呼ばれるが（監基報710：第5項），この比較情報に対する監査意見の表明方式には，**対応数値方式**と**比較財務諸表方式**の2つがある（**図表10-19**参照）。前者の場合には，財務諸表に対する監査意見は当年度のみを対象として表明され，後者では，監査意見は財務諸表に表示された各々の年度を対象として表明される（同：第3項）。

〔図表10-19〕対応数値と比較財務諸表の定義（同：第5項）

対応数値

比較情報が当年度の財務諸表に不可分の一部として含まれ，当年度に関する金額及びその他の開示と関連づけて読まれることのみを意図しており，対応する金額と開示をどの程度詳細にするかは，主に当年度の数値との関連性において決定されるものとして監査意見を表明する場合の当該比較情報

比較財務諸表

当年度の財務諸表との比較のために当年度の財務諸表と同程度の比較情報が含まれており，比較情報について監査が実施される場合に，比較情報に対する

監査意見が当年度の監査報告書に記載されるときの当該比較情報

(1)　対応数値方式

わが国では対応数値方式が採用されており，監査意見は対応数値を含む当年度の財務諸表全体に対して表明される。このため，監査人は，原則として対応数値自体に対しては意見を表明しないことになる。しかし，次のように，監査人が監査報告書において比較情報に言及しなければならないケースがいくつかある。

①　以前に発行した前年度の監査報告書において除外事項付意見が表明されており，かつ当該除外事項付意見の原因となった事項が未解消の場合
②　以前に無限定意見が表明されている前年度の財務諸表に重要な虚偽表示が存在するという監査証拠を入手したが，対応数値が適切に修正再表示されていないかまたは開示が妥当でない場合
③　前年度の財務諸表を前任監査人が監査している場合
④　前年度の財務諸表が監査されていない場合

①　前年度に除外事項付意見が表明され当該意見の原因が未解消の場合

この場合，結果的に財務諸表の比較可能性が確保されていないことになる。このため，監査人は，比較情報を含めた財務諸表全体として無限定意見を表明することができないと判断して，当年度の財務諸表に除外事項付意見を表明しなければならない。この時，監査人は，除外事項付意見の根拠区分に次のいずれかの記載をしなければならない（監基報710：第10項)。

ⅰ．当該事項が当年度の数値に及ぼす影響又は及ぼす可能性のある影響が重要である場合，除外事項付意見の原因となった事項の説明において，当該数値と対応数値の両方に及ぼす影響
ⅱ．ⅰ以外の場合には，当年度の数値と対応数値の比較可能性の観点から，未解消事項が及ぼす影響又は及ぼす可能性のある影響を勘案した結果，除外事項付意見が表明されている旨

② 対応数値が適切に修正再表示されていないか開示が妥当でない場合

この場合，当年度の財務諸表には無限定意見を表明できるとしても，比較情報に重要な虚偽表示が発見され，それが適切に修正表示されていないかまたは開示が妥当でなければ，結果的に財務諸表の比較可能性が確保されていないことになる。したがって，監査人は，財務諸表全体として無限定意見を表明することはできないと判断して，当該財務諸表に含まれる対応数値に関する除外事項付意見として，限定意見又は否定的意見を表明しなければならない（同：第11項）。

③ 前年度の財務諸表を前任監査人が監査している場合

この場合，監査報告書において前任監査人が対応数値を監査している旨およびその意見を記載することが法令等で禁止されておらず，かつ監査人がそれを記載することにした場合には，監査人は，自らの監査報告書のその他の事項区分に，次の事項を記載しなければならない（同：第12項）。

i．前年度の財務諸表が前任監査人によって監査された旨
ii．前任監査人が表明した監査意見の類型，除外事項付意見が表明されていた場合にはその理由
iii．前任監査人の監査報告書の日付

④ 前年度の財務諸表が監査されていない場合

この場合には，監査人は，監査報告書のその他の事項区分に対応数値が監査されていない旨を記載しなければならない。ただし，監査人は，これによって，期首残高に当年度の財務諸表に重要な影響を及ぼす虚偽表示が含まれていないことについて，十分かつ適切な監査証拠を入手する責任を免除されるわけではない（同：第13項）。

(2) 比較財務諸表方式

わが国の金融商品取引法に基づく財務諸表では，比較財務諸表方式は採用されていない。しかし，アメリカではこの方式が採用されているため，アメリカ

基準で財務諸表の監査を行う場合には比較財務諸表方式によることになる。また，任意監査でこの方式が採用されることも考えられる。

比較情報が比較財務諸表として表示される場合には，監査人は，表示期間に含まれるそれぞれの年度の財務諸表に対して監査意見を表明しなければならない（同：第14項）。その際，当年度の監査に関連して前年度の財務諸表に対して表明される監査意見が，以前に表明した監査意見と異なる場合には，監査報告書のその他の事項区分にその理由を記載しなければならない（同：第15項）。

前年度の財務諸表を前任監査人が監査している場合には，前年度の財務諸表に対する前任監査人の監査報告書が当年度の財務諸表とともに再発行される場合を除き，監査人は，自らの監査報告書において当年度の財務諸表に意見を表明するとともに，その他の事項区分に次の事項を記載しなければならない（同：第16項）。

i．前年度の財務諸表が前任監査人によって監査された旨
ii．前任監査人が表明した監査意見の類型，除外事項付意見が表明されていた場合にはその理由
iii．前任監査人の監査報告書の日付

また，前年度の財務諸表が監査されていない場合には，監査人は，監査報告書のその他の事項区分に，比較財務諸表が監査されていない旨を記載しなければならない（同：第18項）。

Ⅸ　監査した財務諸表が含まれる開示書類に対する監査人の責任

特別に要求される事項がない限り，監査した財務諸表が含まれる開示書類におけるその他の記載内容は監査意見の対象ではないため，監査人は，当該記載内容の適否について判断する責任を負ってはいない。しかし，監査した財務諸表とその他の記載内容との重要な違いが監査した財務諸表の信頼性を損なう可能性がある場合には，監査人はこれに適切に対処する必要がある。

監査人は，その他の記載内容を通読することを求められ，その際に監査した

財務諸表との重要な違いを発見した場合には，それらのいずれかを修正する必要があるかどうかを判断しなければならない（監基報720：第7項）。

(1) 監査報告書日の前に入手したその他記載内容における重要な相違

監査報告書日の前，すなわち監査人が財務諸表に対する意見表明の基礎となる十分かつ適切な監査証拠を入手した日以前にその他の記載内容に重要な相違を発見した場合には，監査した財務諸表に修正が必要となる。しかし，経営者が修正に同意しない場合には，監査人は，監査報告書において除外事項付意見を表明しなければならない（監基報720：第8項）。また，監査役等に当該事項を報告するとともに，次のいずれかの対応をしなければならない（同：第9項）。

- 監査報告書にその他の事項区分を設けて重要な相違について記載する
- 監査報告書を発行しない
- 可能な場合には監査契約を解除する

(2) 監査報告書日の後に入手したその他記載内容における重要な相違

監査報告書日の後，すなわち監査人が財務諸表に対する意見表明の基礎となる十分かつ適切な監査証拠を入手した日以後には，監査人は財務諸表に関していかなる監査手続を実施する義務も負わない。しかし，監査報告書日から財務諸表の公表日までの間にその他の記載内容に重要な相違を発見した場合には，監査人は次の手続を実施しなければならない（監基報560：第9項）。

- 経営者及び監査役等と当該重要な相違について協議する
- 財務諸表の修正又は財務諸表における開示が必要かどうか判断する
- 財務諸表の修正又は財務諸表における開示が必要な場合，当該重要な相違を財務諸表でどのように扱う予定であるか経営者に質問する

経営者が財務諸表を修正するか又は財務諸表における開示を行う場合には，監査人は，原則として，監査手続を当該修正又は開示にまで拡大して実施するとともに，監査報告書を当該修正又は開示が追加された財務諸表に対する監査

報告書に差し替えなければならない（同：第10項）。

経営者が財務諸表を修正又は開示を行わない場合で，監査報告書をまだ企業に提出していない場合には，当該事実が監査意見に及ぼす影響を考慮した上で監査報告書を提出しなければならない（同：第12項）。

（3）財務諸表が発行された後に監査人が知るところとなった事実

監査人は，財務諸表が発行された後には，当該財務諸表に対していかなる監査手続を実施する義務も負わない。しかし，財務諸表発行後に，監査報告書日時点で気づいていたら監査報告書を修正する原因となった可能性のある事実を知るところとなった場合には，監査人は次の手続を実施しなければならない。

- 経営者及び監査役等と当該事項について協議する
- 財務諸表の訂正が必要かどうか判断する
- 財務諸表の訂正が必要な場合，当該事項について財務諸表でどのように扱う予定であるか経営者に質問する

経営者が財務諸表を訂正する場合には，監査人は，原則として，監査手続を訂正後の財務諸表に対する監査報告書日までの期間に拡大して実施し，訂正後の財務諸表に対する監査報告書を提出しなければならない（同：第14項）。

また，訂正後の財務諸表に対する監査報告書に強調区分又はその他の事項区分を設け，以前に発行された財務諸表が訂正された理由ならびに監査人が以前に提出した監査報告書について記載しなければならない。

第11章 「不正・違法行為の監査」「継続企業の前提の監査」「内部統制の監査」

Summary

- 不正とは，不当または違法な利益を得るために他者を欺く行為を伴う，経営者，取締役等，監査役等，従業員または第三者による意図的な行為をいう。
- 不正の持つ特性から，不正による重要な虚偽表示リスクを検討する場合には，監査人の職業的懐疑心は特に重要である。
- 不正リスク対応基準は，すべての財務諸表監査において画一的に不正リスクに対応するための追加的な監査手続の実施を求めることを意図するものではない。
- 不正リスク対応基準は，監査基準および品質管理基準とともに「一般に公正妥当と認められる監査の基準」を構成し，監査基準および品質管理基準と一体となって適用される。
- 監査人は，企業および企業環境について理解する際に，当該企業およびそれが属する産業に対して適用される法令と，当該法令を企業がどのように遵守しているかについて全般的な理解を得なければならない。
- 継続企業の前提の監査における監査人の責任は，仮に継続企業の前提に重要な疑義が認められる場合でも，企業の存続を保証することにはなく，適切な開示が行われているかの判断，すなわち，会計処理や開示の適正性に関する意見表明の枠組みの中で対応することにある。
- 監査人は，経営者が継続企業を前提として財務諸表を作成することの適切性について十分かつ適切な監査証拠を入手し，継続企業の前提に関する重要な不確実性が認められるか否かを結論づける責任がある。
- 内部統制監査は，主題情報（内部統制報告書）を対象とする保証業務に分類される。すなわち，内部統制監査は，財務諸表監査と同様に，あくまでも情報監査の枠組みの中で実施される。

➢ 内部統制監査は，財務諸表監査と同一の監査人により，財務諸表監査と一体となって行われる。また，内部統制監査報告書は，原則として，財務諸表監査における監査報告書に併せて記載される。

（注） 監査の基本的な用語である「重要な虚偽表示」,「重要な虚偽表示リスク」について，監査基準・不正リスク対応基準では「重要な虚偽の表示」,「重要な虚偽表示のリスク」と表現されている。他方，監査基準委員会報告書では「重要な虚偽表示」,「重要な虚偽表示リスク」と表現されている。本章では監査基準・不正リスク対応基準について解説している箇所については,「重要な虚偽の表示」,「重要な虚偽表示のリスク」と表記し，監査基準委員会報告書について解説している箇所は「重要な虚偽表示」,「重要な虚偽表示リスク」と表記する。

I　不正・違法行為の監査

1　財務諸表監査における不正への対応

財務諸表の監査における不正に関する実務上の指針として，監査基準委員会報告書240「財務諸表監査における不正」が公表されている。

監基報240における監査人の目的は，①不正による重要な虚偽表示リスクを識別し評価すること，②評価された不正による重要な虚偽表示リスクについて，適切な対応を立案し実施することにより，十分かつ適切な監査証拠を入手すること，③監査中に識別された不正または不正の疑いに適切に対応することの3点である。

なお，第6章では監査基準における不正・違法行為について概説した。

(1)　不正の定義と分類（監基報240：第2～3項，第10項，A2項，A4～A5項）

財務諸表の虚偽表示は，不正または誤謬から生じる。不正と誤謬を区別する基準は，財務諸表の虚偽表示の原因となる行為が意図的であるか否かという点にある。当該行為が意図的である場合には不正，意図的でない場合には誤謬になる。

監基報240は，監査人が財務諸表監査において対象とする重要な虚偽表示の原因となる不正を対象とするものである。**不正**は，次のように定義される（監基報240：第10項)。

> 不正－不当または違法な利益を得るために他者を欺く行為を伴う，経営者，取締役等，監査役等，従業員または第三者による意図的な行為をいう。

不正には，**不正な財務報告**（いわゆる粉飾）と**資産の流用**がある。

このうち，不正な財務報告とは，財務諸表利用者を欺くために財務諸表に意図的な虚偽表示を行うことであり，計上すべき金額を計上しないことまたは必要な開示を行わないことを含んでいる。不正な財務報告は，企業の業績や収益力について財務諸表の利用者を欺くために，経営者が利益調整を図ることを目的として行われる可能性がある。また，不正な財務報告は，経営者による内部統制の無効化を伴うことが多い。

〔図表11-１〕経営者による内部統制の無効化を伴う不正な財務報告の例(同：Ａ４項)

- 経営成績の改ざん等の目的のために架空の仕訳入力（特に期末日直前）を行う。
- 会計上の見積りに使用される仮定や判断を不適切に変更する。
- 会計期間に発生した取引や会計事象を認識しないこと，または不適切に早めたり遅らせたりする。
- 財務諸表に記録される金額に影響を与える可能性のある事実を隠蔽する，または開示しない。
- 企業の財政状態または経営成績を偽るために仕組まれた複雑な取引を行うこと
- 重要かつ通例でない取引についての記録や契約条項を変造すること

〔図表11-２〕不正の分類

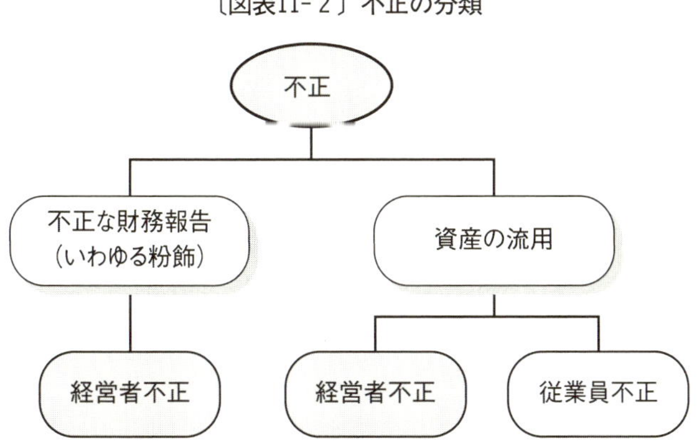

他方，資産の流用は，従業員により行われ，比較的少額であることが多い。しかし，資産の流用を偽装し隠蔽することを比較的容易に実施できる立場にある経営者が関与することもある。資産の流用においては，資産の紛失や正当な承認のない担保提供といった事実を隠蔽するために記録または証憑書類の偽造を伴うことが多い。

(2) 不正による重要な虚偽表示を発見する監査人の責任

（同：第5～8項）

監査には固有の限界が存在するため，一般に公正妥当と認められる監査の基準に準拠して適切に監査計画を策定し適切に監査を実施しても，重要な虚偽表示が発見されないという回避できないリスクがある。そこで，監査人には，全体としての財務諸表に重要な虚偽表示がないことについて合理的な保証を得る責任がある。監査人は，当該責任を，重要な虚偽表示の原因が不正であるか誤謬であるかを問わず負っている。もっとも，不正はそれを隠蔽するために巧妙かつ念入りに仕組まれたスキームを伴うことがあるため，監査人にとって不正による重要な虚偽表示を発見できないリスクは，誤謬による重要な虚偽表示を発見できないリスクよりも高くなる。

監査人は,不正による重要な虚偽表示が財務諸表にないことについて合理的な保証を得るために，監査の過程を通じて，職業的懐疑心を保持し，経営者が内部統制を無効化するリスクを考慮するとともに，誤謬を発見するために有効な監査手続が不正を発見するためには有効でない可能性があるということを認識する責任がある。

マメ知識11-1

不正問題への取組み

財務諸表監査で議論される不正問題は，監査環境の変化に対応して重要性が高まっている。アメリカでは監査基準書第16号（1977），53号（1988），82号（1997），99号（2002），わが国では監査基準委員会報告書10号（1997），35号，国際監査基準では240で説明されている。これらの報告書は徐々に長文化（例えば，35号は10号の3倍の分量がある）し，特に最近では職業的懐疑心やブレーンストーミングを強調している。

(3)　不正による重要な虚偽表示に対する職業的専門家としての懐疑心

（同：第11～13項，Ａ６～８項）

監査人は，経営者，取締役等および監査役等の信頼性および誠実性に関する監査人の過去の経験にかかわらず，不正による重要な虚偽表示が行われる可能性を認識し，監査の過程を通じて，職業的懐疑心を保持しなければならない。

職業的懐疑心は，入手した情報と監査証拠が，不正による重要な虚偽表示が行われる可能性を示唆していないかどうかについて継続的に疑問を持つことを必要としている。これには，監査証拠として利用する情報の信頼性の検討およびこれに関連する情報の作成と管理に関する内部統制の検討が含まれる。

監査人が過去の経験に基づいて，経営者，取締役等および監査役等は信頼が置けるまたは誠実であると認識していたとしても，状況が変化している可能性があることから，不正による重要な虚偽表示リスクを検討する場合には，職業的懐疑心を保持することが特に重要である。

〔図表11-３〕不正への監査人の対応の全体図

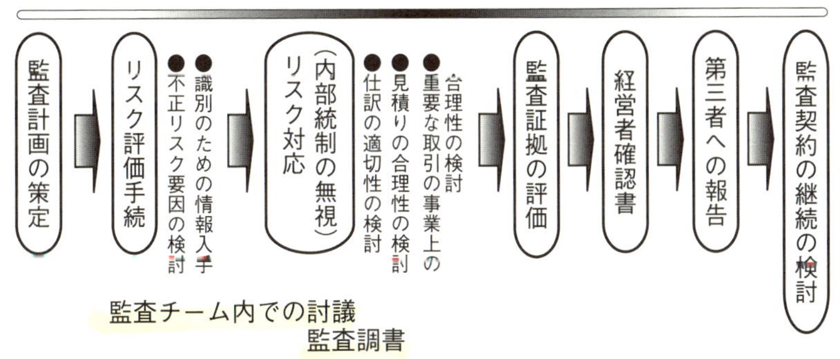

(4) 不正への対応に関する監査チーム内の討議（同：第14項，A 9～10項）

監査人は，財務諸表に不正による重要な虚偽表示が行われる可能性について，監査チーム内で討議しなければならない。当該討議によって，①監査チーム内で豊富な経験を有するメンバーが，不正による重要な虚偽表示が財務諸表のどこにどのように行われる可能性があるのかについて知識を共有すること，②監査人が，不正による重要な虚偽表示が財務諸表に行われる可能性への適切な対応を検討し，監査チームのどのメンバーがどの監査手続を実施するかについて決定すること，③監査人が，監査手続の実施結果をどのように監査チーム内で共有するか，および知り得た不正の申立てにどのように対処するかについて決定することが可能となる。

(5) 不正に対応した監査計画の策定と実施

① 不正による重要な虚偽表示リスクを識別するための情報の入手

（同：第15～23項，A11～25項）

監査人は，財務諸表監査において，企業および企業環境（内部統制を含む）を理解するために，**リスク評価手続**を実施する必要がある。監査人は，このリスク評価手続の一環として，以下のような手続を実施して，**不正による重要な虚偽表示リスク**の識別のための情報を入手する。

a） 経営者への質問

監査人は，以下の事項について経営者に質問しなければならない。

- 財務諸表に不正による重要な虚偽表示が行われるリスクに関する経営者の評価（評価の内容，範囲および頻度を含む）
- 経営者が不正リスクの識別と対応について構築した一連の管理プロセス（経営者が識別したか注意を払っている特定の不正リスク，または不正リスクが存在する可能性のある取引種類，勘定残高，開示等を含む）
- 上記の管理プロセスに関して経営者と監査役等の協議が行われている場合にはその内容
- 経営者の企業経営に対する考え方や倫理的な行動についての見解を従業員に伝達している場合にはその内容

b）　取締役会および監査役等による監視についての理解

監査人は，不正リスクの識別と対応について経営者が構築した一連の管理プロセスに対する監視，および不正リスクを低減するために経営者が構築した内部統制に対する監視を，取締役会および監査役等がどのように実施しているかを理解しなければならない。監査人は，これらを理解することにより，経営者による不正が行われる可能性，不正リスクに係る内部統制の妥当性および経営者の能力と誠実性に関して見識を得ることがある。

c）　不正リスク要因の評価

監査人は，企業および企業環境（内部統制を含む）を理解する際に，入手した情報が**不正リスク要因**の存在を示しているかどうかを評価しなければならない。

ここにおける不正リスク要因とは，不正を実行する動機やプレッシャーの存在を示したり，または不正を実行する機会を与えたりする事象や状況をいう。この不正リスク要因は，**図表11-4**に示すように不正による重要な虚偽表示が行われる場合に通常みられる3つの状況，すなわち，①不正を実行する「**動機・プレッシャー**」，②不正を実行する「**機会**」，③不正行為に対する「**姿勢・正当化**」に分類される。これらはクレッシーの「不正のトライアングル」とも呼ばれている（**図表11-4**）。

〔図表11-4〕不正リスク要因のトライアングル

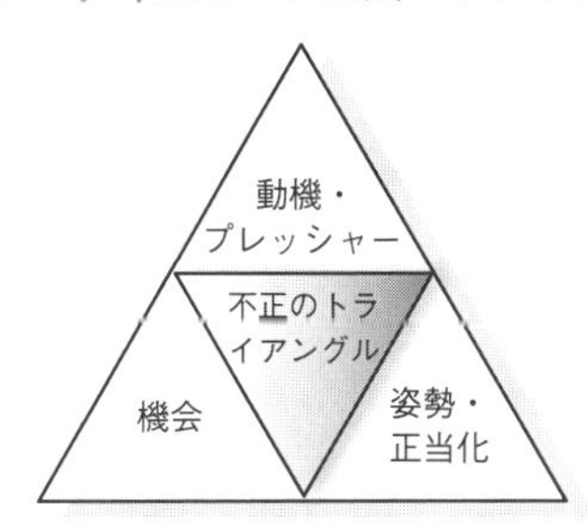

個人または組織の中にこれら3つの要因が同時に存在するときに，不正が引き起こされるリスクが高まると考えられている。不正リスク要因の事例は**図表11-5**のとおりである。

〔図表11-5〕不正な財務報告による虚偽表示に関する不正リスク要因の例

〈動機・プレッシャー〉

（一般的経済状況や企業の属する産業又は企業の事業環境に由来する要因の例）

・利益の減少を招くような過度の競争がある，又は市場が飽和状態にある。
・技術革新，製品陳腐化，利子率等の急激な変化・変動に十分に対応できない。
・顧客の需要が著しく減少していたり，企業の属する産業又は経済全体における経営破綻が増加している。

〈機 会〉

（企業が属する産業や企業の事業特性に由来する要因の例）

・通常の取引過程からはずれた重要な関連当事者との取引，又は監査を受けていない若しくは他の監査人が監査する重要な関連当事者との取引が存在する。
・仕入先や得意先等に不適切な条件を強制できるような財務上の強大な影響力を有している。
・主観的な判断や立証が困難な不確実性を伴う重要な会計上の見積りがある。

〈姿勢・正当化〉

・経営者が，経営理念や企業倫理の伝達・実践を効果的に行っていない，又は不適切な経営理念や企業理念が伝達されている。
・経営者が株価や利益傾向を維持すること，又は増大させることに過剰な関心を示している。
・経営者が内部統制における重要な不備を発見しても適時に是正しない。

（付録１・１）

d） 通例でないまたは予期せぬ関係の検討

監査人は，収益勘定を対象としたものを含めて，分析的手続の実施により識別した通例でないまたは予期せぬ関係が，不正による重要な虚偽表示リスクを示す可能性があるかどうかを判断しなければならない。

② 不正による重要な虚偽表示リスクの識別と評価

（同：第24～26項，A26～30項）

監査人は，財務諸表全体レベルおよびアサーション・レベルでの重要な虚偽表示リスクを識別し評価する際に，不正による重要な虚偽表示リスクを識別し評価しなければならない。監査人は，不正による重要な虚偽表示リスクであると評価したリスクを，特別な検討を要するリスクとして取り扱わなければならない。そのため，監査人は，当該リスクに関連する統制活動を含む内部統制を理解しなければならない。

監査人は，不正による重要な虚偽表示リスクを識別し評価する際，収益認識には不正リスクがあるという推定に基づき，どのような種類の収益，取引形態またはアサーションに関連して不正リスクが発生するかを判断しなければならない。収益認識に関する推定を適用する状況にはないと結論づけ，そのため収益認識を不正による重要な虚偽表示リスクとして識別しない場合，監査人はその判断根拠を監査調書に記録しなければならない。

③　評価した不正による重要な虚偽表示リスクへの対応

（同：第27～32項，A31～45項）

監査人は，評価した**財務諸表全体レベルの不正**による重要な虚偽表示リスクに対しては，**全般的な対応**を決定し，評価した**アサーション・レベルの不正**による重要な虚偽表示リスクに対しては，**リスク対応手続**を立案し実施しなければならない。

また，経営者による内部統制の無効化は予期せぬ手段により行われる可能性があるため，監査人には，経営者による内部統制の無効化に絡んだ不正による重要な虚偽表示リスクへの対応が求められる。以下，それぞれについて説明する。

a）　全般的な対応

評価した不正による重要な虚偽表示リスクに応じた全般的な対応の決定には，通常，以下のように高められた職業的懐疑心を監査全般にどのように反映することができるかを考慮することが含まれる。

- 重要な取引の裏づけとなる証憑書類の種類およびその範囲をより注意深く選択すること
- 重要な事項に関する経営者の説明や陳述を裏づける必要性の認識を高めること

全般的な対応は，特定の手続の計画とは別の，以下のような概括的な検討が含まれる。

- 重要な役割を与えられる監査チームメンバーの知識，技能および能力，ならびに評価した財務諸表全体レベルの不正による重要な虚偽表示リスクを考慮した上での監査チームメンバーの配置と指導監督
- 企業が採用している会計方針の選択と適用，特に主観的な測定と複雑な取引に関係する会計方針について，経営者による利益調整に起因する不正な財務報告の可能性を示唆しているかどうかの評価
- 実施する監査手続の種類，時期および範囲の選択に当たって，企業が想定しない要素の組込み

b） **リスク対応手続**

監査人は，評価したアサーション・レベルの不正による重要な虚偽表示リスクへの対応として，次のように，実施するリスク対応手続，その実施の時期および範囲を変更することがある。

（i） より証明力が強く適合性の高い監査証拠の入手

例えば，売上債権残高だけでなく，日付，返品条件および引渡条件を含めた販売契約の詳細の確認を実施し，さらに，販売契約および出荷条件の変更について，経理以外の部門に質問し，確認を補完する手続を実施する。経営者に利益目標の達成のプレッシャーがかかっていると監査人が識別した場合には，経営者が収益を認識できないような条件を付された販売契約を締結することによって，または出荷前に請求書を発行することによって，売上を過大計上するリスクが存在していることがあるため，これらの手続が有効となる場合がある。

また，特定の資産の実地棚卸の立会や実査を実施することがより重要になる場合，または重要な勘定や電子的な取引ファイルに含まれるデータについてより多くの証拠を集めるために**コンピュータ利用監査技法**（CAAT）を利用することがある。

（ii） 監査手続の実施時期の変更

次のような場合，実証手続の実施の時期の変更が必要となることがある。例えば，意図的な虚偽表示または利益操作が行われるリスクがある場合，監査人

は，期中の監査上の結論を期末日まで更新して利用するために実施する監査手続は有効でないと結論づけることがある。この場合，期末日または期末日近くで実証手続を実施することが，評価した不正による重要な虚偽表示リスクへの適切な対応となる。

また，対照的に，例えば不適切な収益認識が関係する虚偽表示のように，意図的な虚偽表示が期中から始められる場合には，取引の発生に近い時期または監査対象期間を通じて，実証手続を適用することがある。

(iii) 監査手続の実施範囲の変更

評価したアサーション・レベルの不正による重要な虚偽表示リスクに応じて，サンプル数の増加，より詳細なレベルでの分析的実証手続の実施，コンピュータ利用監査技法（CAAT）の使用による電子的な取引ファイルと勘定ファイルに対する広範囲な手続の実施等を検討する。

④　経営者による内部統制の無効化に関係したリスク対応手続

（同：第30項，Ａ４項）

経営者は，有効に運用されている内部統制を無効化することによって会計記録を改ざんし，不正な財務諸表を作成することができる特別な立場にある。経営者による内部統制を無効化するリスクの程度は企業によって異なり，すべての企業に存在する。内部統制の無効化は予期せぬ手段によって行われるため，不正による重要な虚偽表示リスクであり，それゆえ，特別な検討を必要とするリスクである。

ただし，監査人は，経営者による内部統制を無効化するリスクの評価にかかわらず，以下の事項を検証あるいは評価しなければならない（同第31項）。

- 総勘定元帳に記録された仕訳入力や総勘定元帳から財務諸表を作成する過程における修正の適切性
- 経営者の偏向が会計上の見積りに存在するかどうか
- 企業の通常の取引過程から外れた重要な取引，または企業および企業環境に関する監査人の理解や，その他監査中に入手した情報を考慮すれば，通例でないと判断される重要な取引について，取引の事業上の合理性（またはその欠如）が，不正な財務報告を行うためまたは資産の流用を隠蔽する

ために行われた可能性を示唆するものであるかどうか

(6) 監査における不正リスク対応基準

平成25年の『監査基準』の改訂に際して，企業会計審議会から新たに『監査における不正リスク対応基準』(以下,「不正リスク対応基準」という)が公表された。ここでは，不正リスク対応基準の基本的な考え方，適用範囲，位置づけ，およびその構成と主な内容について説明する。

① 不正リスク対応基準の基本的な考え方

まず，不正リスク対応基準にいう「不正」とは，すでに説明した監基報240と同様に，監査人が財務諸表監査において対象とする重要な虚偽の表示の原因となる不正であり，重要な虚偽の表示とは関係のない不正は対象としていない。

また，「**不正リスク**」とは，不正による重要な虚偽表示のリスクを指す。不正リスク対応基準は，財務諸表監査の目的を変えるものではなく，不正摘発自体を意図とするものでもない。

不正リスク対応基準は，すべての財務諸表監査において画一的に不正リスクに対応するための追加的な監査手続の実施を求めることを意図しているものではない。被監査企業に後述する不正による財務諸表の重要な虚偽の表示を示唆するような状況が存在しない場合，また，監査人においてすでに不正リスク対応基準に規定されているような監査手続等を実施している場合には，監査人に求められることは，現行の監査基準に基づく監査実務で行われていることと基本的には変わらない。不正リスク対応基準は，現行の監査基準が規定するリスク・アプローチの考え方を前提として，不正リスクを適切に評価し，評価した不正リスクに適切な監査手続を実施して公認会計士監査の有効性を確保しようとするものであり(図表7-16も参照)，監査人に対して過重な監査手続を求めるものではない。

② 不正リスク対応基準の適用範囲

不正リスク対応基準は，すべての監査に適用されるわけではなく，主として，財務諸表および監査報告について広範囲な利用者が存在する金融商品取引法に基づいて開示を行っている企業（非上場企業のうち資本金５億円未満または売上高10億円未満かつ負債総額200億円未満の会社を除く）に対して適用される。不正リスク対応基準の適用範囲は，関係法令において明確に定められる。

③　不正リスク対応基準の位置づけ

不正リスク対応基準は，現行の監査基準，監査に関する品質管理基準（以下，「品質管理基準」という）からは独立した基準として設定されている。その理由のひとつは，前述したように，不正リスク対応基準は，監査基準や品質管理基準とは異なり，金融商品取引法に基づく財務諸表監査にのみ適用されることにある。もうひとつの理由は，不正リスクに対応するために特に監査人が行うべき監査手続等に関しては，これらを一括して整理するほうが理解しやすいという点にある。

ただし，独立した基準とはいえ，不正リスク対応基準は，監査基準および品質管理基準とともに「一般に公正妥当と認められる監査の基準」を構成し，監査基準および品質管理基準と一体となって適用される。

④　不正リスク対応基準の構成と主な内容

a）　不正リスク対応基準の構成

不正リスク対応基準の構成は，以下のとおりである。

不正リスク対応基準
- ①　職業的懐疑心の強調
- ②　不正リスクに対応した監査の実施
- ③　不正リスクに対応した監査事務所の品質管理

b）　不正リスク対応基準の内容

（i）　職業的懐疑心の強調

第一　職業的懐疑心の強調

1　監査人は，経営者等の誠実性に関する監査人の過去の経験にかかわらず，不正リスクに常に留意し，監査の全過程を通じて，職業的懐疑心を保持しなければならない。

2　監査人は，職業的懐疑心を発揮して，不正の持つ特性に留意し，不正リスクを評価しなければならない。
3　監査人は，職業的懐疑心を発揮して，識別した不正リスクに対応する監査手続を実施しなければならない。
4　監査人は，職業的懐疑心を発揮して，不正による重要な虚偽の表示を示唆する状況を看過することがないように，入手した監査証拠を評価しなければならない。
5　監査人は，職業的懐疑心を高め，不正による重要な虚偽の表示の疑義に該当するかどうかを判断し，当該疑義に対応する監査手続を実施しなければならない。

まず，本規定（第一　職業的懐疑心の強調）にいう「職業的懐疑心」の考え方が，これまでの『監査基準』や監査基準委員会報告書（監基報240：第11項）で採られている，「経営者が誠実であるとも不誠実であるとも想定してはならない」という中立的な観点を変更するものではないことに留意しなければならない。先の(3)でも指摘したように，監査人が過去の経験に基づいて，経営者，取締役等および監査役等は信頼が置けるまたは誠実であると認識していたとしても，状況が変化している可能性があるところから，不正による重要な虚偽表示リスク（＝不正リスク）を検討する場合には，職業的懐疑心を保持することが特に重要である。上記第１項は，監査人に対して，不正リスクに常に留意すること，それゆえ監査の全過程を通じて職業的懐疑心を保持することを求めている。

第２項は，不正の持つ特性に留意して不正リスクを評価するよう監査人に求めるものである。不正は，他者を欺く行為を含む意図的な行為であること，また，特に経営者による不正は内部統制の無効化を伴う場合が多いことなどから，不正による重要な虚偽の表示，とりわけ経営者不正による重要な虚偽の表示を発見できない可能性は，誤謬による重要な虚偽の表示ないし従業員不正による重要な虚偽の表示を発見できない可能性より高いと言える。それゆえ，監査人には，不正リスクの評価に際して，職業的懐疑心を発揮することが求められるのである。

職業的懐疑心の発揮は，不正リスクの評価の段階のみならず，識別した不正リスクに対応する監査手続の実施（第３項）および入手した監査証拠の評価

（第４項）の段階においても監査人に求められる。また，不正による重要な虚偽の表示の疑義に該当するかどうか判断する場合や，不正による重要な虚偽の表示の疑義に該当すると判断した場合には，職業的懐疑心の程度をさらに高めて監査手続を実施することが監査人に求められている（第５項）。

職業的懐疑心の保持や発揮が適切であったか否かは，畢竟（ひっきょう），具体的な状況において監査人の行った監査手続の内容で判断されるものと考えられる。そこで，監査人は，本規定をふくめ不正リスク対応基準に基づき，監査の各段階で必要とされる職業的懐疑心を保持または発揮し，具体的な監査手続を実施することが期待される。

（ii）　不正リスクに対応した監査の実施

１　企業及び当該企業が属する産業における不正事例の理解

監査人は，不正リスクを適切に評価するため，企業及び当該企業が属する産業を取り巻く環境を理解するに当たって，公表されている主な不正事例並びに不正に利用される可能性のある一般的及び当該企業の属する産業特有の取引慣行を理解しなければならない。

２　不正リスクに関連する質問

監査人は，経営者，監査役等及び必要な場合には関連するその他の企業構成員に，不正リスクに関連して把握している事実を質問しなければならない。

また，監査人は，経営者に対して，当該企業において想定される不正の要因，態様及び不正への対応策等に関する経営者の考え方を質問し，リスク評価に反映しなければならない。

３　不正リスク要因を考慮した監査計画の策定

監査人は，監査計画の策定に当たり，入手した情報が不正リスク要因の存在を示しているかどうか検討し，それらを財務諸表全体及び財務諸表項目の不正リスクの識別及び評価において考慮しなければならない。監査人は，評価した不正リスクに応じた全般的な対応と個別の監査手続に係る監査計画を策定しなければならない。

４　監査チーム内の討議・情報共有

監査人は，監査実施の責任者と監査チームの主要構成員の間において，不正による重要な虚偽の表示が財務諸表のどこにどのように行われる可能性があるのかについて討議を行うとともに，知識や情報を共有しなければならない。

監査実施の責任者は，監査の過程で発見した事業上の合理性に疑問を抱かせる特異な取引など重要な会計及び監査上の問題となる可能性のある事項を，監査実施の責任者及び監査チーム内のより経験のある構成員に報告する必要があることを監査チームの構成員に指示しなければならない。

5　不正リスクに対応する監査人の手続

監査人は，識別した不正リスクに関連する監査要点に対しては，当該監査要点について不正リスクを識別していない場合に比べ，より適合性が高く，より証明力が強く，又はより多くの監査証拠を入手しなければならない。

6　企業が想定しない要素の組込み

監査人は，財務諸表全体に関連する不正リスクが識別された場合には，実施する監査手続の種類，実施の時期及び範囲の決定に当たって，企業が想定しない要素を監査計画に組み込まなければならない。

監査人は，不正リスクを適切に評価するための前提となる知識として，被監査企業および被監査企業が属する産業等において過去に発生した不正事例や，一般的に，あるいは被監査会社が属する産業において特有の，不正に利用される可能性のある取引慣行に関する理解を求められる（第1項）。また，監査人は，不正に関連してすでに把握している事実の有無について，経営者・監査役等，場合によっては従業員にも質問をしなければならない。さらに，経営者に対しては，想定される不正の要因，態様およびそれへの対応策に対する考え方を質さなければならない（第2項）。第2項は，不正リスクの評価の一環として監査人に質問の手続を要求するものである。

第3項により，監査人は，現行の『監査基準』で求められている重要な虚偽表示のリスクの検討に加え，実務指針（監基報240）レベルではなく基準レベルにおいて，監査計画の策定に当たり，不正リスク要因の検討や不正リスクを把握するための手続を求められることになる。また，財務諸表全体レベルおよび財務諸表項目（アサーション）レベルの双方での不正リスクの識別と評価，並びに当該評価に応じた全般的対応（財務諸表全体レベル）およびリスク対応手続（アサーション・レベル）が，基準レベルで明示的に監査人に求められることになる。同様に，第4項に関しても，実務指針（監基報240：第14項・A 9項）レベルで要求されていた，監査チーム内での不正による重要な虚偽表示に関連する討議や知識の共有が，基準レベルで監査人に求められる。

次に，不正リスクに対応した監査手続の実施に際して，監査人は，不正リスクを識別した監査要点に対しては，識別していない場合に比して，入手すべき監査証拠の質（適合性・証明力）および量に差異を設けなければならない（第5項)。また，監査人は，財務諸表全体に関連する不正リスクを識別した場合には，企業が想定しない要素を監査計画に組み込まなければならない（第6項)。なお，特定の財務諸表項目に関連する不正リスクを識別した場合には，このことは求められていない。

7　不正リスクに対応して実施する確認

監査人は，不正リスクに対応する手続として積極的確認を実施する場合において，回答がない又は回答が不十分なときには，代替的な手続により十分かつ適切な監査証拠を入手できるか否か慎重に判断しなければならない。

監査人は，代替的な手続を実施する場合は，監査要点に適合した証明力のある監査証拠が入手できるかどうかを判断しなければならない。代替的な手続を実施する場合において，監査証拠として企業及び当該企業の子会社等が作成した情報のみを利用するときは，当該情報の信頼性についてより慎重に判断しなければならない。

8　入手した監査証拠の十分性及び適切性の評価

監査人は，実施した監査手続及び入手した監査証拠に基づき，不正リスクに関連する監査要点に対する十分かつ適切な監査証拠を入手したかどうかを判断しなければならない。監査人は，十分かつ適切な監査証拠を入手していないと判断した場合には，追加的な監査手続を実施しなければならない。

9　矛盾した監査証拠があった場合等の監査手続の実施

監査人は，監査実施の過程で把握した状況により，ある記録や証憑書類が真正ではないと疑われる場合，又は文言が後から変更されていると疑われる場合，また，矛盾した監査証拠が発見された場合には，監査手続の変更又は追加（例えば，第三者への直接確認，専門家の利用等）が必要であるかを判断しなければならない。

不正リスク対応基準において，質問を除けば，唯一特定の監査手続の実施方法のあり方を規定しているのが第7項である。本項は不正リスクに対応する手続として積極的確認を実施する際の留意事項を規定しており，本来実務指針レベルで取り扱われるべき性質のものと考えられる。第８項および第９項に関しては，すでに実務指針（監基報330：第25項・第26項および監基報240：第12項・A８項）で監査人に求められていることであり，これらについても実務指針レベルから基準レベルへと位置づけが変わったと言える。

10　不正による重要な虚偽の表示を示唆する状況

監査人は，監査実施の過程において，不正による重要な虚偽の表示を示唆する状況を識別した場合には，不正による重要な虚偽の表示の疑義が存在していないかどうかを判断するために，経営者に質問し説明を求めるとともに，追加的な監査手続を実施しなければならない。

11　不正による重要な虚偽の表示の疑義

監査人は，識別した不正による重要な虚偽の表示の示唆する状況について，関連して入手した監査証拠に基づいて経営者の説明に合理性がないと判断した場合には，不正による重要な虚偽の表示の疑義があるとして扱わなければならない。

また，識別した不正リスクに対応して当初計画した監査手続を実施した結果必要と判断した追加的な監査手続を実施してもなお，不正リスクに関連する十分かつ適切な監査証拠を入手できない場合には，不正による重要な虚偽の表示の疑義があるとして扱わなければならない。

監査人は，不正による重要な虚偽の表示の疑義がないと判断したときは，その旨と理由を監査調書に記載しなければならない。

12　不正による重要な虚偽の表示の疑義があると判断した場合の監査計画の修正

監査人は，監査計画の策定後，監査の実施過程において不正による重要な虚偽の表示の疑義があると判断した場合には，当該疑義に関する十分かつ適切な監査証拠を入手するため，不正による重要な虚偽の表示の疑義に関する十分な検討を含め，想定される不正等の態様等に直接対応した監査手続を立案し監査計画を修正しなければならない。

13　不正による重要な虚偽の表示の疑義があると判断した場合の監査手続の実施

監査人は，不正による重要な虚偽の表示の疑義に関連する監査要点について十分かつ適切な監査証拠を入手するため，修正した監査計画にしたがい監査手続を実施しなければならない。

監査人は，下記に例示されているような「不正による重要な虚偽の表示を示唆する状況」を識別した場合には，「不正による重要な虚偽の表示の疑義」が存在していないかどうかを判断するために，適切な階層の経営者に質問し説明を求めるとともに，追加的な監査手続を実施しなければならない（第10項）。

不正による重要な虚偽の表示を示唆する状況の例示

1　不正に関する情報

・社内通報制度を通じて企業に寄せられ，監査人に開示された情報に，財務諸表に重要な影響を及ぼすと考えられる情報が存在している。

・監査人に，不正の可能性について従業員や取引先等からの通報がある（監査事務所の通報窓口を含む）。

2　留意すべき通例でない取引等

(1)　不適切な売上計上の可能性を示唆する状況

・企業の通常の取引過程から外れた重要な取引又はその他企業及び当該企業が属する産業を取り巻く環境に対する監査人の理解に照らして通例でない重要な取引のうち，企業が関与する事業上の合理性が不明瞭な取引が存在する。

(2)　資金還流取引等のオフバランス取引の可能性を示唆する状況

・企業の事業内容に直接関係のない又は事業上の合理性が不明瞭な重要な資産の取得，企業の買収，出資，費用の計上が行われている。

(3)　その他

・関連当事者又は企業との関係が不明な相手先（個人を含む）との間に，事業上の合理性が不明瞭な重要な資金の貸付・借入契約，担保提供又は債務保証・被保証の契約がある。

3　証拠の変造，偽造又は隠蔽の可能性を示唆する状況

・変造又は偽造されたおそれのある文書が存在する。

・重要な取引に関して，重要な記録等に矛盾する証拠が存在する，又は証拠となる重要な文書を紛失している。

・重要な取引に関して，合理的な理由なく，重要な文書を入手できない，又は重要な文書のドラフトのみしか入手できない。

4　会計上の不適切な調整の可能性を示唆する状況

・期末日近くまで網羅的若しくは適時に記録されていない重要な取引，又は金額，会計期間，分類等が適切に記録されていない重要な取引が存在する。

・（根拠資料等による）裏付けのない又は未承認の重要な取引や勘定残高が存在する。
・期末日近くに経営成績に重要な影響を与える通例でない修正が行われている。
・重要な取引に関連する証憑，又は会計帳簿や記録（総勘定元帳・補助元帳・勘定明細等）において，本来一致すべき数値が不一致でその合理的な説明がない。
・企業が合理的な理由がなく重要な会計方針を変更しようとしている。
・経営環境の変化がないにもかかわらず，重要な会計上の見積りを頻繁に変更する。

5　確認結果
・企業の記録と確認状の回答に説明のつかない重要な差異がある。
・特定の取引先に対する確認状が，合理的な理由なく監査人に直接返送されないという事態が繰り返される。

6　経営者の監査への対応
・合理的な理由がないにもかかわらず，監査人が，記録，施設，特定の従業員，得意先，仕入先，又は監査証拠を入手できるその他の者と接することを企業が拒否する，妨げる，又は変更を主張する。
・合理的な理由がないにもかかわらず，企業が確認依頼の宛先の変更や特定の相手先に対する確認の見合わせを主張したり，他の確認先に比べて著しく準備に時間がかかる残高確認先がある。

7　その他
・企業が，財務諸表に重要な影響を及ぼす取引に関して，明らかに専門家としての能力又は客観性に疑念のあると考えられる専門家を利用している。
・重要な投資先や取引先，又は重要な資産の保管先に関する十分な情報が監査人に提供されない。

監査人は，監査の実施過程において，上記に例示されている「不正による重要な虚偽の表示を示唆する状況」に遭遇した場合に，追加的な監査手続を求められるが，上記の状況の有無について網羅的に監査証拠をもって確かめなければならないということではないことに留意しなければならない。

次に，監査人は，不正による重要な虚偽の表示を示唆する状況について，関連して入手した監査証拠に基づいて経営者の説明に合理性がないと判断した場合や，識別した不正リスクに対応して追加的な監査手続を実施してもなお，十分かつ適切な監査証拠を入手できない場合には，不正による重要な虚偽の表示の疑いがより強くなることから，これを「不正による重要な虚偽の表示の疑義」として取り扱わなければならない。なお，追加的な監査手続の実施の結果，不正による重要な虚偽の表示の疑義がないと判断した場合には，監査人は，その旨と理由を監査調書に記載しなければならない（第11項）。

反対に，不正による重要な虚偽の表示の疑義があると判断した場合には，監査人は，想定される不正の態様等に直接対応した監査手続を立案し監査計画を修正するとともに，修正した監査計画にしたがって監査手続を実施しなければならない（第12～13項）。

14　専門家の業務の利用

監査人は，不正リスクの評価，監査手続の実施，監査証拠の評価及びその他の監査実施の過程において，不正リスクの内容や程度に応じて専門家の技能又は知識を利用する必要があるかどうか判断しなければならない。

15　不正リスクに対応した審査

監査人は，不正リスクへの対応に関する重要な判断とその結論について，監査事務所の方針と手続にしたがって，監査の適切な段階で審査を受けなければならない。

16　不正による重要な虚偽の表示の疑義があると判断した場合の審査

監査人は，不正による財務諸表の重要な虚偽の表示の疑義があると判断した場合には，当該疑義に係る監査人の対応について，監査事務所の方針と手続に従って，適切な審査の担当者による審査が完了するまでは意見の表明をしてはならない。

17　監査役との連携

監査人は，監査の各段階において，不正リスクの内容や程度に応じ，適切に監査役等と協議する等，監査役との連携を図らなければならない。

監査人は，不正による重要な虚偽の表示の疑義があると判断した場合には，速やかに監査役等に報告するとともに，監査を完了するために必要となる監査手続の種類，時期及び範囲についても協議しなければならない。

18　経営者の関与が疑われる不正への対応

監査人は，監査実施の過程において経営者の関与が疑われる不正を発見した場合には，監査役等に報告し，協議の上，経営者に問題点の是正等の適切な措置を求めるとともに，当該不正が財務諸表に与える影響を評価しなければならない。

19 監査調書

監査人は，不正による重要な虚偽の表示の疑義があると判断した場合，当該疑義の内容，実施した監査手続とその結果，監査人としての結論及びその際になされた職業専門家としての重要な判断について，監査調書に記載しなければならない。

専門家の業務の利用に関して，不正リスクの内容や程度に応じて専門家等の技能または知識を利用するかどうかを監査人は判断しなければならない（第14項）。専門家には，例えば，金融商品の評価，企業価値評価，不動産の評価，不正調査，ITに関する専門家等が想定されている。

不正リスクに関連する審査に関しては，とりわけ，不正による重要な虚偽の表示の疑義が識別された場合には，監査事務所として適切な監査意見を形成するため，審査についてもより慎重な対応が求められる。そこで，当該疑義に対する監査人の対応について，監査事務所の方針と手続に従って，適切な審査の担当者による審査が完了するまでは意見の表明ができない旨が規定されている（第15～16項）。

また，監査人は，監査の各段階で監査役との連携が求められるが，特に，不正による重要な虚偽の表示の疑義があると判断した場合や経営者の関与が疑われる不正を発見した場合には，監査役等に報告するとともに，その善後策について協議することが，不正リスクへの有効な対応として求められている（第17～18項）。

不正による重要な虚偽の表示の疑義があると判断した場合には，監査人が当該疑義に関して実施した監査手続の内容とその結果，また，監査人としての結論およびその際になされた重要な判断は，監査意見に重要な意味を持つと考えられる。そこで，監査人には，それら職業的専門家としての重要な判断を監査調書に記載することが求められている（第19項）。

（iii） 不正リスクに対応した監査事務所の品質管理

本規定は，現在各監査事務所で行っている品質管理のシステムに加えて，新たな品質管理のシステムの導入を求めているものではなく，不正リスクに対応する観点から，監査事務所が整備すべき品質管理のシステムにおいて特に留意すべき点を明記したものである。また，整備および運用が求められる監査事務所の方針と手続は，監査事務所の規模および組織，当該業務の内容等により異なることから，すべての監査事務所において画一的な不正リスクに対応した品質管理のシステムの方針と手続が求められているものではない。

1　不正リスクに対応した品質管理

　監査事務所は，不正リスクに留意して品質管理に関する適切な方針及び手続を定め，不正リスクに対応する品質管理の責任者を明確にしなければならない。

2　監査契約の新規の締結及び更新における不正リスクの考慮

　監査事務所は，監査契約の新規の締結及び更新に関する方針及び手続に，不正リスクを考慮して監査契約の締結及び更新に伴うリスクを評価すること，並びに，当該評価の妥当性について，新規の締結時，及び更新時はリスクの程度に応じて，監査チーム外の適切な部署又は者により検討することを含めなければならない。

3　不正に関する教育・訓練

　監査事務所は，監査実施者の教育・訓練に関する方針及び手続を定め，監査実施者が監査業務を行う上で必要な不正事例に関する知識を習得し，能力を開発できるよう，監査事務所内外の研修等を含め，不正に関する教育・訓練の適切な機会を提供しなければならない。

4　不正リスクに対応した監督及び査閲

　監査事務所は，不正リスクに適切に対応できるように，監査業務に係る監督及び査閲に関する方針及び手続を定めなければならない。

5　不正リスクに関連して監査事務所内外からもたらされる情報への対処

　監査事務所は，監査事務所内外からもたらされる情報に対処するための方針及び手続において，監査事務所に寄せられた情報を受け付け，関連するチームに適時に伝達し，監査チームが監査の実施において当該情報をどのように検討したかについて，監査チーム外の監査事務所の適切な部署又は者に報告することを求めなければならない。

監査事務所には，不正リスクに適切に対応できるよう，監査業務の各段階における品質管理システムを整備および運用するとともに，品質管理システムを適切に監視することが求められる。そのため，監査事務所は，不正リスクに留意して品質管理に関する適切な方針および手続を定め，不正リスクに対応する品質管理の責任者を明確にしなければならない（第1項）。

監査事務所は，監査契約の新規の締結および更新の判断に関する方針および手続に，不正リスクを考慮して監査契約の締結および更新に伴うリスクを評価することを含めなければならない。また，これに関連して，監査契約の新規の締結および更新の判断に際して監査事務所としての検討を求めるという観点から，監査事務所には，当該リスク評価の妥当性について監査チーム外の適切な部署または者により検討することが求められる（第2項）。

また，監査事務所は，監査実施者に対する教育・訓練に関する方針および手続の一環として，監査実施者が監査業務を行ううえで必要な不正事例に関する知識を習得し，能力を開発できるよう，監査事務所内外の研修を含め，監査実施者に対して不正に関する教育・訓練の適切な機会を提供しなければならない（第3項）。

加えて，監査業務の実施に関する品質管理の方針および手続の一環として，監査事務所は，不正リスクに適切に対応できるように，監査業務に係る監督および査閲に関する方針および手続を定めなければならない（第4項）。

さらに，品質管理システムの監視に関する方針および手続の一環として，監査事務所は，とりわけ監査事務所内外からもたらされる不正リスクに関連する情報に対処するための方針および手続において，監査事務所に寄せられた情報を受け付け，関連するチームに適時に伝達し，監査チームが監査の実施において当該情報をどのように検討したかについて，監査チーム外の監査事務所の適切な部署または者に報告することを，監査実施の責任者に求めなければならない（第5項）。

6　不正による重要な虚偽の表示の疑義があると判断した場合等の専門的な見解の問合せ

監査事務所は，不正による重要な虚偽の表示を示唆する状況が識別された場合，又は不正による重要な虚偽の表示の疑義があると判断された場合には，必要に応じ監査事務所内外の適切な者（例えば，監査事務所の専門的な調査部門等）から専門的な見解を得られるようにするための方針及び手続を定めなければならない。

7　不正による重要な虚偽の表示の疑義があると判断された場合の審査

監査事務所は，不正による重要な虚偽の表示の疑義があると判断された場合には，修正後の監査計画及び監査手続が妥当であるかどうか，入手した監査証拠が十分かつ適切であるかどうかについて，監査事務所としての審査が行われるよう，審査に関する方針及び手続を定めなければならない。

監査事務所は，当該疑義に対応する十分かつ適切な経験や職位等の資格を有する審査の担当者（適格者で構成される会議体を含む）を監査事務所として選任しなければならない。

第6項は，通常時ではなく，不正による重要な虚偽の表示を示唆する状況が識別された場合，あるいは，さらに進んで不正による重要な虚偽の表示の疑義があると判断された場合における専門的な見解の問合せに係る規定である。監査事務所は，このような場合に事務所内外の適切な者に専門的な見解を得られるようにするための方針および手続を，予め定めておかなければならない。

不正による重要な虚偽の表示の疑義があると判断された場合には，通常の審査担当者による審査と比べて，監査事務所としてより慎重な審査が行われる必要がある。このため，監査事務所は，当該監査業務の監査意見が適切に形成されるよう，当該疑義に対応する十分かつ適切な経験や職位等の資格を有する審査の担当者を監査事務所として選任することを，審査に関する方針および手続に定めなければならない（第7項）。

8　監査事務所内における監査実施の責任者の間の引継

監査事務所は，監査業務の実施に関する品質管理の方針及び手続において，監査実施の責任者が全員交代した場合，不正リスクを含む監査上の重要な事項が適切に伝達されるように定めなければならない。

9　監査事務所間の引継

監査事務所は，後任の監査事務所への引継に関する方針及び手続において，後任の監査事務所に対して，不正リスクへの対応状況を含め，監査上の重要な事項を伝達するとともに，後任の監査事務所から要請のあったそれらに関連する調書の閲覧に応じるように定めなければならない。

監査事務所は，前任の監査事務所からの引継に関する方針及び手続において，前任の監査事務所に対して，監査事務所の交代事由，及び不正リスクへの対応状況等の監査上の重要な事項について質問するよう定めなければならない。

監査事務所は，監査事務所間の引継に関する方針及び手続において，監査チームが実施した引継の状況について監査チーム外の適切な部署又は者に報告することを定めなければならない。

第８項は，監査事務所に対して，同一企業の監査業務を担当する監査実施の責任者が全員交代する場合（監査実施の責任者が一人である場合の交代を含む）は，監査事務所内において，不正リスクを含む監査上の重要な事項が適切に伝達されるように求めるものである。

これに対して，第９項は，監査事務所交代時において前任監査事務所と後任監査事務所に一定の手続を求めるものである。まず，前任監査事務所は，後任の監査事務所に対して，不正リスクの対応状況を含め，企業との間の重要な意見の相違等の監査上の重要な事項を伝達するとともに，後任監査事務所から要請のあったそれらに関連する監査調書の閲覧に応じるように，引継に関する方針および手続に定めなければならない。他方，後任監査事務所は，前任監査事務所に対して，監査事務所の交代理由のほか，不正リスクへの対応状況，企業との間の重要な意見の相違等の監査上の重要な事項について質問するように，引継に関する方針および手続に定めなければならない。

マメ知識11-２

オリンパス事件

監査制度の改革の背後には，常に粉飾決算がある。不正リスク対応監査基準の公表の背後には，オリンパス事件があった。この事件は，①1990年後半に，海外の銀行で国債や定期預金を担保にして資金を借り入れさせ，オリンパス本社で発生した1,000億円の評価損が発生した金融資産（デリバティブ）を簿価で連結対象外のファンド（ケイマン諸島）に移転させるスキーム，②移転させた評価損を解消させるスキームから組み立てられていた。

事件は2011年10月の外国人社長解任劇から幕が開いた。事実関係は，第三者委員会の調査報告書（2011年12月）と監査役等責任調査委員会の報告書（2012年１月）に記載されている。

2　財務諸表監査における違法行為への対応

企業には，さまざまな法令が適用される。企業の経営者は，財務諸表の金額または開示に関連する法令の遵守を含め，当該企業に適用される法令に従った業務の実施を確保することが求められる。財務諸表監査における法令の検討に関する実務上の指針として，監査基準委員会報告書250「財務諸表監査における法令の検討」が公表されている。

この監基報250については，すでに，第6章において，監基報250による違法行為の定義が紹介されている。また，監基報250が経営者の遵守すべき法令を監査人の責任の観点から2つに分類し，各々のタイプの法令に対する監査人の責任について規定していることについても，第6章で説明がなされている。そこで，本節では，監基報250の規定内容のうち，主として，財務諸表監査における法令に対する検討において監査人にその実施が求められている事項について説明する。

(1)　適用される法令とその遵守状況に関する理解

監査人は，リスク評価手続において，企業および企業環境について理解する際に，以下の事項を全般的に理解しなければならない（監基報250：第11項）。

- 企業および企業が属する産業に対して適用される法令
- 企業が当該法令をどのように遵守しているか

上記に関する理解を得るために，監査人は，以下のことを行うことがある（同：A6項）。

- 企業の産業，規制およびその他の外部要因について監査人が既に有する情報を利用する。
- 財務諸表上の金額および開示を直接的に決定する法令について最新の情報を入手する。
- 企業の事業運営に根本的な影響を及ぼすことが想定されるその他の法令について経営者に質問する。
- 法令遵守に関する企業の方針および手続について経営者に質問する。

・訴訟の識別，評価および会計処理のために採用している方針または手続に関して経営者に質問する。

なお，第6章ですでに言及したように，財務諸表上の重要な金額および開示の決定に直接影響を及ぼすと一般的に認識されている法令に関しては，監査人は，経営者がそれを遵守していることについて，十分かつ適切な監査証拠を入手しなければならない（同：第12項）。

他方，監査人は財務諸表に重要な影響を及ぼすことがあるその他の法令への違反の識別に資する以下の監査手続を実施しなければならない（同：第13項）。

●企業がその他の法令を遵守しているかどうかについて，経営者および適切な場合には監査役等へ質問する。
●関連する許認可等を行う規制当局とのやりとりを示した文書がある場合には，それを閲覧する。

ところで，監査人が，違法行為またはその疑いに気づくのは上記のようなリスク評価手続実施時に限られるわけではない。取引種類，勘定残高または開示に対して詳細テストを実施した際等に，監査人がそれらに気づく場合がある。そこで，監査人は，監査期間中，その他の監査手続の適用によって，違法行為またはその疑いに気づく場合があることに留意しなければならない（同：第14項）。

(2) 識別された違法行為またはその疑いがある場合の監査手続

監査人は，違法行為またはその疑いに関する情報に気づいた場合，以下を実施しなければならない（同：第17項）。

●行為の性質および当該行為が発生した状況について理解すること
●財務諸表に及ぼす影響を評価するために詳細な情報を入手すること

違法行為の存在を示す兆候としては，例えば以下の事項を挙げることができる（同：A12項）。

・規制当局や政府機関による調査の実施または罰金もしくは課徴金の支払
・コンサルタント，関連当事者，従業員または官公庁職員への詳細が不明な

サービスに対する支払または貸付

- 企業や企業が属する産業における通常の支払額または実際に提供されたサービスに比して過度に多額の販売手数料または代理店手数料
- 市場価格を著しく上回る価格または下回る価格での購入

また，違法行為が財務諸表に及ぼす影響についての監査人の評価に関連する事項には，以下が含まれる（同：A13項）。

- 罰金または課徴金，違約金，損害賠償金，資産の没収の脅威，業務停止命令および訴訟を含む，違法行為により見込まれる財務上の影響
- 見込まれる財務上の影響について開示の要否
- 見込まれる財務上の影響の程度

なお，監査人は，違法行為が疑われる場合，当該事項について経営者，および必要に応じて監査役等と協議しなければならない（同：第18項）。

（3） 識別された違法行為またはその疑いについての報告

監査人は，監査の実施過程で気づいた違法行為またはその疑いに関連する事項を，明らかに軽微である場合を除き，監査役等に報告しなければならない。とりわけ，違法行為またはその疑いが故意でかつ重要であると判断する場合，監査人は，当該事項を監査役等に速やかに報告しなければならない（同：第21～22項）。

また，監査人は，経営者または監査役等の違法行為への関与が疑われる場合，当該者より上位または当該者を監督する機関または者が存在するときは，当該機関または者にその事項を報告しなければならない。そのような上位の者または機関が存在しない場合，または当該事項を警告しても対応がなされないと考えられる場合，もしくは報告すべき相手が不明瞭な場合，監査人は法律専門家の助言を求めることを検討しなければならない（同：第23項）。

なお，金融商品取引法は，監査人に，監査の過程で被監査会社による法令違反等の事実を発見した場合，監査役等に通知して適切な措置をとるように求め，それでも是正措置がとられない場合には，当該事実に関する意見を内閣総理大臣に申し出ることを求めている（金融商品取引法第193条の３）。

その内容は次のとおりである（日本公認会計士協会　法規委員会研究報告第９

号「法令違反等事実発見への対応に関するQ＆A〔2008年11月〕」)。

① 法令違反等事実とは，「法令に違反する事実その他の財務計算に関する書類の適正性の確保に影響を及ぼすおそれがある事実」であること

② この規定は，財務諸表監査，内部統制監査，四半期レビューに適用されること

③ 監査人による重要性の判断は明示されていないが，重要性の判断が適用されること

④ 監査人が最初に，書面で報告する提出先は取締役等の職務執行を監査する機関であること

⑤ 提出先が所定の期間内に必要な是正措置を講じない場合には，内閣総理大臣（金融庁長官）に書面で提出すること

⑥ ⑤の提出は倫理規則における守秘義務が解除される正当な理由に該当すること

II 継続企業の前提の監査

1 制度化の背景

財務諸表は，一般に公正妥当と認められる企業会計の基準に準拠して作成される。そしてこの企業会計の基準は，企業が将来にわたって事業活動を継続するとの前提（以下「**継続企業の前提**」という）に立って設定されている。

しかし，企業はさまざまなリスクにさらされながら事業活動を営んでいるため，企業が将来にわたって事業活動を継続できるかどうかは，もともと不確実性を有する。特に，1990年代後半，わが国では企業破綻の事例が相次ぎ，その中には，監査人が監査報告書において適正意見を表明した直後に倒産する事例も存在した。そのため，継続企業の前提について監査人が検討しその疑義について監査人が関与することに対する社会の期待が高まった。すでに，アメリカをはじめとする主要国の監査基準（アメリカでは1988年（SAS59号））や国際監査基準（1999年（ISA570））は，継続企業の前提に関して監査人が検討を行うことを義務づけていた。

以上の状況を背景として，企業会計審議会は2002（平成14）年改訂の「監査基準」で初めて，継続企業の前提の監査に係る規定を導入し，継続企業の前提の監査は2003（平成15）年3月決算の財務諸表監査から適用された。また，この改訂に応じる形で，財務諸表等規則および同ガイドライン等の関連府令が改正され，日本公認会計士協会は関連する実務指針の新設および改正を行った。そして，この継続企業の前提の監査に関する規定は，2005（平成17）年改訂の「監査基準」にもそのまま引き継がれた。

ところが，2009（平成21）年4月には，継続企業の前提の監査に係る規定の改訂に特化した形で，「監査基準」の改訂がなされた。この改訂は，①サブプライム・ショックを原因とする経済環境の急激な悪化を背景に四半期財務諸表に対して継続企業の前提の疑義に関する注記および追記情報の記載が急増したこと，②継続企業の前提に関する国際的な開示・監査基準や実務との整合性を確保することを目的になされたものである。継続企業の前提に関する開示を規制する財務諸表等規則および同ガイドライン等の関連府令もそれに応じて改正された。

さらに，2010（平成22）年3月には，2009年3月に明瞭化プロジェクトを完了させた国際監査基準との整合性を図るために，監査基準が改訂された。そして，日本公認会計士協会が公表する監査基準委員会報告書は，この改訂を受けて2011（平成23）年12月に全面的に刷新され，新たな監査基準委員会報告書として体系づけられた。この新たに体系づけられた監査基準委員会報告書のなかに，監査人による継続企業の前提の監査に関する実務指針が含まれている。

本節では，このような「監査基準」等の改訂を受けて日本公認会計士協会が公表した次の2つの報告書に従い，継続企業の前提に係る開示と監査について詳しく説明する。

- 経営者による継続企業の前提に係る開示：監査・保証実務委員会報告第74号「継続企業の前提に関する開示について」（最終改正2009年4月）
- 監査人による継続企業の前提の監査：監査基準委員会報告書570「継続企業」（2011年12月）

2　継続企業の前提に係る開示

(1)　経営者の責任

一般に公正妥当と認められる企業会計の基準に準拠して財務諸表を作成する責任は経営者にある。したがって，経営者には，継続企業の前提に基づいて財務諸表を作成することが適切であるか否かを評価することが求められる。なぜなら，企業会計の基準が継続企業の前提に立って設定されているからである。

この継続企業の前提に関する評価は，経営者が**継続企業の前提に重要な疑義を生じさせるような事象または状況**を解消し，または改善するための対応策を含み，**合理的な期間（少なくとも貸借対照表日の翌日から1年間）**にわたり企業が継続できるかどうかについて，入手可能なすべての情報に基づいて行うことが求められる。

経営者は，継続企業の前提に関する評価の結果，貸借対照表日において，単

〔図表11-6〕注記開示のプロセス

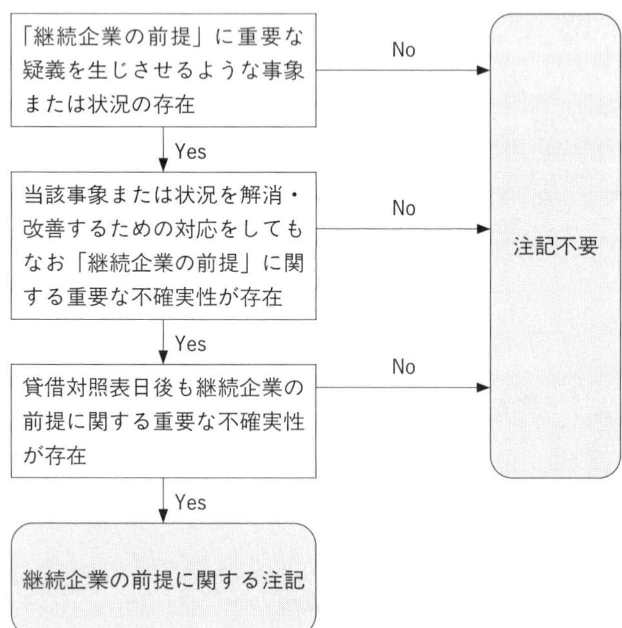

独でまたは複合して継続企業の前提に重要な疑義を生じさせるような事象または状況が存在する場合であって，当該事象または状況を解消し，または改善するための対応をしてもなお**継続企業の前提に関する重要な不確実性**が認められるときは，継続企業の前提に関する事項を財務諸表に注記することが必要となる。

以下で，注記開示のプロセスをより詳しく説明する（**図表11-6**参照）。

(2)　継続企業の前提に重要な疑義を生じさせるような事象・状況の識別

経営者による継続企業の前提の評価は，継続企業の前提に重要な疑義を生じさせるような事象または状況の存在の有無の検討から始まる。継続企業の前提に重要な疑義を生じさせるような事象または状況として，4つに類型化して以下のような項目が例示されている（監査・保証実務委員会報告書第74号第4項）。

〈財務指標関係〉

- 売上高の著しい減少
- 継続的な営業損失の発生又は営業キャッシュ・フローのマイナス
- 重要な営業損失，経常損失又は当期純損失の計上
- 重要なマイナスの営業キャッシュ・フローの計上
- 債務超過

〈財務活動関係〉

- 営業債務の返済の困難性
- 借入金の返済条項の不履行又は履行の困難性
- 社債等の償還の困難性
- 新たな資金調達の困難性
- 債務免除の要請
- 売却を予定している重要な資産の処分の困難性
- 配当優先株式に対する配当の遅延又は中止

〈営業活動関係〉

- 主要な仕入先からの与信又は取引継続の拒絶
- 重要な市場又は得意先の喪失
- 事業活動に不可欠な重要な権利の失効

・事業活動に不可欠な人材の流出
・事業活動に不可欠な重要な資産の毀損，喪失又は処分
・法令に基づく重要な事業の制約

〈その他〉

・巨額な損害賠償金の負担の可能性
・ブランド・イメージの著しい悪化

継続企業の前提に重要な疑義を生じさせるような事象または状況は，本来，非常に広範かつ多岐にわたるものと考えられる。上記の項目は例示列挙にすぎない。また，これらの項目には，単独で継続企業の前提に重要な疑義を生じさせるものもある。しかし通常は，複数の事象または状況が密接に関連して発生または発現することによって継続企業の前提に重要な疑義を生じさせると考えられる。経営者にとっては，継続企業の前提の評価という観点のみならず，企業の**リスク・マネジメント**の観点からも，これらの事象または状況をいかに適時かつ適切に識別するかは重要な課題といえる。

マメ知識11-3

会社四季報と継続企業の前提に関する注記開示

投資家が熟読する本に会社四季報がある。2010年度ごろから継続企業の前提に関する注記開示をしている会社名が記載されることになった。この情報をもとに注記開示の内容を調べてみた。開示会社数は2015年11月決算で40社あった。

（3） 対応策の検討

経営者には，識別した継続企業の前提に重要な疑義を生じさせるような事象または状況を解消させ，または改善するための対応策を策定することが求められる。そして，この対応策は，財務諸表作成時現在計画されており，効果的で実行可能であることが必要である。

具体的な対応策の内容としては，次のようなものが考えられる。

●借入金の契約条項の履行が困難であるという状況：

資産の処分，返済条件の見直し，または増資計画など

●重要な市場または得意先の喪失：

他の同等な市場または得意先の開拓といった計画など

もっとも，経営者の策定した対応策の有効性や実行可能性に係る判断は，将来予測を含んだ主観的判断の側面を色濃く持っている。当該判断について経営者と監査人との間で意見が対立する場合も多いと考えられる。当該判断の妥当性をいかに見極めるかは，継続企業の前提に係る開示と監査の制度において最も重要かつ困難な課題といえよう。

(4)　継続企業の前提の適切性に係る判断

さて，継続企業の前提の適切性に関する経営者の判断については，2つのケースが考えられる。継続企業の前提に重要な疑義を生じさせるような事象または状況が識別された場合であっても，それが対応策によって解消し，または改善したため，継続企業の前提に関する重要な不確実性が認められなくなったと判断した場合，経営者は継続企業の前提の適切性に係る評価を注記開示する必要はない。また，当初識別されたが，対応策によって解消あるいは改善された当該事象または状況を注記開示する必要もない。つまり，識別された継続企業の前提に重要な疑義を生じさせるような事象または状況が対応策によって解消あるいは改善されたと経営者が判断した時点で，継続企業の前提に係る経営者の評価は終了することになる。

一方，貸借対照表日において，依然として継続企業の前提に重要な疑義を生じさせるような事象または状況が存在し，その後，当該事象または状況を解消し，または改善するための対応をしてもなお継続企業の前提に関する重要な不確実性が認められるときは，経営者は，次に，その影響の程度を総合的に評価して，継続企業の前提に基づき，財務諸表を作成することの適否について判断しなければならない。

(5)　継続企業の前提に関する注記開示

貸借対照表日において，継続企業の前提に重要な疑義を生じさせるような事象または状況が存在し，継続企業の前提に関する重要な不確実性が認められる

としても，継続企業を前提として財務諸表を作成することが適切であると判断した場合，経営者は継続企業の前提に関する事項を財務諸表に注記する。すなわち，経営者は，貸借対照表日において，継続企業の前提に重要な疑義を生じさせるような事象または状況が存在する場合であって，当該事象または状況を解消し，または改善するための対応をしてもなお継続企業の前提に関する重要な不確実性が認められるときは，次に掲げる事項を注記しなければならない（財務諸表等規則第８条の27）。

① 当該事象又は状況が存在する旨及びその内容
② 当該事象又は状況を解消し，又は改善するための対応策
③ 当該重要な不確実性が認められる旨及びその理由
④ 当該重要な不確実性の影響を財務諸表に反映しているか否かの別

なお，貸借対照表日後において，当該重要な不確実性が認められなくなった場合は継続企業の前提に関する注記を行う必要はない。財務諸表が公表される時点ですでに認められなくなった過去の重要な不確実性に関する情報を注記開示すれば，それにより投資者の意思決定が誤導される可能性があるためである。

3　継続企業の前提の監査

(1)　監査人の責任

監査人は，経営者が継続企業を前提として財務諸表を作成することの適切性について十分かつ適切な監査証拠を入手し，継続企業の前提に関する重要な不確実性が認められるか否かを結論づける責任がある（監基報570：第６項）。すなわち，監査人は，財務諸表監査において，経営者が継続企業を前提として財務諸表を作成することに関連して，次のような責任を負う（同：第８項）。

- 経営者が継続企業を前提として財務諸表を作成することの適切性について十分かつ適切な監査証拠を入手すること。
- 入手した監査証拠に基づき，継続企業の前提に重要な疑義を生じさせるような事象または状況に関する重要な不確実性が認められるか否かについて結論づけること。

もっとも，監査には固有の限界があり，企業が継続企業として存続できない状態を引き起こす可能性のある将来の事象または状況に関しては，この限界による影響がより大きくなる。監査人はそのような将来の事象または状況を予測することはできないため，継続企業に関する不確実性についての記載が監査報告書にないことをもって，継続企業の前提を保証するものではない。

このような監査人の責任の基礎には，**二重責任の原則**が存在する。

経営者は，財務諸表の作成責任者として，財務諸表の作成に当たって継続企業の前提が適切であるかどうかを評価することが求められる。そして，継続企業の前提に関する重要な不確実性が認められると判断したときは，継続企業を前提として財務諸表を作成することが適切であると判断したとしても，継続企業の前提に関する事項を財務諸表に注記しなければならない。

他方，監査人の責任は，仮に継続企業の前提に関する重要な不確実性が認められると判断した場合でも，企業の事業継続能力そのものを認定し，企業の存続を保証することにはなく，継続企業の前提に関する適切な開示が行われているかの判断，すなわち，会計処理や開示の適正性に関する意見表明の枠組みの中で対応することにある。

以下，主として，経営者が継続企業を前提として財務諸表を作成することに関連して，財務諸表監査において監査人に実施が要求される事項について説明する。

(2)　リスク評価手続における要求事項

監査人は，リスク評価手続を実施する際，継続企業の前提に重要な疑義を生じさせるような事象または状況が存在するか否かについて考慮し，その際，監査人は，経営者が継続企業の前提に関する予備的な評価を実施しているかどうかを判断しなければならない。経営者が継続企業の前提に関する予備的な評価を実施しているか否かにより，監査人に求められる事項は次のように異なる（同：第9項）。

- 経営者が予備的な評価を実施している場合：当該評価について経営者と協議し，単独でまたは複合して継続企業の前提に重要な疑義を生じさせるような事象または状況を経営者が識別したかどうかを判断する。さらに，経営者がそのような事象または状況を判断している場合，当該事象または状況に対する経営者の対応策について経営者と協議する。

- 経営者が予備的な評価を未だ実施していない場合：経営者が継続企業を前提として財務諸表を作成しようとする根拠について経営者と協議する。さらに，単独でまたは複合して継続企業の前提に重要な疑義を生じさせるような事象または状況が存在するかどうかについて経営者に質問する。

以上のリスク評価手続の実施を通して，監査人は，経営者が継続企業を前提として財務諸表を作成することが重要な検討事項になる可能性があるかどうかおよびそれによる監査計画への影響を判断することができる。なお,監査人には，リスク評価手続の段階のみならず監査の過程を通じて，継続企業の前提に重要な疑義を生じさせるような事象または状況に関する監査証拠に留意することが求められる。

（3） 経営者の評価の検討

継続企業の前提に関する経営者の評価は，経営者が継続企業を前提として財務諸表を作成することに関する監査人の重要な検討対象である。監査人は，継続企業の前提に関して経営者が行った評価を検討しなければならない（同：第11項)。監査人は，継続企業の前提に関して経営者が行った評価の検討に当たって，経営者と同じ評価期間を対象としなければならない。わが国においては，財務諸表の表示に関する規則に従って，経営者は少なくとも期末日の翌日から1年間にわたり，企業が事業活動を継続できるかどうかを評価することになる。

仮に，経営者の評価期間が期末日の翌日から12カ月に満たない場合には，監査人は，経営者に対して，評価期間を少なくとも期末日の翌日から12カ月に延長するよう求めなければならない（同：第12項)。また，監査人は，経営者の評価期間を超えた期間に発生する可能性がある継続企業の前提に重要な疑義を生じさせるような事象または状況に関して経営者が有する情報について質問しなければならない（同：第14項)。

なお，監査人は，経営者が行った評価の検討に当たって，監査の結果として気づいたすべての関連する情報が経営者の評価に含まれているかどうかを検討しなければならない（同：第13項）。この評価の検討には，経営者が当該評価を行うためのプロセス，評価の基礎とした仮定，ならびに経営者の対応策及び当該対応策がその状況において実行可能であるかどうかについての評価を含むことがある。

（4） 継続企業の前提に重要な疑義を生じさせるような事象または状況を識別した場合の監査人の対応

監査人は，継続企業の前提に重要な疑義を生じさせるような事象または状況を識別した場合，追加的な監査手続（当該事象または状況を解消する，または改善する要因の検討を含む）を実施することにより重要な不確実性が認められるかどうかを判断するための十分かつ適切な監査証拠を入手しなければならない（同：第15項）。

監査人は，この追加的な監査手続に以下の手続を含めなければならない。

- 継続企業の前提に関する経営者の評価が未了の場合には，評価の実施を経営者に求める。
- 経営者の評価に関連する経営者の対応策が，当該事象または状況を解消し，または改善するものであるかどうか，およびその実行可能性について検討する。

　なお，経営者の対応策の評価においては，例えば，次のような質問をすることが含まれる。

〈資産の処分による対応策〉
- 資産処分の制限（抵当権設定等）
- 処分予定資産の売却可能性
- 売却先の信用力
- 資産処分による影響（生産能力の縮小等）

〈資金調達による対応策〉
- 新たな借入計画の実行可能性（与信限度，担保余力等）
- 増資計画の実行可能性（割当先の信用力等）
- その他資金調達の実行可能性（売掛債権の流動化，リースバック等）

●経費の節減又は設備投資計画等の実施の延期による影響
〈債務免除による対応策〉
●債務免除を受ける計画の実行可能性（債権者との合意等）

●企業が資金計画を作成しており，当該計画を分析することが経営者の対応策を評価するに当たって事象または状況の将来の帰結を検討する際の重要な要素となる場合，以下を行う。
・資金計画を作成するために生成した基礎データの信頼性を評価する。
・資金計画の基礎となる仮定に十分な裏づけがあるかどうか判断する。
●経営者が評価を行った日の後に入手可能となった事実または情報がないかどうか検討する。
●経営者に，経営者の対応策および当該対応策の実行可能性に関して記載した経営者確認書を要請する。

（5） 監査の結論および報告

① 監査の結論

監査人は，入手した監査証拠に基づき，単独でまたは複合して継続企業の前提に重要な疑義を生じさせるような事象または状況に関する重要な不確実性が認められるか否かについて実態に即して判断し，結論づけなければならない。

ここにおける「重要な不確実性」という用語は，わが国の財務諸表等規則において，継続企業の前提に重要な疑義を生じさせる事象または状況に関連して，財務諸表に開示しなければならない不確実性を説明する場合に用いられる。つまり，継続企業の前提に関する重要な不確実性は，当該不確実性がもたらす影響の大きさおよびその発生可能性により，不確実性の内容および影響について適切な注記が必要であると監査人が判断した場合に存在していることになる。

② 監査報告

ここでは，（ⅰ）継続企業を前提として財務諸表を作成することが適切であるが重要な不確実性が認められる場合，（ⅱ）継続企業を前提として財務諸表を作成することが適切でない場合，（ⅲ）経営者が継続企業の前提に関する評価を実施しないまたは評価期間を延長しない場合，の３つの場合に分けて，それぞれの場合における監査報告のあり方について説明する。

a）**継続企業を前提として財務諸表を作成することが適切であるが重要な不確実性が認められる場合**（同：第17-19項）

まず，監査人は，その状況において継続企業を前提として財務諸表を作成することが適切であるが，重要な不確実性が認められると結論づける場合に，以下について，判断しなければならない。

- 継続企業の前提に重要な疑義を生じさせるような事象または状況，および当該事象および状況に対する経営者への対応策について，財務諸表における注記が適切であるかどうか。
- 通常の事業活動において資産を回収し負債を返済することができない可能性があり，継続企業の前提に重要な疑義を生じさせるような事象または状況に関する重要な不確実性が認められることについて，財務諸表に明瞭に注記されているかどうか。

次に，財務諸表における注記が適切であると判断した場合，無限定適正意見を表明するとともに，監査報告書の強調事項の区分に次の事項を記載する。

⑴　継続企業の前提に重要な疑義を生じさせるような事象または状況が存在する旨およびその内容
⑵　当該事象または状況を解消し，または改善するための対応策
⑶　継続企業の前提に関する重要な不確実性が認められる旨およびその理由
⑷　財務諸表は継続企業を前提として作成されており，当該重要な不確実性の影響を財務諸表に反映していない旨

なお，⑵の対応策および⑶のうち継続企業の前提に関する重要な不確実性が認められる理由については，内容を記載する方法に代え，財務諸表における該当部分を参照する方法によることができる。

他方，財務諸表における注記が適切でないと判断した場合，監査人は，監査基準委員会報告書705「独立監査人の監査報告書における除外事項付意見」に従い，状況に応じて限定意見または否定的意見を表明しなければならない。ま

た，この場合，監査人は，継続企業の前提に関する重要な不確実性が認められる旨を監査報告書に記載しなければならない。

b） 継続企業を前提として財務諸表を作成することが適切でない場合（同：第20項）

監査人は，継続企業を前提として財務諸表が作成されている場合に，継続企業を前提として経営者が財務諸表を作成することが適切でないと判断したときには，否定的意見を表明しなければならない。なお，このとき，経営者が継続企業の前提に基づき財務諸表を作成することが不適切である旨を財務諸表に注記している場合でも，監査人は否定的意見を表明しなければならない。

継続企業を前提として財務諸表を作成することが適切でない場合には，例えば，次のような一定の事実が存在する場合がある。

- 更生手続開始決定の取消し，更生計画の不認可
- 再生手続開始決定の取消し，再生計画の不認可
- 破産手続開始の申立て
- 会社法の規定による特別清算開始の申立て
- 法令の規定による整理手続によらない関係者の協議等による事業継続の中止に関する決定
- 行政機関による事業停止命令

c） 経営者が継続企業の前提に関する評価を実施しないまたは評価期間を延長しない場合（同：第21項）

監査人は，監査人が評価の実施または評価期間の延長を求めたにもかかわらず経営者がこれを行わない場合に，監査報告書への影響を考慮しなければならない。この場合，監査人が監査報告書において限定意見の表明または意見不表明とすることが適切なときがある。なぜなら，経営者が進めている対応策または改善するその他の要因の存在についての監査証拠等，継続企業を前提として財務諸表を作成することに関する十分かつ適切な監査証拠を入手することができないからである。

フローチャートを用いて，監査意見の変化を類型化したのが次頁の**図表11-7**である。

〔図表11-7〕「継続企業の前提」に関する監査手続と監査意見のパターン

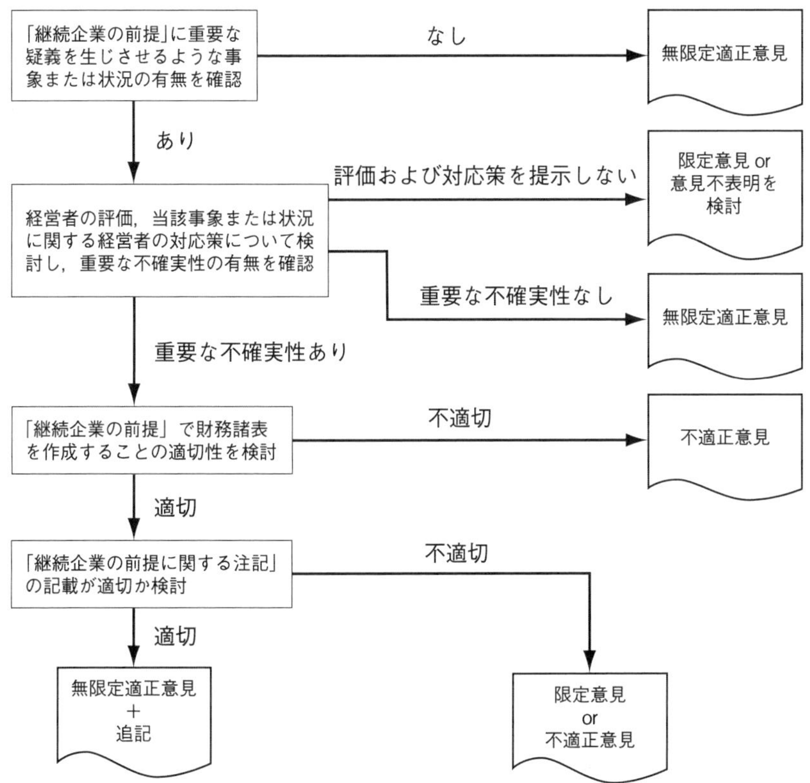

（出所）　企業会計審議会総会（平成21年4月9日開催）議事録，資料1－3一部修正

III　内部統制の監査

2006（平成18）年6月に成立した金融商品取引法は，上場会社等を対象に，財務報告に係る内部統制の経営者による評価と公認会計士または監査法人（以下，「監査人」という）による監査を義務づけた。この制度は平成20年4月1日以後開始する事業年度から実施されている。現在，この金商法に基づく内部統制報告制度のベースになっているものが，企業会計審議会が2011（平成23）年3月に公表した『財務報告に係る内部統制の評価及び監査の基準並びに財務報

告に係る内部統制の評価及び監査に関する実施基準の改訂について（意見書）』（以下，「内部統制意見書」という）である。

この「内部統制意見書」は，①前文，②「財務報告に係る内部統制の評価及び監査の基準」（「**内部統制基準**」という），③「財務報告に係る内部統制の評価及び監査に関する実施基準」（「**実施基準**」という）から成り立っている。内部統制意見書を理解するに際しては，②と③の関係を理解しておく必要がある。

内部統制基準は，次のような内容から構成されている。

Ⅰ．内部統制の基本的枠組み

Ⅱ．財務報告に係る内部統制の評価及び報告

Ⅲ．財務報告に係る内部統制の監査

この金商法による内部統制報告制度は国際的状況（例えば米国企業改革法）および国内的状況（例えば西武鉄道事件など）を契機にディスクロージャー制度の信頼性の確保ために導入された。

この制度は，**内部統制監査**の実施主体である監査人にとって，法律の規制を受ける新たな保証業務が創設されたことを意味する。

本節では，上記の「内部統制意見書」に依拠して，内部統制報告書（**図表11－8**）を示し，内部統制監査制度について説明する。

1　内部統制監査の意義

内部統制監査は，正式には，「経営者による財務報告に係る内部統制の有効性の評価結果に対する財務諸表監査の監査人による監査」（「内部統制基準」Ⅲ・1）という。

正式名称での経営者とは，監査役設置会社では代表取締役，委員会設置会社では代表執行役，**財務報告**とは財務諸表および財務諸表に重要な影響を及ぼす可能性のある情報を意味する。さらに，内部統制とは第1章で説明した内部統制を意味する（22頁～参照）。財務報告に係る内部統制が有効であるとは，当該内部統制が適切な内部統制の枠組みに準拠して整備・運用されており，当該内部統制に開示すべき重要な不備がないことを指し，そして内部統制監査の目的は次のように規定されている。

〔図表11-8〕内部統制報告書

1　【財務報告に係る内部統制の基本的枠組みに関する事項】

取締役社長○○○○は，当社の財務報告に係る内部統制の整備及び運用に責任を有しており，企業会計審議会の公表した「財務報告に係る内部統制の評価及び監査の基準並びに財務報告に係る内部統制の評価及び監査に関する実施基準の設定について（意見書）」に示されている内部統制の基本的枠組に準拠して財務報告に係る内部統制を整備及び運用している。

なお，内部統制は，内部統制の各基本的要素が有機的に結びつき，一体となって機能することで，その目的を合理的な範囲で達成しようとするものである。このため，財務報告に係る内部統制により財務報告の虚偽の記載を完全には防止又は発見することができない可能性がある。

2　【評価の範囲，基準日及び評価手続に関する事項】

財務報告に係る内部統制の評価は，当事業年度の末日である平成△△年３月31日を基準日として行われており，評価に当たっては，一般に公正妥当と認められる財務報告に係る内部統制の評価の基準に準拠した。

本評価においては，連結ベースでの財務報告全体に重要な影響を及ぼす内部統制（全社的な内部統制）の評価を行った上で，その結果を踏まえて，評価対象とする業務プロセスを選定している。当該業務プロセスの評価においては，選定された業務プロセスを分析した上で，財務報告の信頼性に重要な影響を及ぼす統制上の要点を識別し，当該統制上の要点について整備及び運用状況を評価することによって，内部統制の有効性に関する評価を行った。

財務報告に係る内部統制の評価の範囲は，会社並びに連結子会社及び持分法適用会社について，財務報告の信頼性に及ぼす影響の重要性の観点から必要な範囲を決定した。財務報告の信頼性に及ぼす影響の重要性は，金額的及び質的影響の重要性を考慮して決定しており，会社並びに連結子会社○○社及び持分法適用会社○社を対象として行った全社的な内部統制の評価結果を踏まえ，業務プロセスに係る内部統制の評価範囲を合理的に決定した。なお，連結子会社○○社並びに持分法適用会社○○社については，金額的及び質的重要性の観点から僅少であると判断し，全社的な内部統制の評価範囲に含めていない。

業務プロセスに係る内部統制の評価範囲については，各事業拠点の前連結会計年度の売上高（連結会社間取引消去後）の金額が高い拠点から合算していき，前連結会計年度の連結売上高の概ね２／３に達している52事業拠点を「重要な事業拠点」とした。なお，当連結会計年度の連結売上高に照らしても評価範囲が十分であることを確認している。選定した重要な事業拠点においては，企業の事業目的に大きく関わる勘定科目として売上高，売掛金及び棚卸資産に至る業務プロセスを評価の対象とした。

さらに，選定した重要な事業拠点にかかわらず，それ以外の事業拠点をも含めた範囲について，重要な虚偽記載の発生可能性が高く，見積りや予測を伴う重要な勘定科目に係る業務プロセスやリスクが大きい取引を行っている事業又は業務に係る業務プロセスを財務報告への影響を勘案して重要性の大きい業務プロセスとして評価対象に追加している。

3　【評価結果に関する事項】

上記の評価の結果，当事業年度末日時点において，当社の財務報告に係る内部統制は有効であると判断した。

4　【付記事項】

該当事項なし。

5　【特記事項】

該当事項なし。

内部統制監査の目的は，経営者の作成した内部統制報告書が，一般に公正妥当と認められる内部統制の評価の基準に準拠して，内部統制の有効性の評価結果をすべての重要な点において適正に表示しているかどうかについて，監査人自らが入手した監査証拠に基づいて判断した結果を意見として表明することにある（「内部統制基準」Ⅲ・１）。

上記の目的に係る規定を踏まえ，第３章で説明した「保証業務意見書」による保証業務の定義の観点から，内部統制監査を図（**図表11-９**）で示しかつ定義すると次のようになる。

内部統制監査は，主題である企業の財務報告に係る内部統制の有効性を，当該主題に責任を負う者としての経営者が，一定の規準としての**一般に公正妥当と認められる内部統制の評価の基準**にしたがって評価し，その結果を表明する情報としての**内部統制報告書**を想定利用者たる投資者等に提示することを前提として成立する。業務実施者である監査人が，提示された当該内部統制報告書について，それに対する想定利用者たる投資者等の信頼の程度を高めるために，自らが入手した監査証拠に基づき一般に公正妥当と認められる内部統制の評価の基準に照らして判断した結果を結論として報告する業務である，ということになる。

内部統制監査は，主題情報を対象とする保証業務に分類される。いわゆる**情報監査**の枠組みのなかで実施されることになる。それゆえに，わが国の内部統

〔図表11-９〕内部統制監査の枠組み

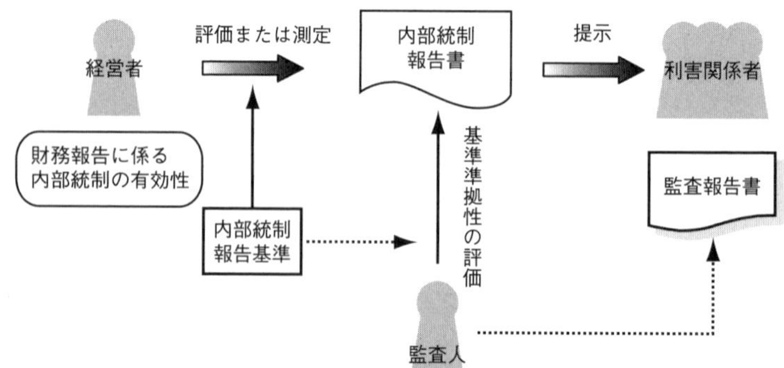

制監査は，「経営者が整備・運用している内部統制のシステムそのものを監査人が自らが検証し，その有効性に関する結論を表明する」監査（ダイレクト・レポーティング）ではないことに注意を要する。

また，内部統制監査は，正式名称から判断できるように，効果的・効率的な監査を実施するため財務諸表監査と同一の監査人により，財務諸表監査と一体となって行われる。ここで「同一の監査人」とは，監査事務所のみならず，業務執行社員も同一であることを意味する。内部統制監査が財務諸表監査と一体となって行われることで，内部統制監査の過程で得られた監査証拠は，財務諸表監査の内部統制の評価における監査証拠として利用され，また，財務諸表監査の過程で得られた監査証拠も内部統制監査の証拠として利用されることがある。

2　内部統制監査の実施

内部統制監査は，経営者による財務報告に係る内部統制の評価結果を踏まえて行われる。そのため，内部統制監査は，経営者による財務報告に係る内部統制の評価プロセスに対応させた形で実施されることになる。

すなわち，**図表11-11**に示されているように，経営者による内部統制の評価が，「評価範囲の決定」→「**全社的な内部統制（企業集団全体に関わり連結ベースでの財務報告全体に重要な影響を及ぼす内部統制）**の評価」→「**業務プロセスに係る内部統制（業務プロセスに組み込まれ一体となって遂行される内部統制）**の評価」というプロセス（図表11-11の中央の流れ）を辿ることに対応して，内部統制監査は，策定された監査計画に基づいて，「評価範囲の妥当性の検討」→「全社的な内部統制の評価の妥当性の検討」→「業務プロセスに係る内部統制

〔図表11-10〕内部統制監査制度

経営者		監査人	
財務諸表	内部統制報告書	財務諸表に対する監査報告書	内部統制報告書に対する監査報告書

の評価の妥当性の検討」というプロセス（図表11-11の右側の流れ）で実施される。これを「トップダウン型のリスク・アプローチ」という。リスク・アプローチは第７章で説明した。トップダウン型とは全社的な内部統制を評価し，業務プロセスレベルの評価範囲を絞り込むという考え方である。

〔図表11-11〕内部統制の構築・評価・監査

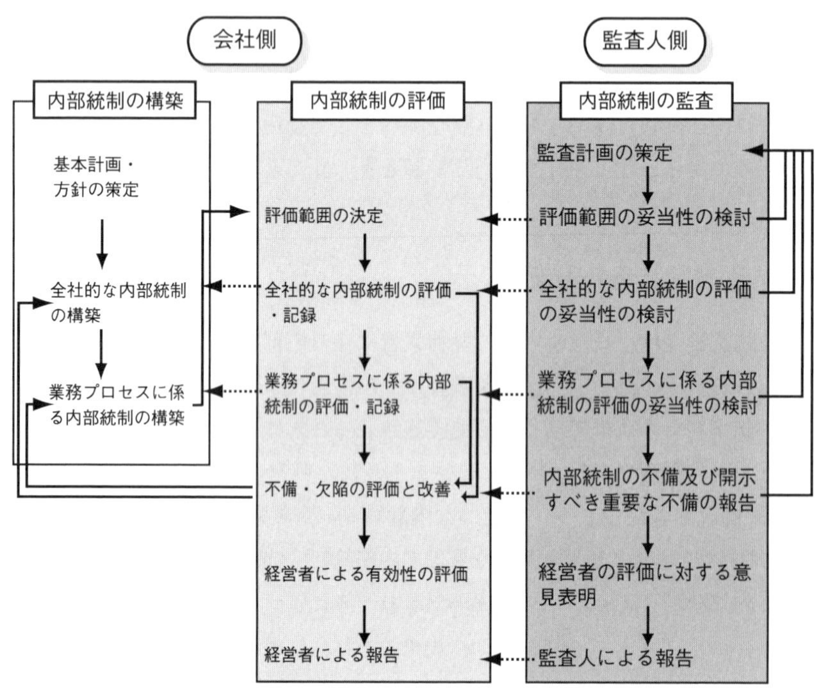

（出所）　企業会計審議会「内部統制部会」第８回〔平成17年５月25日〕資料２を一部修正

（1） 監査計画の策定

内部統制監査は，原則として，財務諸表監査と同一の監査人が実施する。そのため，監査人は，内部統制監査を効果的・効率的に実施するために，内部統制監査の計画を財務諸表監査の監査計画に含めて策定することとなる。監査計画の策定に関して，内部統制基準は次のように定めている。

> 監査人は，企業の置かれた環境や事業の特性等を踏まえて，経営者による内部統制の整備及び運用状況並びに評価の状況を十分に理解し，監査上の重要性を勘案して監査計画を策定しなければならない。
>
> 監査人は，監査計画の前提として把握した事象や状況が変化した場合，あるいは監査の実施過程で内部統制の不備（開示すべき重要な不備を含む）を発見した場合には，内部統制の改善を評価する手続を実施するなど，適時に監査計画を修正しなければならない（「内部統制基準」Ⅲ・３・（１））

内部統制監査は，経営者による財務報告に係る内部統制の評価結果を踏まえて実施される。したがって，監査人には，監査計画の策定に際して，経営者による**内部統制の整備および運用状況**に加えて，経営者による**内部統制の評価の状況**の理解が求められることになる。

そこで，監査人は，記録の閲覧，経営者および適切な管理者または担当者への質問等により，例えば，次に掲げる事項を含む財務報告に係る内部統制の有効性を評価する経営者の評価手続の内容について，その計画も含めて把握し，理解する。

- 評価の範囲の決定など，重要な手続の内容およびその実施時期
- 内部統制の不備が，開示すべき重要な不備に該当するか判定するための重要性の判断基準等の設定状況
- 既に経営者，監査役または監査委員会，取締役会に報告された内部統制の開示すべき重要な不備の有無とその内容
- 内部監査等を通じて実施された作業の結果

監査計画を策定する前提となった事象や状況が変化した場合，監査の実施過程で新たな重要な事実を発見した場合，適宜，監査人は監査計画を修正しなければならない。

(2) 評価範囲の妥当性の検討

経営者により決定された内部統制の評価の範囲の妥当性を判断する際，監査人が実施する手続としては，以下のものが挙げられる。

> 監査人は，経営者により決定された内部統制の評価の範囲の妥当性を判断するために，経営者が当該範囲を決定した方法及びその根拠の合理性を検討しなければならない。
>
> 特に，監査人は，経営者がやむを得ない事情により，内部統制の一部について十分な評価を実施できなかったとして，評価手続を実施できなかった範囲を除外した内部統制報告書を作成している場合には，経営者が当該範囲を除外した事情が合理的であるかどうか及び当該範囲を除外することが財務諸表監査に及ぼす影響について，十分に検討しなければならない（「内部統制報告基準」Ⅲ・3・(2)）。

- 連結ベースのすべての事業拠点を網羅した事業拠点の一覧を入手して，事業拠点の識別の方法および識別された結果が適切であるか確認する。そのため，監査人は，評価対象とする重要な事業拠点を選定する際に経営者が採用した指標の適切性と，実際にその指標に基づき重要な事業拠点が適切に選定されているかを確認する。
- 重要な事業拠点について，一般事業会社の場合，売上，売掛金，棚卸資産など企業の事業目的に大きく関わる重要な勘定科目に至る業務プロセスが，「実施基準」に照らして適切に評価対象とされているか確認する。また，経営者が当該重要な事業拠点が行う事業との関連性が低く，財務報告に対する影響の重要性も僅少であるとして評価対象としなかった業務プロセスがある場合，その適切性を確認する。
- 重要な事業拠点およびそれ以外の事業拠点において，財務報告に重要な影響を及ぼす業務プロセスがある場合，それが「実施基準」に照らして適切に追加的な評価対象とされているかを確認する。また，全社的な内部統制の評価結果を踏まえて，経営者が業務プロセスに係る評価の範囲，方法等を調整している場合，監査人は，当該調整の妥当性を確認する。

- 経営者は，財務報告に係る内部統制の有効性の評価手続およびその評価結果，並びに発見した不備及びその是正措置に関して，記録し保存しなければならない（「実施基準」II・3・（7）・①，②）。そこで，監査人は，この経営者による内部統制の記録の**閲覧**や経営者及び適切な管理者または担当者への**質問等**により，評価範囲の妥当性を検討する。

経営者の決定した評価範囲の妥当性は，内部統制報告制度全体の成否の鍵を握っている。ところが，監査人が，経営者の決定した評価範囲の妥当性を検討した結果，それが適切でないと判断した場合，経営者が新たな評価範囲について，業務プロセスに係る内部統制の有効性を評価し直すことは，時間的な制約等から困難となることが予想される。このため，「実施基準」は次の規定を設け，経営者による評価範囲決定後における監査人と経営者による協議の必要性を指摘している。

> 監査人による評価範囲の妥当性の検討の結果，経営者の決定した評価範囲が適切でないと判断されることが考えられ，この場合，経営者は新たな評価範囲について評価し直す必要が生じるが，その手続の実施には時間的な制約等の困難が伴う場合も想定される。したがって，監査人は，経営者が内部統制の評価の範囲を決定した後に，当該範囲を決定した方法及びその根拠等について，必要に応じて経営者と協議を行っておくことが適切である（「実施基準」III・3・（2）・③）。

（3） 全社的な内部統制の評価の妥当性の検討

経営者による内部統制の評価には，図表11-11から明らかなように，①全社的な内部統制の評価，②業務プロセスに係る内部統制の評価がある。それゆえに，内部統制監査もこの手順にしたがって，実施される。

> 監査人は，経営者による全社的な内部統制の評価の妥当性について検討する。監査人は，この検討に当たって，取締役会，監査役会又は監査委員会，内部監査等，経営レベルにおける内部統制の整備及び運用状況について十分に考慮しなければならない（「内部統制基準」Ⅲ・３・（３））。

経営者による全社的な内部統制の評価の妥当性を検討するに当たって，監査人は，経営者が全社的な内部統制を評価するに際して採用した評価項目の適切性を確認するとともに，先述した経営者による内部統制の記録の閲覧や経営者等に対する質問等を通じて，各評価項目についての経営者の評価結果，経営者が当該評価を得るに至った根拠等を確認し，経営者の評価結果の適切性を判断する。

さらに，監査人は，取締役会ならびに監査役または監査委員会の経営者に対する監視機能について検討する。有価証券報告書等の財務報告書類については，最終的には経営者が責任を持って作成し公表することになるが，公表に至る過程での取締役会や監査役または監査委員会の監視機能が適切な情報開示に重要な役割を果たすからである。

監査人は，全社的な内部統制に不備が認められる場合，それが業務プロセスに係る内部統制に及ぼす影響も含め，財務報告に重要な影響を及ぼす可能性について慎重に検討し，経営者の評価が妥当であるかを確認する。

（４） 業務プロセスに係る内部統制の評価の妥当性の検討

> 監査人は，経営者による業務プロセスに係る内部統制の評価の妥当性について検討する。監査人は，この検討に当たって，経営者による全社的な内部統制の評価の状況を勘案し，業務プロセスを十分に理解した上で，経営者が統制上の要点を適切に選定しているかを評価しなければならない。
>
> 監査人は，経営者が評価した個々の統制上の要点について，内部統制の基本的要素が適切に機能しているかを判断するため，実在性，網羅性，権利と義務の帰属，評価の妥当性，期間配分の適切性及び表示の妥当性等の監査要点に適合した監査証拠を入手しなければならない。
>
> なお，業務プロセスにおける内部統制の基本的要素が機能しているかどうかを

判断するに当たっては，内部統制の整備及び運用状況（ITへの対応を含む。）についても十分に検討しなければならない（「内部統制基準」Ⅲ・3・(4)）。

監査人は，経営者による全社的な内部統制の評価の状況を勘案した上で，評価対象となった業務プロセスに係る内部統制の整備および運用状況を理解し，経営者の評価の妥当性について検討する。この理由は個々の業務プロセスに係る内部統制の整備および運用状況を検討しなければ，実際に誤りが生じるような不備や開示すべき重要な不備の存在は発見できないからである。

マメ知識11-4

業務プロセス

業務プロセスという用語はなじみのない用語である。図で示しておこう。

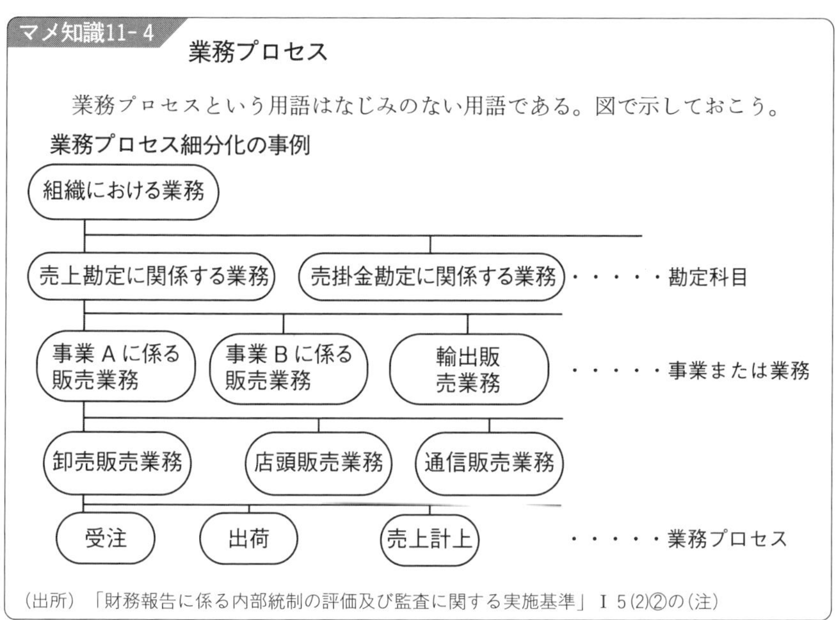

（出所）「財務報告に係る内部統制の評価及び監査に関する実施基準」Ⅰ5(2)②の(注)

①　業務プロセスに係る内部統制の整備状況の検討

監査人は，評価対象となった業務プロセスに係る内部統制の整備状況を理解しなければならない。そのため，監査人は，入手した経営者による内部統制の整備状況に関する記録の閲覧や経営者および適切な管理者または担当者に対する質問等により，以下の事柄について把握ないし確認，あるいは検討する。

a）　業務プロセスにおける取引の流れの把握と会計処理過程の理解

監査人は，評価対象となった業務プロセスにおいて，取引がどのように開始，承認，記録，処理および報告されるかを含めて，取引の流れを把握する。また，取引の発生から集計，記帳といった会計処理の過程を理解する。記録の閲覧や質問等では，内部統制の整備状況について理解することが困難である場合，監査人は，必要に応じ業務プロセスの現場に赴いて確認することにより，当該業務プロセスにおいて実施されている手続の適否等を確認する。

また，内部統制の整備状況に関する理解を確実なものとするために有用な手続として，業務プロセスにおける代表的な取引を１つあるいは複数選んで，取引の開始から取引記録が財務諸表に計上されるまでの流れを追跡する，これは**ウォーク・スルー**という手続である。監査人は，内部統制の適切な管理者および担当者が内部統制の整備に関し，必要な権限，能力を有しているかにも留意する。

b） 重要な虚偽記載の発生するリスクおよび統制上の要点の識別方法についての把握

監査人は，経営者が財務報告の重要な事項に虚偽記載の発生するリスクをどのように識別したか，また当該リスクを低減するために中心的な役割を果たす内部統制（統制上の要点）をどのように識別したのかを把握する。

c） 統制上の要点がリスクを十分に低減できるかどうかの検討

監査人は，**統制上の要点**が既定の方針にしたがって運用された場合，財務報告の重要な事項に虚偽記載が発生するリスクを十分に低減できるものとなっているかを検討する。その際，それらが実在性，網羅性，権利と義務の帰属，評価の妥当性，期間配分の適切性および表示の妥当性といった適切な財務情報を作成するための要件を確保する合理的な保証を提供できるものとなっているかにより判断する。この判断をもとに，監査人は，内部統制の整備状況の有効性に関する経営者の評価の妥当性を検証する。

② 業務プロセスに係る内部統制の運用状況の検討

監査人は，評価対象となった業務プロセスについて，内部統制が設計どおりに適切に運用されているかどうかおよび統制を実施する担当者や責任者が当該統制を有効に実施するのに必要な権限と能力等を有しているかどうか把握し，内部統制の運用状況の有効性に関する経営者の評価の妥当性を検討する。

a）　運用状況の検討の内容および実施方法

監査人は，評価対象となった業務プロセスに係る内部統制の運用状況を理解しなければならない。監査人は，「実施基準」が要求している経営者による内部統制の運用状況に関する記録を入手し，関連文書の閲覧，適切な管理者または担当者に対する質問等により，内部統制の実施状況（自己点検の状況を含む）を検証する。記録の閲覧や質問等では検証が困難な場合，業務の観察や必要に応じて適切な管理者または担当者に再度手続を実施させることによって検証する。

具体的な手続については，基本的に，監査人が自ら選択したサンプルを用いた試査により適切な証拠を入手する方法で行われる。その際，例えば，反復継続的に発生する定型的な取引については，監査の効率性の観点から，経営者が無作為にサンプルを抽出している場合に，統制上の要点として選定した内部統制ごとに，経営者が抽出したサンプルの妥当性の検討を行った上で，監査人自らが改めて当該サンプルをサンプルの全部または一部として選択することができる。

なお，前年度において，内部統制の評価結果が有効であった業務プロセスに係る内部統制の運用状況の評価に当たっては，当該業務プロセスに係る内部統制の整備状況に重要な変更がないなど新たに確認すべき事項がない場合，経営者が評価において選択したサンプルおよびその評価結果を利用するなど効率的な手続の実施に留意する。

b）　運用状況の検討の実施時期

監査人は，期末日現在において，内部統制が有効に運用されているかを判断できるように適切な時期に内部統制の運用状況の検討を行わなければならない。

監査人が運用状況の検討を実施する時期は，検討対象となる内部統制の性質や対象となる内部統制が実行される頻度により異なる。例えば，**決算・財務報告プロセスに係る内部統制**の運用状況の評価については，当該期において適切な決算・財務報告プロセスが確保されるよう，仮に不備があるとすれば早期に是正が図られるべきである。また，財務諸表監査における内部統制評価プロセスと重なり合う部分も多いと考えられることから，期末日までに内部統制に関する重要な変更があった場合には適切な追加手続が実施されることを前提に，前年度の運用状況をベースに，早期に実施されることが効率的・効果的であることに留意する。

経営者は，評価の実施から期末日までの期間に内部統制に重要な変更があった場合，変更に係る内部統制の整備および運用状況の把握および評価に必要な追加手続を実施することを求められている。そこで，経営者にそのような追加的な手続が求められる場合，監査人は，追加手続の適切性の確認を求められることになる。

c） **運用状況の検討方法の決定に関する留意事項**

監査人は，内部統制の運用状況の検討方法を決定するに際して，内部統制の重要性および複雑さならびに内部統制の運用に際しなされる判断の重要性，内部統制の実施者の能力，内部統制の実施頻度および前年度の検討結果やその後の変更の状況等を考慮する。特に，決算・財務報告プロセスに係る内部統制は，財務報告の信頼性に関して重要な業務プロセスであることに加え，その実施頻度が低いため，監査人が検討できる実例の数は少ないものとなる。したがって，決算・財務報告プロセスに係る内部統制は，他の内部統制よりも慎重な運用状況の検討作業を行う必要がある。

③ 業務プロセスに係る内部統制の不備の検討

経営者だけではなく，監査人も，識別された内部統制の不備が，個々にまたは組み合わせにより開示すべき重要な不備に該当するかどうか判断しなければならない。不備と開示すべき重要な不備とは異なる。

内部統制の不備とは，「内部統制が存在しない，又は規定されている内部統制では内部統制の目的を十分に果たすことができない等の整備上の不備と，整備段階で意図したように内部統制が運用されていない，又は運用上の誤りが多い，あるいは内部統制を実施する者が統制内容や目的を正しく理解していない等の運用の不備からなる」（「実施基準」II・1・②・イ）とされている。

一方，開示すべき重要な不備とは，財務報告に重要な影響を及ぼす可能性が高い財務報告に係る内部統制の不備をいう（「内部統制報告基準」II・1・(4)）。

監査人は，以下のプロセスにしたがって識別された内部統制の不備が開示すべき重要な不備に該当するかどうかを判断する。

a）不備が及ぼす影響の範囲についての検討

監査人は，業務プロセスに係る内部統制の不備が発見された場合，不備の重要性を判断するに当たり，当該業務プロセスに係る内部統制の不備がどの勘定科目にどの範囲で影響を及ぼすかを検討する。例えば，ある事業拠点において，ある商品の販売に係る業務プロセスで問題が起きた場合，その問題の影響が及ぶ売上高は，問題となった業務プロセスが当該商品に係る販売プロセスに固有のものであるか，当該事業拠点におけるその他の商品に係る販売プロセスにも横断的に実施されているものであるかにより異なる。

前者の場合，その問題は当該商品の売上高だけに影響を及ぼすものと考えられる。後者の場合，当該事業拠点全体の売上高に影響を及ぼすものと考えられる。また，他の事業拠点でも，問題となった業務プロセスと同様の業務手順を横断的に用いている場合，問題の影響は当該他の事業拠点全体の売上高にも及ぶと考えられる。

b）影響の発生可能性の検討

監査人は，上記の影響が実際に発生する可能性を検討する。発生確率を決定する方法としては，サンプリングの結果を用いて統計的に導き出すことが考えられる。その他，検出された例外事項の大きさ・頻度やその発生原因，さらには，他の内部統制との代替可能性に留意して，リスクの程度を定性的（例えば，発生の可能性の高・中・低）に把握し，それに応じて予め定めた比率を発生確率として適用することも考えられる。

c）内部統制の不備の質的・量（金額）的重要性の判断

監査人は，内部統制の不備が及ぼす影響の範囲とその発生可能性についての検討を踏まえて，当該不備が財務報告に及ぼす潜在的な影響額を検討し，その質的・金額的重要性を判断する。金額的重要性の判断に当たっては，経営者による評価の場合と同様に，例えば，「連結税引前利益の概ね５％程度」といった数値基準によって判断する。業務プロセスに係る内部統制の不備が及ぼす影響に質的または金額的な重要性があると認められる場合には，当該不備は開示すべき重要な不備に該当するものと判断される。

(5) 内部統制の開示すべき重要な不備の報告と是正

内部統制監査の実施過程で，監査人は，内部統制に開示すべき重要な不備や不備を発見することもありうる。これに対しては，以下のように対応することとされている。

> 監査人は，内部統制監査の実施において内部統制の開示すべき重要な不備を発見した場合には，経営者に報告して是正を求めるとともに，当該開示すべき重要な不備の是正状況を適時に検討しなければならない。また，監査人は，当該開示すべき重要な不備の内容及びその是正結果を取締役会及び監査役会又は監査委員会に報告しなければならない。
>
> 監査人は，内部統制の不備を発見した場合でも，適切な者に報告しなければならない。
>
> 監査人は，内部統制監査の結果について，経営者，取締役会及び監査役会又は監査委員会に報告しなければならない（「内部統制基準」Ⅲ・３・（５））。

以下，この規定を説明する。

① 開示すべき重要な不備等の報告

内部統制の整備・運用は是正の繰返しであり，**開示すべき重要な不備**または不備を発見した場合，是正措置を講じなければならない。監査人が監査実施過程で内部統制の開示すべき重要な不備または不備を発見した場合には，監査人は経営者等に報告しなければならない。この時，内部統制の開示すべき重要な不備を発見した場合と不備を発見した場合とでは報告先が異なるので，注意が必要である。

〔図表11-12〕開示すべき重要な不備と不備

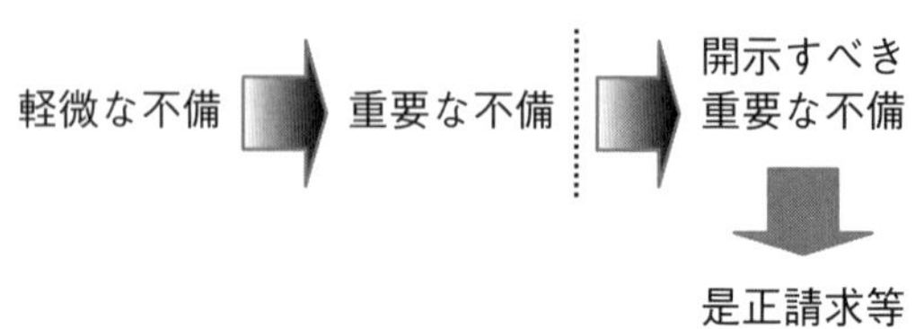

開示すべき重要な不備を発見した場合には，監査人はその内容を経営者に報告して財務報告の信頼性を高めるため是正を求め，また，監査人は当該開示す

べき重要な不備の内容を経営者に報告した旨を，取締役会および監査役または監査委員会に報告しなければならない。

他方，監査人は，開示すべき重要な不備以外の不備を積極的に発見することを要求されてはいない。しかし，財務報告に係る内部統制のその他の不備を発見した場合には，適切な管理責任者に適時に報告しなければならない。

②　開示すべき重要な不備の是正状況の検討

a）期中に存在した開示すべき重要な不備の是正状況の確認

監査人が監査の実施過程で内部統制の開示すべき重要な不備を発見した場合，経営者に報告して是正を求めるとともに，当該開示すべき重要な不備の是正状況を適時に確認しなければならない。仮に，経営者または監査人が開示すべき重要な不備を発見した場合でも，前年度以前に発見された開示すべき重要な不備を含め，それが内部統制報告書における評価時点である期末日までに是正されていれば，内部統制は有効であると認めることができるからである。監査人は，開示すべき重要な不備の是正結果を，取締役会および監査役または監査委員会に報告しなければならない。

また，評価時点である期末日までに開示すべき重要な不備について是正措置が実施された場合，監査人は，実施された是正措置について経営者が行った評価が適切であるかの確認を行う。

b）期末日後の是正措置

経営者は，期末日後内部統制報告書の提出日までに開示すべき重要な不備に対して是正措置を実施した場合，その内容を内部統制報告書に付記事項として記載することができる。このような場合，監査人は，当該付記事項の記載内容の妥当性を検討することを求められる。監査人は，当該付記事項の記載内容が適切と判断した場合，追記情報として内部統制監査報告書に重ねて記載する。一方，記載内容が不適切と判断した場合は，当該不適切な記載についての除外事項を付した限定付適正意見を表明するか，または内部統制報告書の表示が不適正である旨の監査意見を表明し，その理由を記載しなければならない。

内部統制報告書の提出日までに有効な内部統制を整備し，その運用の有効性を確認している場合，経営者は，是正措置を完了した旨を，実施した是正内容とともに記載することとなる。このような記載が行われる場合，記載内容の適正性について確認を実施することが監査人に求められる。

3　内部統制監査の報告

(1)　意見の表明と内部統制監査報告書の記載事項

内部統制監査の最後の段階は，監査意見の表明である。監査人は，経営者の作成した内部統制報告書が，一般に公正妥当と認められる内部統制の評価の基準に準拠し，財務報告に係る内部統制の評価について，すべての重要な点において適正に表示しているかどうかについて，**内部統制監査報告書**により監査意見を表明する。

監査人が，無限定適正意見を表明する場合には，内部統制監査報告書には次の事項が記載される。

①　内部統制監査の対象

内部統制監査の範囲

②　経営者の責任

イ．財務報告に係る内部統制の整備及び運用並びに内部統制報告書の作成の責任は経営者にあること

ロ．内部統制の固有の限界

③　監査人の責任

イ．内部統制監査を実施した監査人の責任は，独立の立場から内部統制報告書に対する意見を表明することにあること

ロ．内部統制監査に当たって，監査人が一般に公正妥当と認められる財務報告に係る内部統制の監査の基準に準拠して監査を実施したこと

ハ．財務報告に係る内部統制監査の基準は監査人に内部統制報告書には重要な虚偽表示がないことについて，合理的な保証を得ることを求めていること

ニ．内部統制監査は，内部統制報告書における財務報告に係る内部統制の評価結果に関して監査証拠を得るための手続を含むこと

ホ．内部統制監査は，経営者が決定した評価範囲，評価手続及び評価結果を含め全体としての内部統制報告書の表示を検討していること

ヘ．内部統制監査の監査手続の選択及び適用は，監査人の判断によること

ト．内部統制監査の結果として入手した監査証拠が意見表明の基礎を与える十分かつ適切なものであること

④　**監査人の意見**

イ．内部統制報告書における経営者の評価結果

ロ．内部統制報告書が一般に公正妥当と認められる内部統制の評価の基準に準拠し，財務報告に係る内部統制の評価結果について，すべての重要な点において適正に表示していると認められること（「内部統制基準」III・4・(3)）

これらの事項に基づいて作成される内部統制監査報告書は，原則として，財務諸表監査における監査報告書に併せて記載される。この一体型の報告書を**統合監査報告書**という（**図表11-13**）。財務諸表監査と内部統制監査が，同一の監査人によって実施されるためである。

統合監査報告書に含まれる内部統制監査に対する監査意見の基本は適正意見監査報告書である。しかしながら，財務諸表監査と同様に，除外事項の有無によりさまざまな変化パターン（**図表11-14**）がある。**除外事項**とは次の事項である。

- 監査範囲の制約に関する除外事項
- 不適正事項としての除外事項

〔図表11-13〕統合監査報告書（雛形）

独立監査人の監査報告書及び内部統制監査報告書

平成×年×月×日

○○株式会社
取締役会　御中

○ ○ 監 査 法 人
指 定 社 員
業務執行社員　公認会計士 ○○○○ 印
指 定 社 員
業務執行社員　公認会計士 ○○○○ 印

〈財務諸表監査〉

当監査法人は，金融商品取引法第193条の２第１項の規定に基づく監査証明を行うため，「経理の状況」に掲げられている○○株式会社の平成×年×月×日から平成×年×月×日までの連結会計年度の連結財務諸表，すなわち，連結貸借対照表，連結損益計算書，連結包括利益計算書，連結株主資本等変動計算書，連結キャッシュ・フロー計算書，連結財務諸表作成のための基本となる重要な事項，その他の注記及び連結附属明細表について監査を行った。

連結財務諸表に対する経営者の責任

経営者の責任は，我が国において一般に公正妥当と認められる企業会計の基準に準拠して連結財務諸表を作成し適正に表示することにある。これには，不正又は誤謬による重要な虚偽表示のない連結財務諸表を作成し適正に表示するために経営者が必要と判断した内部統制を整備及び運用することが含まれる。

監査人の責任

当監査法人の責任は，当監査法人が実施した監査に基づいて，独立の立場から連結財務諸表に対する意見を表明することにある。当監査法人は，我が国において一般に公正妥当と認められる監査の基準に準拠して監査を行った。監査の基準は，当監査法人に連結財務諸表に重要な虚偽表示がないかどうかについて合理的な保証を得るために，監査計画を策定し，これに基づき監査を実施することを求めている。

監査においては，連結財務諸表の金額及び開示について監査証拠を入手するための手続が実施される。監査手続は，当監査法人の判断により，不正又は誤謬による連結財務諸表の重要な虚偽表示リスクの評価に基づいて選択及び適用される。財務諸表監査の目的は，内部統制の有効性について意見表明するためのものではないが，当監査法人は，リスク評価の実施に際して，状況に応じた適切な監査手続を立案するために，連結財務諸表の作成と適正な表示に関連する内部統制を検討する。また，監査には，経営者が採用した会計方針及びその適用方法並びに経営者によって行われた見積りの評価も含め全体としての連結財務諸表の表示を検討することが含まれる。

当監査法人は，意見表明の基礎となる十分かつ適切な監査証拠を入手したと判断している。

監査意見

当監査法人は，上記の連結財務諸表が，我が国において一般に公正妥当と認められる企業会計の基準に準拠して，○○株式会社及び連結子会社の平成×年×月×日現在の財政状態並びに同日をもって終了する連結会計年度の経営成績及びキャッシュ・フローの状況をすべての重要な点において適正に表示しているものと認める。

〈内部統制監査〉

当監査法人は，金融商品取引法第193条の２第２項の規定に基づく監査証明を行うため，○○株式会社の平成×年×月×日現在の内部統制報告書について監査を行った。

内部統制報告書に対する経営者の責任

経営者の責任は，財務報告に係る内部統制を整備及び運用し，我が国において一般に公正妥当と認められる財務報告に係る内部統制の評価の基準に準拠して内部統制報告書を作成し適正に表示することにある。

なお，財務報告に係る内部統制により財務報告の虚偽の記載を完全には防止又は発見することができない可能性がある。

監査人の責任

当監査法人の責任は，当監査法人が実施した内部統制監査に基づいて，独立の立場から内部統制報告書に対する意見を表明することにある。当監査法人は，我が国において一般に公正妥当と認められる財務報告に係る内部統制の監査の基準に準拠して内部統制監査を行った。財務報告に係る内部統制の監査の基準は，当監査法人に内部統制報告書に重要な虚偽表示がないかどうかについて合理的な保証を得るために，監査計画を策定し，これに基づき内部統制監査を実施することを求めている。

内部統制監査においては，内部統制報告書における財務報告に係る内部統制の評価結果について監査証拠を入手するための手続が実施される。内部統制監査の監査手続は，当監査法人の判断により，財務報告の信頼性に及ぼす影響の重要性に基づいて選択及び適用される。また，内部統制監査には，財務報告に係る内部統制の評価範囲，評価手続及び評価結果について経営者が行った記載を含め，全体としての内部統制報告書の表示を検討することが含まれる。

当監査法人は，意見表明の基礎となる十分かつ適切な監査証拠を入手したと判断している。

監査意見

当監査法人は，○○株式会社が平成×年×月×日現在の財務報告に係る内部統制は有効であると表示した上記の内部統制報告書が，我が国において一般に公正妥当と認められる財務報告に係る内部統制の評価の基準に準拠して，財務報告に係る内部統制の評価結果について，すべての重要な点において適正に表示しているものと認める。

利害関係

会社と当監査法人又は業務執行社員との間には，公認会計士法の規定により記載すべき利害関係はない。

以　上

(出所)　日本公認会計士協会，監査・保証実務委員会報告第82号「財務報告に係る内部統制の監査に関する実務上の取扱い」付録３・文例１，2012年６月

〔図表11-14〕内部統制監査に関する意見の変化パターン

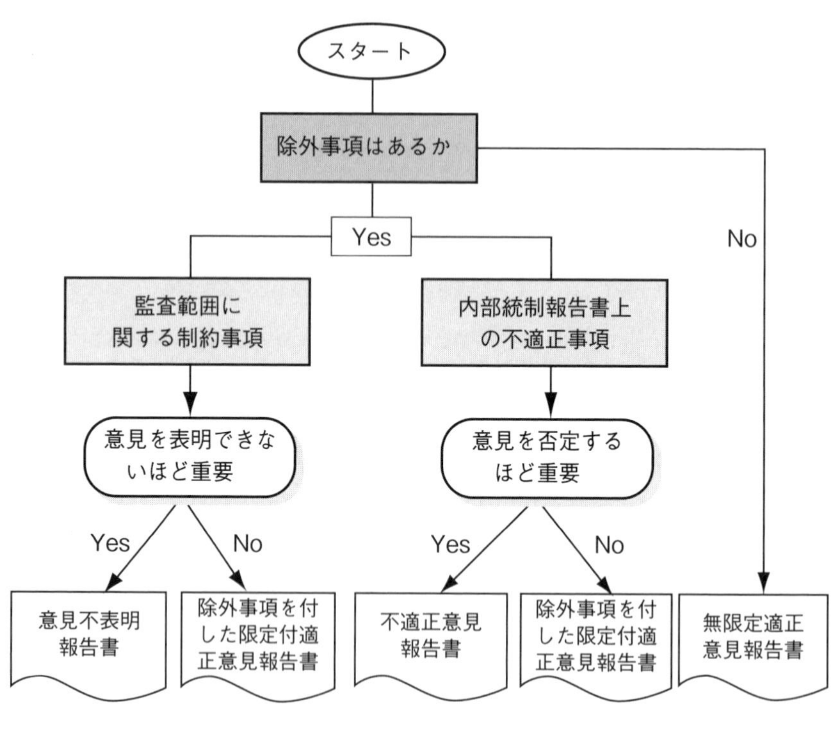

(2) 意見に関する除外

監査人は，内部統制報告書において，経営者が決定した評価範囲，評価手続，および評価結果に関して不適切なものがあり，その影響が無限定適正意見を表明することができない程度に重要ではあるものの，内部統制報告書を全体として虚偽表示に当たるとするほどではないと判断したときは，除外事項を付した限定付適正意見を表明しなければならない。この場合には，別に区分を設けて，次のようにする。

① 除外した不適切な事項

② 財務諸表監査に及ぼす影響

一方，監査人は，内部統制報告書において，経営者が決定した評価範囲，評価手続，および評価結果に関して不適切なものがあり，その影響が内部統制報告書全体として虚偽の表示に当たるとするほどに重要であると判断した場合には，内部統制報告書が不適正である旨の意見を表明しなければならない。この場合には，別に区分を設けて，次のように記載する。

① 不適正である旨

② その理由

③ 財務諸表監査に及ぼす影響

(3) 監査範囲の制約

監査人は，重要な監査手続を実施できなかったこと等により，無限定適正意見を表明することができない場合において，その影響が内部統制報告書全体に対する意見表明ができないほどではないと判断したときには，除外事項を付した限定付適正意見を表明しなければならない。この場合には，別に区分を設けて，次のように記載する。

① 実施できなかった監査手続（範囲区分）

② 財務諸表監査に及ぼす影響

監査人は，重要な監査手続を実施できなかったこと等により，内部統制報告書全体に対する意見表明のための基礎を得ることができなかったときは，意見を表明してはならない。この場合には，別に区分を設けて，次のように記載する。

① 内部統制報告書に対する意見を表明しない旨

② その理由

監査人は，やむを得ない事情により十分な評価を実施できなかった範囲を除き，内部統制報告書が一般に公正妥当と認められる内部統制の評価の基準に準拠し，財務報告に係る内部統制の評価について，すべての重要な点において適正に表示していると認められると判断した場合，内部統制監査報告書において無限定適正意見を表明する。この場合，監査人は，経営者がやむを得ない事情によって評価範囲に含めなかった範囲およびその理由を内部統制監査報告書に追記しなければならない（文例は「監査・保証実務委員会報告第82号付録３　文例３」)。もっとも，経営者による安易な評価範囲の限定は認められるわけではなく，監査人は，経営者が「やむを得ない事情」により内部統制の一部について十分な評価手続を実施できなかったことにつき正当な理由が認められるか否かについて慎重に検討しなければならない。

(4) 追記情報

> 監査人は，次に掲げる強調すること又はその他説明することが適当と判断した事項は，内部統制報告書にそれらを区分した上で，情報として追記するものとする。
>
> ① 経営者が，内部統制報告書に財務報告に係る内部統制に開示すべき重要な不備の内容及びそれが是正されない理由を記載している場合は，当該開示すべき重要な不備がある旨及び当該開示すべき重要な不備が財務諸表監査に及ぼす影響
>
> ② 財務報告に係る内部統制の有効性の評価に重要な影響を及ぼす後発事象
>
> ③ 期末日後に実施された是正措置等
>
> ④ 経営者の評価手続の一部が実施できなかったことについて，やむを得ない事情によると認められるとして無限定適正意見を表明する場合において，十分な評価手続を実施できなかった範囲及びその理由（「実施基準」Ⅲ・5・(3)）

追記情報は例示列挙である。内部統制の有効性の評価時点は期末時点である。しかし，内部統制監査報告書を公表するまでの間に，次期の内部統制の有効性の評価に与える後発事象が発生することや，開示すべき重要な不備に対して経営者による是正措置が講じられることがある。これが②と③のケースである。これらは付記事項（内部統制報告書に記載）に対する監査人の対応として，内部統制基準の草案作成時点から盛り込まれていた。後発事象については，監査人は財務・経理担当役員への質問，決算日後開催された株主総会，取締役会，監査役会など重要な会議の議事録で，後発事象の存在を確認することになる。

他方，①と④は審議過程で追加された追記情報である。

①は内部統制報告書に，経営者が財務報告に関する内部統制に開示すべき重要な不備がある旨，および是正されていない理由を記載している場合の監査人の対応を示したものである。監査人の検証の結果，記載が正しければ適正意見が表明される。そして投資者への情報提供の立場から開示すべき重要な不備と是正されない理由を内部統制監査報告書で監査意見とは区別して，追記情報と

して記載するものである。

④は期末日直前に企業合併などによりこの範囲については十分な評価手続を実施できないケースである。「やむを得ない」とはこれを指している。この場合には，監査人は十分な評価手続を実施できない範囲を除いて内部統制は有効である，と表示した内部統制報告書に適正意見を表明することはできる。この点を強調あるいは注意を喚起するのが，すでに述べた「（３）監査範囲の制約」のケースである。

マメ知識11-5

社会も注目

わが国で財務諸表監査が始まったのは，1957（昭和32）年からであった。その後，会計監査といえば，財務諸表監査であった。ところが，2009（平成21）年３月決算から内部統制監査が始まった。３月決算での当時の金商法の内部統制監査の適用会社数は2,670社であり，内部統制報告書では56社で当社の内部統制には重要な欠陥があり有効ではないという報告書が提出された。内部統制監査報告書では追記情報付きの無限定適正意見が表明されている。

この内部統制報告制度は，日本経済新聞，朝日新聞，NHK テレビなどでも報道され，社会の関心の的になった。

第12章 四半期レビューと中間監査

Summary

- 四半期レビューは，合理的保証業務である年度監査および中間監査とは異なり，限定的保証業務として位置づけられる。
- 四半期レビューは，年度監査と同じく適正性を命題とする。しかし，保証水準が異なるため，結論の表明は，「適正ではないと信じさせる事項は認められなかった」という表現によって行われる。
- 四半期レビューでは，重要性，レビューリスク，虚偽表示リスク，特別に検討を必要とするリスクの評価などからなるリスク・アプローチが採用されている。
- 四半期レビュー手続は，質問，分析的手続を原則とするが，適切な追加的手続として閲覧などの手続が必要となる場合がある。
- 四半期レビューにおける継続企業の前提の検討は，年度監査との連携の視点から，前事業年度末に継続企業の前提に重要な疑義を生じさせるような事象または状況が存在する場合と，そのような事象や状況が存在しない場合に分けられる。
- 四半期レビュー報告書は，「四半期レビューの対象」，「経営者の責任」，「監査人の責任」，「監査人の結論」に4区分して記載する。
- 四半期レビューにおける結論の表明は，無限定の結論，除外事項を付した限定付結論，否定的結論，結論の不表明の4形態がある。
- 中間財務諸表の信頼性を保証するために，レビューではなく，中間監査が実施されており，有用性監査といわれる。

(注) 監査の基本的な用語である「重要な虚偽表示」，「重要な虚偽表示リスク」について，監査基準・中間監査基準・四半期レビュー基準では「重要な虚偽の表示」，「重要な虚偽表示のリスク」と表現されている。他方，監査基準委員会報告書では「重要な虚偽表示」，「重要な虚偽表示リスク」と表現されている。本章では主に四半期レビュー基準，中間監査基準に基づき解説していることから「重要な虚偽の表示」，「重要な虚偽表示のリスク」を用いて解説する。

I　基礎的諸概念

1　四半期報告制度と四半期財務諸表

わが国では，投資者に対する必要かつ有用な適時情報開示として，企業会計審議会は「証券取引法に基づくディスクロージャー制度における財務情報の充実について（中間報告）」（1986（昭和61）年10月）において，連結財務諸表情報，キャッシュ・フロー情報，セグメント情報，四半期情報の報告を要請した。

これらの財務情報のうち，連結財務諸表情報，キャッシュ・フロー情報，セグメント情報の３つの開示は間もなく制度化された。一方，四半期情報の報告は，約20年後の2006（平成18）年６月の金融商品取引法の成立により制度化された。2008（平成20）年４月１日以降開始の事業年度から，四半期財務諸表の提出が義務づけられるに至った。

四半期報告書提出会社は，半期報告書の提出を必要としない（金商法第24条の５第１項）とされている。なお，有価証券報告書の提出会社のうち上場会社等以外の会社は，四半期報告書の提出が義務付けられていないため，従来どおり中間財務諸表による半期報告書の提出が可能（同法第24条の４の７第２項）である。

四半期財務諸表は，次のことを勘案して，予測主義ではなく実績主義により３カ月ごとに作成される。

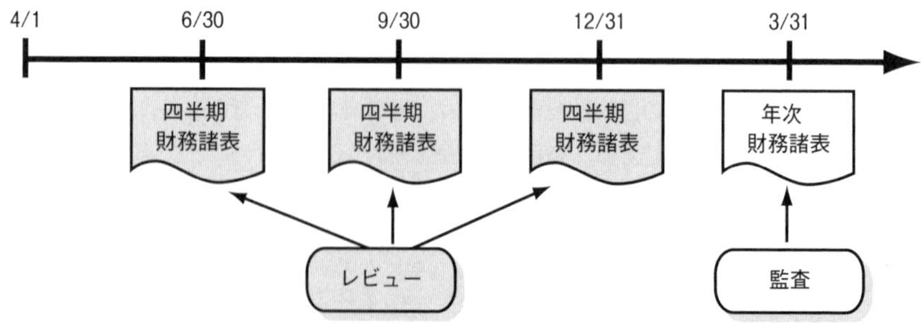

●諸外国の会計基準との整合性を意識する必要があること
●中間財務諸表が予測主義から実績主義に変更していること
●市場関係者（投資者，アナリスト等）に実績主義採用の意向が強いこと
●季節変動性による判断の誤りは，定性情報や前年同期比較の開示で回避できること

従来，わが国では1年に1回の年次財務諸表の開示に加え，上半期の中間財務諸表の開示がなされ，年2回の開示制度が採られてきた。しかし，タイムリー・ディスクロージャーの観点から，四半期情報については次の制度改革がなされた。

① **マザーズにおける改革**：1999（平成11）年11月，新興企業を対象とするマザーズに上場される会社は，「四半期業績の概況」を開示し，公認会計士または監査法人のレビューを受けることを要求された。

② **東京証券取引所における改革**：資本市場の公平性と透明性を高めるため，東京証券取引所は2003（平成15）年4月1日以降開始の事業年度の第1四半期から，「四半期業績の概況」の開示を義務づけた。2004（平成16）年4月1日以降に開始する事業年度の第1四半期からは，「四半期財務・業績の概況」の箇所で要約四半期（連結）貸借対照表，要約四半期（連結）損益計算書の添付が強制された。

③ **金融商品取引法における改革**：2005（平成17）年7月開催の金融審議会での四半期開示制度に関する議論を踏まえ，金商法の規定に基づいて3カ月ごとに年4回の情報開示を行うこととなった。

四半期財務諸表の開示には，開示範囲・時期と信頼性の付与をどのレベルまで行うかが重要であり，四半期財務諸表は正式なものから簡略化・要約化したものまで種々考えられる。

「四半期レビュー基準」の「財政状態，経営成績及びキャッシュ・フローの状況」は，企業会計基準委員会が2007（平成19）年3月に公表した「四半期財務諸表に関する基準」で規定される財務諸表の範囲に基づく。なお，「四半期財務諸表に関する基準」は，簡素化の要請や他の会計基準の改正による影響から数次の改正（最終改正：2014（平成26）年5月）がなされ，現在では次のようになっている。

〔強制開示となる四半期財務諸表の範囲及び開示対象期間〕

- 四半期会計期間末日の四半期貸借対照表及び前年度の要約貸借対照表
- 期首からの累計期間の四半期損益計算書及び四半期包括利益計算書（または四半期損益及び包括利益計算書）及び前年度の対応四半期の同計算書【累計情報】
- 第2四半期の四半期キャッシュ・フロー計算書及び前年度の対応四半期の同計算書【累計情報】

〔任意開示となる四半期財務諸表の範囲〕

- 四半期会計期間の四半期損益計算書及び四半期包括利益計算書（または四半期損益及び包括利益計算書）【3カ月情報】
- 第1及び第3四半期の四半期キャッシュ・フロー計算書（省略の場合は補足情報の注記が必要）

（注） 四半期包括利益計算書は，四半期連結財務諸表の開示の場合に限る。

なお，四半期財務諸表には「四半期（連結）株主資本等変動計算書」は含まれない。株主資本の金額に前年度末と比較して著しい変動がある場合には，主な変動理由を注記事項として開示することとされている。

四半期財務諸表は，投資者の意思決定にとって有用な情報を提供するものである。四半期財務諸表は，情報の開示の適時性および迅速性という観点から，原則として四半期決算日後45日以内に開示されることとされている。

会計処理は，①操業度が季節的に大きく変動するときの原価差異の繰延処理，②年間ベースでの税効果会計適用後の実効税率を用いた税金費用の計算の四半期特有の会計処理を除き，年度決算と同じ会計処理が採用される。しかし，簡便な会計処理を認め，棚卸資産の実地棚卸の省略，定率法や退職給付費用の期間按分計算などが可能である。

なお，企業会計基準委員会は2009（平成21）年に「会計上の変更及び誤謬の訂正に関する会計基準」を公表している。この会計基準は，会計方針や表示方法の変更，過去の誤謬の訂正があった場合，あたかも新たな会計方針や表示方法等を過去の財務諸表に遡って適用したかのように会計処理または表示の変更等を求めるものである。これに対応して，金融商品取引法上も前期の四半期財務諸表は当期の四半期財務諸表の一部を構成するものとし，前期の財務数値を当期の財務数値に対応する比較情報として位置づけの上，開示することにした。比較情報としての前期の財務数値は，会計方針や表示方法の変更等の遡及適用によって異なる値になったとしても，それは前期の四半期財務諸表自体を全体的に修正したものではなく，当期の財務数値との期間比較の観点から必要な限りで修正・記載したものと位置づけられる。

2　四半期レビューの概要

四半期財務諸表は公認会計士等の監査証明の対象となる。企業会計審議会は，2007（平成19）年3月に「四半期レビュー基準の設定に関する意見書」を公表した。なお，2009（平成21）年6月に継続企業の前提の検討の面から，2011（平成23）年6月に国際監査基準との整合性の面から「四半期レビュー基準の改訂に関する意見書」が公表され，それぞれ「四半期レビュー基準」の改訂がなされている。

第1：四半期レビューの目的

第2：実施基準

第3：報告基準

四半期財務諸表の信頼性の保証は，監査ではなくレビューによって実施される。わが国の四半期レビュー基準は，会計基準準拠性の結論の表明（アメリカのレビュー基準）ではなく，四半期財務諸表の適正性の結論の表明（国際監査・保証基準審議会（IAASB）の国際レビュー基準（2005年7月））との整合性を考慮している。

その理由は，①国際的コンバージェンスを意識していること，②財務情報の信頼性は年度監査で保証されるので，四半期には監査水準までの信頼性を要求しなくてもよいこと，③レビューは監査よりコストがかからないこと，④監査人の員数や監査時間に制約があることなどによる。

レビューと監査との相違点は，次の3つである。

- 監査では監査人が必要と認めたすべての監査手続が適用される。一方，レビューでは質問と分析的手続等の監査手続が適用されること。
- 監査の保証水準はレビューの保証水準より高い。積極的保証を与える監査は合理的保証（reasonable assurance）を行う。一方，消極的保証を与えるレビューは限定的保証（limited assurance）を行うこと。

- 監査は「肯定」の積極的意見表明を行う。一方，レビューは「否定の否定」=「肯定」の消極的意見表明を行う。そのため，監査では「適正に表示している」という表現方式をとるのに対して，レビューは「適正に表示していないと信じさせる事項が認められない」という表現方式をとること。

四半期レビューについての注意点は，「四半期レビュー基準」では，「監査証明」，「四半期財務諸表の適正性」の用語を使っているので，中間監査の有用性レベルとは相違した概念となっていることである。年度財務諸表の監査では**積極的保証形式**をとり，四半期財務諸表のレビューでは**消極的保証形式**をとるものの，適正性命題は同一である。両者は，①証拠入手の実施手続の差異，②意見表明形式の差異，③保証水準の差異により区別されるにすぎない。

マメ知識12-1

レビュー基準の展開

監査ほどの水準ではないが，職業的専門家の公認会計士等による一定水準の保証がほしいとの社会的ニーズに応えて，実務では四半期レビュー基準の公表以前から既にレビュー業務が実施されていた。例えば，東京証券取引所の新興企業市場であるマザーズ上場会社の四半期財務諸表のほか，東証上場規定に定める被合併会社の財務諸表および部門財務情報に対する意見表明業務がこれに当たり，日本公認会計士協会の監査・保証実務委員会報告が実質的なレビュー基準の役割を果たしていた。

II　四半期レビューの目的

「四半期レビュー基準」は，その目的を次のように規定している。

四半期レビューの目的は，経営者の作成した四半期財務諸表について，一般に公正妥当と認められる四半期財務諸表の作成基準に準拠して，企業の財政状態，経営成績及びキャッシュ・フローの状況を適正に表示していないと信じさせる事項がすべての重要な点において認められなかったかどうかに関し，監査人が自ら

> 入手した証拠に基づいて判断した結果を結論として表明することにある。
> 　四半期レビューにおける監査人の結論は，四半期財務諸表に重要な虚偽の表示があるときに不適切な結論を表明するリスクを適度な水準に抑えるために必要な手続を実施して表明されるものであるが，四半期レビューは，財務諸表には全体として重要な虚偽の表示がないということについて合理的な保証を得るために実施される年度の財務諸表の監査と同様の保証を得ることを目的とするものではない。（第一　四半期レビューの目的）

四半期レビューの目的の重要な点は，レビューが監査と同様の「財務諸表の適正性」を結論の表明の対象とすることである。ただし，レビューと監査の命題は同一であるが，提供される保証の水準は異なる。四半期レビューの目的は，年度の監査と同一の命題である「財務諸表の適正性」について，監査が提供する合理的保証とは水準の異なる保証である**限定的保証**を行うことである。

四半期レビューは，それだけが独立して実施されるのではなく，年度監査との連携のもとで同じ監査人によって実施される。また，同じ監査人により内部統制監査も実施されることから，四半期レビューの有効性も確保されることになる。

監査人が備えるべき要件及び監査に対する姿勢について定めている監査基準の一般基準及び監査に関する品質管理基準は，四半期レビューにも適用されるため，監査人は年度監査と同様に職業的専門家としての正当な注意を払い，職業的懐疑心を保持しなければならない。

注意すべき点は，「すべての重要な点において」の文言の位置づけが，「監査基準」では「すべての重要な点において適正に表示していることを認める」となっているのに対して，「四半期レビュー基準」では「適正に表示していないと信じさせる事項がすべての重要な点において認められなかった」とされていることである。しかし，それは単に下線部の語句が置かれている位置が違うだけであり，その意味するところに違いはないものであると解釈できる。

なお，四半期レビュー基準は，2004（平成16）年11月公表の「財務情報等に係る保証業務の概念的枠組みに関する意見書」でいう保証フレームワークを基礎に作成されている（**図表12-1**）。

〔図表12-1〕四半期レビューと保証業務

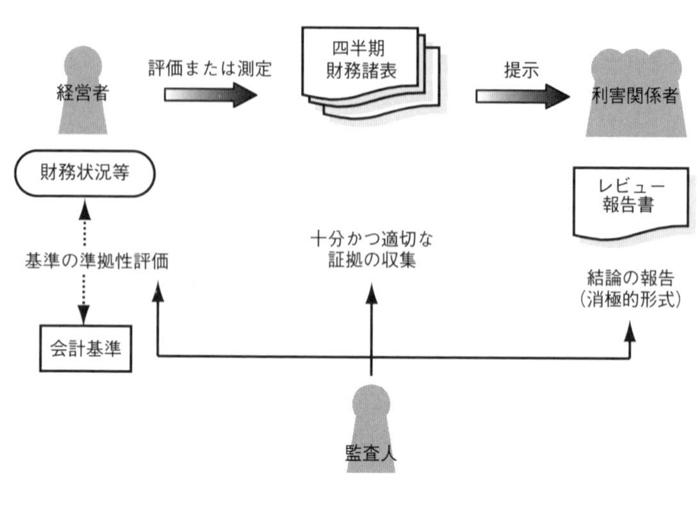

III 実施基準の内容

1 レビューリスク

「四半期レビュー基準」では,「監査人は,四半期レビュー計画の策定に当たり,年度の財務諸表の監査において行われる,内部統制を含む,企業及び企業環境の理解並びにそれに基づく重要な虚偽表示のリスクの評価を考慮」するとしている。それゆえ,監査人は,内部統制を含む,企業および企業環境がどのような状況にあるかについて実質的判断を行い,それらに関係する重要な虚偽表示のリスクの評価を考慮しなければならない。

また,「監査人は,四半期レビュー計画を,年度の財務諸表の監査の監査計画のなかで策定することができる」としている。それは「可能」というより,「強制」と理解する必要がある。その理由は四半期レビュー計画だけが独立して策定されるのではなく,全体と部分の関係のように,年度の監査計画との連携において四半期レビュー計画を策定することが重要だからである。

監査人は,年度の財務諸表の監査を実施する過程において,①四半期レビュー計画の前提とした重要な虚偽表示のリスクの暫定的評価を変更した場合,②

特別な検討を必要とするリスクがあると判断した場合には，その変更等が四半期レビュー計画に与える影響を検討し，臨機応変な修正をしなければならない。

2　レビューにおける重要性

監査人はリスク・アプローチにより監査を実施するため，監査リスクを考慮する必要がある。このとき，監査上の重要性を考慮することが不可欠である。

財務諸表監査における監査上の重要性と監査リスクとの間には，負の相関関係がある。重要性の基準値について，監査人は，監査計画の策定において，財務諸表全体において重要であると判断される虚偽表示の金額を重要性の基準値として決定するが，監査計画の策定後の監査の進捗によっては改訂される場合がある。

重要性の基準値の決定は，通常，金額的影響が考慮される。しかし虚偽表示の質的影響にも注意を払わなければならず，監査意見形成に係る重要性は，監査計画の策定に際して決定する重要性の基準値と密接な関係にある。

四半期レビューにおいても，監査と同様に重要性の判断が必要である。レビューにおける重要性は，レビューリスクと負の相関関係にある。監査人は，重要性の基準値の決定・変更，質的影響，意見形成との関係に注意を払う必要がある。四半期レビューは年度監査を前提に実施するため，年度監査に係る重要性の基準値を四半期レビューに適用することが合理的である。四半期の実績値は通年よりも小さいことから，四半期レビューに係る重要性の基準値は年度監査よりも小さい場合もあるが，少なくとも年度監査に係る重要性の基準値が上限となる。継続企業の前提の評価および対応策については，「当該四半期会計期間末から1年間」の経営者の評価，および「少なくとも当該四半期会計期間の翌会計期間の末日まで」の経営者の対応策を検討した上，「継続企業の前提に関する重要な不確実性が認められるか否か」の判断が要求される。そのため，年度監査との連携の中で時間的制約をともないながら評価を行わなければならない。レビューで行うのは限定的保証であるため，継続企業の前提に関する開示の適正性に関して，監査人は質問や分析的手続等によって証拠を入手する必要がある。しかし，経営計画の合理性等と関係する証拠の入手までは要求されていない。

四半期レビューの限定された手続によって継続企業の前提に重要な疑義を生じさせるような事象または状況が存在し，継続企業の前提に関する重要な不確実性が認められるときは，結論の表明と四半期レビュー報告書の記載が必要である。

3　レビュー手続

四半期レビュー手続は，通常，①**質問**，②**分析的手続**から構成され，実証手続は求められていない。その他の適切な**追加的手続**としては，追加的な質問や閲覧などの手続がある。さらに，①継続企業の前提についての検討，②後発事象への対応，③経営者からの書面による確認，④経営者への伝達と対応および監査役等とのコミュニケーション，⑤構成単位の監査人を利用する場合の対応，⑥比較情報に係る四半期レビュー手続等の実施が必要となる。

四半期レビュー手続の実施は，①経営者の作成した四半期財務諸表について，一般に公正妥当と認められる四半期財務諸表の作成基準に準拠していること，②企業の財政状態，経営成績およびキャッシュ・フローの状況を適正に表示していないと信じさせる事項がすべての重要な点において認められなかったかどうかについての監査人の結論の表明の基礎となる証拠を入手するものでなければならない。

（1）　質問および分析的手続の実施

四半期レビュー手続の実施に当たり，監査人は，企業が年度の財務諸表を作成する際の会計帳簿等の会計記録に基づいて四半期財務諸表を作成していることを確かめた上で，経営者等に対して，四半期財務諸表の重要な項目に関して的確な質問を実施する。業種の特性等を踏まえたきめ細かな分析的手続を実施することが求められる。

四半期財務諸表が正式の会計記録ではなく，簡便なデータによって作成された場合，四半期レビューの対象としては不十分である。そのため，四半期財務諸表のレビューでは年度の財務諸表の監査と同じように，網羅性・秩序性・検証性を要件とする会計記録に基づいて作成されていることを確かめる。その上で，監査人は，経営者等に対し質問や分析的手続を実施しなければならない。

「四半期レビュー基準」は，質問を次のように規定している。

> 監査人は，四半期財務諸表の重要な項目に関して，それらの項目が一般に公正妥当と認められる四半期財務諸表の作成基準に準拠して作成されているかどうか，会計方針の変更や新たな会計方針の適用があるかどうか，会計方針の適用に当たって経営者が設けた仮定の変更，偶発債務等の重要な会計事象又は状況が発生したかどうか，経営者や従業員等による不正や不正の兆候の有無等について，経営者，財務及び会計に関する事項に責任を有する者その他適切な者に質問を実施しなければならない。（第二　実施基準４）

質問は，偶発債務，不良債権，抵当権，係争中の事件などの不確かな点を確かめるために，被監査会社の担当者あるいは責任者に口頭または文書で問い合わせ，それらに関する説明または回答を得ることによって，監査要点に対する証拠を入手する監査手続である。質問は内部的確認とも呼ばれ，関係者から関連する的確な説明や回答を得る有効な監査手続である。それゆえ，質問は口頭による場合より，文書で回答を入手する方が証拠力は大きい。

また，「四半期レビュー基準」は，分析的手続を次のように規定している。

> 監査人は，四半期財務諸表と過去の年度の財務諸表や四半期財務諸表の比較，重要な項目の趨勢分析，主要項目間の関連性比較，一般統計データとの比較，予算と実績との比較，非財務データとの関連性分析，部門別・製品別の分析，同業他社の比率や指数との比較等，財務数値の間や財務数値と非財務数値等の間の関係を確かめるために設計された分析的手続を，業種の特性等を踏まえて実施しなければならない。分析的手続を実施した結果，財務変動に係る矛盾又は異常な変動がある場合には追加的な質問を実施し，その原因を確かめなければならない。（第二　実施基準５）

分析的手続は，分析対象の構成要素間に合理的関連性があることを前提として利用される。合理的関連性がないと判断されるときは，そこに異常性があると推測され，不正や誤謬が存在するリスクがあると考えられる。なお，四半期レビューでは実証手続は求められていないため，数値間の矛盾や異常な変動の質問に対する回答が合理的かつ整合的と判断した場合は，その回答を裏づけるための証憑突合を行うことは求められていない。

(2) 適切な追加的手続の実施

監査人は適切な**追加的手続**を実施することが必要な場合があり，次のように規定されている。

> 四半期レビューは質問及び分析的手続等を基本とするが，それらを実施した結果，四半期財務諸表について，重要な点において適正に表示していない事項が存在する可能性が高い場合には，監査人は，四半期レビューの結論を表明するための十分な基礎を得るため，追加的な質問や関係書類の閲覧等の適切な追加的手続を実施して，当該事項の有無を確かめ，その事項の結論への影響を検討することが求められる。(2007(平成19)年意見書二　主な内容と考え方　2　実施基準(2))

監査人は十分な基礎を得るための追加的手続として，更なる質問や閲覧などを必要とする場合がある。**閲覧**は，幅広く適用が可能である。適用には，職業的専門家としての熟練と確かな判断力が要請され，社内の各種の規程，契約書，証憑書類，帳簿，議事録，稟議書，税務申告書等の文書的記録類を調べ，正確性や妥当性，また事実との適合性などを個別的に検討・評価する。

(3) 継続企業の前提についての検討

「四半期レビュー基準」は，**継続企業の前提**を次のように規定している。

> 監査人は，前会計期間の決算日において，継続企業の前提に重要な疑義を生じさせるような事象又は状況が存在し，継続企業の前提に関する重要な不確実性が認められた場合には，当該事象又は状況の変化並びにこれらに係る経営者の評価及び対応策の変更について質問しなければならない。
>
> また，監査人は，前会計期間の決算日において，継続企業の前提に関する重要な不確実性が認められなかったものの，当四半期会計期間において，継続企業の前提に重要な疑義を生じさせるような事象又は状況を認めた場合には，経営者に対し，経営者による評価及び対応策を含め継続企業の前提に関する開示の要否に

ついて質問しなければならない。
　これらの質問の結果，監査人は，継続企業の前提に関する重要な不確実性が認められると判断した場合には，継続企業の前提に関する事項について，四半期財務諸表において，一般に公正妥当と認められる四半期財務諸表の作成基準に準拠して，適正に表示されていないと信じさせる事項が認められないかどうかに関し，追加的な質問や関係書類の閲覧等の追加的な手続を実施して，検討しなければならない。（第二　実施基準９）

　継続企業の前提に関する四半期レビュー手続は，次の場合によって対応が異なる。なお，ここでの会計期間とは，直前の事業年度，直前の中間会計期間または直前の四半期会計期間を指す。

①「前会計期間の決算日において，継続企業の前提に重要な疑義を生じさせるような事象又は状況が存在し，継続企業の前提に関する重要な不確実性が認められた場合」

　監査人は，当四半期会計期間末までの当該事象または状況の変化およびこれらに係る経営者の評価および対応策の変更を質問により確かめ，特段の変化がなければ，前会計期間の開示を踏まえた開示が行われているかどうかを検討する。

②「前会計期間の決算日において，継続企業の前提に関する重要な不確実性が認められなかったものの，当該四半期会計期間において継続企業の前提に重要な疑義を生じさせるような事象又は状況を認めた場合（前会計期間の決算日における継続企業の前提に重要な疑義を生じさせる事象または状況に大きな変化がある場合を含む）」

　監査人は，経営者に継続企業の前提に関する開示の要否について質問するが，その際には当該事象または状況に関して合理的な期間について経営者が行った評価および対応策も含めて質問することに留意する。これらの場合に監査人は，当該四半期会計期間末から１年間について経営者の行った評価および少なくとも当該四半期会計期間の翌四半期会計期間の末日までの経営者の対応策についての検討を行った上で，継続企業の前提に関する重要な不確実性が認められるか否かについて判断する。

なお，この場合の経営者の対応策には，例えば1年間の経営計画のようなものが必ずしも必要というわけではなく，当該四半期会計期間の末日後1年間に返済期限が来る債務返済に対する資金的な手当が必ずしも具体的に決定している必要はないことに留意が必要である。

これらの質問の結果，継続企業の前提に関する重要な不確実性が認められると監査人が判断した場合には，継続企業の前提に関する事項について，四半期財務諸表において，一般に公正妥当と認められる四半期財務諸表の作成基準に準拠して，適正に表示されていないと信じさせる事項が認められないかどうかに関し，追加的な質問や関係書類の閲覧等の追加的な手続を実施して検討する。

(4) その他の検討事項

四半期レビューにおけるその他に検討すべき事項としては，①後発事象への対応，②経営者からの書面による確認，③経営者への伝達と対応および監査役等とのコミュニケーション，④構成単位の監査人を利用する場合の対応，⑤比較情報に係る四半期レビュー手続がある。

① 後発事象への対応

監査人は，四半期財務諸表において修正または開示すべき後発事象があるかどうかについて，経営者に質問を実施しなければならない。修正後発事象は四半期財務諸表の修正，開示後発事象は注記を行う必要がある。

② 経営者からの書面による確認

監査人は，適正な四半期財務諸表を作成する責任が経営者にあること，四半期財務諸表を作成するための内部統制を整備および運用する責任は経営者にあること，四半期財務諸表の作成に関する基本的な事項，経営者が採用した会計方針，経営者が四半期レビューの実施に必要な資料をすべて提示したことおよび監査人が必要と判断した事項について，経営者からの書面を入手して確認しなければならない。

③　経営者への伝達と対応および監査役等のコミュニケーション

監査人は，四半期財務諸表について，企業の財政状態，経営成績およびキャッシュ・フローの状況を重要な点において適正に表示していないと信じさせる事項が認められる場合には，経営者等にその事項を伝達し，適切な対応を求める。そして，適切な対応がとられない場合には，当該事項の四半期レビューの結論への影響を検討しなければならない。経営者と監査人との協調関係は貫かなければならず，監査人は監査役等とのコミュニケーションを適切な手段を用いて適時に行う必要がある。

④　構成単位の監査人を利用する場合の対応

監査人は，構成単位の財務諸表に関する作業の実施を構成単位の監査人に依頼する場合，その作業範囲や時期ならびに発見事項について明確なコミュニケーションを行うことが求められる。したがって，監査人は，四半期財務諸表の四半期レビューに係る構成単位の監査人について，独立性や職業的専門家としての能力などを理解するとともに，実施すべき作業，その作業結果の利用目的ならびに構成単位の監査人の報告の様式および内容を適時に伝達する必要がある。

⑤　比較情報に係る四半期レビュー手続

監査人は，比較情報に係る四半期レビュー手続を通じて，四半期財務諸表の作成基準で要求される比較情報が四半期財務諸表に含まれているかどうか，当該情報が適切に表示および分類されているかどうかの判断が必要となる。その際には，次の事項を検討しなければならない。

- 比較情報が，前年同四半期および前年度の表示金額ならびにその他の開示と一致しているかどうか。
- 修正再表示された場合，当該修正再表示の金額およびその他の開示は妥当かどうか。
- 比較情報に適用した会計方針または表示方法が当四半期累計期間に適用した会計方針または表示方法と一致しているかどうか。会計方針または表示方法の変更があった場合には，当該変更が適正に処理され，その表示および開示は妥当かどうか。

四半期財務諸表に関する会計基準によると，前年度に対応する四半期損益計算書または四半期キャッシュ・フロー計算書の開示が行われず，当年の四半期から開示される場合，原則として前年度に対応する期間に係る開示は要しない。この場合，前年度に開示されていない財務情報を当年度の比較情報として開示することは任意で認められている。その際に監査人は当該財務情報に対して当年度の四半期損益計算書および四半期キャッシュ・フロー計算書に対する四半期レビュー手続と同様の手続を実施しなければならない。

また，監査人は四半期レビューの実施過程で比較情報に重要な虚偽表示が存在する可能性があることに気づいた場合，追加的な質問等の四半期レビュー手続を実施しなければならない。

Ⅳ　報告基準の内容

1　四半期レビューにおける結論の表明

監査人は，経営者の作成した四半期財務諸表について，一般に公正妥当と認められる四半期財務諸表の作成基準に準拠して，企業の財政状態，経営成績およびキャッシュ・フローの状況を適正に表示していないと信じさせる事項がすべての重要な点において認められなかったかどうかに関する結論を，四半期レビュー報告書において表明する。

四半期レビューでの結論の内容は，中間監査の場合の「有用性」ではなく，年度監査と同様に「適正性」であり，結論の報告形式は異なる。すなわち，合理的保証業務である年度監査は，「すべての重要な点において適正に表示しているものと認める」とする**積極的形式**である。一方，限定的保証業務である四半期レビューは，「適正性に疑いがある項目が（ほとんど）ないことの裏返し（二重否定）で適正性を結論づける」**消極的形式**による結論の報告となる。

年度監査および四半期レビューは，いずれも保証業務である。結論の報告の目的も財務諸表の適正性である。しかし，限定的保証業務の四半期レビューは合理的保証業務である年度監査よりも保証業務リスクが高く設定され，証拠収集手続の種類，実施の時期および範囲等も年度監査の場合より限定されたものとなる。結果として，同じ保証業務でも保証水準に相違が生じ，報告の形式が異なるのである。

なお，四半期レビューと年度監査はいずれも職業的専門家による保証業務であるため，それに見合った品質管理が求められる。四半期レビュー基準では，監査人による四半期レビューの結論の表明に先立って，自己の結論が四半期レビュー基準に準拠して適切に形成されていることを確かめるため，監査業務に関する品質管理の方針と手続に従った適切な審査を受けることを規定している。したがって，監査人は，四半期レビューにふさわしい品質管理基準を策定し，それが遵守されていることを確かめる体制を構築する必要がある。

2　四半期レビュー報告書の標準的書式と記載事項

四半期レビュー報告書は，４つの区分に分けて記載される。

- 四半期レビューの対象
- 経営者の責任
- 監査人の責任
- 監査人の結論

この４つの区分は，明瞭性プロジェクト後の国際監査基準に対応したものであり，監査報告書の区分も同様の取扱いになっている。また，必要に応じて追記情報，会社と監査人との間の特別な利害関係の有無が記載されることも，監査報告書と同様である。**図表12-２**は，第１および第３四半期連結財務諸表（同四半期の四半期連結キャッシュ・フロー計算書，四半期連結損益計算書及び包括利益計算書（３カ月情報）は作成しない場合。後述，「３　四半期レビューにおける各結論の要件と文例」の前提も同じ）に係る四半期レビュー報告書の標準的書式を示したものである。

(1)　四半期レビューの対象区分

四半期レビューの対象とした四半期財務諸表の範囲を記載する。なお，表題，

〔図表12-２〕四半期レビュー報告書の標準的書式（指定証明の場合）

独立監査人の四半期レビュー報告書

平成×年×月×日

○○株式会社

取締役会御中

○○監査法人
指定社員 業務執行社員　公認会計士　○○　㊞
指定社員 業務執行社員　公認会計士　○○　㊞

当監査法人は，金融商品取引法第193条の２第１項の規定に基づき，「経理の状況」に掲げられている○○株式会社の平成×年×月×日から平成×年×月×日までの連結会計年度の第×四半期連結会計期間（平成×年×月×日から平成×年×月×日まで）及び第×四半期連結累計期間（平成×年×月×日から平成×年×月×日まで）に係る四半期連結財務諸表，すなわち，四半期連結貸借対照表，四半期連結損益計算書，四半期連結包括利益計算書及び注記について四半期レビューを行った。

四半期連結財務諸表に対する経営者の責任

経営者の責任は，我が国において一般に公正妥当と認められる四半期連結財務諸表の作成基準に準拠して四半期連結財務諸表を作成し適正に表示することにある。これには，不正又は誤謬による重要な虚偽表示のない四半期連結財務諸表を作成し適正に表示するために経営者が必要と判断した内部統制を整備及び運用することが含まれる。

監査人の責任

当監査法人の責任は，当監査法人が実施した四半期レビューに基づいて，独立の立場から四半期連結財務諸表に対する結論を表明することにある。当監査法人は，我が国において一般に公正妥当と認められる四半期レビューの基準に準拠して四半期レビューを行った。

四半期レビューにおいては，主として経営者，財務及び会計に関する事項に責任を有する者等に対して実施される質問，分析的手続その他の四半期レビュー手続が実施される。四半期レビュー手続は，我が国において一般に公正妥当と認められる監査の基準に準拠して実施される年度の財務諸表の監査に比べて限定された手続である。

当監査法人は，結論の表明の基礎となる証拠を入手したと判断している。

監査人の結論

当監査法人が実施した四半期レビューにおいて，上記の四半期連結財務諸表が，我が国において一般に公正妥当と認められる四半期連結財務諸表の作成基準に準拠して，○○株式会社及び連結子会社の平成×年×月×日現在の財政状態及び同日をもって終了する第×四半期連結累計期間の経営成績を適正に表示していないと信じさせる事項がすべての重要な点において認められなかった。

利害関係

会社と当監査法人又は業務執行社員との間には，公認会計士法の規定により記載すべき利害関係はない。

以　上

（出所）　日本公認会計士協会，監査・保証実務委員会報告第83号「四半期レビューに関する実務指針」付録１・文例１（最終改正：2016年２月）

日付，宛先および署名等も四半期レビュー報告書に記載される。

(2) 経営者の責任区分

経営者の責任区分では，次のことを記載する。

- 四半期財務諸表の作成責任は経営者にあること
- 四半期財務諸表に重要な虚偽の表示がないように内部統制を整備および運用する責任は経営者にあること

(3) 監査人の責任区分

監査人の責任区分では，次のことを記載する。

- 監査人の責任は独立の立場から四半期財務諸表に対する結論を表明することにあること
- 一般に公正妥当と認められる四半期レビューの基準に準拠して四半期レビューを行ったこと
- 四半期レビューは質問，分析的手続その他の四半期レビュー手続からなり，年度の財務諸表の監査に比べて限定的な手続になること
- 四半期レビューの結果として入手した証拠が結論の表明の基礎を与えるものであること

(4) 監査人の結論区分

監査人の結論区分では，四半期レビューによる監査人の結論を消極的形式にて記載する。結論の表明は，次の4つの種類に分けられる。

- 無限定の結論
- 除外事項を付した限定付結論
- 否定的結論
- 結論の不表明

図表12-3は，四半期レビューでの監査人の結論と年度監査での監査人の意見との対応関係を示したものである。

〔図表12-3〕四半期レビューの結論と年度監査の監査意見との対応関係

四半期レビューの結論	年度監査の意見
無限定の結論	無限定適正意見
除外事項を付した限定付結論	除外事項を付した限定付適正意見
否定的結論	不適正意見
結論の不表明	意見の不表明

3　四半期レビューにおける各結論の要件と文例

四半期財務諸表に対する四半期レビューの各結論のフローチャートは，次のとおりである（図表12-4）。

〔図表12-4〕四半期レビューの各結論のフローチャート

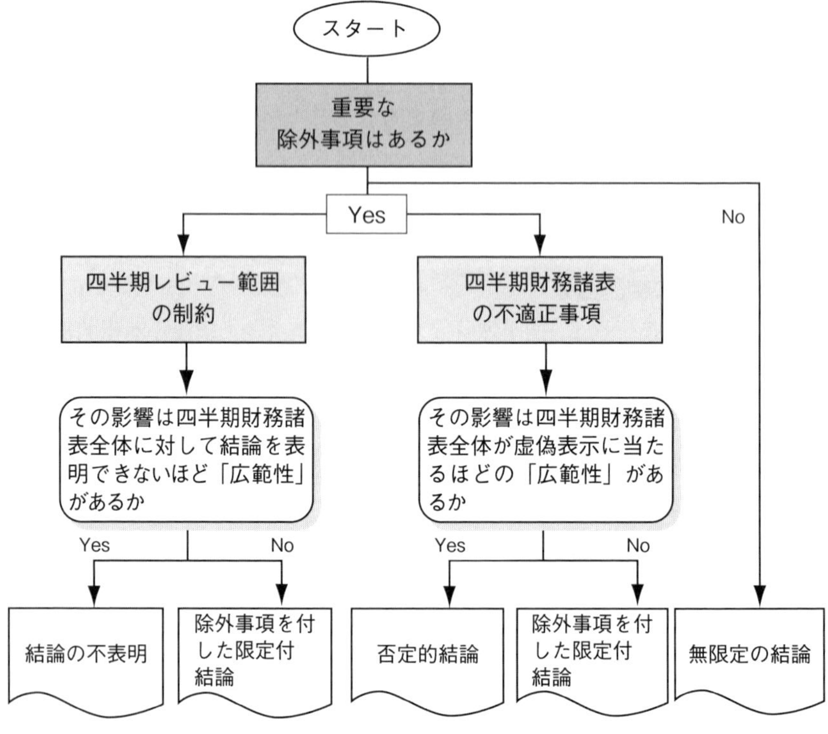

(1) 無限定の結論

監査人は，経営者が作成した四半期財務諸表について，一般に公正妥当と認められる四半期財務諸表の作成基準に準拠して，企業の財政状態，経営成績およびキャッシュ･フローの状況を適正に表示していないと信じさせる事項がすべての重要な点において認められなかった場合は，その旨の結論を表明しなければならない。この無限定の結論は年度監査での無限定適正意見に相当する。四半期レビューは限定的保証であることから，次のように四半期財務諸表の適正性について，二重否定による消極的保証形式での結論の表明となる。

（無限定の結論の場合の文例）

当監査法人が実施した四半期レビューにおいて，上記の四半期連結財務諸表が，我が国において一般に公正妥当と認められる四半期連結財務諸表の作成基準に準拠して，○○株式会社及び連結子会社の平成×年×月×日現在の財政状態及び同日をもって終了する第×四半期連結累計期間の経営成績を適正に表示していないと信じさせる事項がすべての重要な点において認められなかった。

(2) 除外事項を付した限定付結論

監査人は，経営者が作成した四半期財務諸表について，四半期財務諸表の作成基準に準拠して，企業の財政状態，経営成績およびキャッシュ･フローの状況を重要な点において適正に表示していないと信じさせる事項が認められた場合や重要な四半期レビュー手続を実施できなかった場合，無限定の結論を表明できない。この場合に監査人は，当該影響が四半期財務諸表全体に対して否定的結論を表明するほどではない，または結論の表明ができないほどではないと判断したときは，除外事項を付した限定付結論を表明する。これは年度監査での限定付適正意見に相当する。

除外事項とは，無限定の結論以外の結論を表明することになる原因事項である。そして２つに分けられる。

- 四半期財務諸表に適正に表示していないと信じさせる事項が認められる場合（結論に関する除外）
- 重要な四半期レビュー手続が実施できなかった場合（四半期レビュー範囲

の制約）

次の場合には，重要な四半期レビュー手続が実施できなかった場合に準じて，監査人は結論の表明ができるか否かを慎重に判断することになる。

- 他の監査人の利用：監査人は，他の監査人が実施した四半期レビュー等の重要な項目の結果について利用できないと判断し，さらに当該事項について重要な四半期レビュー等の手続を追加して実施できなかった場合
- 将来の帰結が予測し得ない事象等：監査人は，重要な偶発事象等の将来の帰結が予測できない事象または状況について，四半期財務諸表に与える当該事象または状況の影響が複合的かつ多岐にわたると判断した場合

監査人は，結論に関する除外によって限定付結論を表明する場合は別に区分を設けて，修正すべき事項及び可能であれば当該事項が四半期財務諸表に与える影響を記載する。「可能であれば」とは，四半期レビューが限定的な手続であることや四半期報告の適時性から，影響の算出が困難な場合を想定したものである。四半期レビュー範囲の制約によって限定付結論を表明する場合は別に区分を設けて，実施できなかった四半期レビュー手続及び当該事実が影響する事項を記載する。

（除外事項を付した限定付結論の場合の文例）

監査人の責任

当監査法人の責任は（以下，無限定の結論と同じ）……

当監査法人は，限定付結論の表明の基礎となる証拠を入手したと判断している。

限定付結論の根拠

（除外事項を具体的に記載する）

限定付結論

当監査法人が実施した四半期レビューにおいて，上記の四半期連結財務諸表が，「限定付結論の根拠」に記載した事項の四半期連結財務諸表に及ぼす影響を除き，我が国において一般に公正妥当と認められる四半期連結財務諸表の作成基準に準拠して，○○株式会社及び連結子会社の平成×年×月×日現在の財政状態及び同日をもって終了する第×四半期連結累計期間の経営成績を適正に表示していないと信じさせる事項がすべての重要な点において認められなかった。

(3) 否定的結論

監査人は，経営者が作成した四半期財務諸表について，一般に公正妥当と認められる四半期財務諸表の作成基準に準拠して，企業の財政状態，経営成績およびキャッシュ・フローの状況を重要な点において適正に表示していないと信じさせる事項が認められる場合，その影響により四半期財務諸表が全体として虚偽表示に当ると判断したときは，否定的結論を表明の上，別に区分を設けてその理由を記載する。

この否定的結論は年度監査での不適正意見に相当する。四半期財務諸表の不適正に係る除外事項が極めて重要かつ影響が広範であり，除外しても四半期財務諸表への誤解が避けられないことを意味する。具体的には，次のように記載する。

（否定的結論の場合の文例）
監査人の責任
　当監査法人の責任は（以下，無限定の結論と同じ）……
　当監査法人は，否定的結論の表明の基礎となる証拠を入手したと判断している。
否定的結論の根拠
（除外事項を具体的に記載する）
否定的結論
　当監査法人が実施した四半期レビューにおいて，上記の四半期連結財務諸表が，「否定的結論の根拠」に記載した事項の四半期連結財務諸表に及ぼす影響の重要性に鑑み，我が国において一般に公正妥当と認められる四半期連結財務諸表の作成基準に準拠して，○○株式会社及び連結子会社の平成×年×月×日現在の財政状態及び同日をもって終了する第×四半期連結累計期間の経営成績を，重要な点において適正に表示していないと信じさせる事項が認められた。

(4) 結論の不表明

監査人は，重要な四半期レビュー手続を実施できなかったことにより，無限定の結論の表明ができない場合において，その影響が四半期財務諸表に対する結論の表明ができないほどに重要であると判断したときは，結論を表明してはならない。この場合には，別に区分を設けて四半期財務諸表に対する結論を表明しない旨およびその理由を記載しなければならない。

この結論の不表明は年度監査での意見の不表明に相当し，環境的要因や監査人のレビュー手続の制約等に起因する証拠の欠落が全体的な結論を表明できないほど重要かつ広範であることを意味する。具体的には，次のように記載する。

（結論の不表明の場合の文例）
監査人の責任
当監査法人の責任は，当監査法人が，我が国において一般に公正妥当と認められる四半期レビューの基準に準拠して実施した四半期レビューに基づいて，独立の立場から四半期連結財務諸表に対する結論を表明することにある。しかしながら，「結論の不表明の根拠」に記載した事項により，当監査法人は，結論の表明の基礎となる証拠を入手することができなかった。
結論の不表明の根拠
当監査法人は，（実施できなかった重要な四半期レビュー手続及び結論の表明を行えない理由を具体的に記載する）……ことができなかった。
結論の不表明
当監査法人が実施した四半期レビューにおいて，上記の四半期連結財務諸表が，「結論の不表明の根拠」に記載した事項の四半期連結財務諸表に及ぼす可能性のある影響の重要性に鑑み，○○株式会社及び連結子会社の平成×年×月×日現在の財政状態及び同日をもって終了する第×四半期連結累計期間の経営成績を適正に表示していないと信じさせる事項がすべての重要な点において認められなかったかどうかについての結論を表明しない。

4　継続企業の前提と結論の表明

継続企業の前提に重要な疑義を生じさせるような事象または状況が存在する場合であって，当該事象または状況を解消し，または改善するための対応をしてもなお継続企業の前提に関する重要な不確実性が認められる場合，四半期会計基準，四半期財務諸表等規則等は，継続企業の前提に関する事項（当該事象または状況が存在する旨およびその内容，当該事象または状況を解消し，または改善するための対応策，当該重要な不確実性が認められる旨およびその理由，当該重要な不確実性の影響を四半期財務諸表に反映しているか否かの別）の注記を規定している。したがって，監査人は継続企業の前提に関する重要な不確実性が認められる場合の四半期財務諸表の記載に関して結論の表明等が求められる。

①　継続企業の前提に関する事項が四半期財務諸表に適切に記載されていると判断した場合

無限定の結論を表明し，当該継続企業の前提に関する事項について四半期レビュー報告書に追記（「強調事項」の区分）する。

②　継続企業の前提に関する事項が四半期財務諸表に適切に記載されていないと判断した場合

当該不適切な記載についての除外事項を付した限定付結論または否定的結論

〔図表12-5〕四半期レビュー手続と結論の表明の関係のフローチャート

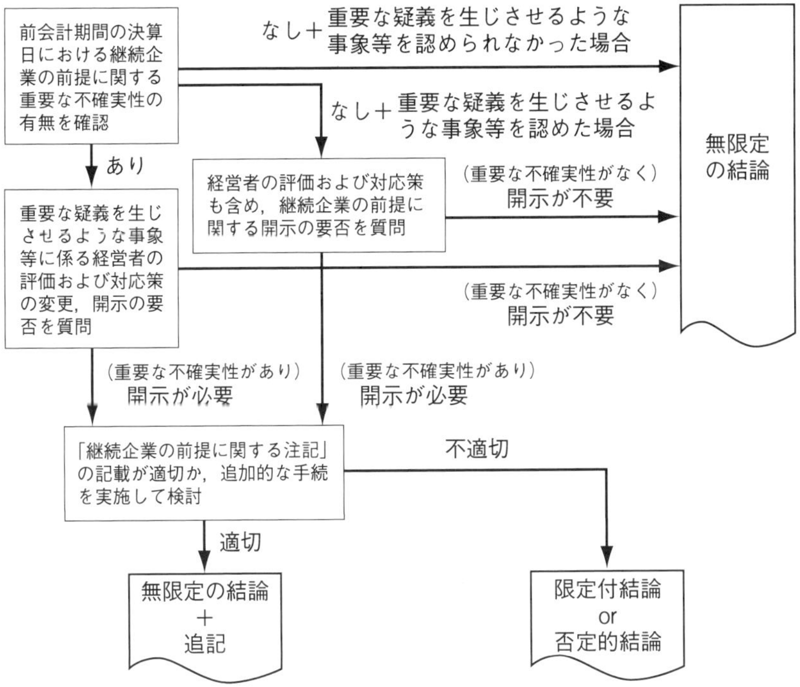

を表明し，その理由を記載する。

なお，継続企業の前提について，監査基準および中間監査基準では意見の不表明の規定がある。一方，四半期レビュー基準では結論の不表明の規定が置かれていない。理論的には経営者が評価および対応策を示さない時には，監査人は重要な四半期レビュー手続を実施できなかったとして結論の表明ができない場合があり得る。しかし，四半期レビューは限定された手続に基づく消極的形式による結論の表明であること，開示の要否等や経営者の対応策の合理性に関する証拠資料を入手する必要がないこと等を踏まえ，結論の不表明のケースは非常に限定的であることが理由と思われる。

継続企業の前提に関する四半期レビュー手続と結論の表明の関係のフローチャートは，**図表12-5**のとおりである。

5　四半期レビューに係る追記情報

四半期レビュー報告書は，①四半期レビューの対象，②経営者の責任，③監査人の責任，④監査人の結論の4つの区分から構成される。

このほかに，監査人は強調すること，またはその他説明することが適当と判断した事項は，四半期レビュー報告書にそれらを区分した上で情報として追記する。いわゆる**追記情報**である。それは，四半期財務諸表に対して結論を表明する同一の監査人の判断で行われるが，追記情報の提供は，あくまでも保証業務としての結論の表明の枠外である。したがって，追記情報と結論の表明は明確に区別する必要があり，実際には四半期レビュー報告書の結論区分の次に別な区分を設けて記載する。

四半期レビュー基準では，四半期財務諸表の記載を前提に当該事項を強調する強調事項および投資家等に対して説明することが適当と判断したその他の事項として，次の項目を追記情報として示している。

(1)　正当な理由による会計方針の変更

不当な会計方針の変更は，四半期財務諸表の不適正事項として除外事項に該当するため，監査人による結論の表明に影響を及ぼすことになる。対象になる会計方針の変更は，除外事項に該当しない正当な理由によるものである。正当な理由による会計方針の変更は財務諸表に記載されることから，四半期財務諸表の理解に際して重要な事柄として，監査人が強調すべきと判断した場合に強調事項の追記情報となる。

(2) 重要な偶発事象

偶発事象とは，四半期決算日に存在する利益または損失が発生する可能性を有する未確定の事象である。実際には将来の損失ないし債務が発生する可能性を示す偶発債務として，引当金の計上要件を満たすことから適正に会計処理されたもの以外のうち，注記にて内容等の開示を要するものが該当する。このように財務諸表に記載されている偶発債務について，監査人が強調すべきと判断した場合に強調事項の追記情報となる。

(3) 重要な後発事象

後発事象とは，四半期決算日の翌日から四半期レビュー報告書日までの間に発生し，当該四半期会計期間の四半期財務諸表には影響を及ぼさないが，翌四半期会計期間以降の財政状態および経営成績に影響を及ぼす事象が該当する。すなわち，修正後発事象ではなく，開示後発事象であり，経営者が作成する四半期財務諸表の注記にて開示される重要性のある後発事象について，監査人が強調すべきと判断した場合に強調事項の追記情報となる。

(4) 監査人が結論を表明した四半期財務諸表を含む開示書類における当該四半期財務諸表の表示とその他の記載内容との重要な相違

四半期財務諸表と共に開示される情報において，四半期財務諸表の表示やその根拠となる数値等と重要な相違があるときは，監査人が適正と判断した四半期財務諸表に誤りがあるとの誤解を招きかねない。その他の記載内容に重要な相違があり，修正が必要でも経営者は修正に同意しないことも想定される。一般的にこの事実は財務諸表に記載されないため，監査人はその旨を投資者等に説明することが適当と判断した場合，その他の事項の追記情報として記載する。

なお，これらの４項目は，記載が義務付けられている継続企業の前提に関する重要な不確実性に係る追記情報とは異なり，監査人による重要性の判断が適用されることから，**任意的記載事項**となる。

四半期レビュー報告書における追記情報の記載は，年度監査に係る監査基準に準じた取扱いとなる。

V　中間監査

四半期報告書提出会社は，2008（平成20）年4月1日以後開始の事業年度から，四半期報告制度の導入により，半期報告書の提出は必要とされない（金商法第24条の5第1項）。上場会社のうち，特定事業を行う会社（金融機関，保険会社等）の第2四半期報告書は，自己資本比率規制の関係から中間監査を受けた中間財務諸表によるものとし，提出期限も通常は当該期間経過後45日以内から60日以内に提出することになっている（同法第24条の4の7第1項）。有価証券報告書の提出会社のうち上場会社等以外の会社は，四半期報告書の提出は義務付けられていないため，従来どおり，中間監査を受けた中間財務諸表による半期報告書の提出が可能（同法第24条の4の7第2項）となっている。

半期報告書とは，事業年度が1年の有価証券報告書提出会社について，事業年度開始日後6カ月間の企業集団および経理の状況その他事業の内容に関する重要な事項その他の公益または投資者保護のために必要かつ適当なものを内閣府令で定める事項を記載したものであり，中間決算日後3カ月以内に内閣総理大臣に提出することになっている（同法第24条の5第1項）。

このように，四半期レビューを受けた四半期財務諸表による四半期報告制度の導入後においても，一部の会社では中間監査を受けた中間財務諸表による開示制度が引き続き適用されるため，中間監査制度について説明する。

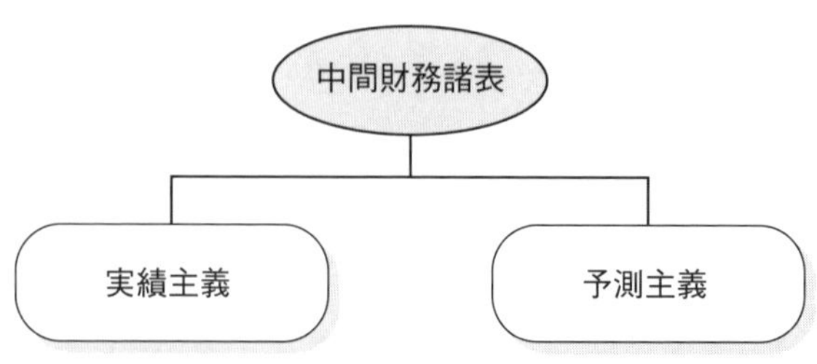

1　中間財務諸表の意義

わが国では，半年決算がかつて長期間にわたって行われてきた。しかし，多国籍企業の出現などに見られる国際化時代への突入により，1974（昭和49）年の商法の改正を契機として多くの企業が１年決算に移行し始めた。それを受けて，1977（昭和52）年にはディスクロージャー制度の一環として，中間財務諸表規則，同取扱要領の制定，中間財務諸表作成基準，中間財務諸表監査基準が公表され，１年決算会社は上半期の財務諸表である中間財務諸表を作成することになった。なお，中間財務諸表の作成方法には，次の考え方がある。

実績主義（discrete view）は，期間独立思考により，中間会計期間が１つの独立した会計期間であるとみなして年次の決算時と同様の処理方法を選択適用し，上半期の実績を表示することを目的とする。

予測主義（integral view）は，損益予測思考により，中間会計期間がその年度の構成部分と考え，上半期の業績はその年度の損益予測に役立つように有用な会計情報を作成し，表示するべきであるとする。

わが国の中間財務諸表は，1977（昭和52）年に制定された中間財務諸表作成基準では予測主義を採用していた。しかし，連結情報を中心とするディスクロージャー制度への転換による中間連結財務諸表の導入等を契機に1998（平成10）年に公表された中間連結財務諸表等の作成基準では実績主義を採用し，現在に至っている。

中間財務諸表に対する信頼性の保証として中間財務諸表監査制度が1977（昭和52）年に制定され，中間財務諸表に対する中間監査が実施されている。中間財務諸表は，半期報告書のなかの「経理の状況」に記載され（企業内容等の開示に関する内閣府令第18条第１項），これに信頼性を付与するために，会社と特別の利害関係のない公認会計士または監査法人の監査証明を受けることになっている（金商法第193条の２）。

2　中間財務諸表監査の内容

中間財務諸表に対する信頼性の保証の付与の方式は，レビュー（review）ではなく，監査（audit）である。公認会計士または監査法人による年次の財務諸表監査は適正性監査に対して，中間財務諸表監査は有用性監査といわれる。前者は連結財務諸表および個別財務諸表が一般に公正妥当と認められる企業会計の基準に準拠して適正に表示されているか否かを判断するのに対し，後者は中間（連結）財務諸表が中間（連結）財務諸表作成基準に準拠し，有用な情報を表示しているか否かを判断するからである。有用性監査の信頼性の付与はレビューよりはかなりレベルが高く，保証水準は限りなく適正性監査に近いといえる。実務的には,有用性監査は適正性監査と区別されず,同一水準で実施されている。

図表12-6は，年度監査，中間監査および四半期レビューについて，保証業務の観点から比較したものである。

〔図表12-6〕年度監査，中間監査および四半期レビューの比較

	年度監査	中間監査	四半期レビュー
結論の報告の目的	適正性	有用性	適正性
保証業務の種類	合理的保証業務	合理的保証業務	限定的保証業務
保証業務リスク※	低	中	高
保証水準※	高	中	低
結論の報告形式	積極的形式	積極的形式	消極的形式

（注） 年度監査を基準とした相対的な水準

中間財務諸表の有用性監査は，年度監査の適正性監査とは相違する。有用性監査は中間財務諸表の信頼性を担保するために実施され，英文用では「unaudit」と記載されている。国際的に遜色のない監査基準の改訂に合わせるため，2002（平成14）年12月に企業会計審議会は「中間監査基準の改訂に関する意見書」を公表した。

内容としては，中間監査が年度監査の一環として行われるため，中間監査人という用語を廃止し，監査人という用語に統一のほか，①リスク・アプローチの徹底，②継続企業の前提への対処，③中間監査報告書の充実の3点に特徴がある。

その後，2005（平成17）年10月の改訂では監査基準の改訂と整合性を図るために，事業上のリスクや固有リスクと統制リスクを結合した重要な虚偽表示のリスク，財務諸表全体レベルとアサーションレベルの重要な虚偽表示のリスク，特別な検討を必要とするリスクなどのリスク・アプローチが強調されている。

2009（平成21）年6月の改訂では，継続企業の前提に関する部分の見直しが行われたほか，四半期レビュー基準と一緒になっていた「前文」が切り離され，中間監査基準と四半期レビュー基準の「前文」が別々のものとなった。

直近となる2011（平成23）年6月の改訂では，国際監査基準との整合性を図るため，中間監査報告書の記載区分を3区分から4区分に変更したほか，追記情報の区分記載や会計上の変更及び誤謬の訂正による比較情報に係る意見表明の対応等を行っている。

3　中間監査基準

「中間監査基準」は，目的基準，実施基準，報告基準の3個の基準から構成される。一般基準は「監査基準」の一般基準に準拠するため，「中間監査基準」には規定がない。

(1)　中間監査の目的基準

中間監査基準は，「第一　中間監査の目的」において，次のように中間監査の目的を明確にした。

> 中間監査の目的は，経営者の作成した中間財務諸表が，一般に公正妥当と認められる中間財務諸表の作成基準に準拠して，企業の中間会計期間に係る財政状態，経営成績及びキャッシュ・フローの状況に関する有用な情報を表示しているかどうかについて，監査人が自ら入手した監査証拠に基づいて判断した結果を意見として表明することにある。中間財務諸表が有用な情報を表示している旨の監査人の意見は，中間財務諸表には，全体として投資者の判断を損なうような重要な虚偽の表示がないかということについて，合理的な保証を得たとの監査人の判断を含んでいる。

これは目的基準として，次の3点を指摘している。

①　中間財務諸表の作成責任が経営者にあり，監査人はそれに対する監査意

見を表明することに責任がある（二重責任の原則）。

② 中間監査は，中間財務諸表が有用な情報を表示しているかについての意見を表明することを明らかにしている。

③ 中間監査の意見表明は，中間財務諸表には全体として重要な虚偽の記載がないということについて合理的な保証を得たという監査人の判断を含んでいること，また合理的な保証とは，中間監査の基準に基づき中間監査を実施して得た心証を意味している。

(2) 中間監査の実施基準

中間監査の実施基準は，11個の規定から構成される。1～7までは，中間監査におけるリスク・アプローチについて説明している。中間監査に係る監査リスクは，監査人が中間財務諸表の有用な情報の表示に関して投資者の判断をそこなうような重要な虚偽表示を見過ごしてしまい，誤った監査意見を表明する可能性をいう。

監査人は，この中間監査リスクを合理的に低い水準に抑えるために，固有リスクと統制リスクを結合した**重要な虚偽表示のリスク**を識別し評価して発見リスクの水準を決定し，必要な監査手続を実施することになる。

この場合，監査人は中間監査リスクの水準を年度監査の監査リスクの水準より高く設定することができる。そのため，監査人が設定する発見リスクの水準は，年度監査の発見リスクの水準より高くすることが容認されている。監査人は，年度監査に係る監査手続の一部を省略する場合であっても，①分析的手続，②質問，③閲覧の監査手続は必ず実施しなければならない。しかし，発見リスクの水準を高くすることができないと判断したときは，分析的手続などの監査手続に加え，実証手続を実施することが必要である。

8，9では，継続企業の監査が規定されている。前事業年度の決算日において，継続企業の前提に重要な疑義を生じさせるような事象または状況が存在し，継続企業の前提に関する重要な不確実性が認められた場合，監査人は当中間会計期間において，当該事象または状況の変化，これらに関する経営者の評価および対応策の変更について，検討しなければならない。

また，継続企業の前提に重要な疑義を生じさせるような事象または状況が当中間会計期間において，新たに存在すると判断した場合，当該事象または状況に関して，合理的な期間についての経営者の評価および対応策を検討した上，重要な不確実性が認められるか否かを検討しなければならない。その場合，評価は，少なくとも当事業年度の下半期から翌事業年度の上半期までの１年，対応策は，少なくとも当該中間会計期間の属する当事業年度末までの期間について検討する必要がある。

10では「経営者からの書面による確認」が中間監査において求められ，11では「他の監査人の利用」の場合，必要な指示を行う必要性が規定されている。これらの点は中間監査を実施する監査人が，監査意見の形成を行い，監査意見を表明するための合理的な基礎を得るために必要であることを意味している。

（３）　中間監査の報告基準

中間監査の報告基準は，９個の規定から構成される。報告基準は，中間財務諸表が有用な情報を表示しているか否かについての監査意見表明の判断を明らかにするとともに，中間監査報告書の記載区分と記載要件を明確にしている。

「中間監査基準」の「第三　報告基準」の１では，中間監査による監査人の意見表明の内容，同２では，中間監査報告書の絶対的な記載事項として，①中間監査の対象，②経営者の責任，③監査人の責任，④監査人の意見が規定され，任意の記載事項として追記情報の記載が規定されている。それは重要な後発事象など，監査人が説明または強調することを適当と判断した事項を，中間監査報告書に意見の表明と明確に区分して，追記するものである。

中間監査に係る監査意見は，中間財務諸表が当該中間会計期間に係る企業の財政状態，経営成績およびキャッシュ・フローの状況に関する有用な情報を表示しているか否かの意見を表明するものである。

しかし，意見に関する除外および監査範囲の制約に係る除外事項が存在するとき，中間監査報告書の作成に際して，監査人は，①中間財務諸表の有用な情報表示に対する除外事項の存在の有無，②除外事項が存在するときの中間監査の成立の有無，③除外事項の中間財務諸表に与える影響の重要性と中間財務諸表全体に及ぶのかという広範性の２つの要素から中間財務諸表の利用の可能性の有無を検討する必要がある。この結果，限定付適正意見，意見不表明という事態も予想される。

(4) 中間監査における継続企業の前提

継続企業の前提に重要な疑義を生じさせるような事象または状況が認められ，継続企業を前提に中間財務諸表を作成することが適切であるが，継続企業の前提に関する重要な不確実性が認められる場合，監査人は当該重要な疑義に関わる事項が適切に記載されていると判断し，有用な情報が表示されている旨の意見を表明するとき，その重要な疑義に関する事項を追記しなければならない。

継続企業を前提に中間財務諸表を作成することが適切であるが，継続企業の前提に関する重要な不確実性が認められる場合，継続企業の前提に関する事項

〔図表12-7〕中間監査手続と意見の表明の関係のフローチャート

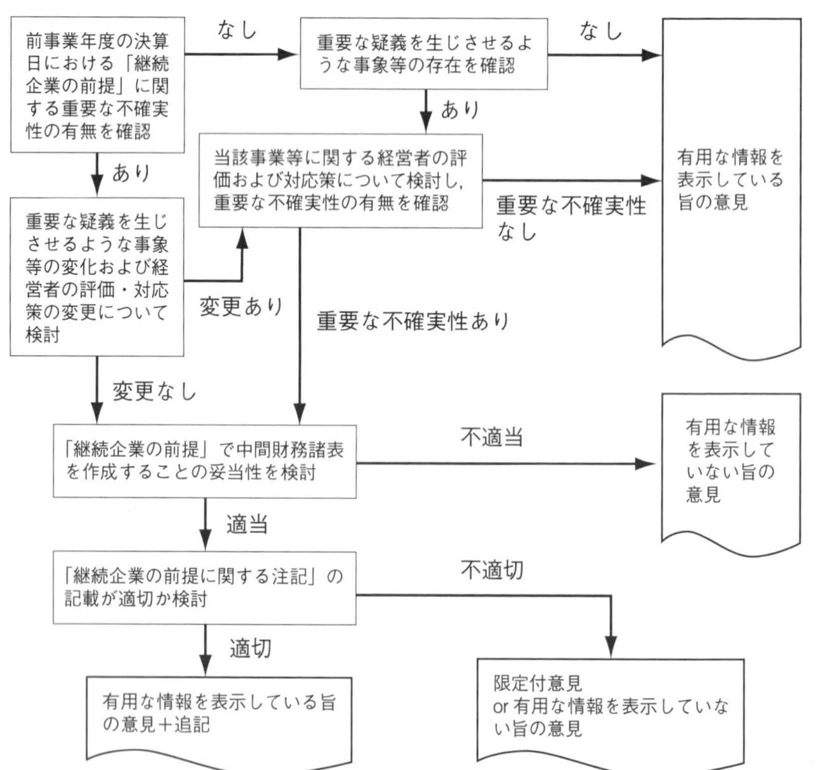

について，監査人が財務諸表に適切に記載されていないと判断したとき，不適切な記載の除外事項の程度により，限定付適正意見や不適正意見を表明する。

一方，経営者が疑義を解消させる評価および対応策を提示しないとき，監査人は不確実性が認められるか否かを確かめる監査証拠を入手できないことがある。そのため，監査人は範囲に制約がある場合に準じて，除外事項を付した限定付適正意見を表明するか，意見を表明しない。

継続企業を前提に中間財務諸表を作成することが適切でないとき，監査人は有用な情報を表示していない旨の意見を表明し，理由を記載しなければならない。

継続企業の前提に関する中間監査手続と意見の表明の関係のフローチャートは，前頁のとおりである（図表12-7）。

(5) 中間監査における追記情報

「第三　報告基準」の2および9は，追記情報は中間監査の意見表明とは明確に区別しなければならないとしている。

2　監査人は，中間監査報告書において，中間監査の対象，経営者の責任，監査人の責任，監査人の意見を明瞭かつ簡潔にそれぞれ区分した上で，記載しなければならない。ただし，監査人が中間財務諸表の記載について強調する必要がある事項及び説明を付す必要がある事項を中間監査報告書において情報として追記する場合には，意見の表明とは明確に区別しなければならない。

9　監査人は，次に掲げる強調すること又はその他説明することが適当と判断した事項は，中間監査報告書にそれらを区分した上で，情報として追記するものとする。

(1)　正当な理由による会計方針の変更

(2)　重要な偶発事象

(3)　重要な後発事象

(4)　監査人が意見を表明した中間財務諸表を含む開示書類における当該中間財務諸表の表示とその他の記載内容との重要な相違

中間監査報告書における追記情報の記載は，強調事項とその他の事項にそれぞれ区分することや内容も含めて年度監査に係る監査基準に準じた取扱いとなる。

4　中間監査報告書の雛形

中間連結監査報告書の雛形は，**図表12-8**のとおりである。

〔図表12-8〕中間監査報告書の標準的書式（指定証明の場合）

独立監査人の中間監査報告書

平成×年×月×日

○○株式会社
取締役会　御中

○○監査法人
指 定 社 員
業務執行社員　公認会計士　○○○○　㊞
指 定 社 員
業務執行社員　公認会計士　○○○○　㊞

当監査法人は，金融商品取引法第193条の2第1項の規定に基づく監査証明を行うため，「経理の状況」に掲げられている○○株式会社の平成×年×月×日から平成×年×月×日までの連結会計年度の中間連結会計期間（平成×年×月×日から平成×年×月×日まで）に係る中間連結財務諸表，すなわち，中間連結貸借対照表，中間連結損益計算書，中間連結包括利益計算書，中間連結株主資本等変動計算書，中間連結キャッシュ・フロー計算書，中間連結財務諸表作成のための基本となる重要な事項及びその他の注記について中間監査を行った。

中間連結財務諸表に対する経営者の責任

経営者の責任は，我が国において一般に公正妥当と認められる中間連結財務諸表の作成基準に準拠して中間連結財務諸表を作成し有用な情報を表示することにある。これには，不正又は誤謬による重要な虚偽表示のない中間連結財務諸表を作成し有用な情報を表示するために経営者が必要と判断した内部統制を整備及び運用することが含まれる。

監査人の責任

当監査法人の責任は，当監査法人が実施した中間監査に基づいて，独立の立場から中間連結財務諸表に対する意見を表明することにある。当監査法人は，我が国において一般に公正妥当と認められる中間監査の基準に準拠して中間監査を行った。中間監査の基準は，当監査法人に中間連結財務諸表には全体として中間連結財務諸表の有用な情報の表示に関して投資者の判断を損なうような重要な虚偽表示がないかどうかの合理的な保証を得るために，中間監査に係る監査計画を策定し，これに基づき中間監査を実施することを求めている。

中間監査においては，中間連結財務諸表の金額及び開示について監査証拠を入手するために年度監査と比べて監査手続の一部を省略した中間監査手続が実施される。中間監査手続は，当監査法人の判断により，不正又は誤謬による中間連結財務諸表の重要な虚偽表示のリスクの評価に基づいて，分析的手続等を中心とした監査手続に必要に応じて追加の監査手続が選択及び適用される。中間監査の目的は，内部統制の有効性について意見表明するものではないが，当監査法人は，リスク評価の実施に際して，状況に応じた適切な中間監査手続を立案するために，中間連結財務諸表の作成と有用な情報の表示に関連する内部統制を検討する。また，中間監査には，経営者が採用した会計方針及びその適用方法並びに経営者によって行われた見積りの評価も含め中間連結財務諸表の表示を検討することが含まれる。

当監査法人は，中間監査の意見表明の基礎となる十分かつ適切な監査証拠を入手したと判断している。

中間監査意見

当監査法人は，上記の中間連結財務諸表が，我が国において一般に公正妥当と認められる中間連結財務諸表の作成基準に準拠して，○○株式会社及び連結子会社の平成×年×月×日現在の財政状態並びに同日をもって終了する中間連結会計期間（平成×年×月×日から平成×年×月×日まで）の経営成績及びキャッシュ・フローの状況に関する有用な情報を表示しているものと認める。

利害関係

会社と当監査法人又は業務執行社員との間には，公認会計士法の規定により記載すべき利害関係はない。

以上

（出所）　日本公認会計士協会，監査・保証実務委員会実務指針第85号「監査報告書の文例」文例４（最終改正：2016年２月）

■索　引■

【き】

【く】

【け】

【す】

【せ】

【そ】

【た】

【ち】

【ろ】

編著者紹介

盛田良久（もりた　よしひさ）　執筆担当；第２章

愛知大学経営学部教授。経営学博士（神戸商科大学）。

神戸商科大学大学院経営学研究科修士課程修了。元 公認会計士試験委員。主要著書は『アメリカ証取法会計』（中央経済社），編著『新版まなびの入門監査論（第２版）』（中央経済社）など。

蟹江　章（かにえ　あきら）　執筆担当；第１・10章

北海道大学大学院経済学研究科（会計専門職大学院）教授。博士（経営学，北海道大学）。大阪大学大学院経済学研究科博士後期課程修了。元 公認会計士試験委員。主要著書は『現代監査の理論』（森山書店），『監査報告書の読み方（五訂版）』（創成社）など。

長吉眞一（ながよし　しんいち）　執筆担当；第６章

明治大学専門職大学院会計専門職研究科教授。博士（商学，明治大学）。公認会計士。明治大学大学院商学研究科博士後期課程修了。元 公認会計士試験委員。日本公認会計士協会各種委員会委員，金融庁公認会計士試験実施検討委員会委員（現任）等を歴任。主要著書は『監査意見形成の構造と分析』，『監査一般基準論』，『監査基準論（第３版）』（以上いずれも単著，中央経済社）など。

スタンダードテキスト
監　査　論（第4版）

2008年6月30日　第1版第1刷発行
2009年2月25日　第1版第3刷発行
2009年11月20日　第2版第1刷発行
2011年10月15日　第2版第7刷発行
2013年5月1日　第3版第1刷発行
2016年1月15日　第3版第10刷発行
2016年10月1日　第4版第1刷発行

編著者　盛田良久
　　　　蟹江章
　　　　長吉眞一
発行者　山本継
発行所　㈱中央経済社
発売元　㈱中央経済グループパブリッシング

〒101-0051　東京都千代田区神田神保町1-31-2
電話　03（3293）3371（編集代表）
　　　03（3293）3381（営業代表）
http://www.chuokeizai.co.jp/
印刷／㈱堀内印刷所
製本／誠製本㈱

ISBN978-4-502-19701-7　C3334